FAKE NEWS

a conexão entre a
desinformação e o direito

Diretora de Conteúdo e Operações Editoriais
Juliana Mayumi Ono

Gerente de Conteúdo
Milisa Cristine Romera

Editorial: Aline Marchesi da Silva, Diego Garcia Mendonça, Karolina de Albuquerque Araújo e Quenia Becker

Gerente de Conteúdo Tax: Vanessa Miranda de M. Pereira

Direitos Autorais: Viviane M. C. Carmezim

Assistente de Conteúdo Editorial: Juliana Menezes Drumond

Analista de Projetos: Camilla Dantara Ventura

Estagiários: Alan H. S. Moreira, Ana Amalia Strojnowski, Bárbara Baraldi e Bruna Mestriner

Produção Editorial
Coordenação
Andréia R. Schneider Nunes Carvalhaes

Especialistas Editoriais: Gabriele Lais Sant'Anna dos Santos e Maria Angélica Leite

Analista de Projetos: Larissa Gonçalves de Moura

Analistas de Operações Editoriais: Alana Fagundes Valério, Caroline Vieira, Damares Regina Felício, Danielle Castro de Morais, Mariana Plastino Andrade, Mayara Macioni Pinto e Patrícia Melhado Navarra

Analistas de Qualidade Editorial: Ana Paula Cavalcanti, Fernanda Lessa, Thaís Pereira e Victória Menezes Pereira

Designer Editorial: Lucas Kfouri

Estagiárias: Maria Carolina Ferreira, Sofia Mattos e Tainá Luz Carvalho

Capa: Linotec

Equipe de Conteúdo Digital
Coordenação
Marcello Antonio Mastrorosa Pedro

Analistas: Gabriel George Martins, Jonatan Souza, Maria Cristina Lopes Araujo e Rodrigo Araujo

Gerente de Operações e Produção Gráfica
Mauricio Alves Monte

Analistas de Produção Gráfica: Aline Ferrarezi Regis e Jéssica Maria Ferreira Bueno

Estagiária de Produção Gráfica: Ana Paula Evangelista

Dados Internacionais de Catalogação na Publicação (CIP)
(Câmara Brasileira do Livro, SP, Brasil)

Fake News: a conexão entre a desinformação e o direito/Diogo Rais coordenação. – 2. ed. rev., atual. e ampl. -- São Paulo : Thomson Reuters Brasil, 2020.

Vários autores.
ISBN 978-65-5065-367-5

1. Direito à informação 2. Direito civil 3. Informações confidenciais 4. Internet (Rede de computadores) - Leis e legislação - Brasil 5. Liberdade de expressão 6. Meios de comunicação 7. Notícias jornalísticas 8. Responsabilidade civil - Brasil I. Rais, Diogo.

20-35419 CDU-347.51(81)

Índices para catálogo sistemático: 1. *Fake News:* Site: Publicações de informações confidenciais na Internet: Liberdade de expressão: Direito civil 347.51(81)

Cibele Maria Dias – Bibliotecária – CRB-8/9427

DIOGO RAIS
COORDENADOR

FAKE NEWS

a conexão entre a desinformação e o direito

• Manipulação digital
• *Deepfakes*

Prefácio
Ministra Rosa Weber

2ª edição
revista, atualizada e ampliada

THOMSON REUTERS
REVISTA DOS TRIBUNAIS™

FAKE NEWS
A conexão entre a desinformação e o direito

DIOGO RAIS
Coordenação

2ª edição revista, atualizada e ampliada

1ª edição: 2018

THOMSON REUTERS BRASIL CONTEÚDO E TECNOLOGIA LTDA.

JULIANA MAYUMI ONO
Diretora Responsável

Av. Dr. Cardoso de Melo, 1855 – 13º andar - Vila Olímpia
CEP 04548-005, São Paulo, SP, Brasil

CENTRAL DE RELACIONAMENTO THOMSON REUTERS SELO REVISTA DOS TRIBUNAIS

(atendimento, em dias úteis, das 9 às 18 horas)

Tel. 0800-702-2433

e-mail de atendimento ao consumidor: sacrt@thomsonreuters.com

e-mail para submissão dos originais: aval.livro@thomsonreuters.com

Conheça mais sobre Thomson Reuters: www.thomsonreuters.com.br

Acesse o nosso *eComm*

www.livrariart.com.br

Impresso no Brasil [05-2020]

Profissional

Fechamento desta edição [25.03.2020]

CÓPIA NÃO AUTORIZADA É CRIME
ABDR
ASSOCIAÇÃO BRASILEIRA DE DIREITOS REPROGRÁFICOS
RESPEITE O DIREITO AUTORAL
EDITORA AFILIADA

ISBN 978-65-5065-367-5

APRESENTAÇÃO

A respiração se interrompe, ainda que por apenas um segundo, e, quando retorna, seu ritmo está um pouco mais acelerado. O coração continua batendo, mas agora um pouco mais rápido, aumentando o calor do corpo e a transpiração. E assim, normalmente, nosso corpo reage quando mentimos.

A mentira parece partir de um mecanismo de sobrevivência, ao menos no mundo animal. Tomemos como exemplo o camaleão, que se disfarça mudando a cor de seu próprio corpo, misturando-se ao ambiente para ficar "invisível" e, assim, escapar de seu predador, ou conquistar a sua presa.

Seja para caçar, seja para escapar, a mentira está presente em tudo, tanto na humanidade quanto no mundo animal. Para o bem ou para o mal, a mentira é onipresente. Ainda que seja um desvio da verdade, ampliando-a ou reduzindo-a, mas a mentira ainda assim está em todo lugar.

Mas será que cabe ao Direito regular e punir a mentira?

O problema e as controvérsias da mentira são bem antigos, mas quando as práticas mais antigas alcançam alta velocidade e produção em massa, novos desafios são criados e, assim, parece ter nascido um dos principais desafios do cotidiano: as *fake news* como um fenômeno de desinformação.

De uma forma ou de outra, a velha mentira encontrou novos patamares e significados. Seus efeitos variam tanto quanto as expectativas empregadas naquilo que se propõe denominar como *fake news*. Parece que tudo pode ser chamado de *fake news*, mas se algo pode ser tudo, provavelmente não poderá ser considerado algo em si mesmo.

Em uma sociedade conectada que transita em alta velocidade e que absorve e processa um oceano de informações, a desinformação surge como uma espécie de poluição, podendo transformar as relações sociais e, por isso, sua conexão com o Direito.

Mas o que o Direito diz a respeito desse fenômeno? Como a desinformação se conecta ao direito e em que medida pode impactá-lo? Como se pode enfrentar, juridicamente, o desafio das *fake news*?

Perguntas como estas constituem o desafio desta obra e são enfrentadas sob uma pluralidade de enfoques, seja pelo jornalismo, computação, ciência política, ou o olhar do direito, seja diante dos direitos humanos, do direito eleitoral, digital, civil, administrativo, constitucional, do consumidor e do direito da infância e juventude.

O tema da desinformação é enfrentado aqui com profundidade teórica e, ao mesmo tempo, de forma prática e aplicada, investigando o papel do Direito diante das transformações sociais e seus novos desafios.

Fake news: a conexão entre o direito e a desinformação é uma obra com olhar jurídico, mas produzida com uma abordagem multidisciplinar, unindo textos de professores de incrível excelência com experiência no Direito, na Computação, no Jornalismo e na Ciência Política.

E é este o convite aos leitores, para que naveguem em uma obra plural conectada pelo compromisso com a ciência e a praticidade.

Diogo Rais
Coordenador
Advogado e professor de Direito Eleitoral da Universidade Presbiteriana Mackenzie

PREFÁCIO À SEGUNDA EDIÇÃO

A divulgação maciça de *fake news* nas eleições presidenciais de 2018 permite observar aquele pleito como verdadeiro divisor de águas no que diz com o enfrentamento da desinformação, não mais circunscritos os ataques nas plataformas de aplicativos de internet às candidaturas – ambiente próprio da propaganda eleitoral.

Encerrado aquele ciclo eleitoral, mostrou-se necessário consolidar o conhecimento até então adquirido, a fim de definir novas estratégias e antecipar a formatação das ações de enfrentamento da desinformação nas eleições municipais de 2020, incluídas, agora, com especial atenção, ações preventivas voltadas à educação midiática e informacional, bem como de defesa do próprio sistema eletrônico de votação e da credibilidade da Justiça Eleitoral.

Nesse intuito foi pensado o Seminário Internacional *Fake News* e Eleições, promovido pelo Tribunal Superior Eleitoral em 2019, com apoio da União Europeia, a fim de que especialistas e autoridades brasileiras e estrangeiras debatessem a proliferação de notícias falsas em períodos eleitorais. O evento contou com a *expertise* de Diogo Rais, coordenador desta fecunda obra, em que a temática da desinformação se entrelaça à seara jurídica, construção possível a partir da feliz compilação de artigos produzidos por autores de áreas diversas do conhecimento, *v.g.* ciência da computação, jornalismo, filosofia, psicologia, ciências sociais e direito.

Em merecida segunda edição, os trabalhos já apresentados na obra de lançamento agora recebem atualização por parte de seus autores, bem como novos artigos são cuidadosamente incorporados ao conjunto, tornando o livro "*Fake News:* a conexão entre a desinformação e o direito" ainda mais relevante para a elaboração de estratégias de mitigação dos efeitos deletérios provocados pela ampla e veloz divulgação de notícias falsas com suporte em tecnologias.

Inicia-se 2020, ano de eleições municipais no Brasil, e a utilização cada vez maior das técnicas de inteligência artificial no processo de criação de imagens e sons inverídicos, produto popularmente denominado *deepfake* (fusão de *deep learning* – aprendizagem profunda – com *fake*), sinaliza que a manutenção de um espaço livre e bem informado está a exigir de todos, instituições e sociedade, a permanente superação de novos desafios.

É nessa ambiência que esta obra se traduz em valiosa ferramenta para uma reflexão abalizada das atuais e complexas questões que envolvem a desinformação no bojo do processo eleitoral, como forma de viabilizar soluções adequadas ao problema da veiculação de notícias falsas.

Brasília, 04 de fevereiro de 2020.

Rosa Weber
Ministra Presidente do Tribunal Superior Eleitoral

PREFÁCIO À PRIMEIRA EDIÇÃO

O problema em torno das chamadas *fake news* ou notícias fraudulentas pode ser tratado sob diversas perspectivas. Antes, porém, de situar a partir de qual perspectiva deve ser tratado o problema em questão, há que se debater o porquê da atual demasiada atenção ao fenômeno das notícias fraudulentas mundo afora. Pode-se dizer que mentira sempre existiu, pode-se também dizer que, em campanhas eleitorais, a mentira é componente recorrente. Entretanto, pode-se também dizer, especialmente perceber, que com a popularização do mundo digital quase todos os âmbitos da vida da sociedade foram alterados e, assim, a dimensão da mentira e o possível dano causado tanto às instituições quanto aos indivíduos e pessoas públicas ganham outras proporções (especialmente depois da experiência das últimas eleições americanas e o caso Cambridge Analytica). Não só aqui se muda a proporção e a semântica. No amor, a forma de empatia transforma-se depois do Tinder[1]. Na esfera pública, não se discute mais questões políticas em cafés como no século XIX[2]. Na economia, novas formas disruptivas proporcionadas pelo mundo digital fazem com que empresas como a Kodak fiquem obsoletas depois do Instagram, por exemplo. No mundo do trabalho 4.0, ou seja, do *crowd sourcing*, transforma-se o significado e alcance dos sindicatos e direitos trabalhistas[3]. O número de exemplos poderia se estender quase ao infinito. Fato é que a revolução digital alterou profundamente a sociedade nos últimos 20 anos e o direito não poderia ficar de fora dessa transformação, pois o direito somente existe como produto das estruturas de uma determinada sociedade temporalmente situada. Existiu o direito romano e agora se pode falar na existência de um direito digital.

Localizar, primeiramente, qual o tipo de transformação social que está por detrás do alvoroço global em torno das *fake news* faz-se, nessa conjuntura, essencial.

---

1. Ver sobre a passagem de uma sociedade estratificada para a diferenciada funcionalmente na questão da mudança da semântica do amor, LUHMANN, Niklas. *Liebe als passion*. Zur Kodierung von Intimität. Frankfurt am Main, 1982.
2. BREWER, John. *The pleasures of the imagination*. Englisch Culture in the Eighteenth Century, London, 2013. Clássico, porém menos histórico sobre o surgimento da esfera pública, ver HABERMAS, Jürgen. *Strukturwalnder der Öffentlichkeit*. Untersuchungen zu einer Kategorie der bürgerlichen Gesellschaft. Frankfurt am Main, 1990.
3. KERSTEN, Jens; DIESEN, Richard. *Arbeit 4.0*. Arbeitsbeziehung und Arbeitsrecht in der digitalen Welt, Munique, 2017.

Uma das formas mais modernas de localizar a ruptura ocasionada pelo mundo digital não deve, porém, partir das tradicionais escolas do direito, como a tradição analítica, positivismo jurídico, hermenêutica jurídica ou até mesmo da análise econômica do direito. Elas pouco têm a diagnosticar sobre a profunda transformação do mundo digital. Pode-se dizer que todos esses paradigmas são pré-mundo digital. Urge, assim, dentro do direito, abrir novas portas e pensar, como já dizia o renomado jurista alemão Rudolf Wiethölter, não mais dentro de paradigmas estanques, mas na conexão ou nas "bordas" desses paradigmas com outros. Uma nova corrente que possibilita novas conexões entre direito e disciplinas afins é sem dúvida o estudo dos meios do direito na linha empreitada atualmente por autores como Thomas Vesting, Karl-Heinz Ladeur, entre outros. A tese central é de que a cultura de massas da segunda metade do século XIX, que perdurou até a segunda metade do século XX, está sendo diluída ou transformada pela nova cultura das redes[4]. O direito como parte dessa sociedade também se transforma, ou melhor, é posto a se transformar assim como a política, escolas e universidades, matrimônio e família, economia etc.

Especialmente nesse contexto, o direito, ou melhor, as normas jurídicas em sentido lato, como bem pontua Christoph Möllers, não estruturam necessidades, somente possibilidades[5]. Aqui se encontra justamente o problema em lidar com as *fake news*. Como estabelecer possibilidades de regulação que sejam compatíveis com a tradição das democracias liberais da liberdade de expressão? Limitar necessariamente a liberdade de expressão para assim salvaguardar uma "vontade de verdade"[6] não seria um caminho condizente com a tradição jurídica brasileira. Isso, porém, não quer dizer que não seja possível uma alternativa.

O presente livro, organizado por Diogo Rais, dá os primeiros e concretos passos dentro do território nacional em terreno ainda pouco conhecido, apesar de constantemente presente na mídia. Entre a vasta gama de autores e autoras de diversas áreas, como ciência política, jornalismo e áreas específicas do direito, destaca-se a inovadora e interdisciplinar abordagem do tema das *fake news* e demonstra, assim, de forma contundente e soberana, como os diversos institutos

---

4. VESTING, Thomas. *Die medien des rechts*. Computernetzwerke. Weilerswist, 2015. LADEUR, Karl-Heinz. *Recht - Wissen - Kultur*. Die fragmentierte Ordnung, Berlim, 2017.
5. MÖLLERS, Christoph. *Die Möglichkeit der Normen*. Über eine Praxis jenseits von Moralität und Kausalität, Berlin, 2015.
6. Especialmente nas democracias liberais tal "vontade de verdade" seria não só contraproducente, como também perigosa. Foucault demonstra a grandiosidade de mecanismos institucionais de salvaguarda de conhecimento, pois essa vontade incorpora necessariamente dois elementos, como poder e desejo, que acabam, por sua vez, tornando-se máquinas de exclusão. FOUCAULT, Michael. *Lórder du discours*, Paris, 1975; e *Les mots et les choses*, Paris, 1998.

de direito positivo brasileiro podem lidar, dentro dos limites e ferramentas disponíveis, com o novo fenômeno. Para os leitores e leitoras das diversas disciplinas do direito e disciplinas afins, o livro apresenta-se no tema *fake news* como uma parada para leitura obrigatória.

Frankfurt am Main, 24 de julho de 2018.

RICARDO R. CAMPOS
Assistente na Faculdade de Direito da Goethe Universität Frankfurt am Main (Alemanha)

SOBRE OS AUTORES

Diogo Rais

Advogado, sócio na Consultoria Jurídica Diogo Rais. Cofundador e Diretor Geral do Instituto Liberdade Digital. Doutor e Mestre em Direito Constitucional pela PUC-SP, com cursos de extensão em Justiça Constitucional pela Université Paul Cézanne (Aix-en-Provence, França). Colunista exclusivo na área eleitoral para o jornal *Valor Econômico* durante as eleições de 2016 e 2020 e da *Folha de S. Paulo* para as eleições de 2018.Professor de Direito Eleitoral da Universidade Presbiteriana Mackenzie Professor da FGVLaw. Um dos membros fundadores da Academia de Direito Eleitoral e Político – ABRADEP. Coordenador do livro *Direito eleitoral digital* da editora Revista dos Tribunais.

Stela Rocha Sales

Pesquisadora do Laboratório de Direito Digital e Democracia. Mestranda em Direito Político e Econômico pela Universidade Presbiteriana Mackenzie. Diretora Jurídica do Instituto de Liberdade Digital. Advogada na área de Direito Digital.

Ana Cristina Rosa

É jornalista formada pela PUC-RS e especializada em comunicação pública. É Assessora-Chefe de Comunicação do Tribunal Superior Eleitoral (TSE) desde 2018, quando coordenou as ações de comunicação da Justiça Eleitoral durante as eleições gerais. Integra o Grupo Gestor do Programa de Enfrentamento à Desinformação criado pelo TSE com Foco nas Eleições de 2020. Recebeu menção honrosa no Prêmio Innovare 2019 com a campanha de comunicação TSE contra "Fake News". Possui experiência de dez anos de atuação em Assessorias de Imprensa do Poder Judiciário, além de passagens por Assessorias de Comunicação dos poderes Executivo e Legislativo. Sua trajetória profissional também inclui atuação em algumas das principais redações do País, como as do Jornal O Estado de S. Paulo, onde foi repórter de política, da revista Época, na qual atuou como editora assistente, e da revista Elle, em que também foi repórter.

José Horácio Halfeld Rezende Ribeiro

Juiz na classe de Jurista do Tribunal Regional Eleitoral do Estado de São Paulo. Graduado, Mestre e Doutorando pela PUC/SP. Professor para as Escolas de Magistratura de todo o país. Titular da cadeira número 5 da Academia Paulista de Letras

Jurídicas. Foi Presidente do Instituto dos Advogados de São Paulo (eleito para os triênios 2013-2015 e 2016-2018). Presidente Honorário do Colégio de Presidentes dos Institutos dos Advogados de todo o Brasil.

Fábio Zanini

Fábio Zanini é jornalista, formado pela Escola de Comunicações e Artes da Universidade de São Paulo, com mestrado em Relações Internacionais pela Universidade de Londres. É repórter especial da Folha de S. Paulo, onde exerceu diversos cargos, entre eles editor dos cadernos Poder (política) e Mundo (internacional). Também foi repórter em São Paulo e Brasília e correspondente internacional. É autor de *Pé na África* (Publifolha) e *Euforia e Fracasso do Brasil Grande* (Contexto).

Irene Patrícia Nohara

Livre-Docente e Doutora em Direito do Estado (USP). Professora Pesquisadora na Pós-Graduação em Direito Político e Econômico da Universidade Presbiteriana Mackenzie (UPM).

Clarissa Piterman Gross

Doutora em Direito pela Faculdade de Direito da USP. Mestre em Direito e Desenvolvimento pela Escola de Direito de São Paulo da Fundação Getulio Vargas. Bacharel em Direito pela Faculdade de Direito da UFMG. Professora e Coordenadora da Plataforma de Liberdade de Expressão e Democracia (PLED) na Escola de Direito de São Paulo da Fundação Getulio Vargas.

Irineu Francisco Barreto Junior

Pós Doutor em Sociologia pela Faculdade de Filosofia, Letras e Ciências Humanas (FFLCH) da Universidade de São Paulo (USP). Doutor em Ciências Sociais pela Pontifícia Universidade Católica de São Paulo (PUC-SP). Docente do Programa de Mestrado em Direito da Sociedade da Informação e do Curso de Graduação em Direito do Centro Universitário das Faculdades Metropolitanas Unidas (FMU-SP). Coordenador do Grupo de Pesquisa Direito, Tecnologia e Sociedade. Analista de Pesquisas da Fundação Sistema Estadual de Análise de Dados – Seade. Professor convidado da Escola Superior da Advocacia (ESA OAB-SP), do Instituto de Direito Público de São Paulo (IDP-SP) e dos Cursos de Pós-Graduação do CERS.

Denise C. Paieiro

Professora do curso de Jornalismo da Universidade Presbiteriana Mackenzie.

André C. T. Santoro

Professor do curso de Jornalismo da Universidade Presbiteriana Mackenzie.

Rafael F. Santos

Professor e Coordenador do curso de Jornalismo da Universidade Presbiteriana Mackenzie.

Gustavo Clayton Alves Santana

Sociólogo com mestrado em Psicologia Social e cursando doutorado em Sociologia Política na Universidade Estadual do Norte Fluminense Darcy Ribeiro (UENF). Pesquisador do Laboratório de Estudos Contemporâneos da Universidade do Estado do Rio de Janeiro – Labore/UERJ.

Luciana Marin Ribas

Doutora em Direitos Humanos pela Faculdade de Direito da Universidade de São Paulo (USP). Mestra em Direito Constitucional pela Pontifícia Universidade Católica de São Paulo (PUC-SP), onde também se graduou em Direito. Pesquisadora da Clínica Luiz Gama de Direitos Humanos (USP). Advogada e Consultora Jurídica na área de Direito Público e Direitos Humanos.

Diogo Mendonça Cruvinel

Mestre em Ciência Política pela Universidade Federal de Minas Gerais. Especialista em Direito Público pelo Centro Universitário Newton Paiva. Bacharel em Direito pela Faculdade de Direito Milton Campos.

Ana Cláudia Pompeu Torezan Andrelucci

Pós-Doutora em Direitos Humanos e Trabalho pelo Centro de Estudos Avançados da Universidade Nacional de Córdoba, Argentina. Pós-Doutoranda em Novas Narrativas pela Escola de Comunicações e Artes da Universidade de São Paulo – ECA/USP. Pós-Doutoranda em Direitos Humanos e Democracia pelo Instituto Ius Gentium da Universidade de Coimbra, Portugal. Doutora e Mestre pela PUC-SP. Graduada em Jornalismo pela Faculdade de Comunicação Social Cásper Líbero e em Direito pela Universidade Presbiteriana Mackenzie – UPM. Professora do Curso de Graduação da Faculdade de Direito da UPM. Professora do Curso de Graduação em Direito da Universidade São Judas Tadeu. Professora convidada do curso de pós-graduação *lato sensu* da ECA/USP. Líder do Grupo de Pesquisa Emergente – CriaDirMack – Direitos da Criança e do Adolescente no Século XXI da Faculdade de Direito da UPM.

Michelle Asato Junqueira

Doutora e Mestre em Direito Político e Econômico pela Universidade Presbiteriana Mackenzie. Especialista em Direito Constitucional com Extensão em Didática do Ensino Superior. Professora nos cursos de graduação e pós-graduação *lato sensu* da Universidade Presbiteriana Mackenzie. Vice-líder do Grupo de Pesquisa

Emergente – CriaDirMack – Direitos da Criança e do Adolescente no Século XXI da Faculdade de Direito da UPM. Vice-Líder do Grupo de Pesquisa CNPq Políticas Públicas como Instrumento de Efetivação da Cidadania e do Grupo de Estudos Criança e Adolescente no Século XXI. Pesquisadora no Grupo de Pesquisa Estado e Economia no Brasil. Avaliadora de diversos periódicos nacionais e autora de diversos artigos e livros jurídicos.

Leandro Nunes de Castro

Laboratório de Computação Natural e Aprendizagem de Máquina (LCoN). Programa de Pós-Graduação em Engenharia Elétrica e Computação (PPGEEC) da Universidade Presbiteriana Mackenzie.

Patricia Blanco

Formada em Relações Públicas pela Faculdade de Comunicação Social Cásper Líbero, com Pós-graduação em Marketing pela ESPM, foi durante três anos Diretora Executiva do Instituto Brasileiro de Ética Concorrencial - ETCO. É atualmente Presidente Executiva e do Conselho Diretor do Instituto Palavra Aberta. É membro do Conselho de Ética do Conselho Nacional de Autorregulação Publicitária – CONAR; membro da Comissão Permanente de Comunicação e Liberdade de Expressão do Conselho Nacional de Direitos Humanos, conselheira titular do Conselho de Comunicação Social do Congresso Nacional e membro do Painel de Colaboradores do Conselho Nacional de Combate à Pirataria – CNCP/MJ. É organizadora de diversos livros, entre eles, o *Liberdade de Expressão e Campanhas Eleitorais 2018* e *Liberdade de Expressão – Questões da Atualidade*, ambos lançados em 2020.

Antonio Cecílio Moreira Pires

Advogado e Consultor Jurídico em São Paulo. Mestre e Doutor em Direito do Estado pela Pontifícia Universidade Católica de São Paulo – PUC-SP. Professor de Direito Administrativo e Chefe do Núcleo Temático de Direito Público da Faculdade de Direito da Universidade Presbiteriana Mackenzie. Integrante do MackCidade: direito e espaço urbano.

Lilian Regina Gabriel Moreira Pires

Advogada. Mestra e Doutora em Direito do Estado pela Pontifícia Universidade Católica de São Paulo – PUC-SP. Professora de Direito Administrativo da Faculdade de Direito da Universidade Presbiteriana Mackenzie. Coordenadora do Programa MackCidade: direito e espaço urbano.

Thamara Medeiros

Doutora em Política Criminal e Direito Penal pela Universidade de Granada - Espanha. Professora da Universidade Presbiteriana Mackenzie.

Flavio de Leão Bastos Pereira

Doutor e Mestre em Direito. Professor de Direitos Humanos na Faculdade de Direito da Universidade Presbiteriana Mackenzie. Professor convidado da Universidade Federal de São Paulo – UNIFESP. Membro do rol de especialistas da International Nuremberg Principles Academy. Cofundador do Observatório Constitucional Latino-Americano – OCLA. Egresso do International Institute for Genocide and Human Rights Studies (Zoryan Institute) da University of Toronto (Canadá). Membro do Grupo de Pesquisas Arqueologia da Repressão e da Resistência da Universidade Estadual de Campinas – UNICAMP/CNPQ. Especialista em Direitos Fundamentais pela Universidade de Coimbra (Instituto Ius Gentium Conimbrigae/IGC) e pelo Instituto Brasileiro de Ciências Criminais (IBCCrim). Conselheiro do Conselho de Gestão da Secretaria Municipal de Direitos Humanos e Cidadania, órgão consultivo para subsidiar a elaboração, implementação, acompanhamento e avaliação das políticas públicas municipais de direitos humanos no município de São Paulo.

Wagner Wilson Deiró Gundim

Doutorando em Filosofia do Direito pela Pontifícia Universidade Católica de São Paulo – PUC/SP. Bolsista Capes. Mestre em Direito Político e Econômico pela Universidade Presbiteriana Mackenzie. Membro efetivo do Observatório Constitucional Latino-Americano – OCLA. Membro efetivo das Comissões de Pesquisa e Pós-Graduação em Direito e Direito Constitucional, ambas da Ordem dos Advogados do Brasil, Seccional São Paulo (OAB/SP), no triênio 2016-2018. Docente da Faculdade de Direito da Universidade Anhembi Morumbi nas disciplinas de Ciência Política e Direito Constitucional. Sócio-Proprietário do Gundim&Ganzella Sociedade de Advogados, atuante nas áreas de direito público (constitucional, regulatório, administrativo e penal) e privado (cível e consumerista).

André Zonaro Giacchetta

Bacharel em Direito e Mestre em Direito Comercial pela Faculdade de Direito do Largo São Francisco, da Universidade de São Paulo. Especialista em Direito Processual Civil pela Pontifícia Universidade Católica de São Paulo. Sócio do escritório Pinheiro Neto Advogados, onde desde 1999 atua em assuntos relacionados à tecnologia, responsabilidade civil de provedores de serviço de internet, privacidade, proteção de dados pessoais e propriedade intelectual, com ampla experiência em litígios envolvendo empresas de tecnologia. Tem participação ativa nas discussões relativas a projetos de lei relacionados à privacidade e proteção de dados pessoais no âmbito de associações da indústria, no Legislativo e no Executivo. Naturalmente, sua atuação se estendeu para o direito eleitoral, especialmente em temas como propaganda eleitoral na internet, a responsabilidade das plataformas pela sua divulgação, sistema processual civil e eleitoral, entre outros. É professor da Escola Superior da Advocacia da OAB/SP e professor convidado da Fundação Getulio Vargas. É autor de artigos e ensaios sobre responsabilidade civil dos provedores de internet, privacidade e proteção de dados pessoais.

Luiz Fernando Afonso

Doutor em Direito pela PUC-SP (Efetividade do Direito – Núcleo de Pesquisa em Direitos Difusos e Coletivos). Mestre em Direito pela PUC-SP. Especialista em Direito das Relações de Consumo pelo COGEAE/PUC-SP. Especialista em Direito Constitucional pela Escola Superior de Direito Constitucional. Professor convidado nos cursos de pós-graduação *lato sensu* da PUC-SP/COGEAE (Contratos, Direitos Difusos e Coletivos e Relações de Consumo). Professor convidado nos cursos de pós-graduação da Faculdade de Direito de Franca. Professor-Assistente nos cursos de graduação e pós-graduação em Direito do Consumidor na PUC-SP, junto com a Professora Doutora Suzana Maria Pimenta Catta Preta Federigui (nas disciplinas Direito do Consumidor, Contratos de Consumo e Oferta, Marketing e Publicidade). Advogado graduado pela PUC-SP.

Carlos Eduardo Nicoletti Camillo

Doutor em Filosofia do Direito pela PUC-SP. Mestre em Direito das Relações Sociais pela PUC-SP. Professor de Teoria Geral do Direito e Direito Civil da Faculdade de Direito da Universidade Presbiteriana Mackenzie desde 2002. Coordenador Geral da Faculdade de Direito da Universidade Presbiteriana Mackenzie desde 2016. Advogado militante em São Paulo desde 1992.

Juliana Abrusio

Doutora em Direito pela PUC-SP. Mestre pela Universidade de Roma Tor Vergata. Professora da Universidade Presbiteriana Mackenzie e do Mestrado Profissional da Escola de Direito do Brasil (EDB).

Eric de Carvalho

Doutor em Ciências da Comunicação pela Escola de Comunicação e Artes da Universidade de São Paulo. Professor e pesquisador do MediaLab da Escola Superior de Propaganda e Marketing.

Ana Julia Bonzanini Bernardi

Doutoranda no Programa de Pós-Graduação em Ciência Política da UFRGS.

SUMÁRIO

COMUNICAÇÃO, MÍDIA E *FAKE NEWS*

ESTADO, *FAKE NEWS* E RESPONSABILIDADE

Fake News, Eleições e Democracia

FAKE NEWS, DEEPFAKES E ELEIÇÕES

Diogo Rais

Advogado, sócio na Consultoria Jurídica Diogo Rais. Cofundador e Diretor-Geral do Instituto Liberdade Digital. Doutor e Mestre em Direito Constitucional pela PUC-SP, com cursos de extensão em Justiça Constitucional pela Université Paul Cézanne (Aix-en-Provence, França). Colunista exclusivo na área eleitoral para o jornal *Valor Econômico* durante as eleições de 2016 e 2020 e da *Folha de S. Paulo* para as eleições de 2018. Professor de Direito Eleitoral da Universidade Presbiteriana Mackenzie Professor da FGVLaw. Um dos membros fundadores da Academia de Direito Eleitoral e Político – ABRADEP. Coordenador do livro *Direito eleitoral digital* da editora Revista dos Tribunais.

Stela Rocha Sales

Pesquisadora do Laboratório de Direito Digital e Democracia. Mestranda em Direito Político e Econômico da Universidade Presbiteriana Mackenzie. Uma das diretoras do Instituto de Liberdade Digital. Advogada na área de Direito Digital.

Sumário: Introdução. 1. *Fake news* e o direito. 2. *Deepfake*: uma nova geração de *fake news*. 3. As *deepfakes, fake news* e seus elos de difusão e eixos de impacto. 4. Passividade x Interatividade na comunicação digital. 5. Como combater as *fake news*. Conclusão. Referências bibliográficas.

Introdução

A conexão entre a política, as eleições e a tecnologia tende a avançar cada vez mais, exigindo de todos os atores não apenas o preparo para lidar com novos desafios, mas também a capacidade de autotransformação para fazer frente às mudanças e inovações tecnológicas, tanto diante de seus melhores efeitos quanto diante de eventuais efeitos colaterais.[1]

1. RAIS, Diogo. *Em vez de coibir internet na eleição, é preciso empregá-la para fiscalização.* 19.11.2017. Disponível em: [www1.folha.uol.com.br/poder/2017/11/1936498-em-vez-de-coibir-internet-na-eleicao-e-preciso-emprega-la-para-fiscalizacao.shtml]. Acesso em: 20.02.2018.

Hoje, podemos conversar com qualquer pessoa em qualquer lugar do mundo, podemos conhecê-la, vê-la e ouvi-la sem sair de casa. E, se quiser sair de casa, é possível solicitar, pelo *smartphone*, um táxi ou até um carro particular dirigido por alguém que você nunca viu, que o levará até o local solicitado, sendo guiado por um GPS inteligente capaz de calcular o trânsito, buscar rotas alternativas e informar um acidente na via, mesmo que a colisão tenha ocorrido há apenas alguns minutos.

Se a internet é capaz de fazer tudo isso, e muito mais, por que não estaria no centro do debate político-eleitoral?

A internet mudou as referências sobre o tempo e o espaço fundindo o mundo virtual ao real e, com suas vantagens e desafios, queira ou não queira, é esse o cenário e o produto do nosso tempo.

Partindo dessa premissa, pretende-se neste artigo desafiar o tema iniciando pelo cenário digital eleitoral para avançar no estudo da desinformação como um dos efeitos colaterais nesse cenário, pretendendo alcançar a busca por conceitos ou "contra conceitos" de *fake news*, contextualizando com os possíveis impactos e seus elos de disseminação, identificando, ainda, algumas iniciativas para combatê-las sem se descolar da realidade eleitoral e dos pontos de contato com a normatização eleitoral existente.

1. *Fake news* e o direito

Vivemos[2] em um estado de liberdade e, como tal, tudo o que não for proibido está permitido. Portanto, nesse cenário, enquanto o silêncio permite, somente a palavra, ou seja, a lei, pode proibir.

Por isso, para proibir uma prática é preciso, antes de tudo, defini-la. Mas como definir *fake news*, sobretudo em um momento em que tudo parece ser *fake news*?

A tradução literal como notícias falsas não resolve o problema, ao menos no campo jurídico, afinal, a mentira não é objeto central do direito.

Somos mentirosos, em maior ou menor medida, e isso, querendo ou não, está no campo da ética, e não do direito.

O direito não se preocupa, isoladamente, com a mentira, mas sim com o dano efetivo ou potencial; com a culpa ou com a vontade do agente em praticar aquele ato.

As populares *fake news* vêm ocupando cada vez mais espaço no cenário político, em especial durante a realização das campanhas eleitorais.

2. RAIS, Diogo. *No combate às* fake news, *não é saudável dar o controle do conteúdo ao Estado*. Disponível em: [www1.folha.uol.com.br/poder/2018/06/no-combate-as-fake-news-nao-e-saudavel-dar-ao-estado-o-dominio-do-conteudo.shtml]. Acesso em: 25.06.2018.

E, ao menos dessa vez, não é algo exclusivamente brasileiro. Sua fama e ameaça se espalha por diversos países que, após a realização das eleições, vêm descobrindo cada vez mais "novas armas" na guerra da desinformação.

É claro que a desinformação polui o debate e cria uma atmosfera de incertezas e desconfiança, mas talvez o que parece ser ainda mais perigoso é a capacidade que essa poluição tem de alimentar e ampliar a polarização de opiniões na sociedade. Talvez a polarização seja a infecção, enquanto a desinformação seja apenas uma de suas febres.

No dia a dia, na ânsia de provar que estamos certos, costumamos nos apoiar em qualquer material que reforce aquilo que já pensamos, e assim, baseado em uma notícia que sequer foi checada, mas que caiu como uma luva para a nossa prévia convicção, compartilhamos ansiosamente esse conteúdo, que pode ser uma desinformação, contribuindo, assim, para poluir ainda mais o cenário político nacional.

A polissemia aplicada à expressão *fake news* confunde ainda mais o seu sentido e alcance, ora indica como se fosse uma notícia falsa, ora como se fosse uma notícia fraudulenta, ora como se fosse uma reportagem deficiente ou parcial, ou, ainda, uma agressão a alguém ou a alguma ideologia.

Daí uma das críticas ao uso da expressão *fake news*: a impossibilidade de sua precisão. *Fake news* têm assumido um significado cada vez mais diverso, e essa amplitude tende a inviabilizar seu diagnóstico, afinal, se uma expressão significa tudo, como identificar seu adequado tratamento? Não é possível encontrar uma solução para um desafio com múltiplos sentidos.

Partindo da premissa de que a mentira está no campo da ética, sendo que o mais perto que a mentira chega no campo jurídico é na fraude e, talvez, uma boa tradução jurídica para *fake news* seria "notícias ou mensagens fraudulentas".

Enfim, talvez um conceito aproximado do direito, porém distante da polissemia empregada em seu uso comum, poderia ser identificada como uma mensagem propositadamente mentirosa capaz de gerar dano efetivo ou potencial em busca de alguma vantagem.

A grande dificuldade em conceituar *fake news* atendendo a todas as expectativas foi um dos motivos pelo qual o High Level Group – HLEG (Grupo Independente de Alto Nível sobre as notícias falsas e a desinformação *on-line*) da União Europeia recomendou que se abandone o termo *fake news*, pois ele foi "apropriado e usado de maneira enganadora por participantes poderosos para desconsiderar reportagens que não são de seu interesse"[3].

3. High Level Group – HLEG (Grupo Independente de Alto Nível sobre as notícias falsas e a desinformação *on-line*) da União Europeia. Uma abordagem multidimensional para a desinformação, 12.03.2018. Disponível em: [http://europa.eu/rapid/press-release_IP-18-1746_pt.pdf]. Acesso em: 20.03.2018.

> A análise apresentada nesse Relatório parte de um entendimento uniforme de que a desinformação é um fenômeno que vai muito além do termo '*fake news*'. Esse termo foi apropriado e usado de maneira enganadora por participantes poderosos para desconsiderar reportagens que não são de seu interesse.

A jornalista Claire Wardle[4] criou uma lista de sete tipos de notícias falsas que podemos identificar e combater nas redes, são elas:

1. *Sátira ou paródia:* sem intenção de causar mal, mas tem potencial de enganar;
2. *Falsa conexão:* quando manchetes, imagens ou legendas dão falsas dicas do que é o conteúdo realmente;
3. *Conteúdo enganoso:* uso enganoso de uma informação para usá-la contra um assunto ou uma pessoa;
4. *Falso contexto:* quando um conteúdo genuíno é compartilhado com um contexto falso;
5. *Conteúdo impostor:* quando fontes (pessoas, organizações, entidades) têm seus nomes usados, mas com afirmações que não são suas;
6. *Conteúdo manipulado:* quando uma informação ou ideia verdadeira é manipulada para enganar o público;
7. *Conteúdo fabricado:* feito do zero, é 100% falso e construído com intuito de desinformar o público e causar algum mal.

Assim, o tema vem sendo tratado como um problema ainda mais abrangente, a chamada desinformação.

A desinformação foi definida no mencionado relatório, como "todas as formas de informações falsas, imprecisas ou enganadoras criadas, apresentadas e promovidas para causar prejuízo de maneira proposital ou para fins lucrativos"[5].

2. *Deepfake*: uma nova geração de *fake news*

A preocupação com a desinformação tem tomado contornos cada vez mais sofisticados com o desenvolvimento de inteligência artificial. Uma versão inovadora de *fake news* denominada *deepfake* surgiu nos últimos anos. O termo é uma junção das expressões "*deep learning*" (aprendizado profundo, ligado ao termo *machine learning*, acúmulo de conhecimento por parte de um banco de dados, possibilitando sua tomada de decisão por inteligência artificial) e "*fake*", de falso.[6]

---

4. WANDLE, Claire. Disponível em: [www.politize.com.br/noticias-falsas-pos-verdade/]. Acesso em: 20.03.2018.
5. Idem.
6. KALIL FILHO, Marcos da Veiga. Fake news e democracia: contribuições da semiótica discursiva acerca da verdade e da informação da internet. Cad. Letras UFF, Niterói, v. 30,

Assim, *deepfake* (falsificação profunda – em tradução livre) significa um modo profundo e refinado de propagação de desinformação, por meio de vídeos, em sua grande maioria de personalidades, cuja imagem e áudio são adulterados com o intuito de manipular a população.

Com uma pequena amostra da voz de uma pessoa e imagens de sua face, um algoritmo é capaz de criar um vídeo com um discurso falso, mas com timbre e entonação quase que 100% semelhantes ao da vítima do vídeo, tornando cada vez mais difícil distinguir a realidade da manipulação digital.[7]

Há pouco tempo, a criação de vídeo com adulteração de voz e imagem de alguma pessoa tinha um custo elevado e poucos detinham esse tipo de tecnologia. Atualmente, com o ritmo acelerado da inovação, já estão disponíveis no mercado *softwares* com preços acessíveis e altíssima qualidade de edição de vídeos e voz com sistema operacional bastante intuitivo, o que facilita a propagação desse tipo de desinformação.[8]

Com apenas uma foto, o algoritmo da Samsung consegue criar um vídeo *fake*, mas, para deixar o vídeo mais preciso e próximo da realidade, ele permite inserir até 32 imagens. Essa nova tecnologia se diferencia das anteriores porque não há necessidade de analisar diversas imagens e vídeos de uma determinada pessoa, como é preciso nos demais vídeos. Ele se utiliza de um grande banco de dados com diversas faces para mapear expressões gerais e desenvolve uma espécie de "protótipo", utilizando a base de dados da VoxCeleb, que é um banco de dados público com mais de 7 mil imagens e vídeos de celebridades. Assim, depois do rosto programado, basta inserir uma imagem por cima.[9]

Recentemente, um caso de *deepfake* tomou as manchetes dos jornais, quando foi compartilhado um vídeo supostamente do governador do Estado de São Paulo, João Dória, em momentos íntimos, indicando uma suposta traição conjugal. O governador alegou que o vídeo era falso, mas até o presente momento houve respostas inconclusivas, o que demonstra o quão sofisticadas estas ferramentas estão e quão difícil é a prova em contrário.

---

n. 59, p. 206, 2019. Disponível em: http://www.cadernosdeletras.uff.br/index.php/cadernosdeletras/issue/view/17/showToc. Acessado em 26/02/2020

7. ALMEIDA, Virgilio, DONEDA, Danilo, LEMOS, Ronaldo. Com avanço tecnológico, fake news vão entrar em fase nova e preocupante. Disponível em: https://www1.folha.uol.com.br/ilustrissima/2018/04/com-avanco-tecnologico-fake-news-vao-entrar-em-fase-nova-e-preocupante.shtml. Publicado em 08/04/2018. Acessado em 26/02/2020.
8. DELGADO, Malu. Deep fakes, o novo alerta para 2020. Disponível em: https://valor.globo.com/politica/noticia/2020/02/13/deep-fakes-o-novo-alerta-para-2020.ghtml. Acesso em 14.02.2020.
9. BATTAGLIA, Rafael. Com apenas uma foto, algoritmo da Samsung consegue criar um vídeo falso. Super Interessante, https://super.abril.com.br/tecnologia/ com-apenas-uma-foto-algoritmo-da-samsung-consegue-criar-um-video-falso/, 26/05/2019.

Tomando esse exemplo, é importante refletir sobre o impacto das *deepfakes* em ambiente eleitoral e, especialmente, com relação a pronunciamentos importantes em vésperas de eleições, podendo inclusive impossibilitar o candidato ofendido de esclarecer os fatos a seus eleitores ou de conseguir esclarecer o fato, por não haver tempo hábil de que o vídeo-resposta se propague e tenha a mesma escalabilidade do vídeo falso.

Para facilitar a compreensão da relevância do tema, vamos pensar hipoteticamente em um vídeo falso, que tenha chegado ao sistema de inteligência americana, em que um líder muçulmano extremista convoca cidadãos para um ataque terrorista de proporções maiores que o ataque do 11 de setembro, no prazo de uma semana. A atitude americana seria a de (a) reforçar a segurança; (b) executar o líder muçulmano ou as duas alternativas?

Outra situação seria um vídeo falso, de uma autoridade brasileira, convocando a população para não sair de casa por uma ameaça à saúde pública, como o coronavírus, na véspera das eleições. A população brasileira estaria apta a discernir o conteúdo enganador do vídeo? Esse discurso teria capacidade de influenciar o pleito? Quais as consequências democráticas para o afastamento dos cidadãos das urnas? Quais as consequências democráticas para a descrença dos cidadãos nos meios de comunicação?

Muito mais perigosos que vídeos em que aparecem as imagens são os áudios veiculados nesses vídeos, com a imitação quase que perfeita da voz de determinados candidatos ou de figuras públicas importantes como Presidentes, ex-presidentes, ministros, deputados, senadores, entre outros.

O momento atual em que vivemos e o modo como nos comunicamos e relacionamos é um terreno fértil para as *deepfakes*. Basta perceber a quantidade de vídeos caseiros produzidos diariamente pelas pessoas e disponíveis em ambiente público, sem filtros de privacidade, somado ao fato de que, atualmente, há uma infinidade de aplicativos de edição de vídeos, e outras ferramentas tecnológicas como Instagram, YouTube, que estimulam a criação de vídeos e a exposição de rostos e voz.

As ferramentas de criação e edição de vídeos por si só não trazem dano à população e até contribuem para o ambiente democrático, considerando que são instrumentos de liberdade de expressão e acesso facilitado à educação, inclusive educação política. Todavia, em era de Big Data em que há uma infinidade de dados pessoais produzidos e tratados diariamente, com o objetivo de extrair informações relevantes, o mau uso dos recursos tecnológicos disponíveis toma proporções incontroláveis.

Importante ponderar que o acesso à câmera de foto e vídeo e a produção de grande quantidade de material audiovisual não é fenômeno recente. Todavia, essas informações não eram combinadas, tratadas e depuradas, como acontece hoje. A coleta e o armazenamento dessas imagens eram mantidos em ambiente físico e, quando armazenadas em ambiente virtual, eram isoladas de outros dados pessoais, e, portanto, não possuíam o poder de manipulação que hoje é possível. Afinal, diante de uma *deepfake*, imagine a dificuldade de convencer as pessoas de que devam acreditar no que você diz, e não no que os seus próprios olhos veem.

3. As *deepfakes, fake news* e seus elos de difusão e eixos de impacto

Não[10] faz sentido descolar as *fake news* do interesse econômico ou político na sua produção e profusão.

Há verdadeiras fábricas de *fake news* espalhadas pelo mundo cujo objetivo, por mais variado que seja, converge, no final, para a obtenção de alguma vantagem.

É muito comum o uso das primeiras vítimas como uma espécie de elo para compor uma corrente difusora das *fake news*. Assim, aquelas pessoas que de boa-fé acreditaram estar em contato com uma verdadeira notícia, passam – ainda que sem perceber – a colaborar com a disseminação e difusão dessas notícias falsas. Portanto, boa parte de toda essa produção se escoa com o apoio das próprias vítimas.

Conforme noticiado pela BBC, em uma das pesquisas realizadas pelo Monitor do Debate Político no Meio Digital, da Universidade de São Paulo[11] que contou com 2.520 respondentes por meio de um formulário *on-line*[12] chegou-se a diversas conclusões sobre esses difusores de conteúdo.

Após filtrar os dados e restringi-los aos boatos mais disseminados no WhatsApp, os pesquisadores reuniram 1.145 respostas de pessoas que confirmaram ter recebido variações de textos dizendo que a vereadora assassinada Marielle era ex-mulher do traficante Marcinho VP e que havia engravidado dele aos 16 anos.

Mesmo no caso de uma *fake news* tão difusa quanto essa foi possível encontrar um espaço em que ela circulou predominantemente. Entre os variados grupos de WhatsApp em que a desinformação foi disseminada, o estudo constatou que o "local" em que mais se difundiu essa desinformação foi justamente os, já conhecidos, grupos de família.

10. RAIS, Diogo. *Eleições de 2018 e combate a* fake news. No prelo.
11. Cuja metodologia foi baseada em um estudo israelense que buscou a origem de boatos espalhados no WhatsApp após o sequestro de três jovens israelenses na Cisjordânia em 2014.
12. Pesquisa inédita identifica grupos de família como principal vetor de notícias falsas no WhatsApp. Jornalista: Juliana Gragnani. Disponível em: [www.bbc.com/portuguese/brasil-43797257]. Acesso em: 25.04.2018.

O que é ainda mais curioso, é que há uma tendência que esses grupos reúnam pessoas que compõem uma espécie de círculo de confiança e, justamente ali, a desinformação parece encontrar campo fértil para a proliferação[13].

Mas, apesar disso, há forte motivação financeira que move as fábricas de *fake news*. Vale trazer aqui os resultados da investigação promovida pela BBC do Brasil, que deu origem à série de reportagens "Democracia Ciborgue", tendo identificado parte do mercado de compra e venda de contas falsas que, segundo a BBC, teriam sido usadas para favorecer políticos no Twitter e no Facebook[14].

A BBC dividiu em cinco categorias: os robôs, ciborgues, robôs políticos, *fake* clássico e os ativistas em série. Reproduzimos abaixo trechos da pesquisa.

a) Os robôs[15]

Yasodara Córdova, pesquisadora da Digital Kennedy School, da Universidade Harvard, nos EUA, esclarece que "Um robô, ou bot, nada mais é que uma metáfora para um algoritmo que está te ajudando, fazendo um trabalho para você".

Os robôs estão por todas as partes, espalhados nas redes sociais. Isso não significa que robôs somente fazem coisas ruins para a democracia: os mais comuns são aqueles que automatizam o compartilhamento de notícias de veículos de imprensa e os que ajudam consumidores em atendimentos virtuais, entre outros.

> O projeto Operação Serenata de Amor, por exemplo, tem um robô que analisa pedidos de reembolso de deputados federais e destaca os que parecem ser suspeitos, por meio de "machine learning" ("aprendizado de máquina", que reconhece padrões e aprende com seus erros para evoluir e refinar sua atuação). Via Twitter, pede aos parlamentares que esclareçam o gasto suspeito – há casos de congressistas que reembolsaram a Câmara por causa do projeto.
>
> Mas também há robôs cujo uso é malicioso, e que estão espalhados sobretudo pelo Twitter.
>
> "O Twitter é um ambiente mais amigável para robôs", explica Marcos Bastos, professor do departamento de Sociologia da City, University of London, no Reino Unido.

---

13. Vale realçar que Pablo Ortellado, professor do curso de Gestão de Políticas Públicas da Universidade de São Paulo (USP) e autor do estudo ao lado do pesquisador Márcio Ribeiro, é mais cauteloso com os dados e com o resultado, tendo ressaltado para a BBC que, apesar dos dados obtidos, não se sabe exatamente a distribuição dos tipos de grupos no WhatsApp pela população, sendo possível que esse achado de pesquisa não se confirme quantitativamente em razão do desconhecimento sobre a quantidade e categorias dos grupos nesse aplicativo, nas palavras do pesquisador: "Pode ser apenas que existam mais grupos de família do que grupos de amigos ou de colegas de trabalho e os boatos tenham circulado igualmente em todos eles, mas, como há mais grupos de famílias, nosso estudo tenha apenas captado essa distribuição dos grupos".
14. Disponível em: [www.bbc.com/portuguese/brasil-42172154]. Acesso em: 20.06.2018.
15. Disponível em: [www.bbc.com/portuguese/brasil-42172154]. Acesso em: 20.06.2018.

> Bastos, que é brasileiro, e o britânico Dan Mercea, da mesma universidade, descobriram que as discussões sobre o plebiscito do Brexit (que decidiu pela saída do Reino Unido da União Europeia) no Twitter tiveram participação de ao menos 13,5 mil robôs, usados para "bombar" um lado ou outro com postagens automatizadas.
>
> "O Facebook é de fato uma rede social: você aceita pessoas com quem você tem algum tipo de conexão: idealmente, só amigos, embora esse não seja sempre o caso. O Twitter não tem essa reciprocidade, então funciona não só como uma rede social, mas como um sistema de difusão de informações", afirma.
>
> Ou seja, a natureza mais aberta do Twitter – que, diferentemente do Facebook, não exige o nome verdadeiro do usuário nem proíbe contas automatizadas – facilita a proliferação de robôs em sua esfera. [16]

A matéria da BBC informa ainda que pesquisadores das universidades do Sul da Califórnia e de Indiana estimam que haja entre 9% e 15% de robôs no Twitter. É estimado pela reportagem que a rede tenha um total de cerca de 330 milhões de usuários – portanto, ao menos 29 milhões deles são robôs, segundo o levantamento.

> O Twitter informa que "a falsa identidade é uma violação" de suas regras. "As contas do Twitter que representem outra pessoa de maneira confusa ou enganosa poderão ser permanentemente suspensas de acordo com a Política para Falsa Identidade do Twitter. Se a atividade automatizada de uma conta violar as regras do Twitter ou as regras de automação, o Twitter pode tomar medidas em relação à conta, incluindo a suspensão da conta."
>
> Mas essas criaturas virtuais são mais facilmente identificáveis. Pesquisadores desenvolvem ferramentas para detectar robôs, monitorando sua atividade e identificando padrões. Levam em conta a quantidade de vezes que replicam um conteúdo, a proporção entre seguidores e usuários que o perfil segue, a data de criação da conta, as postagens via plataformas externas ao Twitter e a quantidade de menções a outros usuários, entre outros critérios. [17]

b) Os ciborgues

Os ciborgues também são chamados também de *trolls* ou *socketpuppets* (fantoches). Emiliano De Cristofaro, professor da London's Global University, no Reino Unido, que estuda segurança *on-line* afirmou para BBC que "É muito difícil detectar esses 'bots' híbridos, operados parte por humanos, parte por computadores". Isso porque perfis operados por algoritmos têm "comportamentos previsíveis" e padrões, enquanto uma pessoa real pode interromper isso, "agindo de forma diferente em horários diferentes".

---

16. Disponível em: [www.bbc.com/portuguese/brasil-42172154]. Acesso em: 20.06.2018.
17. Disponível em: [www.bbc.com/portuguese/brasil-42172154]. Acesso em: 20.06.2018.

A BBC afirma que ciborgues dão origem a perfis mais sofisticados, que tentam de fato imitar perfis de pessoas verdadeiras, publicando fotos e frases e interagindo com outros usuários, criando "reputação digital".

Os perfis falsos encontrados pela investigação da BBC Brasil são ciborgues.

> Roubaram fotos de pessoas verdadeiras, criaram nomes falsos e adicionaram como amigos pessoas reais – o que fez até com que recebessem "parabéns" em seus "aniversários". Depois, entre publicações de uma rotina inventada, publicaram conteúdo elogiando políticos brasileiros e ajudaram a aumentar suas "curtidas".
>
> Para manter o perfil ativo e parecer real, parte das postagens era agendada em plataformas fora do Twitter. À primeira vista, não parecem ser perfis falsos.
>
> "É preciso olhar para o conteúdo que postam, não só para sua atividade. E isso custa caro", observa Cristofaro. Por sua natureza mais sofisticada, estão espalhados não só no Twitter, como no Facebook também.[18]
>
> O Facebook informou que suas políticas "não permitem perfis falsos". "Estamos o tempo todo aperfeiçoando nossos sistemas para detectar e remover essas contas e todo o conteúdo relacionado a elas."
>
> A empresa também indicou que pode fazer uma "varredura" de perfis falsos no Brasil semelhante à que fez na França e na Alemanha antes das eleições. "Estamos eliminando contas falsas em todo o mundo e cooperando com autoridades eleitorais sobre temas relacionados à segurança online, e esperamos tomar medidas também no Brasil antes das eleições de 2018.[19]

A BBC Brasil, com a ajuda de especialistas, identificou mais de 100 perfis falsos no Twitter e no Facebook que seriam ligados a uma empresa, e para isso levou em consideração os seguintes elementos:

- uso de fotos comprovadamente falsas, modificadas ou roubadas;
- a publicação de mensagens a partir da mesma ferramenta externa às redes sociais;
- padrão de mensagens que simulam rotina, com repetição de palavras;
- a participação ativa nas redes durante debates e "tuitaços";
- atividade apenas durante o horário "útil" do dia;
- as recorrentes mensagens de apoio ou de agressão a candidatos específicos, e, por fim;
- vários casos de datas coincidentes de criação, ativação e desativação dos perfis.

18. Disponível em: [www.bbc.com/portuguese/brasil-42172154]. Acesso em: 20.06.2018.
19. Disponível em: [www.bbc.com/portuguese/brasil-42172154]. Acesso em: 20.06.2018.

Mas afirma a BBC Brasil que esse padrão de comportamento se refere a um grupo específico de perfis falsos e ciborgues, produzidos, supostamente, por uma empresa específica. "O problema é que cada empresa tem uma atuação diferente, o que significa que diferentes grupos de perfis falsos têm também comportamentos distintos."

c) Os robôs políticos

Os "robôs políticos" são outra categoria dos robôs *on-line* identificada pela BBC Brasil, a BBC os defines como "perfis de militantes que autorizam que suas contas sejam conectadas a páginas de candidatos ou de campanhas".

Em outras palavras, são perfis de pessoas verdadeiras, mas que abrem mão de sua "autonomia" "para dar curtidas de forma automática selecionadas pela campanha de um candidato". [20]

d) O *fake* clássico

Um perfil inventado por uma só pessoa, "sem relação com empresas que vendem esse serviço para políticos e sem relação com campanhas que pedem acesso às contas de militantes".[21]

e) Os ativistas em série

Segundo o especial da BBC Brasil, há dois anos, Bastos e Mercea identificaram o que chamaram de "ativistas em série" – pessoas reais altamente prolíficas politicamente no Twitter e com postagens sobre eventos políticos em diferentes partes do mundo – até 17 delas. Exemplo: um ativista em série pode tuitar em grandes quantidades tanto sobre os protestos de junho de 2013 no Brasil quanto sobre o movimento Occupy nos Estados Unidos.

Os pesquisadores entrevistaram 21 ativistas em série apresentando como resultado os seguintes dados: a maior parte pessoas estão na faixa dos 30 anos ou entre 50 e 60 anos, estavam em períodos de desemprego, trabalho voluntário ou durante a aposentadoria. Ficavam entre cinco e 12 horas no Twitter "dedicando seu tempo a diferentes causas, chegando a tuitar 1,2 mil vezes por dia, indício que levaria pesquisadores a associarem esses perfis à automatização, embora fossem pessoas de verdade".[22]

Mas sua difusão está além dos modos automatizados e isso foi constatado em estudo conduzido por pesquisadores do Massachusetts Institute of Technology – MIT. Soroush Vosoughi, Deb Roy e Sinan Aral.

Lá os pesquisadores identificaram que a propagação das *fake news* é mais intensa por pessoas do que por robôs ou qualquer outro sistema de automação.

---

20. Disponível em: [www.bbc.com/portuguese/brasil-42172154]. Acesso em: 20.06.2018.
21. Disponível em: [www.bbc.com/portuguese/brasil-42172154]. Acesso em: 20.06.2018.
22. Disponível em: [www.bbc.com/portuguese/brasil-42172154]. Acesso em: 20.06.2018.

Perceba que essa é uma das conclusões deste estudo que contraria o senso comum. Aquela impressão de que seriam os robôs, ou outro sistema de automação, os responsáveis pela intensa e dramática disseminação das *fake news*. Eles afirmam que:

> Ao contrário da sabedoria convencional, os robôs aceleraram a disseminação de notícias verdadeiras e falsas na mesma proporção, sugerindo que os humanos, não os robôs, são mais provavelmente responsáveis pela disseminação dramática de notícias falsas[23-24]

Uma estratégia utilizada pelos fabricantes de *fake news* e com foco na propagação dos conteúdos falsos é o apelo à inovação. Nesse mesmo estudo foi constatado que as pessoas tendem a compartilhar as "informações" que constituam alguma novidade, e isso com mais frequência e ânsia se comparada com as informações mais prováveis.

Por isso, a inovação foi um dos múltiplos fatores indicados no estudo mencionado que constatou que as *fake news*, em média, possuem 70% mais chances de serem *retweetadas* quando comparadas com as notícias verdadeiras.

> Nós pesquisamos a difusão de todas as notícias verificadas, tanto verdadeiras quanto falsas, e que foram distribuídas no Twitter de 2006 a 2017. Os dados abrangem aproximadamente 126.000 séries de notícias espalhadas pelo Twitter, que foram twittadas por cerca de 3 milhões de pessoas em 4,5 milhões de vezes. Classificamos as notícias como verdadeiras ou falsas usando informações de seis organizações independentes de *fact-checking* que exibiram concordância de 95% a 98% sobre as classificações.
>
> A "falsidade" difundiu-se significativamente mais longe, mais rápido, de modo mais profundo e amplo do que a "verdade" em todas as categorias.
>
> Os efeitos foram maiores diante das *fake news* políticas do que para notícias sobre terrorismo, desastres naturais, ciência, lendas urbanas ou informações financeiras. Constatou-se, por múltiplos fatores, que as notícias falsas tinham 70% mais chances de serem retweetadas do que as notícias verdadeiras.
>
> Este é um fator novo e importante. *Fake news* foram percebidas como mais inovadoras do que notícias verdadeiras, o que sugere que as pessoas são mais propensas a compartilhar informações novas.[25-26]

---

23. No original: "Contrary to conventional wisdom, robots accelerated the spread of true and false news at the same rate, implying that humans, not robots, are more likely responsible for the dramatic spread of false news".
24. Pesquisa MIT, *The spread of true and false news online*. Soroush Vosoughi; Deb Roy; Sinan Aral. Disponível em: [http://ide.mit.edu/sites/default/files/publications/2017%20IDE%20Research%20Brief%20False%20News.pdf]. Acesso em: 08.05.2018.
25. No original: "We investigated the differential diffusion of all the verified, true and false news stories distributed on Twitter from 2006 to 2017. The data comprise approximately

Entre a enorme capacidade de proliferação da desinformação, um de seus enigmas consiste na identificação e delineamento dos eixos de impacto que provoca nas eleições. Mas será possível medir esses impactos?

Não é fácil identificar o impacto da desinformação em uma eleição. Muitas vezes não é possível definir com precisão sequer os motivos que levaram, cada eleitor, individualmente, a votar em determinado candidato, quanto mais indicar de modo preciso o que o influenciou.

Tomando por base as eleições americanas, Hunt Allcott e Matthew Gentzkow relembram que, no século XIX, o barateamento do papel e o avanço tecnológico das máquinas impressoras permitiram que os jornais partidários expandissem seu alcance. Na ocasião, muitos argumentaram que a nova eficácia conquistada pela imprensa tenderia a transformar significativamente as eleições, inclusive com o comprometimento de seu resultado[27], considerando uma espécie de manipulação do eleitorado por meio de jornais.

Já no século XX, quando o rádio e a televisão se tornaram dominantes no processo comunicacional americano, muitos estudiosos do tema levantaram a preocupação diante do poder desses meios de comunicação, sendo muitas vezes questionado se um sistema de rádio e televisão tão fortes não poderiam provocar a redução dos debates políticos que são tão relevantes para a escolha do eleitor.

O temor girava em torno de uma possível transformação dos debates políticos em simples ameaças, o que poderia privilegiar candidatos carismáticos, ou com boa atuação televisiva, em detrimento de outros candidatos com perfis não tão convidativos ao público da TV ou do rádio, podendo, portanto, favorecer uma espécie de manipulação do eleitorado em prol desses candidatos midiáticos. Em

---

126,000 cascades of news stories spreading on Twitter, tweeted by about 3 million people over 4.5 million times. We classified news as true or false using information from six independent fact-checking organizations that exhibited 95% -98% agreement on the classifications. Falsehood diffused significantly farther, faster, deeper, and more broadly than the truth in all categories. The effects were most pronounced for false political news than for news about terrorism, natural disasters, science, urban legends, or financial information. Controlling for many factors, false news was 70% more likely to be retweeted than the truth. Novelty is an important factor. False news was perceived as more novel than true news, which suggests that people are more likely to share novel information".

26. Pesquisa MIT, The spread of true and false news online. Soroush Vosoughi; Deb Roy; Sinan Aral. Disponível em: [http://ide.mit.edu/sites/default/files/publications/2017%20IDE%20Research%20Brief%20False%20News.pdf]. Acesso em: 08.05.2018.

27. ALLCOTT, Hunt; GENTZKOW, Matthew. Social Media and Fake news in the 2016 Election. *Journal of Economic Perspectives*, v. 31, number 2, p. 211–236, Spring 2017. American Economic Association. Disponível em: [www.jstor.org/stable/44235006?seq=1#page_scan_tab_contents]. Acesso em: 20.02.2018.

vez de a população escolher os candidatos com mais capacidade para liderar a máquina pública, acabariam escolhendo os mais televisivos[28].

Além dessa preocupação, outro ponto de contato se refere ao temor de que a concentração da comunicação em grandes corporações, somada ao poder político que o rádio e a televisão alcançaram, poderia de alguma maneira, gerar uma espécie de "privatização da política".

Mencionam ainda os autores, baseando-se em Sunstein e Pariser, que, no início dos anos 2000, o crescimento das notícias *on-line* gerou um novo conjunto de preocupações semelhantes às anteriores, mas aqui o alvo não era mais a concentração de informação, mas sim a difusão e a possibilidade de conexão entre pessoas em um cenário tão diverso, pois assim, com pontos de vista tão diferentes, os cidadãos poderiam, mais facilmente, buscar ideias semelhantes para formarem "câmaras de eco" ou "bolhas digitais", sendo isolados em grupos ou microgrupos que duelariam em polos, já que os grupos ou microgrupos poderiam, mais facilmente, isolar e ser isolados por possuírem perspectivas contrárias.[29]

Mais recentemente, segundo os autores, o foco de preocupação mudou para as mídias sociais. As plataformas de mídia social, como o Facebook, têm uma estrutura radicalmente diferente das tecnologias de mídia anteriores. O conteúdo pode ser transmitido entre usuários sem filtragem significativa de terceiros, verificação de fatos ou julgamento editorial. Um usuário individual sem histórico ou reputação pode, em alguns casos, alcançar tantos leitores quanto a Fox News, a CNN ou o *New York Times*.[30]

A comunicação e a tecnologia evoluem, mas parece que o eixo de preocupação continua sendo o mesmo: comunicação e manipulação do voto.

Uma das impressões sobre o tema, em que pese a inexistência de dados empíricos específicos, é que as *fake news* eleitorais são constantemente criadas e compartilhadas por (ou para) extremos políticos.

E como a polarização tende a distanciar os adeptos ideológicos de cada polo, as *fake news* criadas e compartilhadas por um polo (ou extremo) dificilmente poderiam penetrar no polo oposto e, por isso, não seriam capazes de alterar o posicionamento das pessoas que já são fiéis ao outro extremo. Esse raciocínio, se comprovado, pode evidenciar um enfraquecimento do poder que as *fake news* teriam para modificar a convicção de um eleitor que ocupe um desses polos.

Porém, os eleitores que não estejam em nenhum desses polos e, ainda, indecisos ou sem convicção absoluta de seu candidato, talvez possam, mais

28. Idem.

29. Idem.

30. Idem.

facilmente, acreditar naquela *fake news*, podendo gerar o infeliz e prejudicial resultado para a democracia, de uma influência desmedida na tomada de decisão do seu voto.

4. Passividade x Interatividade na comunicação digital

O[31] que antes era papel exclusivo da imprensa, hoje é desempenhado de forma ativa e corriqueira no âmbito da *web*, em que os usuários atuam livremente, produzindo os mais variados tipos de conteúdo em *blogs*, aplicativos de mensagens instantâneas e redes sociais. O que se observa é que os usuários da internet não são meros destinatários passivos da informação, como ocorria com as mídias tradicionais.

Não estamos mais lidando com destinatários passivos, que apenas assistem a uma mensagem exibida em veículos de comunicação ou a ouvem, mas, sim, com usuários engajados, que interagem e geram conteúdos.

Esse fenômeno tende a se intensificar com o aumento do número de usuários no País. Segundo relatório divulgado em outubro de 2017 pela Conferência das Nações Unidas sobre Comércio e Desenvolvimento (UNCTAD), o Brasil ocupa o quarto lugar na lista dos países com o maior número de usuários de internet. De acordo com o relatório, são 120 milhões de pessoas conectadas à internet no Brasil[32], número inferior apenas à China, Índia e aos Estados Unidos.

Segundo dados do Global Digital Report 2018, o Brasil possui mais de 4 bilhões de usuários conectados à internet atualmente, o que representa 53% da população mundial. Desses usuários, 53% utilizam a internet de seus *smartphones*.

O mesmo estudo também mostrou que o Brasil é um dos campeões em conectividade, considerando que o brasileiro permanece *on-line* em média nove horas e quatorze minutos por dia, perdendo apenas da Tailândia e Filipinas. Esse período diário que os brasileiros permanecem conectados, significam que, dos 365 dias do ano, aproximadamente 145 deles são conectados à internet.

A Pesquisa de Tecnologia da Informação e Comunicação nos Domicílios Brasileiros de 2018 (TIC Domicílios), divulgada pelo Comitê Gestor da Internet no Brasil (CGI.br) retrata o acesso dos brasileiros à internet, no período de outubro de 2018 a março de 2019. O resultado mostrou que 127 milhões de brasileiros estão conectados à Internet, e 56% desses usuários utilizam a internet apenas em

---

31. RAIS, Diogo (Coord.). In: RAIS, Diogo; FALCÃO, Daniel; GIACHETTA, André; MENEGUETTI, Pâmela. *Direito eleitoral digital*. São Paulo: Revista dos Tribunais, 2018.
32. AGÊNCIA BRASIL. *Brasil é o 4º país em número de usuários de internet*. 02.10.2017. Disponível em: [https://exame.abril.com.br/tecnologia/brasil-e-o-4o-pais-em-numero-de-usuarios-de-internet/]. Acesso em: 26.11.2017.

seus celulares, o que demonstra que os *smartphones* representam um papel fundamental na inclusão digital, impulsionando o crescimento do acesso à internet no Brasil.[33]

Sobre o uso dos *smartphones*, a Associação Brasileira de Telecomunicações (Telebrasil) divulgou dados da ANATEL, que demonstram que 98,2% da população brasileira tem serviço de telefonia móvel, e que 99,3% da população tem acesso à tecnologia 3G, contra 94,4% que têm acesso à tecnologia 4G.[34]

Esses dados revelam que, embora a televisão ainda seja um dos meios de comunicação mais populares entre os brasileiros, seu domínio deixou de ser absoluto, principalmente com o aumento da conectividade no País, que continua em amplo crescimento[35].

A internet se tornou parte integrante e indissociável da vida cotidiana de grande parte dos brasileiros. E como não poderia deixar de ser, vem assumindo relevância cada vez maior no processo eleitoral, sendo utilizada tanto pelos próprios candidatos, partidos e coligações para divulgação de propaganda eleitoral como também pelos eleitores no exercício dos seus direitos de acesso à informação e livre manifestação do pensamento. Trata-se de um fenômeno global: a internet está cada vez mais presente na vida das pessoas, inclusive durante o período eleitoral[36].

Uma pesquisa recente do IBOPE[37] aponta a relevância crescente da internet como fonte de informação em período eleitoral. Segundo o IBOPE, as mídias sociais têm algum grau de influência para mais da metade dos eleitores brasileiros

---

33. SOARES, Marcelo. Smartphone *impulsiona crescimento da internet no Brasil, diz pesquisa*. 05.11.2017. Disponível em: [www1.folha.uol.com.br/mercado/2017/09/1915950-smartphone-impulsiona-crescimento-da-internet-no-brasil-diz-pesquisa.shtml]. Acesso em: 26.04.2019.

34. NASCIMENTO, Luciano. *Telefonia celular alcança 98,2% da população brasileira*. 06.09.2018. Disponível em: [http://agenciabrasil.ebc.com.br/economia/noticia/2018-09/telefonia-celular-alcanca-982-da-populacao-brasileira]. Acessado em 01.12.2019.

35. RAIS, Diogo (Coord.). In: RAIS, Diogo; FALCÃO, Daniel; GIACHETTA, André; MENEGUETTI, Pâmela. *Direito eleitoral digital*. São Paulo: Revista dos Tribunais, 2018.

36. De acordo com Auriney Brito e João Victor Rozatti Longhi, "[...] o presente momento social – em que o número de usuários aumentou, e a esmagadora maioria se posiciona ativamente sobre as questões sociais relevantes – representa o principal momento do uso das novas tecnologias da informação para promover uma campanha eleitoral" (BRITO, Auriney; LONGHI, João Victor Rozatti. *Propaganda eleitoral na Internet*: de acordo com a Lei n. 12.965/2014. São Paulo: Saraiva, 2014. p. 14).

37. IBOPE INTELIGÊNCIA. *Redes sociais e mídias tradicionais são as fontes de informação com mais influência na escolha do presidente em 2018*. 13.06.2017. Disponível em: [www.ibopeinteligencia.com/noticias-e-pesquisas/redes-sociais-e-midias-tradicionais-sao-as-fontes-de-informacao-com-mais-influencia-na-escolha-do-presidente-em-2018/]. Acesso em: 26.11.2017.

(56%) na escolha de seus candidatos. E, para nada menos que 34% dos eleitores, os meios digitais têm muita influência. Essa pesquisa deixa claro o protagonismo dos meios digitais como fonte de informação para tomada de decisão de voto.

No Brasil, parece ainda mais relevante, sobretudo nas eleições municipais, já que nem 5% dos municípios tem emissoras de TV e, conforme explicou o advogado Geraldo Agosti no Seminário de Direito Eleitoral realizado em Belém[38], apenas as emissoras difundem a propaganda eleitoral, cabendo às retransmissoras apenas repetir essa programação.

E essa prática, durante uma eleição municipal, cria o curioso fenômeno de um munícipe não conseguir assistir à campanha eleitoral de seus possíveis candidatos, pois em seu televisor é transmitido apenas a propaganda eleitoral do município da emissora que, como somente está presente em menos de 5% dos municípios, deixa descoberto os outros 95% dos municípios brasileiros que, por essa razão, não têm contato com seus possíveis candidatos por meio da televisão.

A existência desse vazio em 95% dos municípios brasileiros, por si só, já justifica a adoção e incentivo à internet como meio alternativo e eficaz para a propaganda eleitoral, podendo democratizar e preencher este vazio.

Mas nem só de vantagens vive a relação entre a internet e as eleições, a velocidade e a massificação da desinformação geram poluição informacional, pondo em xeque todo o conteúdo existente na rede.

5. Como combater as *deepfakes* e *fake news*

Quais intervenções podem ser eficazes para conter o fluxo e a influência de *fake news*? No estudo conduzido por Soroush Vosoughi, Deb Roy e Sinan Aral foram identificadas duas categorias de intervenções[39]:

> [40](i) as que buscam mudanças estruturais destinadas a evitar a exposição primária de indivíduos às *fake news*; e
>
> (ii) aquelas que visam capacitar os indivíduos a avaliar as *fake news* que encontram.

---

38. AGOSTI, Geraldo. Seminário de Direito Eleitoral realizado pelo Tribunal Regional Eleitoral do Pará entre os dias 10 e 11 de maio de 2018, em Belém.
39. Pesquisa MIT, The spread of true and false news online. Soroush Vosoughi; Deb Roy; Sinan Aral. Disponível em: [http://ide.mit.edu/sites/default/files/publications/2017%20IDE%20Research%20Brief%20False%20News.pdf]. Acesso em: 08.05.2018.
40. No original: "What interventions might be effective at stemming the flow and influence of fake news? We identify two categories of interventions: (i) those aimed at empowering individuals to evaluate the fake news they encounter, and (ii) structural changes aimed at preventing exposure of individuals to fake news in the first instance".

(i) as que buscam mudanças estruturais destinadas a evitar a exposição primária de indivíduos às fake news

Podemos pensar, inicialmente, em duas grandes áreas de atuação na tentativa de buscar mudanças estruturais à exposição de indivíduos às *fake news*: voluntária, realizada pelos próprios *players digitais*, mais especificamente diante da violação de sua própria política; e uma atuação jurisdicional, no caso específico deste artigo, uma atuação jurisdicional eleitoral.

Sobre essa dicotomia entre a atuação jurisdicional e voluntária, é preciso frisar que todos nós somos responsáveis pelo que publicamos, mas isso não quer dizer que é apenas no cenário jurisdicional que esse desafio deva ser enfrentado. Aliás, parece-me que o Judiciário somente deveria entrar na questão quando houver dano, ou dano e dolo.

Por exemplo, caso algum conteúdo circule por uma *fake news* e ofenda ou impute fato criminoso a alguém em razão das eleições, pode ser configurado como injúria ou calúnia eleitoral, além de gerar também a possibilidade de multas e de direito de resposta e, em alguns casos, até a retirada do conteúdo pela Justiça Eleitoral.

Buscando ser mais prático e concreto, vale lembrar que o Código Eleitoral, em seu art. 323, dispõe que é crime: "Divulgar, na propaganda, fatos que sabe inverídicos, em relação a partidos ou candidatos e capazes de exercerem influência perante o eleitorado".

Além de outras possibilidades de incidência, não necessariamente diante da *fake news* em si, mas diante do dano que provoca, como na possibilidade de incidência nos casos de injúria, calúnia ou difamação eleitoral.

Desde 2009, nossa normatização eleitoral, pelo art. 57-H da Lei Geral das Eleições (Lei 9.504/97), já previa punição de multa de R$ 5.000,00 (cinco mil reais) a R$ 30.000,00 (trinta mil reais) para quem realizar propaganda eleitoral na internet, atribuindo indevidamente sua autoria a terceiro, inclusive a candidato, partido ou coligação.

Com a Lei 12.891, de 2013, esse dispositivo passou a criminalizar a contratação direta ou indireta de grupo de pessoas com a finalidade específica de emitir mensagens ou comentários na internet para ofender a honra ou denegrir a imagem de candidato, partido ou coligação. Indicando como punição a detenção de 2 (dois) a 4 (quatro) anos e multa de R$ 15.000,00 (quinze mil reais) a R$ 50.000,00 (cinquenta mil reais), conforme previsão no art. 57-H, § 1º, da Lei Geral das Eleições.

Enquadrando como agente não somente aquele que contratou, mas também as pessoas contratadas para esse fim, entretanto, a punição indicada para estas é um pouco menos severa, sendo punível com detenção de 6 (seis) meses a 1 (um) ano, com alternativa de prestação de serviços à comunidade pelo mesmo período, e multa de R$ 5.000,00 (cinco mil reais) a R$ 30.000,00 (trinta mil reais), disposição prevista no art. 57-H, § 2º, da Lei Geral das Eleições.

A reforma de 2017 avançou ainda mais na temática das publicações falsas, em especial diante dos perfis *fakes* (falsos), prevendo expressamente a proibição da veiculação de conteúdos de cunho eleitoral mediante cadastro de usuário de aplicação de internet com a intenção de falsear identidade, prevista no art. 57-B, § 2º, da Lei Geral das Eleições.

Como punição a eventual violação dessa disposição, a nova norma sujeita o usuário responsável pelo conteúdo e, quando comprovado seu prévio conhecimento, o beneficiário à multa no valor de R$ 5.000,00 (cinco mil reais) a R$ 30.000,00 (trinta mil reais) ou em valor equivalente ao dobro da quantia despendida se esse cálculo superar o limite máximo da multa, prevista no art. 57-B, § 2º, da Lei 9.504/97.

Ainda no campo cível eleitoral, a resolução do Tribunal Superior Eleitoral 23.551, de 18 de dezembro de 2018, traz em seu art. 22 que, embora a livre manifestação do pensamento do eleitor identificado ou identificável na internet seja protegida, ela será passível de limitação quando ocorrer ofensa à honra de terceiros ou divulgação de fatos sabidamente inverídicos, podendo, essa exceção, também ser aplicada em período extra campanha eleitoral, ainda que a mensagem traga conteúdo de apoio ou crítica a partido político ou a candidato.

(ii) aquelas que visam capacitar os indivíduos a avaliar as fake news que encontram

Embora seja possível encontrar vários dispositivos normativos e determinações voluntárias para combater um ambiente de desinformação, ainda assim penso que é diante do segundo eixo de possíveis soluções (aquelas que visam capacitar os indivíduos a avaliar as *fake news*) que há melhores oportunidades para resolver o problema da desinformação, retomando aqui a proposta de que em um cenário de desinformação deve ser na informação a busca para encontrar o "remédio" eficaz para combatê-la. Quanto menos informação tivermos, mais vulneráveis às *fake news* nós seremos.

Talvez nossa relação com a verdade e a mentira seja mais paradoxal do que parece. Talvez tenhamos até uma espécie de "fetiche" pela mentira.

Um exemplo recente pode ser indicado como uma das campanhas do Facebook no combate à desinformação. Essa campanha tinha por estratégia alertar os usuários de que alguns conteúdos poderiam ser falsos e, como medida de alerta, foi colocado um alerta em cada conteúdo suspeito com a intenção de orientar e afastar a visibilidade daquele conteúdo.

Entretanto, o Facebook suspendeu imediatamente a campanha, pois, "o Facebook considera que o ícone de advertência não só não é eficaz, como pode produzir o efeito contrário"[41]. Não surpreenderia se aquele conteúdo sinalizado como falso tivesse atraído ainda mais a atenção dos usuários do que os conteúdos sem indicação de falsidade.

Na busca de identificar nossa relação com a verdade, surge a pergunta: Podemos medir qual o nosso apreço pela verdade? Ou o quanto percebemos a verdade? O quanto os brasileiros conhecem sobre a realidade de seu próprio país nos temas-chave do cotidiano brasileiro?

Para responder a essa questão, a Ipsos entrevistou, no final de 2017, mais de 29.000 pessoas em 38 países, incluindo o Brasil, publicando o seu estudo com o título "*Perigos da Percepção*"[42].

As informações coletadas foram comparadas com dados de fontes oficiais resultando no *ranking* "Índice da Percepção Equivocada", que foi baseado nas distorções entre opiniões e realidade.

O Brasil amargou a triste posição de ter o segundo pior resultado, superando apenas a África do Sul nesse quesito e sendo seguido por Filipinas (3º), Peru (4º) e Índia (5º).

É preciso fortalecer e empoderar a imprensa. Considera-se imprensa aqui no seu conceito mais amplo possível, em especial diante da pluralidade de fontes. Também é preciso conscientizar os usuários de internet para que se invistam em sua responsabilidade, sendo o usuário o curador do conteúdo que busca na internet, devendo ser, cada vez mais, diligente sobre o conteúdo que cria e/ou divulga.

É claro que não é viável, em nome da liberdade de expressão, cercear a própria liberdade de expressão, afinal não é uma solução razoável resolver o problema do trânsito proibindo a circulação de veículos, só há trânsito porque as pessoas querem andar com seus veículos, e só temos desafios na liberdade de expressão porque não podemos nem queremos "abrir mão" dela. Vale lembrar aqui as lições de Fux e Frazão ao afirmarem que "sem que haja liberdade de expressão e de informação e seja franqueada ampla possibilidade de debate de todos os assuntos relevantes para a formação da opinião pública, não se há cogitar de verdadeira democracia"[43].

Creio que, entre a verdade e o fetiche pela mentira, é fundamental que haja engajamento para ensinar e ajudar as pessoas a se manifestarem e a checarem o conteúdo, afinal, a internet não é terra de ninguém, e sim espaço de todos.

---

41. Facebook anuncia nova estratégia para enfrentar "fake news". Disponível em: [www.correiodopovo.com.br/Jornalcomtecnologia/2017/12/22/facebook-anuncia-nova-estrategia-para-enfrentar-fake-news/]. Acesso em: 25.04.2018.
42. IPSOS. Perigos da Percepção 2017. Disponível em: [www.ipsos.com/pt-br/perigos-da-percepcao-2017]. Acesso em 25.04.2018.
43. FUX, Luiz; FRAZÃO, Carlos Eduardo. *Novos paradigmas do direito eleitoral*. Belo Horizonte: Fórum, 2016. p. 276.

E nesse espaço coletivo e de educação e informação é que se encontram as agências de checagem ou de *fact-checking*. Essas agências têm como objetivo checar as informações que circulam na rede, fazendo uma espécie de investigação da informação e comprovando sua análise indicando a falsidade ou não daquele conteúdo, podendo ocupar papel central na caça à desinformação.

No Brasil, já temos algumas agências de *fact-checking* operando com sucesso. Entre elas, mencionam-se aqui três agências brasileiras que também são filiadas à International Fact-Checking Network, que são: Agência Pública ([https://apublica.org/]), Agência Lupa ([http://piaui.folha.uol.com.br/lupa/]) e Aos Fatos ([https://aosfatos.org/]).

A Agência Aos Fatos, por exemplo, traduziu para o português diversos manuais para facilitar o trabalho de checagem, entre eles destaco aqui o guia de autoria de Jack Werner, jornalista sueco especializado em desvendar boatos em redes sociais, que foi produzido pela International Fact-Checking Network por ocasião do Dia Internacional do *Fact-Checking*.

Em síntese, indicam nove passos para checar um boato, segundo o manual traduzido, esses passos são os seguintes[44]:

> Reconheça
>
> Lendas urbanas e boatos seguem um formato específico. Geralmente, têm poucos detalhes e possuem uma trama cujo fim é frequentemente dramático, triste, nojento, esquisito ou engraçado.
>
> Procure pelo viés ideológico
>
> Pessoas compartilham factoides para reforçar suas crenças pessoais. Por isso, as preferências ideológicas do narrador podem ser usadas a seu favor na hora de checar. Todos somos sugestionáveis a informações que parecem verdadeiras para cada um de nós. Perguntar a si mesmo se algo é muito bom para ser verdade nunca é tão importante quanto a própria vontade de que aquele conteúdo seja verídico.
>
> Procure por nomes, lugares, datas e imagens
>
> Nas redes sociais, mesmo as histórias cujo foco são pessoas comuns, boatos geralmente vêm acompanhados de imagens, nomes e lugares. Dê um Google! Procure pelos nomes e lugares mencionados e limite a busca para o período de tempo mencionado na história.
>
> Use o Google Reverse Images[45] ou o TinEye[46] para checar imagens. Se você quiser checar um vídeo do YouTube, use a ferramenta da Anistia Internacional[47].

---

44. Confira a íntegra do guia disponível em: [https://aosfatos.org/noticias/como-checar-boatos-em-9-passos/].
45. Disponível em: [https://images.google.com].
46. Disponível em: [www.tineye.com].
47. Disponível em: [https://citizenevidence.amnestyusa.org].

> Identifique e faça uso de qualquer rastro de evidência que você encontrar – e, se você não achar nenhum fato concreto na história, como nomes, datas, imagens – é bem possível que seja mentira.
>
> Leia os comentários
>
> Comentários são frequentemente destrutivos, mas eles podem ser valiosos como fonte de pesquisa. É comum que haja alguns comentários questionando a história antes mesmo de você tê-la escrutinado. Esses comentaristas podem ter feito alguma pesquisa e publicado por ali, portanto dê uma olhada. Não há razão para refazer investigação se alguma outra pessoa já o fez antes.
>
> Procure pela fonte
>
> Boatos dificilmente têm origem numa testemunha ocular ou mesmo no personagem central da história. Em vez disso, a fonte normalmente é descrita como "o amigo do primo do sobrinho do irmão do meu pai". [...] Esse é um indicativo de que pode se tratar de um boato. Encontrar a verdadeira fonte não é impossível, e dificilmente elas têm credibilidade.
>
> Procure por elementos centrais da história
>
> Procurar por elementos-chave da história no Google e no Facebook pode ajudar a encontrar diferentes versões. Muitas versões diferentes da mesma história são indicadores de que você está diante de um boato.
>
> Pergunte às pessoas envolvidas na história
>
> Busque os envolvidos e pergunte a eles se a história é verdadeira.
>
> Consulte os especialistas em folclore
>
> Se checadores não verificaram a história ainda, procure-os. Eles podem dizer se reconhecem o boato como tal ou se é uma nova lenda urbana. Se forem realmente bons, estarão à disposição para ajudá-lo, sobretudo porque eles mesmos querem saber o que há de novo no mundo da boataria.
>
> Descreva com detalhes
>
> Uma checagem deve ser detalhada e mostrar o caminho da sua investigação, os elementos de outras histórias semelhantes e o impacto que essas mentiras podem ter na sociedade.

O Google também anunciou algumas medidas de combate às *fake News*, entre elas, indico aqui a Iniciativa Google Notícias (ou Google News Initiative, no original).

Segundo matéria publicada na TecMundo a iniciativa pretende reforçar o jornalismo de qualidade e, com isso, "espalhar conhecimento para que a vida seja melhor para todos", nas palavras do presidente da empresa Sundar Pichai[48].

---

48. Disponível em: [www.tecmundo.com.br/internet/128359-iniciativa-google-noticias-chega-combater-fake-news.htm]. Acesso em: 25.04.2018.

Trabalhando em várias frentes, tanto na parte de criação quanto na de distribuição de conteúdo, a "Iniciativa Google Notícias se divide em três grandes partes (produtos, parcerias e programas) e pretende criar mecanismos para facilitar a vida dos usuários na hora de encontrar notícias apuradas e fomentar o bom jornalismo junto aos parceiros"[49].

A empresa informou que sua missão é garantir que os conteúdos de notícias de qualidade sejam reconhecidos em todas as suas "plataformas, que os usuários possam encontrá-los facilmente e que os parceiros de notícias possam se beneficiar da sua criação"[50].

Durante apresentação na Google I/O em maio deste ano, a empresa anunciou uma nova versão do Google News que utilizará inteligência artificial e *machine learning* aliado à inteligência humana para garantir a veracidade das informações.

Trystan Upstill, engenheiro do Google Notícias, explicou em *post* oficial que a nova plataforma usa técnicas de inteligência artificial "para fazer uma análise em tempo real que reconhece pessoas, lugares e coisas relacionadas àquela informação. Com isso, a empresa consegue organizar o fato e entregar um resumo do que está acontecendo ao usuário"[51].

Outro projeto para o combate às *fake news* foi o Truenet, que venceu o Globo Editors Lab, com a ideia de criar uma frente colaborativa com o objetivo de checar a veracidade das notícias que circulam pelo Twitter prevenindo "a disseminação de notícias falsas, alertando os usuários. A intenção é criar um sistema de alertas para os usuários que possam estar divulgando *fake news* nas suas *timelines*, avisando que o conteúdo é suspeito"[52].

O Facebook lançou, em 2017, uma campanha mundial de combate às *fake news* divulgando para todo os seus usuários dez dicas diante das notícias falsas, são elas:

> Seja cético com as manchetes.
>
> Notícias falsas frequentemente trazem manchetes apelativas em letras maiúsculas e com pontos de exclamação. Se alegações chocantes na manchete parecerem inacreditáveis, desconfie.
>
> Olhe atentamente para a URL.

49. Idem.
50. Idem.
51. Disponível em: [www.terra.com.br/noticias/tecnologia/canaltech/google-io-google-news-une-ia-com-selecao-humana-para-combater-fake-news,a360393986d25b3c9ee51fcba7edde3bhimrrtr3.html.] Acesso em: 10.05.2018.
52. Disponível em: [https://exame.abril.com.br/brasil/3-ideias-que-vao-te-ajudar-a-combater-fake-news-no-futuro-proximo/]. Acesso em: 10.05.2018.

Uma URL semelhante à de outro site ou um telefone podem ser um sinal de alerta para notícias falsas. Muitos sites de notícias falsas imitam veículos de imprensa autênticos fazendo pequenas mudanças na URL. Você pode ir até o site para verificar e comparar a URL com a de veículos de imprensa estabelecidos.

Investigue a fonte.

Certifique-se de que a reportagem tenha sido escrita por uma fonte confiável e de boa reputação. Se a história for contada por uma organização não conhecida, verifique a seção "Sobre" do site para saber mais sobre ela.

Fique atento a formatações incomuns.

Muitos sites de notícias falsas contêm erros ortográficos ou apresentam layouts estranhos. Redobre a atenção na leitura se perceber esses sinais.

Considere as fotos.

Notícias falsas frequentemente contêm imagens ou vídeos manipulados. Algumas vezes, a foto pode ser autêntica, mas ter sido retirada do contexto. Você pode procurar a foto ou imagem para verificar de onde ela veio.

Confira as datas.

Notícias falsas podem conter datas que não fazem sentido ou até mesmo datas que tenham sido alteradas.

Verifique as evidências.

Verifique as fontes do autor da reportagem para confirmar que são confiáveis. Falta de evidências sobre os fatos ou menção a especialistas desconhecidos pode ser uma indicação de notícias falsas.

Busque outras reportagens.

Se nenhum outro veículo na imprensa tiver publicado uma reportagem sobre o mesmo assunto, isso pode ser um indicativo de que a história é falsa. Se a história for publicada por vários veículos confiáveis na imprensa, é mais provável que seja verdadeira.

A história é uma farsa ou uma brincadeira?

Algumas vezes, as notícias falsas podem ser difíceis de distinguir de um conteúdo de humor ou sátira. Verifique se a fonte é conhecida por paródias e se os detalhes da história e o tom sugerem que pode ser apenas uma brincadeira.

Algumas histórias são intencionalmente falsas.

Pense de forma crítica sobre as histórias lidas e compartilhe apenas as notícias que você sabe que são verossímeis.

Em maio deste ano, o Facebook do Brasil anunciou parceria com duas das três agências de checagens credenciadas pela rede internacional. O projeto consiste na utilização do trabalho de checagem daqueles conteúdos imputados como desinformação, mas a ideia não é necessariamente remover o conteúdo, e sim conectá-lo a conteúdos que "desmentem" ou contradizem a "informação" trazida pelo conteúdo checado[53].

Há também o "Comprova", formado pela coalizão de 24 organizações de mídia brasileiras capitaneadas pela First Draft da Universidade de Harvard nos Estados Unidos com o objetivo de identificar, checar e combater rumores, manipulações e notícias falsas sobre as eleições de 2018.

Segundo matéria na *Folha de S. Paulo*, uma das integrantes da coalizão, as organizações atuaram de forma colaborativa rastreando "redes sociais, sites e aplicativos de mensagens privadas para encontrar não apenas informações falsas, mas conteúdo forjado e manipulações que possam influenciar a campanha eleitoral".[54]

As Escolas Judiciárias Eleitoral do Tribunal Superior Eleitoral e dos Tribunais Regionais Eleitorais vêm realizando diversos eventos multidisciplinares sobre o tema, fomentando a maturidade acadêmica e profissional a respeito dos desafios para as eleições de 2018, a título de exemplo, menciona-se aqui o Fórum Internet e Eleições na gestão de Fábio Quintas e Adisson Leal, realizado nos dias 07, 11 e 12 de dezembro de 2017, contando com engenheiros da computação, jornalistas, professores de direito digital e eleitoral, advogados e representante do Facebook.

Em 01 e 02 de março de 2018, o Colégio de Presidentes dos Tribunais Regionais Eleitorais do país reuniu, na sede do TRE-MT em Cuiabá, desembargadores, juízes e assessores de comunicação e de tecnologia de todos os TREs do País, contando com uma discussão engajada e participativa entre todos esses agentes públicos e representantes das empresa Facebook, Google e Twitter, engenheiros de computação, professores e profissionais das carreiras jurídicas, das áreas digital, eleitoral e processual, além de profissionais da comunicação como jornalistas.

No Tribunal Superior Eleitoral, em abril de 2018, a Escola Judiciária Eleitoral, sob o comando do Ministro Tarcísio Vieira e dos assessores Leonardo Fonseca e Fernanda Lage, foi realizado o evento "Perspectivas e Desafios da Propaganda Eleitoral: Eleições 2018", contando com representantes do Facebook, da computação, profissionais jurídicos das áreas digital, eleitoral e processual.

Por esses exemplos, já é possível encontrar algumas medidas de extrema relevância na atuação voluntária diante do segundo eixo, indicando aqui a sinergia entre empresas digitais, engenharia da computação, jornalismo, agências de checagem, universidades e a Justiça Eleitoral, todos em prol da informação no

---

53. Disponível em: [https://br.newsroom.fb.com/news/2018/05/facebook-lanca-produto-de-verificacao-de-noticias-no-brasil-em-parceria-com-aos-fatos-e-agencia-lupa/]. Acesso em: 10.05.2018.
54. Disponível em: [www1.folha.uol.com.br/poder/2018/06/comprova-coalizacao-para-combater-noticias-falsas-e-lancada-no-brasil.shtml]. Acesso em: 28.06.2018.

combate à desinformação com o objetivo de capacitar os indivíduos a avaliar as *fake news* que encontram.

Conclusão

Se a tarefa de definir já não é simples, e talvez seja impossível, ao menos diante da dimensão que a expressão alcançou no imaginário popular e estatal, imagine combatê-la?!

Acima de tudo, é necessário perceber que *fake news* não é uma forma, é, na verdade, um conteúdo. Não se descobre uma *fake news* por sua cor ou por seu formato, mas sim pelo seu conteúdo, pela mensagem que ela emite.

Portanto, se quisermos retirar as *fake news* teremos que fazer uma análise do conteúdo ou da mensagem que ela traz. Daí o maior de seus perigos. Se o Estado quiser remover ou impedir *fake news* terá que agir diante do conteúdo das mensagens. Se fizer repressivamente pelo Judiciário dependerá de uma análise caso a caso, mas se fizer abstrata e preventivamente, a agressão à liberdade de expressão será ainda maior, e creio que não faremos nada diferente daquilo a que se chama censura.

Além disso, a vagueza e as múltiplas faces das *fake news* criam um paradoxo para seu enfrentamento em abstrato, impedindo a criação de uma lei efetiva sobre o tema.

Por um lado, se a lei não especificar exaustivamente o que é, estará criando uma chave-mestra para que os juízes tranquem as mensagens que entenderem ter sido enquadradas na expressão *fake news*, e assim poderão fazê-lo, cada um dos milhares de juízes, cada um à sua forma, cada um ao seu estilo, e, por mais respeito que tenho ao Judiciário brasileiro, não parece que é mais insegurança e aleatoriedade que o tema exige.

Por outro lado, se definirmos, exaustivamente, o que seria *fake news*, seria a lei, portanto, o Legislativo, que impediria a liberdade, criando filtros impossíveis de cumprir de modo satisfatório, e uma lei assim ou cairia na ineficácia ou provocaria o silêncio da sociedade.

Entre a ineficácia, o silêncio e a chave-mestra para trancar a palavra, seja pelo Legislativo, seja pelo Judiciário, prefiro que se busquem incentivos para a informação e, somente com ela, seria possível vencer a desinformação.

Não é saudável para a democracia destinar ao Estado o domínio do conteúdo das mensagens, porém, em uma agenda positiva, o Estado e a sociedade poderiam, cada vez mais, incentivar o empoderamento dos usuários para que eles, sim, chequem os conteúdos, escolham os conteúdos, sejam curadores dos conteúdos, e isso só parece possível com mais informação, com mais educação e com mais liberdade.

Talvez o que se espera não seja o combate, mas sim o fortalecimento da imunidade dos indivíduos, que, com educação digital e liberdade, possam cada vez mais vencer os desafios da desinformação. O Estado, a imprensa, a própria sociedade poderiam cada vez mais incentivar e divulgar meios que permitam aos usuários verificar o conteúdo e, a partir daí, cada indivíduo poderia agir, cada vez mais, com liberdade e com responsabilidade.

Referências bibliográficas

ALLCOTT, Hunt; GENTZKOW, Matthew. Social Media and Fake news in the 2016 Election. *Journal of Economic Perspectives*, v. 31, number 2, p. 211-236, Spring 2017. American Economic Association. Disponível em: [www.jstor.org/stable/44235006?seq=1#page_scan_tab_contents]. Acesso em: 20.02.2018.

BRITO, Auriney; LONGHI, João Victor Rozatti. *Propaganda eleitoral na internet*: de acordo com a Lei n. 12.965/2014. São Paulo: Saraiva, 2014. p. 14.

FUX, Luiz; FRAZÃO, Carlos Eduardo. *Novos paradigmas do direito eleitoral*. Belo Horizonte: Fórum, 2016.

HIGH LEVEL GROUP – HLEG (Grupo Independente de Alto Nível sobre as notícias falsas e a desinformação on-line) da União Europeia "Uma abordagem multidimensional para a desinformação" publicado em 12 de março de 2018. Disponível em: [http://europa.eu/rapid/press-release_IP-18-1746_pt.pdf]. Acesso em: 20.03.2018.

IBOPE INTELIGÊNCIA. *Redes sociais e mídias tradicionais são as fontes de informação com mais influência na escolha do presidente em 2018*. 13.06.2017. Disponível em: [www.ibopeinteligencia.com/noticias-e-pesquisas/redes-sociais-e-midias-tradicionais-sao-as-fontes-de-informacao-com-mais-influencia-na-escolha-do-presidente-em-2018/]. Acesso em: 26.11.2017.

IPSOS. *Perigos da percepção 2017*. Disponível em: [www.ipsos.com/pt-br/perigos-da-percepcao-2017]. Acesso em: 25.04.2018.

NASCIMENTO, Luciano. *Brasil tem mais de 200 milhões de celulares com acesso à internet*. 28.07.2017. Disponível em: [http://agenciabrasil.ebc.com.br/geral/noticia/2017-07/acesso-de-celulares-internet-ultrapassa-200-milhoes]. Acesso em: 26.11.2017.

RAIS, Diogo. *Em vez de coibir internet na eleição, é preciso empregá-la para fiscalização*. 19.11.2017. Disponível em: [www1.folha.uol.com.br/poder/2017/11/1936498-em-vez-de-coibir-internet-na-eleicao-e-preciso-emprega-la-para-fiscalizacao.shtml] Acesso em: 20.02.2018.

RAIS, Diogo (Coord.) In: RAIS, Diogo; FALCÃO, Daniel; GIACHETTA, André; MENEGUETTI, Pâmela. *Direito eleitoral digital*. São Paulo: Revista dos Tribunais, 2018.

RAIS, Diogo. *Eleições de 2018 e combate a* fake news. No prelo.

REUTERS INSTITUTE FOR THE STUDY OF JOURNALISM. *Digital News Report 2016*. Disponível em: [www.poder360.com.br/wp-content/uploads/2016/12/Pesquisa-instituto-Reuters.pdf]. Acesso em: 26.11.2017.

SOARES, Marcelo. Smartphone *impulsiona crescimento da internet no Brasil, diz pesquisa.* 05.11.2017. Disponível em: [www1.folha.uol.com.br/mercado/2017/09/1915950-smartphone-impulsiona-crescimento-da-internet-no-brasil-diz-pesquisa.shtml]. Acesso em: 26.11.2017.

VOSOUGHI, Soroush; ROY, Deb; ARAL, Sinan. *The spread of true and false news online.* Disponível em: [http://ide.mit.edu/sites/default/files/publications/2017%20IDE%20Research%20Brief%20False%20News.pdf]. Acesso em: 08.05.2018.

WANDLE, Claire. Disponível em: [www.politize.com.br/noticias-falsas-pos-verdade/]. Acesso em: 20.03.2018.

DESINFORMAÇÃO E ELEIÇÕES: A COMUNICAÇÃO COMO INSTRUMENTO ESTRATÉGICO

ANA CRISTINA ROSA

Jornalista formada pela Pontifícia Universidade Católica do Rio Grande do Sul (PUC-RS), em 1991. Especializou-se em comunicação pública, com experiência de dez anos de atuação em Assessorias de Imprensa do Poder Judiciário, além de passagens por assessorias de comunicação dos poderes Executivo e do Legislativo do Rio Grande do Sul. Como Assessora-Chefe de Comunicação do Tribunal Superior Eleitoral (TSE), coordenou as ações de comunicação da Justiça Eleitoral durante as Eleições Gerais de 2018. Sua trajetória profissional também inclui passagens pelas redações de alguns dos principais veículos de comunicação do país, como o Jornal *O Estado de S. Paulo*, onde foi repórter de Política, a revista Época, onde atuou como Editora-Assistente, e a revista *Elle*, onde foi repórter.

1. Introdução

A desintermediação decorrente do amplo acesso à internet trouxe inúmeras facilidades e vantagens em termos de interação e de troca de informação. No entanto, na mesma proporção, fomentou o desenvolvimento de um cenário propício à disseminação de conteúdos falsos, falaciosos ou tendenciosos, na medida em que possibilitou uma comunicação apoiada no desprezo pelo jornalismo profissional e pelas organizações que até então realizavam esse filtro informacional.

O problema não é exatamente novo, uma vez que a mentira existe desde que o mundo é mundo. A novidade é a aceleração da velocidade e a ampliação do impacto que a disseminação de conteúdos por meio eletrônico – mais especificamente nas redes sociais e em aplicativos de mensagens – pode causar à própria democracia. É inegável o fato de que o desenvolvimento da mídia interativa deu voz aos cidadãos, ampliando a liberdade de expressão. No entanto, também potencializou uma verdadeira onda de desinformação que atingiu em cheio os processos eleitorais realizados nas sociedades democráticas.

Segundo o *Relatório de Notícias Digitais 2019 – Digital News Report* – do Instituto Reuters para o Estudo do Jornalismo, a polarização da disputa política e a disseminação de desinformação nas Eleições de 2018 foram fenômenos importantes na divulgação de informação na web. O documento aponta que a maioria dos brasileiros considera a desinformação espalhada nas mídias sociais um perigo para o bem-estar, ameaçando as democracias. Pelos dados, 85% dos usuários de internet no Brasil disseram estar preocupados em discernir o conteúdo digital verdadeiro das inverdades propagadas em redes sociais e aplicativos de mensagens.

Na mesma linha, pesquisa nacional de opinião pública realizada pelas ouvidorias da Câmara dos Deputados e do Senado Federal em outubro de 2019 apontou que os brasileiros acreditam que os conteúdos divulgados nas redes sociais têm grande influência sobre a opinião das pessoas. Segundo os dados, 45% dos entrevistados indicaram que informações vistas em redes sociais influenciaram a decisão de voto nas últimas eleições. O levantamento foi feito pelo DataSenado, que entrevistou 2.400 cidadãos de todos os estados brasileiros.

Os resultados indicam que as fontes de informação mais utilizadas são, pela ordem, WhatsApp, televisão, YouTube e Facebook; depois vêm *sites* de notícias, Instagram, rádio, jornal impresso e Twitter. Além disso, a pesquisa feita pelo Congresso Nacional aponta que o público jovem usa mais as redes sociais e também dá mais valor a informações veiculadas nesses meios ao definir seu voto. São dados que comprovam que a chamada "dieta de mídia" mudou radicalmente, impondo desafios tão variados quanto numerosos às democracias.

Sediada em Londres, a empresa de pesquisa *GlobalWebIndex* analisou dados de 45 dos maiores mercados de internet do mundo e estimou que o tempo diário médio que cada pessoa dedica a *sites* ou aplicativos de mídia social aumentou, passando de cerca de 90 minutos em 2012 para 143 minutos nos primeiros três meses de 2019. As variações regionais e nacionais são muitas, mas em termos regionais a América é o continente onde mais se utilizam redes sociais no mundo – a média diária é de 212 minutos. Em se tratando de nações, o Brasil ocupa o segundo lugar no *ranking*, com 225 minutos/dia de permanência nas redes sociais. No ano passado, o tempo médio que os brasileiros passavam conectados a redes era de 219 minutos.

De modo geral, é possível inferir que os efeitos nocivos da desinformação foram potencializados na atualidade por três situações. A primeira é a popularização das mídias interativas, que começaram a competir com os tradicionais veículos de comunicação sem estarem submetidas às mesmas condicionantes; a segunda é a produção e a distribuição de desinformação *on-line*, sobretudo em redes sociais e por meio de aplicativos de mensagens; e a terceira é o uso dessas mesmas ferramentas como instrumentos de campanha por parte de candidatos e de seus apoiadores.

No Brasil, outro dado chama a atenção. Desde as Eleições Gerais de 2018, um fato novo foi agregado a esse cenário: os ataques institucionais à Justiça Eleitoral, incitando dúvidas sobre a lisura do processo eleitoral como um todo, e do sistema eletrônico de votação em particular.

2. Panorama das Eleições Gerais 2018

O processo eleitoral brasileiro tem sido marcado pela ampliação da segurança dos sistemas de votação e pela celeridade na totalização dos votos e na divulgação dos resultados.

Em um país de dimensões continentais como o Brasil, o número de eleitores é maior do que a população de muitas nações. Em 2018, os eleitores aptos a votar no país totalizavam 147.306.275 de pessoas. Além delas, outro meio milhão de pessoas – 500.727 votantes, para ser mais precisa – estavam aptas a participar do pleito para presidente e vice-presidente em 171 cidades localizadas no Exterior.

Somam-se a isso as condições de votação, que são as mais diversas, passando por locais remotos, de difícil acesso, como tribos indígenas e comunidades ribeirinhas, às quais o acesso somente é possível de barco. Nas Eleições Gerais de 2018, um total de 28.086 candidatos concorreram aos cargos de Presidente, Governador, Senador, Deputado Federal, Deputado Estadual e Deputado Distrital.

O pleito foi marcado por um alto grau de polarização, pelo uso intensivo da internet, das redes sociais, bem como de aplicativos de mensagens como ferramentas de campanha e, sobretudo, como meio de disseminação maciça de desinformação. Esse fenômeno foi verificado em todas as regiões do país. Para fazer frente a esse cenário, o Tribunal Superior Eleitoral (TSE) instituiu um comitê de contrainformação para responder ao desafio de defender a lisura do processo eleitoral brasileiro, com destaque para a segurança da urna eletrônica.

É importante destacar que a Justiça Eleitoral tinha conhecimento do fenômeno da desinformação, popularmente chamado de *fake news*. Tanto é que, em razão desse fenômeno mundial, o TSE instituiu, já em dezembro de 2017, um Conselho Consultivo sobre Internet e Eleições. O que a Justiça Eleitoral não esperava era se tornar alvo direto da desinformação.

3. Ação Institucional

Nesse cenário – e partindo do entendimento de que mentira se enfrenta com a verdade –, a Justiça Eleitoral mobilizou-se para reagir e responder à onda de desinformação voltada ao processo eleitoral desencadeada no primeiro turno da eleição com a divulgação de informação.

Nos dias que antecederam o segundo turno do pleito, o Comitê de Contrainformação – composto por servidores da Assessoria de Comunicação (Ascom), da

Assessoria de Gestão Eleitoral (AGEL) e da Secretaria de Tecnologia da Informação (STI) do Tribunal Superior Eleitoral – dedicou-se a monitorar e a esclarecer inverdades divulgadas acerca da Justiça Eleitoral, do processo eletrônico de votação como um todo e da segurança da urna eletrônica em especial.

Sob a Coordenação da Assessoria de Comunicação (Ascom) do TSE, foi desenvolvida uma ação de comunicação intitulada "TSE Contra Fake News". Assim, uma página foi criada na internet para abrigar esclarecimentos ao eleitorado brasileiro sobre dados falsos ou falaciosos disseminados nas redes sociais a respeito do processo eleitoral. O Comitê de Contrainformação encarregou-se de criar o conteúdo publicado. É importante salientar que essa atuação esteve restrita ao âmbito das informações diretamente relacionadas à Justiça Eleitoral e ao processo democrático de votação no Brasil. Toda a Justiça Eleitoral, por meio dos Tribunais Regionais Eleitorais, engajou-se na disseminação do conteúdo esclarecedor, diante de supostas denúncias de fraudes e de falhas durante as eleições.

Por meio do *link Esclarecimentos sobre informações falsas*[1], abrigado no portal do TSE, qualquer interessado poderia ter acesso a informações que desconstruíam boatos ou publicações duvidosas que buscavam confundir os eleitores brasileiros. A página de esclarecimentos também continha *links* que direcionavam o internauta para portais de agências de checagem de conteúdo. Nesse mesmo espaço, o Tribunal também alertava para os riscos da desinformação, clamando pelo compartilhamento consciente e responsável de mensagens nas redes sociais.

Considerando que a ofensiva contra o Judiciário Eleitoral e os procedimentos relacionados às eleições baseou-se, sobretudo, na disseminação de vídeos anônimos com informações falsas ou distorcidas sobre as urnas eletrônicas e a segurança do processo eleitoral, a Assessoria de Comunicação do TSE decidiu responder na mesma linguagem e usando meio idêntico. Dessa forma, a Ascom produziu 14 vídeos e o mesmo número de *spots* de áudio, contendo esclarecimentos para envio por meio do aplicativo de mensagens WhatsApp. Coloridos, com linguagem direta, contendo elementos gráficos e com duração de aproximadamente um minuto, os vídeos tratavam de temas como horário de votação, funcionamento das urnas eletrônicas, registro de queixas, suspensão do voto e boletins de urna – entre outros. O conteúdo também foi divulgado nas redes sociais, nos perfis oficiais que a Justiça Eleitoral mantém no Facebook[2], Twitter[3], Instagram[4] e YouTube[5].

1. [http://www.tse.jus.br/hotsites/esclarecimentos-informacoes-falsas-eleicoes-2018/].
2. [https://www.facebook.com/TSEJus].
3. [https://twitter.com/tsejusbr].
4. [https://www.instagram.com/tsejus].
5. [https://www.youtube.com/user/justicaeleitoral].

A abordagem clara e incisiva contribuiu para que o eleitor votasse com a segurança de que as eleições brasileiras estavam sendo conduzidas de forma absolutamente legal e justa. A medida se mostrou muito eficaz. Tanto que os vídeos de esclarecimento de informações falsas produzidos pela Ascom do TSE foram compartilhados por várias instituições integrantes do sistema de Justiça, assim como por entidades ligadas à imprensa. Vale referir que a série completa, com os 14 vídeos, pode ser acessada a partir do canal oficial do TSE no YouTube.[6]

Nesse cenário, a integração com os Tribunais Regionais Eleitorais (TREs) foi fundamental para potencializar o alcance das mensagens institucionais. O TSE também firmou parcerias com as agências de *fact-checking* no sentido de imprimir celeridade à prestação das informações necessárias para desconstruir inverdades disseminadas. Por meio de um grupo de WhatsApp criado especialmente com essa finalidade, checadores mantiveram contato direto com a Assessora-Chefe de Comunicação do TSE durante o segundo turno do pleito. Essa proximidade permitiu o rápido desmentido de inúmeras informações falsas divulgadas no domingo 28 de outubro. Além disso, foi firmado um acordo de colaboração com os partidos políticos para a manutenção de um ambiente eleitoral imune de disseminação de *fake news* nas Eleições de 2018.

4. Inovações e parcerias tecnológicas

Em sintonia com as mudanças no consumo de informação por parte dos brasileiros, o Tribunal Superior Eleitoral está presente em todas as redes sociais. Isso permitiu que a instituição conseguisse responder aos ataques de desinformação de maneira ágil e efetiva – dentro de suas capacidades operacionais – graças a um trabalho de comunicação nas plataformas de internet, que teve início antes do pleito.

Esse relacionamento prévio permitiu, por exemplo, que nas Eleições de 2018 houvesse um incremento dos serviços e da veiculação de informações nos canais oficiais do TSE nas redes sociais por meio do uso de recursos de atendimento automatizado de usuários por intermédio de assistentes virtuais (*chatbots*) nas páginas oficiais do Tribunal no Facebook (@TSEJus) e no Twitter (@TSEjusbr). Além disso, a ferramenta de assistente por voz do Google Assistente também foi disponibilizada ao Tribunal.

É importante referir que a Justiça Eleitoral foi pioneira no uso de ferramentas de atendimento automatizado, recurso que está entre os mais modernos em termos de relacionamento com o público. E, em 2019, esse pioneirismo foi reconhecido por meio da indicação do *chatbot* do TSE como finalista do Prêmio Bots Brasil Awards, na categoria Inovação.

---

6. [https://www.youtube.com/user/justicaeleitoral].

Também de forma inovadora e em sintonia com o desenvolvimento das novas formas de mídia, a Comunicação do TSE estabeleceu parcerias com as principais plataformas de redes sociais para, antes, durante e depois das Eleições Gerais de 2018, informar o cidadão sobre os principais serviços prestados pela Justiça Eleitoral, como emissão de certidão, local de votação e prazo para regularização da situação eleitoral.

Em parceria com o Google, fizemos um trabalho de notificação sobre prazos do calendário eleitoral. Também foram implementadas ações como o Emoticon Megafone, do Facebook, tanto no período do prazo final – ou seja, o fechamento do cadastro eleitoral – quanto durante o pleito, no primeiro e no segundo turnos.

Também houve priorização na busca para o TSE. No Google, foi montado o Painel do Conhecimento com informações de 7.500 candidatos a partir da base de dados do Tribunal. O projeto foi batizado de "Voto Informado" e, por ele, a plataforma puxava, da base de dados do TSE (DivulgaCand), informações sobre candidatos e partidos; onde votar; como votar; e fornecia os resultados da apuração em tempo real.

No Twitter, houve o desenvolvimento de *emojis* especiais, além de intervenções no mobiliário urbano de São Paulo, o maior colégio eleitoral brasileiro, para disponibilizar informações sobre o pleito em pontos de ônibus, por exemplo. A conta do Twitter Brasil compartilhou o conteúdo oficial do TSE em várias ocasiões, sempre direcionando para o portal e para as plataformas de informações oficiais do tribunal. Além disso, a rede privilegiou os conteúdos – textos e vídeos – produzidos pela Assessoria de Comunicação.

Todas as ações foram concebidas e efetivadas com a finalidade de enriquecer cada vez mais o relacionamento da Justiça Eleitoral com os eleitores, além de aproximar o Tribunal Superior Eleitoral (TSE) do cidadão, oferecendo soluções e respostas mais rápidas e precisas, de forma prática e moderna, valendo-se da tecnologia para fazer frente aos ataques e para difundir informações verdadeiras e de interesse público.

Pode-se afirmar que, em termos de Comunicação, a Justiça Eleitoral buscou ser criativa e utilizou da melhor maneira possível os recursos de que dispunha em 2018. Afinal, celeridade na resposta é fundamental para fazer frente a acusações. As iniciativas foram reconhecidas tanto por especialistas e estudiosos do tema da desinformação quanto pelo júri da 16ª edição do Prêmio Innovare, o chamado "Oscar do Judiciário", que destacou a campanha de comunicação TSE Contra Fake News como uma das 14 finalistas entre as mais de 600 práticas inscritas na edição 2019 da premiação, resultando na concessão de Menção Honrosa ao TSE pela ação.

5. Planejando o futuro

Em meio às ações empreendidas pela Justiça Eleitoral na busca por medidas que permitam ampliar o enfrentamento ao fenômeno da desinformação, em março de 2019 representei o Tribunal Superior Eleitoral (TSE) em mesa-redonda promovida pela Organização dos Estados Americanos (OEA), em Washington, sobre o tema *Cybersecurity and Democratic Processes*. Na ocasião, representantes de nove países foram reunidos com a finalidade de compartilhar experiências e buscar soluções para o tema cibersegurança, no qual se insere a desinformação.

Considerando que a eclosão mundial do fenômeno envolvendo o uso do meio eletrônico para difundir desinformação e influenciar pleitos se deu na campanha eleitoral norte-americana de 2016, destaco algumas das observações feitas por William Carter, Diretor Adjunto do Programa de Políticas Tecnológicas do CSIS – Center for Strategic & International Studies –, durante a reunião em Washington. Para ele, é preciso associar o conceito de resiliência a toda ação voltada a enfrentar ciberataques, porque os mal-intencionados são muito persistentes, demonstram grande capacidade de adaptação a mudanças e parecem estar sempre um passo à frente.

Os estudos do CSIS apontam para a importância de realização de campanhas de educação dos votantes e também para a atualização contínua dos sistemas de segurança eleitoral. Além disso, Carter observou que proteger a credibilidade dos sistemas eleitorais é tão ou mais importante do que a precisão. Afinal, eleições são um ponto basilar de soberania e, nesse sentido, proteger os processos eleitorais é proteger a soberania nacional sem a necessidade de cruzar fronteiras ou promover ataques.

Nas palavras do Secretário-Geral da Organização dos Estados Americanos (OEA), Luís Almagro, após a OEA ter observado 12 eleições em nove países ao longo do ano de 2018, "o jogo democrático mudou de tabuleiro". Nesse sentido, Liisa Past – integrante do Instituto McCain de Liderança Internacional da Universidade Estadual do Arizona e ex-diretora de pesquisa sobre segurança cibernética da Autoridade de Sistemas de Informação da Estônia, onde projetou e realizou análises relacionadas à segurança cibernética – também destacou a importância da credibilidade no enfrentamento do fenômeno da desinformação.

Considerando que o processo eleitoral é parte integrante do próprio processo democrático, sempre haverá ativistas tentando atacar eleições. Por isso, não se pode considerar a cibersegurança de forma isolada. É preciso fazer uma avaliação integrada dos riscos e construir uma base de sustentação da confiança. Afinal, a internet revolucionou a maneira de fazer política. Há mudanças positivas, é bem verdade. Mas também se faz necessário reconhecer os desafios, entre os quais estão os raqueios, os delitos cibernéticos e, claro, a disseminação maciça de desinformação.

Atenta à grandiosidade do desafio, logo no primeiro semestre de 2019, a presidente do TSE, ministra Rosa Weber, reuniu gestores de áreas técnicas, servidores, secretários, assessores e juízes do tribunal para tratar do tema da desinformação. Nascia aí o embrião que resultaria no planejamento e na realização do Seminário Internacional Fake News e Eleições. Realizado com o apoio da União Europeia nos dias 16 e 17 de maio, na sede do Tribunal, em Brasília, o evento reuniu alguns dos maiores especialistas e estudiosos do fenômeno das *fake news* – entre eles, o organizador desta obra, professor Diogo Rais, dirigentes do Facebook, Google, Twitter e WhatsApp, membros do FBI (Departamento Federal de Investigação dos EUA), da Organização dos Estados Americanos (OEA), da imprensa, de universidades e de institutos de checagem nacionais e internacionais, entre outros convidados. Os debates serviram de base para o estabelecimento de estratégias a serem observadas para as Eleições Municipais de 2020 no que se refere ao enfrentamento da proliferação de informações falsas referentes ao processo eleitoral.

Enfrentar a desinformação no processo eleitoral não é uma tarefa fácil. Assim, a partir do Seminário Internacional Fake News e Eleições, o Tribunal Superior Eleitoral colocou em curso diversas iniciativas com vistas a dar efetividade às lições aprendidas. Entre elas, destacam-se a inadequação da expressão *fake news* como forma de expressar o fenômeno, que é mais bem definido como *desinformação*, compreendidos aí não só as mentiras, mas também os dados verdadeiros, porém descontextualizados.

Uma série de vídeos com conteúdo exclusivo sobre enfrentamento à desinformação foi produzida a partir de depoimentos de especialistas nacionais e internacionais participantes do Seminário Internacional Fake News e Eleições. Nela, está destacada a importância da mobilização coletiva para coibir a disseminação de notícias falsas, a contestação da expressão *fake news*, explicações sobre como o cidadão pode se defender dessas ações, e análise do papel da Justiça Eleitoral na cruzada contra a desinformação.

Na sequência, a presidente do Tribunal Superior Eleitoral (TSE) lançou, durante encontro com os presidentes dos Tribunais Regionais Eleitorais (TREs), o Programa de Enfrentamento à Desinformação com Foco nas Eleições 2020. Na mesma ocasião, nomeou os membros do grupo gestor para o Programa, do qual tenho o prazer e a honra de participar. Composto por sete membros, entre os quais um representante do Colégio de Presidentes e outro do Colégio de Corregedores Eleitorais, o grupo gestor tem a atribuição de gerenciar o Programa.

6. Programa de Enfrentamento à Desinformação

Já no ato de lançamento, o Programa de Enfrentamento à Desinformação com Foco nas Eleições 2020 conquistou o apoio de 34 instituições – entre partidos políticos e entidades públicas e privadas –, que assinaram o termo de adesão ao programa, cuja finalidade é enfrentar os efeitos negativos provocados pela desinformação à imagem e à credibilidade da Justiça Eleitoral, à realização das eleições e aos atores envolvidos no pleito. Passados quatro meses, 48 entidades, entre as quais órgãos de imprensa, agências de checagem de notícias e quatro gigantes da internet – Google, Facebook, Twitter, e WhatsApp –, já subscreveram o termo de adesão ao programa.

Consciente de que são sérios e graves os danos que a desinformação pode causar à imagem e à credibilidade da Justiça Eleitoral, à execução das atividades a ela incumbidas e aos atores envolvidos (partidos políticos, eleitores, magistrados, servidores), o programa foi organizado em seis eixos temáticos entre os quais se destacam a educação por meio da alfabetização midiática e informacional. Além disso, o programa contempla organização interna da Justiça Eleitoral, aperfeiçoamento do ordenamento jurídico e dos recursos tecnológicos. Tudo feito a partir de parcerias com instituições públicas e privadas.

O primeiro eixo, "Organização Interna", visa à integração e à coordenação entre os níveis e as áreas que compõem a estrutura organizacional da Justiça Eleitoral e a definição das respectivas atribuições contra a desinformação. Outro eixo é a "Alfabetização Midiática e Informacional", que tem o objetivo de capacitar as pessoas para identificar e checar uma desinformação, além de estimular a compreensão sobre o processo eleitoral. Em relação ao tópico "Contenção à Desinformação", a ideia é instituir medidas concretas para desestimular ações de proliferação de informações falsas. Já com o eixo "Identificação e Checagem de Desinformação", o TSE pretende buscar o aperfeiçoamento e novos métodos de identificação de possíveis práticas de disseminação de conteúdos falaciosos. "Aperfeiçoamento do Ordenamento Jurídico" e "Aperfeiçoamento de Recursos Tecnológicos" completam os eixos do Programa.

7. Lançamento de Portal da Justiça Eleitoral

Conscientes da importância estratégica da Comunicação para o sucesso das ações de enfrentamento à desinformação, este ano criamos o Portal da Justiça Eleitoral com o objetivo de disponibilizar em um único local – e com linguagem acessível – informações relevantes para o eleitorado brasileiro. Desenvolvido pelo núcleo Web da Assessoria de Comunicação do TSE, o espaço reúne conteúdo em formato multimídia – vídeos, *spots*, testes de conhecimentos e palavras cruzadas – sobre as funções, os mitos e as verdades acerca do processo eletrônico de votação, bem como respostas às dúvidas mais frequentes dos cidadãos sobre a Justiça Eleitoral.

Ao todo, são dez páginas contendo informação qualificada e certificada, a saber:

Fato ou Boato: evolução da página de esclarecimentos de informações falsas criada nas Eleições Gerais de 2018 com vistas a informar e a fornecer ferramentas que permitam aos cidadãos atestar a veracidade das informações relacionadas ao processo eleitoral.

Desinformação: o internauta tem acesso ao conteúdo do Programa de Enfrentamento à Desinformação e a uma série de vídeos explicativos produzidos pelo Núcleo de Rádio e TV da Ascom. Além disso, a página também abriga o livro eletrônico Seminário Internacional Fake News e Eleições.

Portal das Eleições: espaço que reúne as principais informações e serviços para o eleitor.

Jovem Eleitor: inspirada nos aplicativos de mensagens, a interface traz respostas às perguntas mais frequentes sobre a emissão do título de eleitor feitas pelos jovens por meio dos perfis da Justiça Eleitoral no Twitter, no Instagram e no Facebook.

Segurança do Processo Eleitoral: contém desde o passo a passo da votação até mitos e verdades sobre a urna eletrônica. Nela, o cidadão também pode esclarecer suas dúvidas nas abas "Perguntas mais frequentes"[7] e "Esclarecimentos sobre notícias falsas"[8].

Teste Público de Segurança: o espaço foi criado para facilitar o acesso aos dados sobre o TPS, criado com o objetivo de fortalecer a confiabilidade, a transparência e a segurança da captação e da apuração dos votos, além de propiciar melhorias no processo eleitoral. Além de informações sobre a edição 2019, a página traz dados das edições anteriores.

Conheça a Justiça Eleitoral: espaço destinado a dar ao eleitor conhecimento sobre a história e a estrutura da JE, suas competências e as atribuições de cada um dos seus órgãos.

Biometria: a vantagem da biometria é ter a identidade confirmada pela impressão digital e garantir que nenhum outro eleitor se passe por você. Cada impressão digital é única. Nesse espaço, a Assessoria de Comunicação do TSE reúne as informações específicas sobre o processo de biometrização do eleitorado por Estado e as dúvidas mais frequentes dos eleitores.

Título Eleitoral: o espaço é dedicado a informar o eleitor sobre a história do documento, sua evolução para a versão eletrônica – o e-Título – e a esclarecer as principais dúvidas, bem como orientar a respeito dos serviços relacionados.

#ParticipaMulher: totalmente dedicada a destacar, a valorizar e a fortalecer a participação feminina na vida política nacional.

---

7. [http://www.justicaeleitoral.jus.br/spe/#perguntas-frequentes].
8. [http://www.justicaeleitoral.jus.br/spe/#esclarecimentos].

Além disso, a equipe da Assessoria de Comunicação do TSE reformulou o portal do Tribunal Superior Eleitoral para torná-lo mais atraente e amigável. O êxito da iniciativa traduziu-se no aumento do volume de acessos ao *site* e resultou na adesão ao novo modelo por parte de todos os 27 Tribunais Regionais Eleitorais, o que permitiu a padronização nacional da interface da Justiça Eleitoral com os eleitores por meio da internet.

Também lançamos, por meio do núcleo de Rádio e TV da Ascom, uma série de vídeos para alertar os eleitores para a importância de verificar a veracidade das informações recebidas ou acessadas em redes sociais, aplicativos de celular e *sites* antes de compartilhar. Chamados de Minuto da Checagem, os vídeos têm duração aproximada de um minuto, estão sendo veiculados uma vez por mês no canal do TSE no YouTube, nos intervalos da programação da TV Justiça e das demais 500 emissoras parceiras que retransmitem a programação audiovisual produzida pela Assessoria de Comunicação do TSE.

8. Considerações finais

O debate em torno da desinformação propagada na internet – incluindo as popularmente chamadas *fake news* – vem sendo objeto de estudo por instituições públicas e privadas de todo o mundo sem que se tenha chegado a uma solução.

O único consenso é que o tema envolve elementos mais complexos do que a simples divulgação maciça de informações falsas. Abrange também as ações de manipulação de fatos verídicos, representando um risco para a vigência da Democracia na medida em que deturpa a realidade e interfere no contexto social, político e econômico. Transpassa a fronteira entre o *on-line* e o *off-line*, e deixa de traduzir-se em fonte de difusão de conhecimento em benefício da sociedade – como se imaginou no advento da web nos anos de 1990 – para servir também a interesses extremistas que invadem o cotidiano não só das pessoas, mas também de instituições e nações.

No que se refere a processos eleitorais, o risco representado pela ameaça à reputação pode ser o mais importante. O dano de afetar a credibilidade de algo direta ou indiretamente ligado à eleição pode resultar na impressão de que o sistema não funciona. Da experiência vivida nas Eleições Gerais de 2018, pode-se retirar ao menos três grandes lições:

1. A cooperação interinstitucional é fundamental, pois os riscos são comuns e, nesse sentido, todos devem se ajudar.

2. Trabalhar com os recursos disponíveis no sentido de aplicar normas e critérios com vistas ao máximo efeito, porém sem ferir a liberdade de expressão.

3. Reconhecer e valorizar a importância da comunicação como área estratégica, que deve andar aliada com a equipe de tecnologia para bem informar.

Nesse cenário, a Justiça Eleitoral vem apostando na informação como contraveneno. Assim, tem investido em conteúdos educativos, no estímulo ao senso crítico, no despertar de responsabilidades individuais e na formação de parcerias com base na certeza de que a desinformação representa um problema complexo e multifacetado, que não pode ser enfrentando de maneira isolada.

Agradecimentos

Agradeço a oportunidade que me foi concedida pela ministra Rosa Weber ao confiar a mim o comando da Assessoria de Comunicação da Justiça Eleitoral, atividade de grande relevo para a democracia, especialmente em um período tão conturbado quanto foi o das Eleições Gerais de 2018. O desafio foi imenso e intenso, mas tenho a certeza de que o aprendizado e as realizações foram igualmente relevantes.

Agradeço ao meu marido e aos meus filhos, pelo apoio, pela parceria, pela paciência e compreensão em todos os momentos, especialmente no período eleitoral de 2018.

Registro um agradecimento especial ao professor Diogo Rais pelo convite que me oportunizou a possibilidade de compartilhar, por meio desta obra, um pouco da minha vivência, como Assessora-Chefe de Comunicação do Tribunal Superior Eleitoral (TSE), a respeito deste tema que nos é tão caro.

Referências

BRASIL. Senado Federal. Câmara dos Deputados. Redes Sociais, Notícias Falsas e Privacidade de Dados na Internet. Pesquisa de opinião realizada pelo DataSenado, nov. 2019. **Câmara dos Deputados**. Disponível em: <https://www2.camara.leg.br/a-camara/estruturaadm/ouvidoria/dados/pesquisa-nov-2019-relatorio-completo>. Acesso em: 10 dez. 2019.

______. Tribunal Superior Eleitoral. **Portal da Justiça Eleitoral**. Disponível em: <www.justicaeleitoral.jus.br>. Acesso em: 5 dez. 2019.

______. Tribunal Superior Eleitoral. **Portal do Tribunal Superior Eleitoral**. Disponível em: <ww.tse.jus.br>. Acesso em: 19 dez. 2019.

______. Tribunal Superior Eleitoral. **Portaria nº 663, de 30 de agosto de 2019**. Institui o Programa de Enfrentamento à Desinformação com Foco nas Eleições 2020 e disciplina a sua execução. Disponível em: <http://www.tse.jus.br/legislacao/compilada/prt/2019/portaria-no-663-de-30-de-agosto-de-2019>. Acesso em: 15 dez. 2019.

DIGITAL NEWS REPORT. Página oficial. **Digital News Report**, 2019. Disponível em: <http://www.digitalnewsreport.org/>. Acesso em: 30 nov. 2019.

GLOBAL WEB INDEX. 2019 Consumer Trends. **Global Web Index**, 2019. Disponível em: <https://www.globalwebindex.com/2019-consumer-trends>. Acesso em: 3 dez. 2019.

FAKE NEWS: COMO A DIREITA E A ESQUERDA EXPLORAM O TERMO DE FORMA IDEOLÓGICA

FÁBIO ZANINI

É jornalista, formado pela Escola de Comunicações e Artes da Universidade de São Paulo, com mestrado em Relações Internacionais pela Universidade de Londres. É repórter especial da Folha de S. Paulo, onde exerceu diversos cargos, entre eles editor dos cadernos Poder (política) e Mundo (internacional). Também foi repórter em São Paulo e Brasília e correspondente internacional. É autor de *Pé na África* (Publifolha) e *Euforia e Fracasso do Brasil Grande* (Contexto).

O vídeo é curto, mas se tornou um clássico instantâneo.

Um guarda-chuva surge na tela, com alguém cantarolando "pam-pa-ram-pam, pam-pa-ram-pam".

O objeto dá uma rodadinha, e de trás dele surge o ministro da Educação, Abraham Weintraub. A câmera dá um close no momento em que ele pronuncia, sorridente: "Está chovendo *fake news*!".

Com a trilha sonora do filme "Cantando na Chuva", de 1952, ao fundo, o titular de um dos maiores orçamentos do ministério começa a desfiar críticas sobre reportagens a respeito de um suposto corte de verbas para a reconstrução do Museu Nacional, destruído por um incêndio em 2018.

"Fake news", ele repete mais três vezes, acusando a imprensa de mentir, antes de sair de cena com o guarda-chuva em punho.

As quatro menções no intervalo exíguo de 82 segundos de duração do vídeo mostram a importância que o termo *fake news* adquiriu no debate político brasileiro.

Como ocorre frequentemente, a inspiração vem de fora. Mais precisamente, dos Estados Unidos.

Lá, ficaram famosas as entrevistas coletivas em que o presidente Donald Trump usa o termo quase como um xingamento.

"Quando você divulga *fake news*, o que vocês da CNN fazem muito, você é um inimigo do público", disse Trump num famoso bate-boca com o repórter da emissora Jim Acosta, em novembro de 2018.

A direita não tem obviamente exclusividade sobre a utilização de uma das expressões mais difundidas da nossa era.

Na verdade, o termo começou a se tornar popular na boca dos opositores de Trump, após sua inesperada vitória em novembro de 2016.

Na ocasião, uma explicação era necessária para o fiasco do Partido Democrata, e as falhas da candidatura de Hillary Clinton ou a astúcia da campanha vitoriosa pareciam não ser razões suficientes.

Convenientemente, uma razão externa surgiu e foi rapidamente apontada como central para o desastre: *fake news*, espalhadas com a ajuda de hackers da Rússia, teriam influenciado de forma decisiva o público, ao ponto de levar um empresário excêntrico e sem experiência política anterior à Casa Branca.

No Brasil, da mesma forma, *fake news*, espalhadas por meio de aplicativos de mensagem, sobretudo o WhatsApp, teriam sido preponderantes para a vitória do presidente Jair Bolsonaro na eleição presidencial de 2018.

Em um de seus primeiros discurso depois que saiu da prisão, em novembro de 2019, o ex-presidente Luiz Inácio Lula da Silva (PT) atribuiu a vitória de Bolsonaro "à campanha de *fake news* e mentiras que fizeram com o companheiro Fernando Haddad [candidato do PT derrotado] e contra a esquerda nesse país".

"Fake news", portanto, é uma expressão carregada de sentido político, usada sem cerimônia pela direita e pela esquerda.

Mas há diferenças importantes na maneira como cada um dos dois polos se apropria do termo.

Este artigo discutirá a forma como a preferência ideológica molda o debate sobre as "fake news", e como esse termo dominou o atual cenário político, com ramificações nos três Poderes.

A distinção fundamental é que a esquerda advoga um modo de controlar ou restringir seu alcance.

Já a direita tende a ser mais liberal e a lutar de forma intensa contra qualquer tipo de limite. Muitas vezes, mais por razões de interesse político do que por convicção, é verdade.

Antes de entrar nesse debate, contudo, convém delimitar a nomenclatura do termo e as impropriedades sobre seu uso, que atualmente são moeda corrente.

Essa distorção sobre o real significado de "fake news", afinal, contribui para tornar ainda mais turbulento um debate já carregado de animosidade.

As definições mais aceitas desse fenômeno ainda bastante recente estabelecem que uma informação falsa cumpra simultaneamente três requisitos para ser considerada uma "fake news" legítima (com o perdão do paradoxo).

A falsidade da informação, evidentemente, é a primeira e mais importante dessas condições. Mas as duas seguintes a diferenciam de um simples engano ou erro cometido de boa-fé.

É também preciso que o dado inverídico tenha sido produzido com propósito malicioso, seja para favorecer o autor, seja para prejudicar um terceiro (ou ambos). É também necessário que ele seja distribuído em larga escala, para que seu efeito seja maximizado.

Uma informação errônea repassada a um grupo de amigos é no máximo um trote ou uma piada. A escala, no caso, faz toda a diferença.

Nos EUA, redes sociais como Twitter e Facebook têm sido usadas de forma mais frequente como correias de transmissão. No Brasil, o WhatsApp se impôs.

As razões para isso são sociológicas e psicológicas, e não cabe esmiuçá-las neste artigo.

Mas pode-se dizer com segurança que o caráter informal do brasileiro e sua facilidade em formar grandes redes de relacionamento pessoal tornaram a difusão de informações inverídicas muito mais fácil.

É um fenômeno simbolizado pela "tia do zap", que passou a ser um termo de uso jocoso e corriqueiro.

Tais regras básicas para se identificar "fake news", no entanto, acabaram banalizadas, e informações meramente erradas passaram a receber esse rótulo.

Equívocos bem intencionados, relatos incompletos ou reportagens simplesmente malfeitas passaram a ser classificados com o epíteto maldito.

Como resultado, o termo sofreu uma desvalorização. Se tudo é "fake news", então nada é "fake news".

Por isso, e pela carga ideológica que a expressão adquiriu, muitos estudiosos têm defendido que ela seja abolida ou substituída por outra mais técnica.

"Desinformação" tem surgido como uma alternativa no debate acadêmico, pois teria o bônus adicional de abarcar discursos que se colocam a meio caminho entre a verdade factual e a invenção pura e simples.

Muito da disputa nas redes inclui o uso de acontecimentos reais de maneira distorcida, de modo a serem encaixados em narrativas pré-moldadas.

Esses argumentos têm apelo, mas o fato é que a expressão "fake news" continua dominando o noticiário. Talvez com uma força que ela não mais mereça, é verdade, mas não parece conveniente complicar ainda mais um debate já muito complexo, ignorando a popularidade do termo.

É possível, também, que a exposição exaustiva da expressão jogue luz sobre a forma equivocada como vem sendo invocada e colabore para desacreditá-la. Até que isso ocorra, contudo, é impossível contorná-la.

**

Feitas essas ressalvas e delimitado o campo de jogo vocabular, debruço-me agora sobre a essência da discussão central deste artigo, ou seja, os usos e apropriações das "fake news" pela esquerda e pela direita e sua presença no debate público.

Uma arena onde esse embate se apresentou de forma mais concreta foi a CPMI (Comissão Parlamentar Mista de Inquérito) das *Fake News*, instalada pelo Congresso Nacional em setembro de 2019.

Sua criação foi, desde o início, sobretudo um objeto de desejo de partidos de oposição ao governo Bolsonaro, ou seja, da esquerda, auxiliados por membros do chamado "centrão", a geleia de legendas fisiológicas que viram na investigação um instrumento de pressão permanente sobre o Palácio do Planalto.

O objetivo, como costuma acontecer há décadas, é a obtenção de cargos e liberação de verbas para redutos eleitorais.

Já a direita bolsonarista se colocou frontalmente contra sua criação, usando como álibi o discurso da necessidade de se manter as redes sociais livres.

Como veremos mais adiante, é uma justificativa de autopreservação que vem temperada por princípios filosóficos.

A má vontade da direita com a investigação é facilmente explicável.

O principal motor da comissão, afinal, foi a controvérsia surgida na fase final da campanha presidencial, quando reportagem da Folha de S. Paulo mostrou que empresários alinhados à candidatura de Bolsonaro estavam pagando disparos de WhatsApp contra o PT.

O principal deles era Luciano Hang, proprietário da rede de lojas Havan, fortemente alinhado ao presidente. A reportagem teve ampla repercussão e foi um marco no processo dos atritos de Bolsonaro com a imprensa.

No resumo que define o objeto da CPMI, e que, ao menos em tese, guia os trabalhos, menciona-se investigação sobre "os ataques cibernéticos que atentam contra a democracia" e "a utilização de perfis falsos para influenciar os resultados das eleições em 2018".

O destinatário evidente da investigação, embora não nominado, é a atuação das redes sociais durante a campanha do presidente.

Isso, embora a candidatura de Haddad não tenha sido isenta de suspeitas de fazer algo parecido. Em março de 2019, o Tribunal Superior Eleitoral multou a campanha do petista em R$ 176,5 mil por promover impulsionamento irregular de conteúdo desfavorável ao seu adversário.

Ressalve-se que em nenhum momento as reportagens da Folha e de outros veículos acusaram as campanhas, especialmente a de Bolsonaro, de espalhar *fake news*, mas sim de disseminar conteúdo pago por empresários, o que é vedado pela legislação.

Não importa. Como dito anteriormente, "fake news" se tornou uma espécie de coringa, um guarda-chuva amplo o suficiente, debaixo do qual diversos temas podem se abrigar.

Em pouco tempo, a CPMI tornou-se o principal campo de batalha sobre o tema. A esquerda, previsivelmente, abraçou a investigação como uma oportunidade de desgastar um governo com dificuldades de articulação política e relacionamento com o Congresso.

Na direita, uma situação inusitada ocorreu. Dissidentes de Bolsonaro que até pouco antes militavam nas hostes do presidente usaram a comissão como forma de desgastar o novo inimigo.

Isso ocorreu mesmo em situações nas quais o depoente, ao acusar o presidente de usar *fake news*, poderia estar acusando a si próprio, numa versão alguns meses mais jovem.

Um exemplo é a ex-líder do governo Bolsonaro no Congresso Nacional, a deputada federal Joice Hasselmann (PSL-SP), que se notabilizou na campanha de 2018 pelo uso de *fake news* cruas e indiscutíveis.

Dois vídeos que ela espalhou chamam a atenção. Num deles, denuncia-se que ao apertar a tecla 1 na urna eletrônica, automaticamente apareceria a foto de Haddad; em outro, haveria uma espécie de apoio do grupo terrorista libanês Hizbollah ao PT.

Recém-rompida com o governo, Hasselmann passou a denunciar o que praticava, ao dizer que era alvo de uma espécie de milícia virtual de assassinato de reputações com notícias falsas, comandada de dentro do Palácio do Planalto.

Outro a converter-se em neo-opositor foi o deputado federal Alexandre Frota, que trocou o PSL pelo PSDB paulista. Ao romper com o governo, especializou-se em fustigar integrantes do entorno de Bolsonaro, sobretudo seus filhos e o filósofo Olavo de Carvalho, guru do presidente.

Ironicamente, Frota acabou usando seu depoimento a uma comissão que investiga *fake news* para espalhá-las. Exibiu um cartaz com uma frase chula de Carvalho que na verdade era de um perfil falso dele no Twitter.

A direita bolsonarista, em contraste, torpedeou a CPMI ao ser convocada a depor.

Principal influenciador digital ligado ao presidente, o jornalista Allan dos Santos, do canal Terça Livre, prestou depoimento logo no início da CPI, em novembro de 2019.

Com 670 mil inscritos em seu canal no YouTube e 276 mil seguidores no Twitter, Santos notabiliza-se pela defesa irredutível do governo Bolsonaro.

Comporta-se como uma espécie de guarda pretoriana do Executivo, torpedeando opositores à esquerda e, mais recentemente, à direita. Mas isso seria suficiente para qualificar seu trabalho como *fake news*?

Há indícios de que sim, embora menos numerosos do que seus adversários sugerem.

O principal episódio foi o caso do Pavão Misterioso, uma série de acusações de que a origem do vazamento de conversas entre o juiz Sergio Moro e procuradores da Lava Jato teria sido por ação de hackers russos.

A acusação foi além: teria havido envolvimento direto do *site* The Intercept Brasil, que primeiro divulgou os diálogos, nessa suposta ação de hackeamento.

A realidade, revelada alguns meses depois, mostrou que essa conexão russa era falsa. Os *hackers* eram pessoas com histórico criminal no interior de São Paulo, sem nenhum envolvimento com os serviços de segurança sob o comando do presidente Vladimir Putin.

Nas redes sociais, a claque pró-Bolsonaro ridicularizou as tentativas de a CPMI constranger Santos e contestou a própria razão de existir da comissão: seria uma tentativa de censura.

"A CPI das Fake News é uma farsa, criada apenas para perseguir apoiadores de Bolsonaro", afirmou, por exemplo, o comentarista conservador Leandro Ruschel, no Twitter.

Esse argumento, como já dito anteriormente, é costumeiro na direita, que o pinta com tintas liberais.

Houve outros exemplos.

Em julho de 2018, quando a campanha eleitoral esquentava, o Facebook decidiu, de forma unilateral, retirar do ar uma série de páginas associadas ao MBL (Movimento Brasil Livre).

Naquele momento, o MBL adotava uma postura bastante agressiva nas redes sociais, e viria a se tornar importante apoiador de Jair Bolsonaro, no segundo turno da eleição (desde então, o grupo tem procurado moderar o discurso e fez um mea-culpa sobre seu papel na polarização do Brasil).

A justificativa foi de que as páginas espalhariam *fake news*, de temas como o assassinato da vereadora Marielle Franco, em março de 2018, por um suposto envolvimento dela com o crime organizado, entre outros.

Apesar de inicialmente ter sido divulgado que uma vasta rede de 196 páginas e 87 perfis havia sido cassada pela rede, verificou-se posteriormente que menos de dez delas tinham verdadeiramente relação com o movimento.

O MBL protestou: além de chamar a ação de ato de censura, promoveu uma manifestação em frente à sede do Facebook, em São Paulo.

Nessa cruzada, ganhou o apoio de uma personalidade até aquele momento relativamente desconhecida do cenário nacional, mas que ganharia alguma projeção conforme a onda conservadora avançava nos meses seguintes.

Trata-se do procurador da República Ailton Benedito, então chefe do Ministério Público Federal de Goiás. Ao longo dos anos, Benedito tornou-se uma referência dos setores conservadores na Procuradoria.

Católico fervoroso, insurgiu-se contra o que enxerga como progressismo de seus pares na corporação.

Antes uma figura marginalizada, ganhou projeção na onda de direita que varreu o país. Muito atuante em redes sociais, sobretudo no Twitter, passou a ser citado e replicado por diversos influenciadores do conservadorismo brasileiro.

Sua atuação foi reconhecida no final de 2019, quando o novo procurador-geral da República, Augusto Aras, o chamou para ser seu secretário especial de Direitos Humanos e ele se mudou para Brasília.

Benedito também tem uma atuação destacada no campo da liberdade de expressão em redes sociais. Mais especificamente, é um combatente de qualquer restrição em nome do combate às *fake news*.

O caso das páginas do MBL, em que ele pediu explicações para o Facebook, é apenas um em que se envolveu.

Para Benedito, o viés esquerdista de corporações de mídia tende a prejudicar o pensamento de direita, em nome do combate ao noticiário falso. Seria, portanto, uma espécie de patrulha ideológica.

Em setembro de 2019, fiz uma entrevista com o procurador para a Folha de S. Paulo. O tema das *fake news* foi abordado, e as respostas dadas por ele são sintomáticas de uma linha de pensamento.

Reproduzo aqui o diálogo:

Pergunta: O sr. fala muito sobre o risco que o combate às *fake news* pode trazer em termos de censura. O sr. considera um exagero a preocupação com esse tema?

Resposta: O Estado se preocupar demasiadamente com essa temática abre margem para busca de meios para censurar a liberdade de comunicação.

Pergunta: Mas o sr. vê as *fake news* como uma ameaça à democracia?

Resposta: Não, não vejo. As pessoas devem ter discernimento para buscar as informações nos meios que acharem adequado, seja imprensa tradicional, seja nas redes sociais, onde for.

Pergunta: No ano passado [2018], houve amplo uso de *fake news* na eleição. Isso não representou um desequilíbrio?

Resposta: Prefiro eventualmente um desequilíbrio do que uma intervenção do Estado.

Depreende-se desse diálogo que, para a direita, o tema pode ser resumido em três pontos: o primeiro, combater *fake news* é uma tentativa de censura; o segundo, as pessoas têm discernimento para entender quais informações são verdadeiras, e quais não são; por fim, nada é pior do que uma intervenção do Estado no livre arbítrio dos cidadão.

Mesmo um certo desequilíbrio desinformativo é preferível.

No momento em que este artigo está sendo escrito, em fevereiro de 2020, a CPMI das *Fake News* seguia seu trabalho no Congresso e parecia longe de chegar a uma conclusão.

Como já mencionado, o trabalho de apuração ficou soterrado muitas vezes por disputas entre esquerda e direita, ou dentro da própria direita.

O apelido dado pelos defensores de Jair Bolsonaro à investigação sumariza o desprezo com que encaram qualquer tipo de apuração: CPI do Meme.

Embora o debate sobre as "fake news" seja mais comum nos poderes Executivo e Legislativo, o Judiciário não ficou alheio a ele.

Em 2019, talvez a ação mais rumorosa com relação ao tema tenha partido do Supremo Tribunal Federal.

Por iniciativa do ministro José Antonio Dias Toffoli, presidente da corte, foi aberto de ofício um inquérito para apurar ataques em redes sociais contra integrantes do tribunal.

A ação foi duplamente criticada. Primeiro, pela maneira como a investigação foi aberta, sem provocação da Procuradoria-Geral da República.

Toffoli justificou sua atitude com uma interpretação elástica da prerrogativa que o STF tem de abrir inquéritos sobre fatos que ocorram em suas dependências.

A controvérsia principal, contudo, veio do próprio objeto do inquérito, sobretudo após algumas atitudes tomadas pelo relator do inquérito, ministro Alexandre de Moraes (também escolhido de ofício, aliás, sem o procedimento padrão do sorteio eletrônico).

Passaram a ser investigadas figuras públicas que criticaram posições do Supremo com veemência em redes sociais.

Invariavelmente, os alvos principais foram representantes da direita, que têm uma propensão maior a criticar o Judiciário como um obstáculo a aspirações de Bolsonaro e à luta contra a corrupção.

Foram alvos de ações de busca e apreensão, por exemplo, o general de Exército Paulo Chagas e o ativista Edson Salomão, presidente do Movimento Conservador, que apoia Bolsonaro.

O petardo mais duro foi desferido contra a revista Crusoé, notória por adotar uma linha editorial antipetista e pró-Lava Jato.

Uma reportagem citando depoimento do empreiteiro Marcelo Odebrecht, em que ele se referia a Toffoli como "amigo do amigo de meu pai", foi retirada do ar por ordem do STF.

Para a direita, foi mais uma prova de que o combate às "fake news" é simplesmente censura e perseguição.

Eventualmente, a ação contra a publicação acabou retirada e o conteúdo voltou ao ar. Mas o impacto já estava dado.

***

O tema "fake news", como esse artigo procurou demonstrar, tornou-se, ao longo da última década, parte expressiva do debate público.

Decerto, mentiras e distorções não são algo inédito no campo da política. É impossível não lembrar de falsificações grosseiras, como o Plano Cohen, de 1937, usado como pretexto para o golpe do Estado Novo, ou de distorções mais sutis, como a insinuação na campanha do PT de que sua oponente Marina Silva tiraria comida da mesa do povo, em 2014.

A escalada em progressão geométrica das redes sociais e dos grupos de mensagens instantâneas nos últimos anos deu nova dimensão a esse fenômeno antigo, contudo.

O que era isolado e acessório ganhou dinâmica própria, com riscos óbvios para o processo democrático.

É um evidente exagero, no entanto, decretar que o compartilhamento de mentiras tem o condão de decidir eleições, ou mesmo que terá no futuro.

A literatura da ciência política e do direito eleitoral mostra que pleitos são decididos por uma multiplicidade de fatores complexos: aprovação do incumbente, dinamismo da oposição, *feel good factor*, conjuntura internacional, e rejeição a determinado candidato são apenas alguns deles.

Seria demasiado simplista tentar provar que apenas uma estratégia de desinformação, por mais ardilosa que seja, tenha poder suficiente para virar a cabeça de milhões de eleitores simultaneamente.

Da mesma forma, e talvez por ainda ser uma realidade relativamente nova, a resposta tem flertado com o excesso.

A fronteira entre o combate às *fake news* e atitudes censoras é estreita e perigosa.

De uma certa forma, essa realidade tem dado combustível para a direita, que se arvorou no discurso pró-liberdade de expressão para combater qualquer estratégia de combate à desinformação.

Isso, apesar de incorrer em situações claras de contradição quando considera que denunciar "fake news" é conveniente, como mostrou o vídeo do ministro da Educação com seu guarda-chuvas.

A esquerda, por sua vez, tem adotado uma posição de regulação da matéria, como se vê na ênfase com que participa da CPMI em curso no Congresso Nacional.

No meio do caminho, a imprensa vem sendo chamada a cumprir um papel de tentar moderar os efeitos das informações falseadas.

Nos últimos anos, surgiram diversas agências especializadas em checagem de informações, como Lupa e Aos Fatos.

Em projetos colaborativos como o Comprova, na eleição de 2018, órgãos de imprensa sublimaram momentaneamente sua rivalidade para desmontar mentiras de grande repercussão.

Além disso, profissionais de Redações especializaram-se em identificar sinais de *fake news* antes que se espalhem.

Por enquanto, ainda é muito pouco. Como a direita e a esquerda sabem, a realidade de hoje inclui a mentira e a desinformação como elementos centrais. Em determinadas situações, *fake news* acabam sendo úteis para discursos levianos e oportunismo político.

Mitigar os efeitos desse fenômeno sem piorar o problema é o grande desafio do nosso tempo.

DESAFIOS DA CIBERDEMOCRACIA DIANTE DO FENÔMENO DAS *FAKE NEWS*: REGULAÇÃO ESTATAL EM FACE DOS PERIGOS DA DESINFORMAÇÃO

Irene Patrícia Nohara

Livre-Docente e Doutora em Direito do Estado (USP). Professora Pesquisadora na Pós-Graduação em Direito Político e Econômico da Universidade Presbiteriana Mackenzie (UPM).

Considerações introdutórias

O fenômeno das *fake news* não é recente. Apesar de situarem seu início na Antiguidade Clássica, quando se desenvolveram a política e a retórica, ainda assim se pode especular que ele acompanhe o ser humano desde o momento em que este começa a se comunicar, podendo, portanto, divulgar fatos verdadeiros ou disseminar deliberadamente notícias que são falsas para obtenção de algum benefício.

Até os animais, por incrível que pareça, podem disseminar notícias falsas, ainda que sem a sofisticação humana na comunicação, mas com a alguma intenção de se beneficiar. Conforme pesquisa intitulada *Beyond words*: what animals think and feel, de Carl Safina, verificou-se que vervetes, macacos do leste da África, possuem chamados específicos para alertar a presença de cada tipo de predador, contudo, quando lutam com membros de outros grupos de macacos rivais e começam a perder o combate, eles blefam, gritando: "leopardo!", só para afugentar inimigos. Eles também dão um grito correspondente ao animal "águia", no intuito de liberar árvores frutíferas da competitividade.[1]

1. SAFINA, Carl. *Beyond words*: what animal think and feel. New York: Henry Holt and Company, 2015. p. 261.

Se tal comportamento oportunista de deliberadamente divulgar uma notícia falsa com aparência de realidade é utilizado por animais, muito provavelmente o ser humano, como animal com maior sofisticação na comunicação e no raciocínio, deve ter disseminado notícias falsas desde a tenra possibilidade de comunicação grupal, ainda que as notícias falsas mais conhecidas da humanidade tenham sido registradas em momentos muito posteriores à existência do fenômeno das *fake news* entre as pessoas.

Por conseguinte, pode-se reputar arbitrária toda a tentativa de dizer que o primeiro registro de que se tem notícia de disseminação de mentiras seja, em realidade, a primeira manifestação de *fake news* ocorrida entre as pessoas. Ademais, fica a indagação: por que seria na Grécia Antiga, e não na África, por exemplo, a primeira manifestação de *fake news*, dado que foi neste último continente que se originou a humanidade? Parece haver um eurocentrismo exacerbado na visão que fixa a *fake news* como um fenômeno da Grécia antiga.

Ocorre que, ainda que não seja recente, o fenômeno das *fake news* ganha acentuada importância a partir do século XXI, dada a potencialidade de disseminação das notícias falsas com o uso intensivo da internet, que já alcança mais da metade das pessoas do planeta, as quais se encontram também conectas por redes sociais.

O objetivo do presente escrito, que compõe importante coletânea da Revista dos Tribunais sobre *fake news*, encabeçada pelo brilhante Diogo Rais, a quem agradeço pelo convite de contribuir para o debate, é associar o fenômeno da *fake news* com os desafios que a ciberdemocracia enfrenta, diante da desinformação disseminada na *web*, decorrente da pós-verdade.

Serão abordadas as ideias de Pierre Lévy, tanto em sua obra *Cibercultura* como, principalmente, por meio da análise denominada Ciberdemocracia, como paradigmas das potencialidades de informação e participação potencializadas a partir da última *Revolução das comunicações*, para depois haver uma problematização dessa *libertação da palavra* proporcionada pela internet, dada a possibilidade de ocorrer manipulação e distorções em informações que são veiculadas em rede, perante o fenômeno da pós-verdade.

Logo, nesse ponto, será abandonado o otimismo de Lévy no tocante aos potenciais de cidadania provenientes da ciberdemocracia, tendo em vista que o autor acreditava que haveria o surgimento de uma *inteligência coletiva digital*. Com a *pós-verdade* e a disseminação cotidiana de *fake news* na *web* e nas redes sociais, corre-se o risco de a humanidade também estar, lamentavelmente, refém de uma desinformação em escala global.

Daí surge a seguinte indagação: qual o papel do Estado diante das potencialidades dos riscos ao direito à informação provocados pelo fenômeno mais recente das *fake news*?

Nesse ponto, haverá problematização do delicado papel do Estado em relação à disseminação de informações na internet, pois ao mesmo tempo que não se permite que o Estado censure conteúdos compartilhados, o que fulminaria um pilar caro à democracia, por outro lado, o Estado não pode ficar inerte, devendo promover medidas reflexas, por meio de regulação razoável, para que a internet, que hoje é tida como o principal local de informação de grande parte das pessoas do planeta, não se torne um veículo de disseminação de desinformações, o que prejudicaria a construção de consensos, a qualidade da informação e, por conseguinte, também a qualidade do debate democrático.

1. Revolução nas comunicações e interconexão global pela internet

Pierre Lévy é um autor que analisou, na obra *Cibercultura*,[2] os impactos que as revoluções nas comunicações causaram. Lévy considera a ciberdemocracia[3] como dimensão política de suas reflexões sobre a cibercultura. São temas enfrentados na reflexão sobre a ciberdemocracia: a governança mundial, o Estado transparente, a cultura da diversidade e a ética da inteligência coletiva.

Como historiador e estudioso da comunicação, Pierre Lévy identificou os saltos de desenvolvimento que a sociedade mundial deu ao longo das revoluções nas comunicações, sendo destacado, como momento inicial: da oralidade até o surgimento da escrita, o que ocorreu na Mesopotâmia, há 5.000 anos, sendo que a escrita possibilitou o arquivamento de conhecimentos que antes se transmitiam de forma verbal.[4]

Posteriormente, outra mudança disruptiva nas comunicações foi a disseminação do papel impresso, com o surgimento da imprensa, o que se deu a partir do século XV (Gutemberg, 1440). A mídia impressa permitiu que houvesse a intensificação da alfabetização de pessoas, dada a disseminação massiva de informações. No entanto, somente no século XVIII houve sua adaptação aos jornais.

Na segunda metade do século XIX até as primeiras décadas do século XX, houve o surgimento e a disseminação da fotografia, do cinema, do telefone e do rádio. Para ilustrar, por exemplo, como o rádio revolucionou as comunicações de forma rápida, enfatiza Lévy que, em 1921, eram quatro emissoras nos Estados Unidos, mas, no final de 1922, em pouco mais de um ano, os norte-americanos já contavam com 382 emissoras.

Todavia, foi a *internet* que provocou uma das mais recentes revoluções, sendo responsável pela mudança estrutural nas comunicações da humanidade.

2. LÉVY, Pierre. *Cibercultura*. São Paulo: Editora 34, 2010. p. 189.
3. LÉVY, Pierre. *Ciberdemocracia*. Lisboa: Instituto Piaget, 2002. Passim.
4. LÉVY, Pierre. *Ciberdemocracia*. Lisboa: Instituto Piaget, 2002. p. 33.

Acrescida às redes sociais, que permitiram a interconexão de pessoas, a partir dessas transformações digitais: cada pessoa passou a ser "jornalista de si mesmo", isto é, o próprio relações-públicas.

No começo da internet, no ano de 1994, 1% do mundo se conectou; já em 2014, 35% do mundo estava conectado. Segundo o relatório *Situação da conectividade de 2015*, realizado pelo Facebook: havia 3,2 bilhões de pessoas *on-line*, mas ainda 4,1 bilhões de pessoas não eram usuárias da internet em 2015 (logo, 43% do mundo).[5] Em 2018, em que o mundo conta com 7,6 bilhões de pessoas, há 4,021 bilhões de pessoas *on-line*, o que representa 53% das pessoas do planeta. Já as redes sociais contam com 3,2 bilhões de pessoas, isto é, 42% de todo o mundo integrado em redes.

De 2002 a 2003, houve o início dos grandes *blogs* e, em 2005, ocorreu o desenvolvimento das redes. Pierre Lévy chama as redes sociais de "novas ágoras". O modelo de democracia direta desenvolveu-se em Atenas, Grécia, em que os cidadãos participavam de assembleias na *ekklesia* para deliberar, pelo sorteio, assuntos relevantes em termos coletivos. Tal modelo acabou sendo substituído posteriormente pela democracia representativa, justamente pela impossibilidade física de se reunir todo o povo em um espaço de deliberação.[6]

Há novas ágoras no encontro em rede, que permitem superar um empecilho que era físico, diante do fenômeno da *desterritorialização* próprio da ciberdemocracia. Desterritorialização não é apenas a oportunidade de um encontro em um espaço que não é físico, mas, sobretudo, na abordagem de Lévy, que não é adstrito a um Estado nacional.

Segundo a visão otimista de Pierre Lévy, onde não há censura formal do governo, a internet é vista como fator que provoca a queda das ditaduras.[7] A internet

---

5. Situação da conectividade em 2015: sobre o acesso global à internet de 22 de fevereiro de 2016. Disponível em: [https://info.*internet*.org/pt/blog/2016/02/22/state-of-connectivity-2015-a-report-on-global-*internet*-access/]. Acesso em: 12.02.2017.

6. Cf. NOHARA, Irene Patrícia. *Democracia e participação direta*. In: MESSA, Ana Flávia; SIQUEIRA NETO, José Francisco; BARBOSA, Susana. Mesquita (Coord.). *Transparência eleitoral*. São Paulo: Saraiva, 2015. p. 192.

7. Um dos fenômenos sociais que se utilizaram da rede para promover a queda de ditaduras foi a Primavera Árabe, caracterizada por protestos sociais ocorridos no norte da África e no Oriente Médio de questionamento de governos autoritários. Ocorre que, ainda que inicialmente ela tenha promovido um potencial positivo de conexão, para questionamentos, os desdobramentos da Primavera Árabe revelam contraditoriedades e complexidades que geraram a emergência de conflitos étnicos de proporções bélicas que anuviaram o sonho de democracia, em meio à fumaça da guerra civil, espalhando-se na região a barbárie e a intolerância. Hoje os mesmos países que apoiaram a Primavera Árabe são aqueles que se preocupam com o número de refugiados que chegam às suas fronteiras, provenientes da debandada da região conflituosa, sendo que, em muitos

potencializa o debate do chamado *egov*, sendo tal realidade acrescida de amplo potencial quando há portais de transparência, os quais permitem ao cidadão visualizar e discutir as medidas do governo.

2. Libertação da palavra e a Caixa de Pandora

Segundo expõe Lévy, a *libertação da palavra* é provocada pela internet. Antes da internet e das redes sociais, a opinião pública era mais facilmente controlada por meio das mídias fechadas. Assim, para falar algo oficial e que tivesse grande permeabilidade era necessário que um editor intermediasse tal fala, delimitando pautas e conduzindo, portanto, os discursos.

Atualmente, qualquer um pode ser um canal de divulgação de informações. Lévy é otimista, pois entende que a *libertação da palavra*, com o oferecimento gratuito e espontâneo de informações, possibilitará a construção de uma suposta *inteligência coletiva*, dada a cooperação competitiva das comunidades virtuais.

Tal movimento provocaria, a seu ver, o emergir de um diálogo livre de *indiferença*, *irritação* e *desprezo*, em que as pessoas seriam cada vez mais apreciadoras da diversidade, segundo a visão de Lévy.

Não obstante se concordar com Lévy no sentido que a revolução proporcionada pelas comunicações, com o advento da internet e das redes, que conectaram grande parte das pessoas do mundo, seja algo *potencialmente* muito positivo, inclusive para o amadurecimento da democracia, infelizmente o balanço do rumo das transformações ao longo destes últimos anos pode não ser tão positivo.

Primeiro, percebe-se, na atualidade, que as redes sociais nem sempre unem e permitem o diálogo entre pessoas. Muito pelo contrário, elas acabam estabelecendo a conexão "entre bolhas" de pessoas que pensam da mesma forma e que se encontram em rede com o intuito primordial de confirmarem aquilo que já acreditam, não obstante haver informações na internet em sentido contrário.

É exageradamente otimista supor que haverá nas redes um diálogo *livre de indiferença*, *irritação* e *desprezo*, ainda mais diante do aumento dos chamados *haters* (pessoas que destilam, em rede, todo ódio que acumulam em relação a certas pautas de assuntos socialmente includentes) e das pessoas que se utilizam da rede para disseminar discurso de ódio, segregação e opressão de grupos minoritários.

É, portanto, um desafio permanente pensar na qualidade do diálogo que se estabelece em rede e na internet. Aliás, muitas vezes não há uma propensão às pessoas que se comunicam em rede de procurar discutir de forma equilibrada, isto

---

casos, houve a troca de ditadores, sem que houvesse sido alcançado o sonho de equilíbrio nas relações sociais. Cf. NOHARA, Irene Patrícia. *Fundamentos de direito público*. São Paulo: Atlas, 2016. p. 233.

é, ponderada, nem mesmo os assuntos que não dominam, que supostamente seriam aqueles que deveriam estar mais abertos ao diálogo.

A propensão a achar que é verdade aquilo que se crê é associada com o fenômeno da *pós-verdade*. Essa é expressão que despontou a partir do momento em que, em 2016, o Dicionário Oxford a elegeu como o assunto de destaque do ano. Na pós-verdade, as pessoas creem obstinadamente em suas visões de mundo e apenas procuram aceitar aquelas informações que confirmam suas crenças, que não são postas em questionamento. Assim, perde a força de persuasão o contraste de argumentos, e as pessoas sucumbem aos boatos, sem propensão a analisar os fatos. Esse é um caldo de cultura propícia à disseminação das *fake news*.

Segundo Diogo Rais e Gustavo Hennemann,[8] as pesquisas indicam que a motivação da disseminação de *fake news* é, sobretudo, econômica, pois geralmente autores de notícias inverídicas apostam na mentira e no sensacionalismo como forma de gerar cliques. Como se sabe, atualmente a remuneração de anúncios em sites se dá também em virtude do número de cliques que ele provoca, daí essa dinâmica perversa, provocada por comportamentos oportunistas movidos por questões econômicas.

As *fake news* envolvem, portanto, conteúdos que despertam emoções e crenças, dado que, tendo em vista a pós-verdade, a tendência das pessoas é serem menos cautelosas com notícias que vão ao encontro de suas visões de mundo e, portanto, que confirmam suas crenças.

O contrário também ocorre. As pessoas questionam tudo aquilo que vai de encontro com as suas convicções, mesmo que seja pautado em argumentos fundados em dados verdadeiros. Assim, até mesmo a verdade empírica dos fatos é posta em questionamento, caso seja uma verdade incômoda aos pontos de partida adotados pelos que se alinham com as práticas da pós-verdade.

Ademais, muitas pessoas lamentavelmente parecem não se interessar mais por esclarecimentos.[9] Uma grande parte está obstinadamente convencida do que

---

8. RAIS, Diogo; HENNEMANN, Gustavo. *Fake* news: do que se alimentam, como se reproduzem. Disponível em: [http://portal.mackenzie.br/fakenews/noticias/arquivo/artigo/fake-news-do-que-se-alimentam-como-se-reproduzem/]. Acesso em: 18.05.2018.

9. Para se ter uma noção do que é pós-verdade e rejeição aos dados científicos e apego às ideias preconcebidas não colocadas em questionamento: mesmo com todos os registros do formato do planeta Terra, mesmo com os voos de avião mostrando mapas e as conformações da Terra, inclusive no sistema solar, ante os outros planetas também esféricos, ainda, com a sombra do nosso planeta, cuja curvatura se projeta visível na lua, nos fenômenos de eclipses lunares, há 11 milhões de entrevistados no Brasil que duvidam que o planeta seja de formato esférico, ou seja, 7% da população acredita que o planeta tenha formato plano (são os denominados terraplanistas), conforme pesquisa divulgada na Folha de S. Paulo. Disponível em: https://www1.folha.uol.com.br/ciencia/2019/07/7-dos-brasileiros-afirmam-que-terra-e-plana-mostra-pesquisa.shtml.

determinara para si ou para seu grupo fechado (sua bolha). Partem, portanto, de um ponto de partida inflexível, sendo a verdade dos fatos algo secundário em relação à afirmação narcisista de sua visão de mundo em rede.

É muito comum que o comportamento das pessoas em rede seja muito mais para afirmar suas convicções, num gesto narcisista de autoafirmação,[10] sendo, por conseguinte, difícil que as pessoas arredem o pé dos seus pressupostos, ainda que fundados em crenças absolutamente subjetivas, quando contrastados por contradiscursos ou com dados objetivos.

É cada vez menos comum que as pessoas tenham humildade ou disposição para investigar a fundo a questão da verossimilhança, pois, uma vez que se afirma, não se deseja mais descobrir que as conclusões foram precipitadas, ainda mais se isso envolver um contradiscurso em sua *timeline*, o que provoca um sentimento automático de desprestígio, em vez de ser simplesmente uma discussão com contrários e sínteses consensuais.

Logo, essa postura de uma humanidade embrutecida, cheia de razão e fechada em pré-compreensões do mundo, pautadas em meras convicções, pouco empenhada em analisar com maior detença as informações existentes, sendo focada muito mais em argumentos que ratificam os pontos de vista iniciais, é avessa à postura dialógica, mais desejável numa democracia.

Trata-se muito mais de um monólogo ou de uma simples autoafirmação. Assim, é muito comum que haja as "fogueiras virulentas" em ambientes virtuais em que a conexão digital e a falta de uma intermediação do discurso são capazes de promover ações lesivas de grupos, a partir da disseminação irrefletida de informações falsas, dentro da noção de *fake news*, viralizadas na *web*, sendo, ainda, o ambiente das redes virtuais pouco comprometido com a busca da verdade, ainda mais quando isso implicar questionamentos de pressupostos ou dogmas.

Nessa perspectiva, a libertação da palavra propiciada pela internet pode representar, no fundo, uma Caixa de Pandora, apta a libertar também posturas terríveis, alimentadas pela ganância econômica e pela disseminação do ódio.

Conforme defendido, as categorias *mentira* e *verdade* são tão antigas quanto a humanidade que nelas se apoia para expor as suas versões distorcidas e/ou

---

10. Como aqueles que usam da rede para postar sua rotina diária, como se fossem celebridades, ou mesmo como se o prato que comeu ou o treino que fez fossem assuntos relevantes a ser compartilhados em rede. Da mesma forma como narcisisticamente exibem sua rotina, ainda são estimulados pelo Facebook a escancarar o que estão sentindo ou quais suas opiniões sobre um sem-número de assuntos dos quais não são especialistas, daí o ressentimento de Umberto Eco sobre o sentimento de grandeza que emerge, mesmo sem dados objetivos que o justificam, a ponto de se sentirem mais do que um especialista ou mesmo que um Nobel, dado número de *likes* que conseguem alcançar através de opiniões muitas vezes infundadas, mas que encontram na rede uma legião de adeptos igualmente mal instruídos.

interessadas dos fatos. Entretanto, o que efetivamente pode ser reputado como novo é o potencial *efeito* da disseminação das mentiras, que, na atualidade, alcança um número infinito de pessoas conectadas em rede numa velocidade quase que instantânea e, ainda, sem limites territoriais.

Por esses motivos, entende-se muito otimista a crença de Lévy no sentido de supor que a conexão irá efetivamente colaborar para a construção de uma suposta *inteligência coletiva*, sendo muito provável que os efeitos sejam ambivalentes, isto é, que também possa ocorrer exatamente o oposto: isto é, que a alta conexão e a *libertação da palavra* sejam justamente um caldo fértil para o emergir de uma espécie de *burrice coletiva*, conectando rapidamente pequenas bolhas em bolhas maiores de pessoas que pensam da mesma forma preconceituosa e irrefletida.

Trata-se, inclusive, de um meio propício para a ascensão de antigas intolerâncias sociais, que doravante são expressas livremente em rede e na internet. Segundo conhecidas preocupações de Umberto Eco, filósofo, escritor de literatura e estudioso da semiótica e da linguagem, as redes sociais empoderaram uma legião de imbecis, elevando o idiota da aldeia à categoria de portador da verdade. Por idiota da aldeia Eco se refere àquele que esbravejava sua raiva após tomar um vinho no boteco da esquina, mas que, atualmente, vocifera barbaridades em rede, encontrando, ainda, uma legião de adeptos em ambiente virtual.

Nas suas palavras[11]:

> as redes sociais dão o direito à fala para uma legião de imbecis que antes falavam sós no bar depois de um copo de vinho, sem causar danos à sociedade. Então, eram rapidamente silenciados. Mas agora eles têm o mesmo direito de falar do que um prêmio nobel. É a invasão dos imbecis.[12]

Pior, existe também a possibilidade do uso da rede e da internet para a manipulação social, assunto que se discute inclusive em campanhas de políticos influentes. Com a psicometria eleitoral, que se utiliza de tecnologias *analytics*, é possível entender a cabeça do eleitor e enviar mensagens customizadas em razão de sua forma de pensar.

Assim, políticos que desejam lograr-se vencedores em eleições, em vez de defenderem de forma coerente suas plataformas políticas, acabam se rendendo a reproduzir *à la carte* os anseios de seus futuros eleitores, preparando, com o

---

11. COSTA PINTO, Manuel da. *Umberto Eco ataca comunicação virtual em livro póstumo*. Disponível em: [www1.folha.uol.com.br/ilustrada/2017/07/1899351-umberto-eco-faz--critica-feroz-da-comunicacao-virtual-em-livro.shtml]. Acesso em: 05.01.2018.
12. *10 frases para recordar a mordaz lucidez de Umberto Eco*. Disponível em: [www.bbc.com/mundo/noticias/2016/02/160219_cultura_umberto_eco_frases_ap]. Acesso em: 05.01.2018.

auxílio dos meios digitais, campanhas com inúmeros coloridos, nem sempre efetivamente compatíveis com aquilo que ele irá fazer no futuro governo, mas que são direcionados para os variados públicos-alvo.

Deixa-se de lado a ética, algo que, desde as análises de Maquiavel,[13] não anda exatamente de mãos dadas com a perspectiva da ação política eficaz, para que as tecnologias promovam, em vez do debate para produção da verdade, no fundo, o controle e o enviesamento de campanhas, o que lamentavelmente não visa melhorar a democracia, podendo redundar, inclusive, em um grau de controle sofisticado como havia nos regimes totalitários, ainda que não seja explícito, pois muito pouco da intimidade e vida privada das pessoas poderá ser escondido atualmente em que as pessoas praticam autoexposição em rede.

Outrossim, muitos dos portais que no início do surgimento da internet ofereciam informação de qualidade gratuitamente, nos dias atuais cobram para que as pessoas tenham acesso ao seu conteúdo mais relevante. Também é possível pagar tanto ao Google como ao Facebook para que as informações sejam acessíveis a um número maior de pessoas.

Ora, se estamos vivendo a Era da Informação, também a informação acaba sendo um produto valorizado pelo mercado, pois ela repercute em decisões mais estratégicas. Muitas pessoas só divulgam informações gratuitamente como um chamariz para vender produtos e mais informações na *web*, sendo, portanto, identificável também um movimento de retração do fornecimento de informação gratuita e de qualidade, que são fechadas em portais de acesso restrito mediante assinatura periódica, o que não era o cenário antevisto por Pierre Lévy quando escreveu suas clássicas obras, pois ele achava que haveria a progressiva disseminação gratuita de informações, sem maiores restrições.

3. Desafios da regulação estatal diante do perigo da desinformação: direito à informação e proibição de censura

Diante do exposto, surge a seguinte indagação: qual o papel do Estado em face da desinformação provocada pelo fenômeno da *fake news*? Trata-se de questão muito delicada, dado que o Estado brasileiro avançou, quando da positivação da Constituição de 1988, para proibir a censura prévia de informação.

Nos regimes autoritários anteriores à Constituição de 1988, o Estado, por meio de seus órgãos de censura, catalogava informações que iriam ou não ser publicadas, em relação ao seu "potencial subversivo", sendo, inclusive, anedótico o

13. Maquiavel foi um dos primeiros autores clássicos a divulgar o fato de que o horizonte da eficácia da ação política não deve ser desprezado. Logo, fazer profissão de bondade na política pode ser fatal ao projeto político do governante, que deve agir "segundo a necessidade". MAQUIAVEL. *O príncipe*. Bauru: Edipro, 2007. p. 77.

quão arbitrário e insensível era o crivo dos órgãos censores em relação aos espetáculos públicos e notícias no geral.

Por conseguinte, está fora de cogitação jurídica que o Estado se ocupe de catalogar previamente o conteúdo que será veiculado em rede, tal qual um órgão censor, dado que o inciso IX do art. 5º da Constituição determina ser "livre a expressão da atividade intelectual, artística, científica e de comunicação, independentemente de censura ou licença". Enfatize-se que até o provedor de conexão da internet, de acordo com o art. 18 da Lei 12.965/2014, Marco Civil da Internet, não será responsabilizado civilmente por danos decorrentes de conteúdo gerado por terceiros.

De acordo com o art. 19 do Marco Civil da Internet, com o intuito de assegurar a liberdade de expressão e impedir a censura, o provedor somente será responsabilizado civilmente por danos decorrentes de conteúdo gerado por terceiros se, após ordem judicial específica, não tomar as providências para, no âmbito e nos limites técnicos do seu serviço e dentro do prazo assinalado, tornar indisponível o conteúdo apontado como infringente, ressalvadas as disposições legais em contrário.

Logo, o usuário que se sente lesado deve se valer de um processo judicial para que o conteúdo falso seja removido da plataforma do provedor, que tornará indisponível o material ilícito. Então, quando se fala do papel do Estado, por Estado está-se a referir ao Poder Judiciário, do ponto de vista de um controle repressivo, mas jamais qualquer controle preventivo que redundaria em indesejável censura. Neste contexto, enfatize-se o avanço proporcionado pela Lei Geral de Proteção de Dados (LGPD – Lei nº 13.709) no sentido de empoderar o titular dos dados com autodeterminação informativa, a partir de termos de uso e políticas de consentimento, sendo possível também alterar dados fornecidos e até excluí-los.[14] No entanto, como que o Estado pode atuar mais proativamente para evitar a desinformação? Existem inúmeras possibilidades reflexas que evitarão os males da propagação de *fake news* e, também, em sentido maior, a criação de possibilidades de uma liberdade efetiva de informação na internet. Seriam tais medidas restrições desmedidas à liberdade? Entende-se, com apoio em Böckenförde,[15] que não.

---

14. Cf. Quadro: Aplicação da Lei Geral de Proteção de Dados pela Administração Pública. Cf. NOHARA, Irene Patrícia. *Direito Administrativo*. 10. ed. São Paulo: Atlas, 2020. Note-se que, antes mesmo da criação da LGPD, Têmis Limberger já pesquisava a necessidade de liberdade informática, como novo direito, que é justamente o "direito de acessar, retificar ou cancelar os dados pessoais inscritos em um banco de dados informatizado". Cf. LIMBERGER, Têmis. *Cibertransparência: informação pública em rede*. Porto Alegre: Livraria do Advogado, 2016. p. 23.
15. BÖCKENFÖRDE, Ernst-Wolfgang. *Escritos sobre derechos fundamentales*. Trad. Juan Luis Requejo Pagés. Baden-Baden: Nomos, 1993. p. 48.

Para uma visão liberal pura, os direitos fundamentais são direitos de liberdade do indivíduo perante o Estado. A liberdade é vista como *pré-estatal*, e a competência para o Estado tratar da liberdade é limitada por princípio; aliás, a própria presença do Estado se justifica como instância importante de garantia da liberdade individual, sendo irrelevante, nessa visão, o uso que o particular faça dessa liberdade.

Os meios e os fins que ele persiga, segundo tal questionável concepção, são da mais ampla autonomia da vontade. Assim, nessa perspectiva, a supremacia do interesse público existe na exata medida da proteção da liberdade individual, e a intervenção do Estado, afora esta última hipótese (de garantia da liberdade), representa uma permanente ameaça à autonomia privada.

Por outro lado, à medida que houve a percepção, ao longo do melhor refinamento do papel do Estado, de que a liberdade também é instituto que requer circunstâncias vitais para a sua realização, percebeu-se que a atuação estatal também é necessária para garantir essa mesma liberdade que o Estado restringe por meio da regulação, uma vez que a liberdade não é indefinida, mas deve ser ordenada e configurada normativamente. Abandonou-se, portanto, a "cegueira acerca dos pressupostos sociais indispensáveis para a realização da liberdade dos direitos fundamentais".[16]

Existe, portanto, uma concepção institucional, que se contrapõe ao liberalismo desmedido, pois enquanto este procura garantir uma liberdade hipotética, considerada existente antes mesmo da formação do Estado, cuja atuação deve ser mínima, a corrente institucional não vê a regulação estatal como ameaça, mas como garantia da própria liberdade, que, para a prevalência dos direitos fundamentais, deve ser limitada.

Böckenförde fornece um exemplo que ilustra as diferenças conceituais entre as duas concepções: enquanto a *garantia da liberdade de imprensa*, do ponto de vista liberal, seria equivalente à menor interferência ou à ausência de censura por parte do Estado nas atividades do setor; para a concepção institucional, por outro lado, não haverá de fato uma imprensa livre se o Estado não tomar uma série de medidas e regramentos que garantam tal liberdade, tais como: a positivação de direitos aos profissionais do setor, a proteção da confiança dos informantes privados e a exigência de as autoridades públicas fornecerem informações acerca de suas atividades.

Legitimar a intervenção não significa, enfatize-se, dar um "cheque em branco" para que o intervencionismo estatal seja desmedido, pois deve remanescer o núcleo essencial da liberdade nas atividades e interesses privados, dentro do emprego de um juízo de ponderação ou de proporcionalidade na regulação estatal.

16. BÖCKENFÖRDE, Ernst-Wolfgang. Op. cit. p. 49. Ver também NOHARA, Irene Patrícia. *Fundamentos de direito público*. São Paulo: Atlas, 2016. p. 36-37.

Portanto, o Estado não pode exercer censura, mas isso não significa que ele não deva criar, via regulação, condições para que haja uma internet livre. Ademais, um dos grandes desafios de manter as condições para que haja reflexões mais equitativas a partir do acesso à informação seria a manutenção da neutralidade de rede.

Os canais disponíveis na rede não devem ser reservados para os que pagam mais, para que todo o tráfego se dê de forma igual, dado que a noção de democracia também pressupõe igualdade. No Brasil esse foi um ponto incorporado ao Marco Civil da Internet, sendo que o projeto que se transformou na lei foi alvo de ampla consulta e participação popular nos meios digitais.

Contudo, como houve, em dezembro de 2017, retrocessos nos Estados Unidos quanto à neutralidade de rede, é muito provável que, apesar do avanço, o setor interessado passe a fazer pressão também nos parlamentares brasileiros para que haja o fim da neutralidade recém-conquistada.

Por fim, outro ponto importante é estimular a presença de políticas públicas que contribuam para uma educação digital, propiciando condições para que os usuários das redes desenvolvam a sensibilidade para pesquisar as fontes, duvidar de notícias falsas e evitar contribuir com a disseminação de informações caluniosas ou difamantes.

Também o Judiciário, como órgão integrante dos Poderes do Estado, deve ter a sensibilidade para diferenciar a notícia mentirosa, os dados falsos, de interpretações variadas que são feitas a partir de dados verdadeiros. Daí a necessidade de sensibilidade e formação democrática, pois as pessoas têm todo o direito de defender suas visões de mundo, dado que ninguém é neutro, no sentido de tábula rasa. Assim, não há nada de errado em fazer análises críticas e mais profundas das notícias que existem, sob pena de haver um domínio e controle das falas e interpretações, transformando os órgãos estatais em aparatos totalitários. Nesse sentido, a questão do controle das *fake news* é um dos dilemas mais complexos da sociedade contemporânea, que, após a Revolução da Internet, se integrou em rede e procura a *web* como fonte de informação.

Conclusões

Diante do exposto, existem diversas conclusões articuladas. Em primeiro lugar, o fenômeno da *fake news* é tão antigo quanto a capacidade de comunicação de verdades ou mentiras pelo ser humano. Logo, ainda que se procure estabelecer arbitrariamente quais seriam as primeiras *fake news* a provocar maiores efeitos sociais, isso não significa que tenham sido de fato as primeiras *fake news* ocorridas na humanidade.

O que é mais recente, contudo, e que faz, portanto, com que as *fake news* ofereçam maior risco em relação à disseminação de informações na sociedade, é o potencial de alcance delas diante da integração da população mundial em rede e da abertura dos canais de divulgação de informação pela internet.

Conforme visto, a cibercultura propiciou a *libertação da palavra*, sendo que o surgimento dos primeiros *blogs* e a disseminação de sites provocaram um movimento no sentido de que cada pessoa poderia se transformar em seu próprio editor, o que gerou o incremento das comunidades virtuais, dado que as informações começaram a ser veiculadas de forma gratuita, com ruptura da necessidade de intermediação editorial.

Se, por um lado, tal fenômeno despertou todo o otimismo de Pierre Lévy, a ponto de defender que, com o oferecimento gratuito e espontâneo de informações, haveria a construção de uma suposta *inteligência coletiva*, dada a cooperação competitiva das comunidades virtuais, o que contribuiria para a ciberdemocracia, pois isso geraria consensos cada vez mais fundamentados em informações, por outro lado, a ciberdemocracia foi desafiada, nos últimos tempos, diante de dois fenômenos associados: a pós-verdade e a proliferação de *fake news*.

A pós-verdade implica, conforme visto, a propensão que as pessoas possuem de supor ser verdade aquilo que corrobora com as suas crenças. Nesse cenário, perde a força de persuasão o contraste salutar entre argumentos, sendo que grande parcela das pessoas sucumbe aos boatos, dada a ausência de disposição de ânimo para analisar a veracidade dos fatos divulgados.

Nesse contexto, há a disseminação rápida das *fake news*. Ressalte-se, porém, que também o sistema de pagamento por cliques faz com que haja esse comportamento oportunista, pois muitos dos que contribuem para a criação de *fake news* atuam compelidos à criação de notícias que se utilizam do sensacionalismo e de mentiras como forma de gerar entradas e disseminação de conteúdos variados para que haja aumento da remuneração de anúncios divulgados em *blogs* e sites.

Por conseguinte, essa postura de grande parcela dos usuários da internet embrutecidos, cheios de razão e fechados em seus dogmas, pautados em convicções e na procura de notícias que apenas reiterem suas pré-compreensões de mundo, pouco contribui para a construção de uma suposta *inteligência coletiva*, sendo mais provável que haja o crescimento de *burrices coletivas*.

Como bem alertou Umberto Eco, a internet empoderou preconceituosos que agora são mais ouvidos, até porque seus conhecimentos são mais próximos da generalidade da população, que se interessa mais em ouvir opiniões infundadas do que em aprofundar-se em informações que são produzidas por especialistas em dadas questões, que exigem um conjunto de dados mais sofisticados.

Daí surge a seguinte indagação central: qual o papel do Estado diante da desinformação gerada pela proliferação das *fake news*? Conforme desenvolvido, trata-se de uma questão bastante delicada, pois, ao mesmo tempo que o Estado não pode exercer censura sobre conteúdos, sendo tal pretensão sequer exequível pelas provedoras de conteúdo, ele deve fomentar a autorregulação e estabelecer também, via regulação de assuntos reflexos, balizas para que a informação seja livre.

Logo, um dos pontos centrais que o Estado deve enfocar é a manutenção da liberdade de rede, para que os conteúdos estejam disponíveis ao público. Também deve estimular medidas para educação digital, para a garantia de que a internet seja um espaço democrático de construções de interpretações variadas dos fatos.

Deve estimular o acionamento do sistema de repressão existente diante de notícias comprovadamente falsas e que causem danos às pessoas e ao direito à informação, sendo a LGPD preventiva em relação à ocorrência de danos e utilização distorcida e desnecessária de dados pessoais. Conforme visto, o Estado Democrático de Direito não se alinha com uma proposta de liberdade indiscriminada, pois as pessoas não possuem liberdade para causarem danos à coletividade a partir da disseminação de fatos mentirosos na *web*. Portanto, o Estado deve regular essa liberdade para que haja medidas que garantam a liberdade preservada, sem fulminar, contudo, o núcleo essencial da liberdade de informação.

Em suma, afastada a censura prévia, algo impossível inclusive de ser realizado (além de indesejável), isso não significa liberdade incondicionada para disseminação de mentiras que causem danos sociais.

Então, as medidas estatais devem ser reflexas no sentido de preservar o núcleo da liberdade de informação, sendo importante que haja a manutenção da neutralidade de rede, como condição para a disseminação livre e gratuita de informações, com respeito às balizadas da Lei Geral de Proteção de Dados, e que o Estado estimule a existência de políticas públicas de promoção de educação digital, para que as pessoas desenvolvam a sensibilidade para diferenciar uma notícia alicerçada em dados confiáveis das notícias de veracidade duvidosa, bem como para que haja o acionamento do sistema de justiça para exigir a retirada de conteúdos falsos e que causam danos.

Contudo, fica o alerta final de que o Poder Judiciário deve se munir de bom-senso (razoabilidade) para não se transformar em um ente censor de conteúdos que contemplam apenas visões de mundo e interpretações de fatos, pois, estas podem e devem ser feitas de forma mais livre, para que exista uma sociedade plural e democrática.

Referências bibliográficas

BÖCKENFÖRDE, Ernst-Wolfgang. *Escritos sobre derechos fundamentales*. Trad. Juan Luis Requejo Pagés. Baden-Baden: Nomos, 1993.

LÉVY, Pierre. *Cibercultura*. São Paulo: Editora 34, 2010.

LÉVY, Pierre. *Ciberdemocracia*. Lisboa: Instituto Piaget, 2002.

LIMBERGER, Têmis. *Cibertransparência: informação pública em rede*. Porto Alegre: Livraria do Advogado, 2016.

MAQUIAVEL. *O príncipe*. Bauru: Edipro, 2007.

MESSA, Ana Flávia; SIQUEIRA NETO, José Francisco; BARBOSA, Susana. Mesquita (Coord.). *Transparência eleitoral*. São Paulo: Saraiva, 2015.

NOHARA, Irene Patrícia. *Fundamentos de direito público*. São Paulo: Atlas, 2016.

________. Direito Administrativo. 10. ed. São Paulo: Atlas, 2020.

RAIS, Diogo; HENNEMANN, Gustavo. *Fake news*: do que se alimentam, como se reproduzem. Disponível em: [http://portal.mackenzie.br/fakenews/noticias/arquivo/artigo/fake-news-do-que-se-alimentam-como-se-reproduzem/]. Acesso em: 18.05.2018.

SAFINA, CARL. *Beyond words*: what animal think and feel. New York: Henry Holt and Company, 2015.

FAKE NEWS E DEMOCRACIA: DISCUTINDO O *STATUS* NORMATIVO DO FALSO E A LIBERDADE DE EXPRESSÃO

CLARISSA PITERMAN GROSS

Doutora em Direito pela Faculdade de Direito da USP. Mestre em Direito e Desenvolvimento pela Escola de Direito de São Paulo da Fundação Getulio Vargas. Bacharel em direito pela Faculdade de Direito da UFMG. Professora e Coordenadora da Plataforma de Liberdade de Expressão e Democracia (PLED) na Escola de Direito de São Paulo da Fundação Getulio Vargas.

Penso[1] que seria dispensável o esforço de reunir evidências acerca da relevância do tema das *Fake News*[2] nos tempos atuais. O fenômeno da desinformação recebe cada vez mais atenção pública na era digital e um dos principais problemas associados às *Fake News* é o seu impacto na dinâmica democrática. Desde as

1. Esse texto consiste em um desenvolvimento de palestra proferida no evento *Fake News* e Democracia, realizado pela Plataforma de Liberdade de Expressão e Democracia – PLED da FGV DIREITO SP na FGV DIREITO SP em 12 de março de 2018. Algumas das ideias desse texto foram também discutidas em: GROSS, Clarissa Piterman. Pode dizer ou não? Jeremy Waldron e Ronald Dworkin discutem (e discordam!) sobre liberdade de expressão e discurso de ódio. In: JUNIOR, Ronaldo Porto Macedo (Org.). *Teoria do Direito Contemporânea*: Autores e Temas. Curitiba: Juruá, 2017. p. 489-524. E em: GROSS, Clarissa Piterman. Pode dizer ou não? Discurso de ódio, liberdade de expressão e a democracia liberal igualitária. Tese (Doutorado em Direito) – Faculdade de Direito, Universidade de São Paulo, São Paulo, 2017.
2. O dicionário em inglês da editora britânica Collins elegeu o termo *Fake News* como a palavra do ano de 2017. Conferir reportagem "*Fake News* é eleita palavra do ano e ganhará menção em dicionário britânico" da BBC Brasil, de 2017, disponível em: [www.bbc.com/portuguese/internacional-41843695]. Acesso em: 16.05.2018.

campanhas eleitorais nos Estados Unidos em 2016 e na França em 2017, e os debates que precederam o plebiscito inglês conhecido como Brexit, cresce o medo da distorção de processos políticos potencialmente provocados por campanhas de desinformação[3]. A campanha eleitoral brasileira de 2018 foi a mais digitalizada que o país já teve[4]. As eleições municipais brasileiras de 2020 carregarão as preocupações com a desinformação que afligiu cientistas políticos, juristas, funcionários públicos, políticos e cidadãos em 2018. Sendo assim, há um consenso social de que a relação entre *Fake News* e democracia é um problema importante e de alguma maneira novo, que justifica a atenção atual dispensada ao tema. E parece haver, junto com a atenção e o alarde, um senso de urgência de que "precisamos fazer alguma coisa" para combater as *Fake News*.

Por outro lado, ao mesmo tempo em que se detecta o senso de urgência em torno do tema, há grande incerteza acerca das medidas para abordá-lo. São muitas as possibilidades e as frentes de ação, assim como muitos os grupos sociais e profissionais mobilizados a partir de instrumentais diversos. Um deles é a comunidade jurídica. Para os juristas, a abordagem mais óbvia é aquela da mobilização da lei para fins de restrição da ação danosa. O primeiro tipo de instrumento normalmente pensado e mobilizado por juristas para fazer frente a algum tipo de dano é a legislação para especificação da ação proibida, a qual a lei vincula uma punição. A reação de parte da comunidade jurídica ao pânico deflagrado pelas *Fake News* não fugiu ao padrão: de acordo com reportagem de 2018 de Pedro Grigori para a Pública (Agência Pública de Informações), existia à época, no Brasil, 20 projetos de lei em tramitação no congresso nacional que propunham a criminalização da criação e divulgação de algum tipo de notícia falsa. As penalidades variavam de R$ 1.500,00 (mil e quinhentos reais) até oito anos de reclusão[5]. É verdade que

3. Conferir TRAUMAN, 2017.
4. De acordo com IBOPE, 2018, em pesquisa intitulada "Pesquisa de Opinião Pública acerca do clima para as eleições gerais de 2018", 56% dos eleitores brasileiros afirmaram que as mídias sociais teriam algum grau de influência na escolha de seu candidato à presidência da república nas eleições de 2018. 36% dos eleitores afirmou que as redes teriam muita influência. Não houve nenhum outro canal de influência para escolha do candidato à Presidência da República sondado pela pesquisa que superasse as redes sociais na atribuição de muita influência pelos entrevistados. A mídia tradicional empatou com as redes sociais pelo fato de que, no cômputo total, 56% dos entrevistados também atribuíram à primeira alguma influência na escolha do candidato presidencial. Alguns outros canais sondados foram conversar com os amigos, com parentes e a igreja em conjunto com os líderes religiosos.
5. Os projetos não eram uniformes. Eles divergiam acerca da definição do tipo penal, ou seja, de qual tipo de conduta deveria ser criminalizada. Como exemplo, alguns projetos de lei previam a punição daqueles que criavam a notícia falsa. Outros propuseram a punição também daqueles que compartilhavam a notícia e outros, ainda, a punição dos provedores de aplicações de Internet. Para uma listagem completa dos projetos de lei

esses projetos revelam a convicção ou impulso de muitos em torno do punitivismo como estratégia de contenção da desinformação. Mas é também verdade que encontram grande resistência por críticos no meio da própria comunidade jurídica, assim como de outras comunidades profissionais que trabalham com a promoção do debate público e a circulação da informação.

Creio que uma chave importante para compreender algumas das fontes de divergência acerca do que fazer sobre as *Fake News* reside nas relações múltiplas entre o valor da liberdade de expressão e a democracia. Em outras palavras, penso que a formulação de concepções distintas do valor da democracia e do papel que a liberdade de expressão desempenha em cada uma dessas concepções ajuda a entender o dilema que as *Fake News* nos colocam. Sintomático, nesse sentido, é o fato de que muito do temor perante as *Fake News* e da urgência que se manifesta em torno da sua proibição tem como pano de fundo o argumento de que essa forma de discurso é maléfica para a democracia. Por outro lado, muitos dos que reagem com hesitação acerca das propostas de proibição e de punição das *fake news* afirmam justamente que essas proibições e punições apresentam riscos para a mesma democracia, porque ameaçam a liberdade de expressão. Ou seja, a democracia é utilizada como uma justificativa tanto para promover a proibição e punição das *fake news* quanto para expressar ceticismo e hesitação em torno dessa mesma estratégia de proibição e punição. Parece então importante tentar explorar de que forma as *fake news* colocam ou não um problema para a democracia, e em que sentido.

No restante desse texto, apresentarei duas formas distintas de conceber a relação entre liberdade de expressão e democracia. A primeira delas diz respeito ao valor instrumental da liberdade de expressão para a promoção de um debate público rico e informado. A segunda enfatiza a liberdade de expressão como valor constitutivo à democracia, ou seja, como direito individual constitutivo do direito político de participação democrática. Indicarei como, a meu ver, cada uma dessas relações entre a liberdade de expressão e a democracia explica atitudes divergentes em torno da estratégia de proibição e punição de *Fake News*. Argumentarei que as duas formas de relação entre a liberdade de expressão e a democracia são importantes e devem ser promovidas pelo direito. No entanto, algumas situações colocam em conflito os dois aspectos do valor da democracia prestigiados pela liberdade de expressão. Penso ser exatamente esse o caso das *Fake News*, em conjunto com outros casos controversos de discurso, tais como o discurso de ódio. Argumentarei que, nesses casos, é preciso cautela na determinação das medidas jurídicas de restrição do discurso sob risco de violação de direitos individuais.

---

propostos na câmara dos deputados e no senado federal à época da reportagem, conferir GRIGORI, 2018.

Antes de passar aos próximos tópicos, é preciso esclarecer o que se compreende por *Fake News* nesse trabalho. É verdade que há críticas, a meu ver bem fundamentadas, a uma tradução literal do termo *Fake News*. "Notícias Falsas", argumentam alguns, é uma tradução que não capta o que é distintivo do fenômeno que se busca nomear pela expressão *Fake News*. Segundo essas críticas, notícias falsas não são desconhecidas do debate público, o qual já convive com falsidades há tempos. Muitos são os casos conhecidos de erro de apuração e mesmo de má-fé ocorridos na mídia tradicional. Ou seja, o debate público já conhece os riscos da falsidade e, segundo essas críticas, possui mecanismos para enfrentá-la. A novidade que se denota pela expressão *Fake News*, segundo essas críticas, está relacionada a um modelo distinto de produção e consumo de informação que se articulou na era digital. Trata-se do deslocamento parcial da importância da mídia tradicional para a Internet, assumindo essa um papel cada vez mais relevante como fonte de informação e como lugar do debate público. Três, talvez, sejam as características do meio digital que permitem compreender a novidade que se busca articular com a expressão *Fake News*: i) na Internet, os custos e barreiras à entrada para produção e disseminação de conteúdo são radicalmente mais baixos, permitindo uma fragmentação da produção de conteúdo e a transformação de todo usuário da rede em potencial produtor de conteúdo. Ademais, a informação se alastra mais rapidamente e de forma que dificulta o seu rastreamento; ii) a Internet facilita o anonimato; iii) por fim, o modo de financiamento da produção e disseminação de conteúdo na Internet é diferente. Na Internet, o consumidor financia o acesso a grande parte do conteúdo não por meio de pagamento direto ao produtor ou disseminador de conteúdo, mas por meio de fornecimento dos seus dados. Esses dados permitem formular o perfil de consumo, político e das inclinações e preferências em geral dos usuários da Internet. Esse banco de dados viabiliza o novo modelo da publicidade direcionada: as plataformas de conteúdo *online* vendem espaço publicitário oferecendo ao anunciante o serviço de direcionamento da publicidade para o público específico que o anunciante tem interesse de alcançar. Os recursos pagos pelos anunciantes são aquilo que financia em grande parte tanto os provedores de aplicações de Internet quanto os produtores de informação *on-line* (os recursos são divididos entre provedores de aplicações de Internet e produtores e disseminadores de conteúdo). Nesse modelo, provedores de aplicações de Internet e produtores de informação possuem um grande incentivo para capturar a maior parte de cliques e de tempo do usuário de Internet, já que essa é a métrica para precificação do serviço/espaço/tempo de publicidade vendido ao anunciante[6].

6. O guia Sobrevivendo nas Redes, dos autores Bernardo Sorj, Francisco Brito Cruz, Maike Wile dos Santos, Marcio Moretto Ribeiro e Pablo Ortellado explica, de forma didática e sucinta, o funcionamento do financiamento das plataformas de Internet no capítulo 1 "O filtro bolha: ouvindo ecos de nossa própria opinião" (SORJ et al., 2018).

Nesse modelo de financiamento, o apelo às emoções do consumidor ganha espaço, o que favorece o sensacionalismo, a manipulação de informações e, por fim, a mentira fabricada.

As *Fake News* seriam, portanto, um tipo novo de conteúdo produzido a partir de uma intencionalidade apenas viabilizada pelo modelo de produção, disseminação e consumo de conteúdo *online*. Trata-se do conteúdo mentiroso, ou seja, intencionalmente falso, fabricado com o objetivo de explorar as circunstâncias do universo *online* (o anonimato, a rapidez de disseminação da informação, a fragmentação das fontes de informação e da atenção dos usuários da Internet, e o apelo às emoções e ao sensacionalismo) para fins de obtenção de vantagens econômicas ou políticas. Ainda, além de intencionalmente falso, esse conteúdo seria fraudulento por ser disponibilizado de tal maneira a imitar o formato da mídia tradicional[7]. Nesse trabalho, no entanto, não restringirei a discussão a esse tipo de conteúdo falso. Isso porque penso que, embora a notícia fraudulenta encerre de fato o que há de distinto no cenário do debate público *on-line*, as reações às notícias fraudulentas as extrapolou, revelando-se como uma preocupação mais difusa e genérica com o problema da desinformação. A facilidade com que as notícias fraudulentas se disseminaram e capturaram a atenção de parte relevante dos usuários de Internet promoveu um debate intenso sobre formas possíveis de contenção da circulação da falsidade no meio digital. Isso se refletiu em diversas iniciativas, desde aquelas focadas em alertar os usuários da Internet para as diversas formas de falsidade *online*[8], até outras com pretensão de remoção de falsidades do ambiente digital e de punição da produção e disseminação de informação falsa.

---

7. Caso paradigmático é o dos diversos *sites* de notícias fraudulentas que foram criados e mantidos por pessoas na cidade de Veles, na Macedônia. Essas pessoas perceberam a possibilidade de "viralização" de conteúdo mentiroso e sensacionalista no contexto das eleições estadunidenses. Muitos dos criadores e mantenedores dos *sites* afirmaram que não tinham qualquer interesse na política dos Estados Unidos, mas criavam as notícias com o interesse de fazê-las circular o máximo possível e, assim, angariar lucros. Conferir reportagem sobre o caso da fábrica de *Fake News* na Macedônia na plataforma do *Wired*. Disponível em: [www.wired.com/2017/02/veles-macedonia-fake-news]. Acesso em: 06.06.2018.
8. A jornalista Claire Wardle desenvolveu uma tipologia com 7 tipos de "informação problemática" relacionados ao que ela chama de problema de má informação (*misinformation*, informação falsa disseminada de forma inadvertida) ou de "desinformação" (*disinformation*, que é a informação fraudulenta, intencionalmente produzida para enganar). Dentre os tipos está desde a paródia, que não possui a intenção de enganar, mas que pode fazê-lo, até o conteúdo falso completamente fabricado com intenção de enganar. Disponível em: [https://firstdraftnews.org/fake-news-complicated/]. Acesso em: 06.06.2018.

A facilidade com que certas propostas de contenção da circulação da falsidade *on-line* ganharam espaço e adesão entre certos grupos da sociedade civil é um sintoma, a meu ver, da carência de debates estruturados acerca das razões pelas quais se protege a liberdade de expressão. A indignação causada pela indústria da desinformação, por um lado, somada ao espanto perante a facilidade com a qual a informação de baixa qualidade pode circular e confundir no universo digital, por outro, geram riscos para a proteção de prerrogativas de expressão centrais em uma democracia, assim como para o bom desenho de incentivos ao debate público robusto e plural de ideias. Explorarei, portanto, as implicações do debate entre duas concepções distintas de democracia, que reservam, cada uma, uma finalidade diferente para a liberdade de expressão e para as discussões acerca do *status* da falsidade no debate público. Defenderei que, de acordo com a melhor concepção da democracia, e do valor constitutivo que essa concepção atribui à liberdade de expressão, as proposições falsas não podem ser tratadas todas da mesma forma. Algumas proposições que são correntemente consideradas falsas, ou que assim o poderiam ser de acordo com uma definição ampla da expressão "informação falsa", merecem proteção pela liberdade de expressão. Essa proteção, a meu ver, está sob ameaça em razão da reação exacerbada ao medo da desinformação e do seu impacto na saúde do debate político. A esse medo une-se a crescente demanda por proteção contra opiniões de terceiros que não correspondem à imagem que pessoas físicas e jurídicas desejam projetar socialmente. Esse trabalho constitui resistência a iniciativas que ameaçam as prerrogativas individuais de expressão, movidas pelo medo e por uma imagem higienizada do debate público de ideias, imagem esta que não honra a melhor compreensão da democracia.

1. Democracia e liberdade de expressão

Uma noção intuitiva de democracia que possui apelo no senso comum é aquela que identifica o fato de que cada cidadão possui um voto e não mais do que um como o aspecto central da igualdade política. Essa ideia poderia, à primeira vista, dispensar a liberdade de expressão. Se a democracia significasse apenas a garantia de que os assuntos da vida pública serão definidos pelos cidadãos, a liberdade de expressão não figuraria como uma exigência necessária da democracia. Um exemplo hipotético pode ajudar na visualização do argumento.

Seria possível imaginar uma realidade na qual as pessoas possuem, todas elas, acesso a um terminal eletrônico pelo qual podem votar acerca de questões de relevância pública. Toda vez que houvesse uma questão pública a ser decidida, as pessoas se conectariam a esse terminal e, por meio de uma senha de acesso, poderiam votar em uma ou mais opções disponíveis. Nesse cenário, seria ainda possível conceber uma proibição de que as pessoas se comunicassem para discutir acerca das questões que deverão ser decididas por meio da soma dos votos individuais.

As pessoas seriam impedidas de expressar as suas ideias, preocupações e reflexões acerca dos problemas e questões a serem decididos coletivamente, e seriam também proibidas de interagir com as ideias, preocupações e reflexões de outros cidadãos.

Dificilmente chamaríamos esse de estado de coisas democrático. Isso porque uma das ideias que atrelamos de forma inafastável à democracia é a existência de um livre debate de ideias. Esse debate é tomado como condição estrutural para que se possa afirmar que as pessoas exercem, de forma valiosa, a sua parcela de poder político. O debate público de ideias é considerado uma exigência contextual da democracia. Na sua inexistência, o exercício do poder político perde grande parte do seu sentido e do seu valor.

É pelo vínculo íntimo entre debate público de ideias e democracia que se revela a importância da liberdade de expressão para a última. O debate público de ideias pressupõe o engajamento discursivo em sentido amplo de uma pluralidade de falantes. O lugar da liberdade de expressão em uma teoria democrática passa pela proteção de prerrogativas de expressão e pela relação dessas últimas com a manutenção do debate público.

No entanto, há formas distintas de conceber a relação entre liberdade de expressão e democracia. Uma delas afirma que a liberdade de expressão possui valor instrumental para a democracia. Já outra, apesar de não negar o valor instrumental, reivindica um *status* mais importante para a liberdade de expressão: argumenta que uma democracia possui o dever de reconhecimento e proteção da liberdade de expressão como um direito individual inviolável, mesmo diante de preocupações de maximização do bem-estar da comunidade. Exploro a seguir cada uma delas e as implicações de cada uma das concepções para o tratamento do problema das *Fake News*.

2. Democracia e o voto informado: liberdade de expressão como instrumento

Uma forma possível de conceber a relação entre liberdade de expressão e democracia preserva ainda o foco da igualdade política na distribuição igualitária do poder de voto. Essa concepção, no entanto, e ao contrário do exemplo hipotético explorado no item anterior, não se satisfaz apenas com a observação de que a cada pessoa é dado o mesmo poder de impacto sobre as decisões coletivas. O voto, para que tenha valor, precisa ser informado. Para que uma pessoa possa de fato exercer a sua liberdade política, impactando com a sua vontade política os rumos do governo coletivo, é necessário que essa pessoa tenha acesso a diversos pontos de vista acerca dos problemas a serem decididos. Para que possa refletir acerca dos diversos problemas no sentido de escolher da melhor maneira possível na ocasião do voto, essa pessoa precisa ter acesso ao confronto de ideias, argumentos e contra-argumentos relacionados aos caminhos políticos possíveis.

Essa concepção de democracia requer a oportunidade para a qualificação do voto e por isso exige a manutenção de um debate público plural acerca de questões políticas. Com isso, essa concepção de democracia não poderá prescindir de alguma proteção e promoção da liberdade de expressão, já que é o engajamento expressivo aquilo que garante um trânsito plural de ideias e perspectivas. A liberdade de expressão, nesse caso, servirá como instrumento para promoção de uma discussão plural a fim de oportunizar a formação da convicção informada do cidadão.

É importante notar que as razões de proteção da liberdade de expressão, no caso, não estão centradas na pessoa ou no agente que se expressa. As prerrogativas de expressão não são protegidas visando garantir algum tipo de liberdade fundamental para aquele que fala. A iniciativa de expressão de quem fala é protegida e promovida de maneira instrumental, ou seja, é protegida e promovida na medida em que contribui para um debate plural, saudável, rico, que contribua para a formação da convicção do eleitor e para o exercício do voto informado[9]. A liberdade de expressão, no caso, é meio, não é fim. E, sendo assim, será protegida apenas até o ponto em que se puder verificar a sua relação virtuosa com os fins aos quais deve servir.

Uma outra forma de conceber um lugar instrumental para a liberdade de expressão na democracia foca na importância do voto informado não como condição para o exercício da liberdade política individual, mas como condição para a tomada coletiva de boas decisões. Nesse caso, o objeto da preocupação não é o efetivo exercício dos direitos políticos por cada cidadão, mas a reunião de condições

---

9. Essa é uma concepção de democracia com importante tradição nos Estados Unidos. Um dos seus principais expoentes é Alexander Meiklejohn. Ele negou que as dez primeiras emendas à Constituição dos Estados Unidos, entre elas a Primeira Emenda que consagra a liberdade de expressão, constituíam uma Lista de Direitos (*Bill of Rights*), mas sim uma "Lista de Direitos e Poderes" (*Bill of Rights and Powers*). Nas palavras de Meiklejohn: "A Primeira Emenda não protege uma 'liberdade de falar'. Ela protege a liberdade daquelas atividades de pensamento e comunicação pelas quais nós 'governamos'. Ela se preocupa, não com um direito privado, mas com um poder público, uma responsabilidade de governar.

Na linguagem específica da Constituição, as atividades de governo das pessoas aparecem apenas em termos de depositar um voto. Mas no sentido mais profundo da Constituição, o voto é apenas a expressão externa de um número amplo e diverso de atividades por meio das quais os cidadãos tentam cumprir as responsabilidades de emitir juízos, as quais aquela liberdade de governar estabelece para eles. Aquela liberdade implica e requer o que chamamos de 'dignidade do indivíduo'. O autogoverno só pode existir na medida em que os eleitores adquirem a inteligência, integridade, sensibilidade, e devoção generosa ao bem estar geral os quais, em teoria, o depósito do voto supostamente expressa." (MEIKLEJOHN, 1961. p. 255. Tradução minha). Endossando esse sentido da liberdade de expressão na Constituição dos Estados Unidos, conferir: FISS, 2003; FISS, 1986.

para que a sociedade como um todo rume para a melhor situação possível. O voto informado é importante, mas também ele é tomado como um meio para algo valioso em si: o sucesso da coletividade em escolher para si as melhores estruturas e as melhores alocações de recursos, direitos e obrigações.

Também nesse caso, a liberdade de expressão figura como meio para a consecução de fins externos a ela mesma. Assume-se a mesma relação entre liberdade de expressão e debate público: a de que a manutenção de um debate público plural, rico e diverso, que leva a comunidade à tomada das melhores decisões políticas, não pode prescindir do engajamento expressivo de diversos agentes. Assim, a prerrogativa de expressão das pessoas em geral deverá ser protegida e promovida. No entanto, e mais uma vez, o valor dessa proteção é sempre mediado pela verificação da relação virtuosa entre liberdade de expressão e qualidade do debate público.

Essas são, de forma sucinta, as duas versões da concepção de democracia que reservam um lugar instrumental para a liberdade de expressão. É importante notar que quando a relação entre liberdade de expressão e democracia é concebida de forma instrumental, o objeto do cuidado e da proteção, em última análise, é o potencial do debate público para viabilizar o voto informado e a boa tomada de decisões coletivas. O debate público deve ser saudável, plural e rico. Não pode ser capturado ou monopolizado por pequenos grupos de poder político, cultural ou econômico. Daí a importância da liberdade de expressão, e o seu papel histórico de permitir que outras vozes adentrem o debate público e criem oportunidade para o exercício da liberdade política de maneira mais informada e com maior potencial para gerar decisões coletivas a serviço de todos, e não apenas de um pequeno grupo de controladores da opinião pública.

No entanto, se o foco é na "qualidade do debate público" e no seu potencial para viabilizar a formação informada das convicções dos cidadãos, uma alteração nas circunstâncias de estruturação do debate público poderá justificar uma alteração no valor atribuído à liberdade de expressão. O argumento seria o de que momentos históricos e circunstâncias sociais distintos exigem modulações distintas das prerrogativas de expressão com vistas ao mesmo resultado: a criação de incentivos corretos ao florescimento do debate público de qualidade. Essa perspectiva do valor instrumental da liberdade de expressão tem implicações para a maneira como se concebe o dever de proteção, ou não, das falsidades.

2.1. A qualidade do debate público e as falsidades

Se se parte da preocupação com a articulação do debate público de melhor qualidade possível, para viabilização da convicção política informada, então fica difícil pensar em razões para defender a liberdade de expressão de falsidades. Falsidades, quase que por definição, não contribuem para a formação da convicção informada. Falsidades não auxiliam na tarefa de apreensão das circunstâncias fáticas relevantes, ou seja, na tarefa de bem compreender as circunstâncias sociais, políticas, econômicas, culturais e científicas de que cada cidadão deverá se ocupar. O objetivo de promoção do debate público de qualidade para viabilização da convicção informada não pode fundamentar o reconhecimento do valor em si de falsidades. De forma que, a partir da perspectiva instrumental da liberdade de expressão, não há, a princípio, razões para a proteção da liberdade de expressão de falsidades.

Essa concepção da democracia que toma a liberdade de expressão enquanto meio é, a meu ver, uma concepção bastante corrente no meio jurídico e político. Ela se situa, ainda que de forma inarticulada, na base da disposição ansiosa que muitos apresentam para apoiar iniciativas legislativas de proibição e punição da circulação de falsidades de forma geral, disposição essa exacerbada nos últimos anos por causa da preocupação com os riscos da desinformação *online*. Afinal, não haveria qualquer razão para proteção da circulação daquilo que é falso. Ou haveria?

Penso que são dois os argumentos mais conhecidos pela proteção da liberdade de expressão de falsidades que partem da relação instrumental da liberdade de expressão com a democracia. O primeiro deles, mais importante historicamente do que pela intensidade com que é lembrado nos debates contemporâneos sobre *Fake News* ou sobre liberdade de expressão em geral, pode ser considerado como uma adaptação de um dos argumentos de John Stuart Mill em prol da proteção da liberdade de expressão.

Um dos aspectos importantes da teoria da liberdade de expressão de John Stuart Mill atribui a essa liberdade um valor instrumental. A relação de instrumentalidade enfatizada por Mill é aquela entre liberdade de expressão e a busca da verdade. Mill defendia que a melhor forma de alcançar a verdade é pelo livre confronto de ideias. Ele apontou várias formas pelas quais o livre confronto de ideias promove a verdade. Dentre elas, Mill apontou inclusive para a importância da falsidade como mecanismo para a formação da convicção completa e genuína na verdade. Ele afirmava que a mera repetição e propagação da verdade, desacompanhada das razões que fazem de uma crença verdadeira, poderia resultar na transformação de uma crença verdadeira valiosa em mero dogma. Ainda, a falta do domínio das razões de fundamentação de uma crença pode levar à própria deterioração ou distorção do sentido da própria crença. Ademais, ele afirmava que a não ser quando confrontados com defesas sinceras e vigorosas de posições contrárias às nossas, ainda que as primeiras sejam falsas, não teremos como conhecer a completude de nossa própria convicção verdadeira porque não teremos formulado a parcela das razões que a sustentam contra as ideias falsas sinceramente e vigorosamente defendidas que nos desafiam. Mill então apontava o valor do confronto com a falsidade: esse confronto instigaria a formulação contínua das razões que tornam uma crença verdadeira, o que garantiria a completude e vida dessa crença e preveniria a sua transmutação em dogma[10].

É possível formular uma versão adaptada desse argumento pertinente à relação entre a liberdade de expressão e a democracia. Como afirmado, a concepção de democracia que toma a liberdade de expressão como instrumento tem como foco de sua preocupação a qualidade do debate público. A ideia é de que o debate público promova a formação de crenças verdadeiras acerca das circunstâncias sociais nas quais as decisões políticas devem ser tomadas. De acordo com o argumento de Mill, algumas instâncias de propagação da falsidade podem levar justamente ao fortalecimento da verdade, o que poderia ser também o caso acerca de assuntos e temas relevantes politicamente.

Um outro argumento conhecido, também de caráter consequencialista, pela proteção da liberdade de expressão de falsidades, é aquele que nos debates estadunidenses sobre liberdade de expressão é conhecido como argumento da "encosta escorregadia" (*slippery slope*). Esse argumento foca nos riscos que a proibição e punição da expressão de conteúdos "não valiosos" pode colocar para a circulação de conteúdos "valiosos". Isso porque, ainda que seja possível, em determinados casos, distinguir com precisão suficiente o discurso falso do discurso verdadeiro, em outros casos a determinação daquilo que é falso ou verdadeiro parece mais difícil. É o caso de discursos de opinião. Se um usuário de uma rede social *online* publica em sua página que um determinado político é mal caráter, ou que é bandido, como determinar os critérios para arbitrar acerca da verdade ou falsidade dessa afirmação? Essa dificuldade, de acordo com esse argumento, conduz a outros dois problemas. O primeiro diz respeito ao "efeito silenciador" (no debate anglo-saxão, esse efeito é chamado *chilling effect*)[11]. Esse efeito se manifesta quando, tendo em vista incertezas acerca do que poderá ser considerado verdadeiro ou falso, as pessoas e agentes de imprensa começam a se autocensurar por medo de

10. Conferir: MILL, 1993. p. 45-58.

11. Uma tradução literal dessa expressão seria "efeito do esfriamento", ou seja, o "esvaziamento" do debate pelo medo da punição. Robert Post, por exemplo, nega que, no direito estadunidense, as proposições falsas de fato tenham algum valor ou mereçam alguma proteção pela Primeira Emenda à Constituição dos Estados Unidos que estabelece o direito à liberdade de expressão. Ele afirma, no entanto, que o risco do "efeito silenciador" (*Chilling effect*) é o que justifica o teste vigente nos Estados Unidos para responsabilização da imprensa por difamação de personalidades públicas. Esse teste, estabelecido pela Suprema Corte dos Estados Unidos nos casos *New York Times Co. v. Sullivan* (1964) e *Curtis Publishing Co. v. Butts* (1967) afirma que a imprensa só pode ser responsabilizada por proposições de fato falsas publicadas em relação a personalidades públicas quando essa publicação for feita com "malícia real" (*actual malice*), isto é, com conhecimento de que era falsa, ou com "desprezo temerário" (*reckless disregard*) acerca de se era falsa ou não. Conferir: POST, 1990. Em especial: p. 649-667.

que aquilo que expressam possa ser considerado falso e passível de punição. Já o segundo problema é o dos riscos envolvidos na atribuição de poder às autoridades estatais para arbitrar o que é verdadeiro e falso, e o que pode ou não ser avaliado a partir de critérios de verdade e falsidade. O argumento enfatiza os riscos de que autoridades públicas abusem do poder de determinar aquilo que pode ou não pode ser dito publicamente para manipular o debate público em direção à promoção dos seus próprios interesses e pela sua manutenção no poder. O argumento remete à imagem de uma "encosta escorregadia" por aludir aos riscos de que, dando um passo em direção à proibição do conteúdo que não possui valor, a iniciativa acabe se revelando incapaz de frear-se frente a outros conteúdos que deveriam ser protegidos, prejudicando a qualidade do debate público.

2.2. Fake News *e a concepção instrumental da liberdade de expressão*

Algumas são as conclusões importantes sobre a relação entre a concepção instrumental da liberdade de expressão para a democracia e as falsidades em geral. A primeira delas é que o valor atribuído à liberdade de expressão, nesse caso, depende da constatação da capacidade da liberdade de expressão de, todas as variáveis consideradas, produzir a consequência almejada, qual seja, um debate público que promova um fluxo variado de convicções e de informação de qualidade para o cidadão. Essa relação virtuosa pode depender das circunstâncias sociais, políticas, culturais, econômicas e, por que não, tecnológicas. De forma que é possível imaginar um cenário no qual, caso as circunstâncias apontem para uma relação viciosa e não virtuosa entre a proteção de prerrogativas de expressão e a promoção de um debate qualificado, a concepção de democracia que toma a liberdade de expressão como instrumento deverá de forma coerente defender as restrições necessárias à liberdade de expressão para prezar, da maneira mais eficiente possível, pela qualidade do debate público.

É justamente com base nessa tese que alguns teóricos afirmam a necessidade de reconhecer alterações importantes nas circunstâncias sociais, culturais, políticas e tecnológicas da contemporaneidade que justificariam restrições importantes às prerrogativas de expressão. Esse é o caso de alguns posicionamentos pela proibição de discursos de ódio[12], ou da pornografia[13], por exemplo. Diagnóstico

12. Owen Fiss argumenta que o discurso de ódio contra certos grupos sociais vulneráveis, por exemplo, os negros, possui o efeito de intimidação e consequente silenciamento da população negra. Esse seria um efeito maléfico para a riqueza do debate público, porque privaria o debate político de uma importante perspectiva que é aquela dos negros. Por isso, Fiss defende a proibição do discurso de ódio em favor da qualidade do debate público. Segundo Fiss: "[...] a queima da cruz (*cross-burning*) não apenas insulta os negros e interfere no seu direito de escolher onde eles querem viver. Ela também os desencoraja de participar nas atividades deliberativas da sociedade. Eles sentem que

semelhante é dirigido à prerrogativa de expressão de falsidades. Isso porque o impacto de informações falsas na era digital seria muito ampliado e mais perigoso[14], o que justificaria a imposição de um ônus maior sobre aqueles que desejam participar do debate público: o ônus de garantir a verdade daquilo que expressam e disseminam. Esse posicionamento embasaria a defesa de iniciativas legislativas que buscam, por exemplo, proibir a circulação de informações falsas, como também punir a circulação de informações falsas ou alocar responsabilidades a provedores de aplicações de Internet (como redes sociais ou motores de busca) de remoção de conteúdo falso a partir de provocação ou alerta realizado pelos usuários dos serviços.

Essa tese estaria, portanto, afirmando que, nas circunstâncias atuais, nas quais as pessoas podem ser facilmente influenciadas e enganadas por conteúdo falso que circula com grande rapidez na Internet, os benefícios da proteção da circulação de falsidades apontados pelo argumento de Mill e aquele da "encosta escorregadia" seriam superados pelos impactos altamente prejudiciais ao debate público de qualidade.

Por outro lado, alguns que se colocam contrários à proibição e punição de circulação de falsidades mobilizam justamente os "riscos" que seriam colocados à liberdade de expressão. No caso, a preocupação é com o que o debate anglo-saxão sobre a liberdade de expressão chama de *chilling effect*. A imprecisão de critérios acerca do que é ou não verdadeiro ou acerca de como distinguir entre um juízo de valor, ou uma opinião, de uma proposição de fato, levaria muitas pessoas a se calar. E isso, todas as variáveis consideradas, levaria a mais prejuízos do que vantagens para o debate público de qualidade.

---

possuem menos direitos e se sentem menos inclinados a vocalizar os seus pontos de vista na praça pública e mais inclinados a se recolher em si mesmos. Eles são silenciados tão eficazmente quanto se o Estado tivesse intervindo para os silenciar." (FISS, 1995. p. 287).

13. Catherine MacKinnon afirma que a pornografia tem o efeito de silenciamento das mulheres porque promove um ambiente cultural no qual as mulheres não possuem incentivos para se expressar e não são ouvidas. Por isso, a pornografia colocaria um problema interno à própria liberdade de expressão, porque a expressão de uns calaria a expressão de outros (MACKINNON, 1993. p. 9-10).

14. Bernardo Sorj, Francisco Brito Cruz, Maike Wile dos Santos, Marcio Moretto Ribeiro e Pablo Ortellado explicam como os algoritmos de plataformas de redes sociais funcionam selecionando conteúdo, para exibição aos usuários, que possui maior afinidade com o tipo de conteúdo com o qual o usuário mais interage. Isso leva à criação de "bolhas", ou seja, a ambientes virtuais nos quais os usuários apenas entram em contato com posicionamentos que se assemelham àqueles que já possuem (SORJ et al., 2018. p. 21-25). Nesse ambiente de pouca diversidade, as falsidades se tornam mais perigosas porque chegam aos usuários por afinidade ao tipo de conteúdo ou comportamento que o usuário revela nas redes sociais e encontram menor oportunidade e chance de serem contestadas por esse mesmo usuário.

Uma versão semelhante desse argumento consequencialista contrário à proibição, acompanhada ou não de punição, da circulação de falsidade é aquela que enfatiza os riscos de manipulação do debate público pelas autoridades responsáveis pela determinação do conteúdo ilícito segundo padrões de verdade/falsidade. Esse poder abriria a possibilidade de controle das informações circulantes com fins ilícitos de favorecimento de certos grupos políticos ou econômicos. O que frustraria totalmente o objetivo de manutenção de um debate público plural e de qualidade para fins de promoção da informação do cidadão.

É importante notar, portanto, que a concepção de democracia que toma a liberdade de expressão como valor instrumental possui adeptos que, atualmente, lutam em lados contrários do campo de batalha acerca da proibição, acompanhada ou não de punição, da circulação de falsidades. E o que explica isso é o caráter instrumental atribuído à liberdade de expressão, somada a diagnósticos distintos acerca da combinação entre as circunstâncias sociais, culturais, econômicas e tecnológicas do mundo digital e a capacidade de uma ampla proteção das prerrogativas de expressão de promover a qualidade do debate público.

No entanto, o que essa concepção não parece capaz de explicar é a maneira quase incondicionada pela qual protegemos a prerrogativa de expressão de certos conteúdos normalmente considerados falsos. Alguns exemplos são as expressões de convicções religiosas que contrariam de forma flagrante os padrões científicos de aferição de fatos sobre o mundo. Tenho em mente a expressão de proposições tais como a de que o mundo foi criado em sete dias. Ou de que a mulher foi criada a partir de uma costela de Adão. Ou a expressão de crenças de que a pobreza material decorre da falta de fé. Ou ainda, proposições que circulam em certos meios preconceituosos tais como a de que a convivência com homossexuais perverte a sexualidade de crianças. Outros exemplos, mais relevantes para o debate público de natureza política, são as expressões por parte de indivíduos comuns de crenças sobre o caráter ou a natureza das atividades de personalidades públicas, tais como a de que o político "X" é corrupto, ou de que o político "Y" é incompetente e só ocupa certo cargo ou posição por causa de indicações e acordos políticos (sem que a pessoa possa provar o que afirma). Também o conteúdo satírico, que utiliza do exagero ou de falsidades para veicular uma mensagem crítica, parece protegido pela liberdade de expressão não apenas pelo juízo acerca da sua contribuição para o debate público, mas também independentemente desse juízo.

Esses são exemplos de discursos que protegemos de forma quase incondicionada. Em outras palavras, são discursos que parecem receber proteção independente de um juízo acerca do potencial desses discursos para contribuir para um debate público de qualidade ou para a adequada informação dos cidadãos e sua capacitação para o exercício do voto informado. Ou pelo menos assim defendem aqueles que negam que a conexão mais forte entre liberdade de expressão e democracia seja instrumental. Para esses, a liberdade de expressão é constitutiva à democracia, perfazendo um direito individual inviolável frente às considerações consequencialistas relacionadas a incrementos de qualidade no debate público.

3. Democracia e liberdade política: liberdade de expressão como direito individual

A concepção de democracia que define a igualdade política como igual distribuição do poder de voto, com resguardo do acesso a um debate público de qualidade para fins de formação qualificada das convicções políticas, sofre críticas. Uma delas diz respeito ao fato de que o poder de impacto de cada cidadão por meio do seu voto individual é bastante limitado, além de existir grandes disparidades entre o impacto que certos cidadãos exercem por meio do seu voto em comparação com outros cidadãos (aqueles que ocupam cargos de autoridade possuem mais impacto pelo exercício do seu voto nas instituições que ocupam do que os demais). Isso impulsiona a reflexão para aperfeiçoamento da ideia de igualdade política. Para que a ideia de igualdade política seja atraente, ela não pode se restringir à igualdade de impacto político exercido pelo voto, já que para a maior parte das pessoas esse impacto é irrelevante. Ademais, jamais há tal igualdade de impacto entre todas as pessoas em democracias representativas. O que, portanto, valorizamos na democracia enquanto expressão de igualdade política?[15]

Ronald Dworkin irá sugerir que a proteção da liberdade de expressão enquanto direito individual ajuda na formulação de uma resposta para essa pergunta. Igualmente ou ainda mais importante do que a garantia do direito de voto, aquilo que valorizamos é um tratamento a nós dispensado pela comunidade política que comunique o reconhecimento do nosso valor enquanto participantes na determinação dos rumos políticos de nossa comunidade. Nesse sentido, muitas vezes, mais importante do que a possibilidade de votar periodicamente para escolha de representantes políticos, é a possibilidade de participação livre no debate público e na troca de ideias que conformam o ambiente político no qual representantes políticos são eleitos e a política cotidiana da comunidade é conduzida. Central, nesse sentido, se torna a liberdade de expressão individual enquanto condição mesma para a existência da própria democracia[16].

15. Ronald Dworkin formula essa crítica à concepção de democracia que restringe a ideia de igualdade política à igualdade na distribuição do poder de impacto político por meio do voto em: DWORKIN, 2000. p. 191-194.

16. Ronald Dworkin desenvolve sua concepção de democracia focada no pertencimento comunitário e na autodeterminação não apenas pelo voto, mas também e muito importante pelo discurso em: DWORKIN, 2000. p. 200-203. Em sentido semelhante, insistindo na relação entre autoria e autogoverno, e no valor constitutivo da liberdade de expressão para a democracia, conferir Robert Post: "A democracia envolve muito mais do que um método de tomada de decisão: em sua raiz, a democracia se refere ao valor

É interessante notar a alteração do *status* da liberdade de expressão para essa concepção alargada de igualdade de participação política em comparação com a concepção de democracia que foca na igualdade de poder de voto. É verdade que, para essa última, a liberdade de expressão é importante porque é um instrumento sem o qual não é possível a manutenção de um debate público para a boa formação das convicções dos cidadãos. No entanto, nada nessa concepção exige que a cada um dos cidadãos sejam garantidas as mesmas prerrogativas de expressão. Isso porque a manutenção de um debate público de qualidade, capaz de promover a informação de qualidade, não exige necessariamente que a todas as pessoas seja resguardado direito de se expressar. Pelo contrário: é possível imaginar, tal como muitos não apenas imaginaram como defenderam, que em certas circunstâncias é mais eficaz restringir algumas ou muitas vozes seja para garantir uma razoável paridade de alcance entre os diversos posicionamentos do debate, ou mesmo para maior organização do debate.

Já essa concepção alargada de participação política requer mais da liberdade de expressão. O seu valor já não é mais instrumental apenas, o que não significa que o valor instrumental da liberdade de expressão para a promoção de um debate público e de um processo deliberativo de qualidade não seja reconhecido. Ocorre que se torna condição para que se possa dizer da existência da democracia que cada pessoa individualmente considerada tenha protegida a sua liberdade de expressão, porque apenas assim se pode dizer que a comunidade política reconhece cada um como participante em boas condições dos processos de formação da opinião pública, ou seja, do ambiente cultural e político no qual os assuntos públicos são decididos.

De acordo com essa concepção de democracia, a liberdade de expressão possui um lugar constitutivo. Essa concepção exige que não desqualifiquemos ninguém do debate público *a priori* por causa de um juízo de valor que fazemos a respeito das ideias ou do caráter dessa pessoa. O exercício da igualdade política não é condicionado à demonstração de algum nível básico de esclarecimento. Em outras palavras, não exigimos que, para a condição de cidadão, a pessoa prove um tipo específico de domínio ou emprego da racionalidade, ou ainda uma competência mínima de reunião de informações de qualidade. Ao contrário: associamos esse

---

da autoria. A democracia se refere a uma certa relação entre as pessoas e o seu governo. A democracia é alcançada quando aqueles que são sujeitos ao direito acreditam que eles são também autores em potencial do direito.

[...]

O valor do autogoverno democrático teoriza as proteções da Primeira Emenda em termos da importância de participar na formação da opinião pública, a qual é compreendida como uma forma de ação comunicativa." (POST, 2011. p. 482-483. Tradução minha).

tipo de exigência para a participação no debate público a um elitismo e a uma desigualdade que buscamos deixar para trás.

Em última instância, o que essa concepção de democracia afirma é que o Estado não pode legitimamente reivindicar autoridade sobre as pessoas às quais exerce o seu poder coercitivo a não ser que de forma sustentada reconheça o direito igualitário de cada pessoa ao engajamento nas discussões públicas sobre os rumos da comunidade. Cada pessoa deve ter a garantia da proteção do seu *status* enquanto participante do debate público, independente da qualidade das opiniões, convicções ou das informações que é capaz de amealhar. Nisso consiste o autogoverno, sem o qual não se pode afirmar a existência de uma democracia. O reconhecimento do direito ao voto não é suficiente se não acompanhado do efetivo reconhecimento da dignidade de cada cidadão para dar a sua contribuição ao ambiente político da comunidade, a cujas decisões normativas possui o dever de se submeter. Não há democracia, dessa forma, sem a proteção da liberdade de expressão enquanto direito individual.

3.1. Fake News *e a concepção constitutiva da liberdade de expressão*

Uma primeira conclusão, talvez um pouco frustrante, a que podemos chegar a partir da constatação da importância constitutiva da liberdade de expressão para o autogoverno é a de que a democracia é um jogo difícil. Essa é uma dificuldade com que cada um de nós talvez já se deparou quando confrontado com o cenário político brasileiro, independentemente da posição política que cada um sustenta. Trata-se da dificuldade de coordenação de um debate racional de ideias, somada à dificuldade de disseminação das convicções que pensamos acertadas, sejam essas quais forem. A maior parte das pessoas experimenta a sensação de desconforto e até de raiva e indignação em face a ideias, afirmações e teses que circulam no debate público das quais discordam radicalmente. O que a concepção constitutiva da liberdade de expressão afirma é que por mais que possamos, e devamos, engendrar esforços para a melhoria da qualidade do debate público (seja qual for a noção de debate público de qualidade que sustentemos), há limites importantes sobre os meios pelos quais podemos fazê-lo. A violação de direitos individuais de expressão é um limite importante, sob pena de comprometermos a própria legitimidade do exercício da autoridade estatal sobre aqueles a quem excluímos do debate público. A exclusão do debate público baseada no juízo de pouco valor das informações, opiniões e crenças das pessoas é uma violação da igualdade.

Isso possui implicações para o tratamento normativo das expressões cujo conteúdo possa de alguma forma ser considerado falso. Porque algumas falsidades são centrais na conformação das convicções, crenças e opiniões genuínas que muitas pessoas sustentam. É o caso, por exemplo, das falsidades que integram convicções religiosas e políticas importantes. A concepção constitutiva da liberdade de expressão afirma que protegemos a prerrogativa das pessoas de defenderem publicamente que a terra é plana porque isso é uma questão de igualdade política. Não podemos dizer que garantimos a igualdade política às pessoas se não resguardamos o seu direito de levar para o debate público e a troca pública de ideias aquilo em que acreditam de forma autêntica e que pensam ser de extrema importância para a configuração do ambiente público e cultural do qual participam. E isso ainda que os padrões científicos de aferição da verdade contradigam essas convicções. É por essa mesma razão que protegemos a liberdade das pessoas de defender publicamente que as vacinas são um produto da conspiração de uma indústria mal-intencionada. Ou ainda, de que certas orientações sexuais são contrárias à natureza humana e um desvio dos mandamentos de Deus. Curiosamente, é a própria democracia que exige a proteção dessa prerrogativa, porque democracia não significa direito de participação no debate público condicionada a esclarecimento ou à correspondência entre as ideias defendidas e a verdade científica ou moral. A democracia é mais do que isso, é um direito universal de todos de trazer para a esfera pública as suas convicções, ainda que possamos considerá-las muito equivocadas.

O equívoco pode ser ainda de outra natureza, fundado, por exemplo, em falta de informação, ou informação incompleta. Muitos de nós já defendemos publicamente posicionamentos que talvez pensamos em rever posteriormente quando tivemos acesso a um novo conjunto de informações de que não estávamos cientes. Condicionar a participação das pessoas no debate à posse de informações perfeitas parece também uma violação da democracia, já que quase ninguém poderia reclamar a condição de pessoa perfeitamente informada. Não precisamos ser cientistas políticos, jornalistas ou economistas para participar do debate público. A maior parte de nós expressa posicionamentos políticos com base em interpretações que fazemos de determinados cenários, ainda que não tenhamos bom domínio dos fatos pertinentes. É por essa razão que parece violador da liberdade política a proibição e punição da expressão de cidadãos comuns acerca de assuntos e personalidades públicas. Por exemplo, as redes sociais são hoje repletas de manifestações veementes de milhões de pessoas acerca dos mais diversos acontecimentos e pessoas públicas. Não parece plausível que políticos como Dilma Rousseff ou Aécio Neves, por exemplo, possam se engajar em uma verdadeira caça virtual para identificar e punir todos aqueles que fazem a eles críticas cáusticas e ofensivas, atribuindo a eles inclusive práticas ilícitas, tais como corrupção, na Internet. E isso porque o debate público inclui a possibilidade de livre manifestação acerca de políticos no que diz respeito aos assuntos da política. Ainda que sejam manifestações flagrantemente equivocadas ou para as quais os indivíduos não possam oferecer evidências ou provas.

Isso significa que a liberdade política e a concepção constitutiva da liberdade de expressão protegem toda e qualquer expressão de falsidade? Não é isso também o que se afirma. A proteção está sempre atrelada ao exercício genuíno da liberdade individual de expressão. Isso porque valioso é o engajamento individual da identidade, crenças e convicções individuais na formação da cultura política e geral da comunidade. Nesse caso, a liberdade política não implica uma série de práticas de má-fé porque não faz sentido afirmar que as pessoas possuem o direito de se engajar de forma maliciosa para fins de obtenção de vantagens políticas ou econômicas. A igualdade política não protege, portanto, a intenção de fraudar o debate público.

Essa constatação é relevante para o debate acerca das *Fake News*. Na introdução desse trabalho, fiz referência a um conceito de *Fake News* que, a meu ver, busca captar algo de distintamente novo no debate público *online*. Trata-se do conteúdo fraudulento, ou seja, aquele que é falso e intencionalmente fabricado para enganar. A concepção de democracia que toma a liberdade de expressão como elemento constitutivo não protegeria o conteúdo fraudulento. Apesar de esse conteúdo ser expressivo, ele não revela engajamento genuíno de crenças no debate público. De forma que em nada contribui, e muito menos é exigido, pelo valor da igualdade política.

Por fim, creio que seria possível discutir a possibilidade de restrição ou contenção da circulação de algumas falsidades, ainda que expressas de boa-fé e com convicção, quando se puder argumentar que as circunstâncias apontam para um vínculo direto, muito provável e iminente entre o conteúdo falso e a ocorrência de consequências muito danosas. Poderíamos imaginar o caso, por exemplo, da "viralização" de conteúdo condenando um tipo de vacina obrigatória e afirmando a tese de que a vacinação é uma conspiração de empresas para explorar financeiramente a saúde das pessoas. Se em certas circunstâncias se puder afirmar um vínculo muito plausível entre a circulação desse conteúdo e a frustração de uma campanha de vacinação, seria possível argumentar no sentido da restrição e punição da circulação circunstancial desse conteúdo. A racionalidade por trás da proibição não estaria, no entanto, centrada em juízo de negação do valor do conteúdo da expressão ou do caráter daqueles que fazem circular o conteúdo. Ela estaria fundada no vínculo estreito entre a publicação da falsidade e a ocorrência de um dano social importante de forma direta e iminente. É a mesma racionalidade que teria levado o juiz Oliver Wendell Holmes da Suprema Corte dos Estados a afirmar, no caso *Schenck v. United States* (1919), caso apontado como precursor da formação da jurisprudência moderna da Suprema Corte dos Estados Unidos, que uma pessoa não pode gritar "fogo" em um teatro lotado. A ideia é enfatizar que, naquele contexto, é possível estabelecer um vínculo causal direto entre a enunciação e a ocorrência de um dano iminente.

4. Conclusões

Esse trabalho pretendeu iniciar uma discussão acerca das implicações de concepções distintas de democracia, e dos tipos de valor atribuídos por cada uma delas à liberdade de expressão, para o *status* normativo da falsidade. Cada uma das concepções apresenta uma preocupação distinta com a proteção das prerrogativas de expressão, assim como preocupações distintas relacionadas à proteção (e até que ponto), ou não, das expressões de conteúdo falso.

A concepção de democracia que reserva um lugar instrumental para a liberdade de expressão não verá problemas em restringir a liberdade de alguns de se expressar se for possível imaginar que essas restrições levarão a uma melhora na qualidade do debate público, seja para fins de informação do eleitor para o voto, seja para fins de melhoria da deliberação. Assim, os que endossam apenas essa concepção não tendem a revelar receios de violação de direitos individuais perante iniciativas de proibição e punição de circulação de falsidades. As preocupações que apresentam estão mais relacionadas à adequação dos meios (proibição e punição da circulação de falsidades) para promoção dos fins (debate público de qualidade). Isso porque identificam problemas potenciais sérios para a operação e eficácia das regras proibitivas. De forma que a sua adoção pode acabar se revelando mais prejudicial do que benéfica para a qualidade do debate público. A questão, portanto, será sempre empírica e conjuntural.

Já a concepção de democracia que reserva um lugar constitutivo para a liberdade de expressão irá considerar a proibição e punição da circulação de certos conteúdos falsos como violação de prerrogativas morais individuais importantes. Essa concepção apontará para o *deficit* de legitimidade democrática quando expressões de conteúdo falso, fundadas em um engajamento individual íntegro e autêntico no debate público, forem proibidas e punidas, e isso com a finalidade de promover ganhos incrementais no debate público. Isso significa que essa concepção de democracia reconhece e assume um risco maior envolvido no jogo democrático porque admite que a igualdade política impede a exclusão dos cidadãos do debate público com base em juízo acerca do caráter prejudicial das crenças e convicções desses cidadãos para esse mesmo debate.

Isso não significa dizer que a concepção de democracia que toma a liberdade de expressão como um direito individual protege toda e qualquer instância de expressão de conteúdo falso, ou seja, totalmente insensível às consequências da circulação de falsidades. As expressões de falsidades fabricadas com intenção de enganar não possuem valor para a autodeterminação política dos indivíduos, porque não constituem um engajamento íntegro das crenças ou convicções daquele que se expressa. Ainda, essa concepção reconhece que, em determinadas situações, os danos que podem advir da circulação de certo conteúdo são suficientemente importantes para justificar a sua restrição, ainda que tenha sido expresso de boa-fé. Vínculos diretos entre a circulação de certo conteúdo e a deflagração iminente de episódios de tumulto social ou violência, por exemplo, poderiam justificar a proibição de certos conteúdos, entre eles, falsidades. Essa proibição, no entanto, seria provavelmente circunscrita a uma conjuntura e limitada no tempo. E, importante, ela não diz respeito a uma "limpeza" do debate público para promover ganhos incrementais de qualidade na formação das convicções individuais ou na deliberação coletiva.

Por fim, é importante deixar claro que o reconhecimento de valor constitutivo à liberdade de expressão individual para a democracia não exclui a apreciação do valor de um debate público de qualidade. Afirmar a necessidade de proteção de direitos individuais de expressão, ainda quando o conteúdo expresso puder prejudicar a informação de cidadãos e a qualidade da deliberação, não significa negar a importância de que as pessoas sejam o mais bem informadas possível, assim como de que a deliberação pública seja a mais racional possível. O ideal democrático de exercício bem informado do voto e aquele da deliberação pública de qualidade não necessitam ser excluídos pelo endosso da liberdade de expressão enquanto direito individual. Pelo contrário, são ideias importantes em uma democracia. No entanto, o reconhecimento de que os indivíduos possuem direitos individuais de peso para expressão de suas convicções, ainda que extremamente equivocadas ou mesmo absurdas, coloca limites importantes para as medidas que podem ser tomadas para a promoção da qualidade do debate público. Em outras palavras, a crescente tomada de consciência acerca da nossa vulnerabilidade às falsidades no meio digital, em especial, a campanhas fraudulentas de desinformação, fizeram emergir o senso de urgência de que "precisamos fazer alguma coisa" para combater as *Fake News*. E é verdade. O que a retomada das razões pelas quais protegemos a liberdade individual de expressão em uma democracia nos faz lembrar, por outro lado, é de que não podemos fazer qualquer coisa.

Referências

BBC. *Fake News' é eleita palavra do ano e ganhará menção em dicionário britânico*. Disponível em: [www.bbc.com/portuguese/internacional-41843695]. Acesso em: 16.05.2018.

DWORKIN, Ronald. *Sovereign Virtue*: The Theory and Practice of Equality. Cambridge: Harvard University Press, 2000.

FISS, Owen. A Freedom Both Personal and Political. In: FISS, Owen. *A Way Out: America's Ghettos and the Legacy of Racism*. Princeton: Princeton University Press, 2003. p. 179-196.

FISS, Owen. The Supreme Court and the Problem of Hate Speech. *Capital University Law Review*, v. 24, p. 281-291, 1995.

FISS, Owen. Free Speech and Social Structure. *Iowa Law Review*, v. 71, p. 1405-1425, 1986.

GRIGORI, Pedro. *20 projetos de lei no Congresso pretendem criminalizar* fake news. A Pública. 11.05.2018. Disponível em: [https://apublica.org/2018/05/20-projetos-de-lei--no-congresso-pretendem-criminalizar-fake-news/#Link3]. Acesso em: 16.05.2018.

IBOPE. *Pesquisa de Opinião Pública acerca do clima para as eleições gerais de 2018*. Disponível em: [www.ibopeinteligencia.com/arquivos/JOB_0372_ELEI%C3%87%-C3%95ES%202018%20-%20Relat%C3%B3rio%20de%20tabelas%20(P3).pdf]. Acesso em: 16.05.2018.

MACKINNON, Catherine. *Only Words*. Cambridge: Harvard University Press, 1993.

MEIKLEJOHN, Alexander. The First Amendment Is an Absolute. *The Supreme Court Review*, 1961, p. 245-266, 1961.

MILL, John Stuart. *On Liberty and Utilitarianism*. New York: Bantam Dell, 1993.

POST, Robert. Participatory Democracy and Free Speech. *Virginia Law Review*, v. 97, n. 3, p. 477- 489, maio 2011a.

POST, Robert. The constitutional concept of public discourse: outrageous opinion, democratic deliberation, and Hustler Magazine v. Falwell. *Harvard Law Review*, v. 103, n. 3, p. 601- 686, jan. 1990.

SORJ, Bernardo; CRUZ, Francisco Brito; SANTOS, Maike Wile dos; RIBEIRO, Marcio Moretto; ORTELLADO, Pablo. *Sobrevivendo nas redes*: guia do cidadão. Plataforma Democrática. Coleção: Ensaios Democracia Digital. Texto 3, 2018. [http://www.plataformademocratica.org/Arquivos/Sobrevivendo_nas_redes.pdf].

TRAUMAN, Thomas. Como a indústria de notícias falsas dominou a eleição da França: Os franceses escolhem seu novo presidente numa campanha dominada por notícias falsas e escândalos. O vale-tudo virou padrão mundial. Revista Época Mundo. Disponível em: [https://epoca.globo.com/mundo/noticia/2017/04/como-industria-de-noticias-falsas-dominou-eleicao-da-franca.html]. Acesso em: 16.05.2018.

WARDLE, Claire. *Fake news. It's complicated*. First Draft. Disponível em: [https://firstdraftnews.org/fake-news-complicated/]. Acesso em: 06.06.2018.

FAKE NEWS E DISCURSO DO ÓDIO: ESTRATÉGIA DE GUERRA PERMANENTE EM GRUPOS DE WHATSAPP

IRINEU FRANCISCO BARRETO JUNIOR

Pós-Doutor em Sociologia pela Faculdade de Filosofia, Letras e Ciências Humanas (FFLCH) da Universidade de São Paulo - USP. Doutor em Ciências Sociais pela Pontifícia Universidade Católica de São Paulo - PUC-SP. Docente do Programa de Mestrado em Direito da Sociedade da Informação e do Curso de Graduação em Direito do Centro Universitário das Faculdades Metropolitanas Unidas (FMU-SP). Coordenador do Grupo de Pesquisa Direito, Tecnologia e Sociedade. Analista de Pesquisas da Fundação Sistema Estadual de Análise de Dados - Seade. Professor convidado da Escola Superior da Advocacia (ESA OAB-SP), do Instituto de Direito Público de São Paulo (IDP-SP) e dos Cursos de Pós-Graduação do CERS. neubarreto@hotmail.com

Introdução

Fake News não são apenas meras mentiras ou notícias falsas. Restringi-las dessa maneira é mitigar a importância adquirida por esse advento no campo da política, na qual passaram a fazer parte de sofisticadas estratégias de comunicação eleitoral – indissociáveis do contexto das décadas recentes pautado pela disseminação da Internet, redes sociais, aplicações de comunicação em tempo real (*WhatsApp* e *Telegram*) e plataformas de vídeos – táticas pautadas na disseminação de notícias deliberadamente falsas, distorcidas, fraudulentas, mistificadoras da realidade e possuidoras de enorme potencial para poluir o ambiente democrático.

É verdade que mentiras, calúnias e difamações, boatos e teorias conspiratórias foram eventos indissociáveis da política e ocorrerem ao longo da história das disputas pelo poder, dos processos políticos e eleitorais. Ficaram registradas pela historiografia, pela literatura e pelo teatro desde os gregos antigos até os tempos presentes. Mas as *Fake News* inauguram uma nova era de manipulação política em decorrência das funcionalidades desenvolvidas pelas Tecnologias de Comunicação e Informação, da hiperconectividade inaugurada com a invenção dos *smartphones* e dos novos padrões de sociabilidade propiciados pela Internet. As fronteiras entre o real e o virtual se tornam indivisíveis, e os jogos de poder político passam a ser influenciados pelos movimentos do ciberespaço.

Trata-se de um fenômeno relativamente recente. Em menos de uma década o cenário político mundial presenciou, recentemente, ao menos três grandes *cases* de distorção do ambiente eleitoral, influenciados pelo advento das *Fake News*: o referendo para saída do Reino Unido da União Europeia (Brexit, 2016), a eleição de Trump para a presidência dos EUA (2016) e de Jair Bolsonaro no Brasil (2018)[1]. Nos dois primeiros casos mensagens foram disparadas para conjuntos de eleitores, submetidos à segmentação, conforme perfis originários do tratamento estatístico de seus dados pessoais. Com base nesses perfis, categorizados a partir de dados obtidos de forma fraudulenta e vazados pela empresa *Cambridge Analytica,* foi possível mensurar a predisposição de crença dos eleitores para diferentes teores noticiosos. No terceiro evento, o disparo em massa de mensagens via *WhatsApp* e a propagação impulsionada artificialmente de conteúdo em redes sociais, especialmente o *Twitter*, exerceram papel inexorável na eleição presidencial brasileira[2].

As *Fake News* passaram a ser, desde então, foco de atenção nas democracias contemporâneas e houve, ainda, evidências da sua influência no plebiscito que deliberou sobre alterações na legislação argentina sobre aborto, nas eleições parlamentares na Índia e presidenciais no México.

Este capítulo se dedica a analisar o fenômeno das *Fake News* sobre três perspectivas indissociáveis. Primeiro, realiza uma revisão conceitual do fenômeno com o intuito de analisar o significado da expressão *Fake News* e os contornos que adquiriu nos tempos recentes. Essa revisão é considerada imprescindível para diferenciá-las de meras notícias falsas e dimensionar seus efeitos nos processos políticos. Em seguida, aborda o *Discurso do Ódio* como elemento multiplicador dos efeitos das *Fake News*, componente das estratégias comunicacionais pautadas pela disseminação desse conteúdo.

A terceira unidade apresenta resultados de pesquisa empírica realizada entre outubro e dezembro de 2019, na qual foram monitorados grupos de *WhatsApp* de extrema direita[3], compostos por apoiadores radicais do presidente Jair Bolsonaro

1. BARRETO JUNIOR, Irineu Francisco; VENTURI JÚNIOR, Gustavo. Fake News em Imagens: um esforço de compreensão da estratégia comunicacional exitosa na eleição presidencial brasileira de 2018. **REVISTA DEBATES**, Porto Alegre, v. 13, 2019-20 (no prelo).
2. *Ibid.*
3. *Esquerda e Direita* são categorias complexas, mesmo que para alguns sejam consideradas anacrônicas, e que exigiram aprofundamento caso esse fosse o foco da pesquisa. A

ou defensores de ideias extremadas que, ao longo da pesquisa, demonstraram-se contrárias aos primados democráticos, ao propugnar teses como intervenção no Supremo Tribunal Federal e o *impeachment* dos Ministros da suprema corte, consubstanciando seus ataques em *Fake News* e *Discurso do Ódio*.

A pesquisa obteve acesso aos grupos por meio de *links* oferecidos em mensagens de *WhatsApp* e analisou, entre 10 de outubro e 10 de dezembro de 2019, 56.558 mensagens disparadas por seus membros. Os teores foram disseminados majoritariamente por imagens, vídeos e áudios, sendo minoritários os textos e muito ocasional a interação entre os participantes dos grupos. Os resultados apresentados neste capítulo foram circunscritos às imagens, sendo estas registradas e armazenadas com o intuito de análise mais detalhada na qual foi aplicada a técnica denominada *Netnografia*, que consiste na aplicação de métodos etnográficos – tradicionalmente aplicados em estudos antropológicos e com foco nas manifestações da cultura dos grupos humanos – para análise de eventos ocorridos na Internet e redes sociais.

A metodologia adotou ainda recorte qualitativo exploratório, o que significa que seu intuito não é extrapolar os resultados obtidos para todo o universo potencialmente representado por grupos de *WhatsApp* ou propagadores de *Fake News* políticas, e sim demonstrar a existência do fenômeno, consubstanciar sua compreensão e entendimento para novos estudos e enfoques. O método qualitativo contrapõe-se, nesta pesquisa, aos estudos estatísticos e determinísticos, ou seja, não se pretende mensurar o fenômeno na sua quantidade, tampouco extrapolar os resultados aqui apresentados para grupos similares, o que não seria suportado estatisticamente.

Tendo em vista a volumosa quantidade de mensagens disparadas, o estudo elegeu, preliminarmente, como objeto de observação, mensagens voltadas a atacar o Supremo Tribunal Federal, imprensa e políticos opositores ao governo federal.

---

análise em foco adota o conceito de extrema direita numa perspectiva que admite ser, esse campo ideológico, mais afeito ao uso das ferramentas tecnológicas e da Internet como táticas de disseminação de propaganda e disputa ideológica.

Segundo Nunes: Além das crenças extremas, a diferença da *alt-right* para o conservadorismo *mainstream* está em seu domínio instintivo da comunicação em tempos de redes sociais, *clickbait* e economia da atenção. Como tantos outros, eles perceberam as possibilidades oferecidas por um ecossistema informacional em que qualquer um pode publicar qualquer coisa a quase nenhum custo, e fontes suspeitas são difíceis de distinguir das confiáveis; em que a caça por cliques privilegia manchetes sensacionalistas e frequentemente falsas; em que a busca dos algoritmos por engajamento favorece conteúdos extremos; e em que uma interpretação pusilânime do dever jornalístico de "ouvir os dois lados" contribui para dar valor de verdade a narrativas sem qualquer lastro nos fatos, transformando mentiras em "diferenças de opinião"." NUNES, Rodrigo. Alvim errou a mão na *trollagem* nazi inspirada na direita dos EUA. Jornal **Folha de São Paulo**. Caderno Ilustríssima. 21 de janeiro de 2020.

Porém, a pesquisa desnudou um *status* de *guerra permanente* como estratégia de disparo de conteúdo, consubstanciada na perceptível sincronização entre as mensagens disseminadas via WhatsApp e os acontecimentos políticos cotidianos, um *aggiornamento* entre a agenda política diária e o conteúdo disparado via aplicativo de mensagens.

Essa *guerra permanente* se desenrola da seguinte forma: caso algum acontecimento – como o Sínodo da Amazônia, o derramamento de petróleo na costa brasileira ou a apreciação pelo STF da tese que estabelece o trâmite em julgado após condenação em segunda instância – pudesse ser utilizado como subterfúgio para defesa do governo federal ou fustigar seus opositores políticos, a máquina de disparo de *Fake News*, ato contínuo, fazia-se acionar. Assim, a pesquisa presenciou ataques permanentes ao STF, imprensa, políticos não alinhados ao presidente, universidades, artistas, ambientalistas, ONGs, feministas, movimentos sociais e defensores dos direitos humanos. Esses fenômenos serão esmiuçados na unidade terceira deste capítulo.

1. Elementos conceituais imprescindíveis para compreensão das *Fake News* na política

Necessária uma distinção: este capítulo não aborda as *Fake News* nos campos da *Saúde Pública* – tais quais aquelas que questionam a eficácia das vacinas, alardeiam medo e desinformação e induzem as populações a comportamentos que podem deixar sequelas incontornáveis – ou ainda quanto a *teorias que defendem ser o planeta Terra plano, crendices ou mistificações* que geram ondas de notícias falsas nas redes sociais e aplicativos de comunicação em tempo real. A análise aqui desenvolvida circunscreve-se exclusivamente às *Fake News eleitorais e políticas*.

Este capítulo, portanto, adota o conceito de que *Fake News* não são apenas notícias falsas ou simples mentiras. São componentes de estratégias comunicacionais bastante sofisticadas e que envolvem desde a produção de conteúdo deliberadamente fraudulento, falso, distorcido, enviesado ideologicamente, além da distribuição e impulsionamento pela Internet, suas redes sociais, plataformas de vídeo e ferramentas de comunicação em tempo real. Se é verdade que notícias falsas sempre existiram em períodos eleitorais, e assim o foi, tal como sempre houve boatos, trocas de ofensas e calúnias em escrutínios políticos, a grande novidade é a atual dimensão e alcance do fenômeno advindos do mundo digital e da hiperconectividade permitida via Internet, a denominada Sociedade da Informação. São, portanto, frutos da cultura digital, da cultura da rede e refletem seus efeitos indesejados e colaterais.

Não obstante essa necessária conceituação, faz-se ainda necessária uma classificação e uma análise dos principais aspectos das *Fake News* na seara política, sem os quais as verdadeiras potencialidades e efeitos dessa estratégia podem ser relativizados ou incompreendidos. Na literatura, o fenômeno tem adquirido caráter polissêmico e tem sido relacionado aos seguintes padrões:

• *São deliberadamente falsas; distorcidas; intencionais; não espontâneas, negam a realidade factual*

A *intencionalidade* é um componente central da estratégia de comunicação política pautada nas *Fake News* e, sobre essa clara deliberação de disseminar teor falso e distorcido, Castro[4] sintetiza o conceito de Allcott & Gentzkow (2018, p. 63), os quais definem *Fake News* como "notícias que são intencionalmente e verificavelmente falsas, que poderiam enganar os leitores, ou seja, desinformação". Tal definição exclui "erros jornalísticos não intencionais; rumores (informações que não são verificavelmente falsas no momento da postagem); sátiras; fofocas (afirmações não validadas e não consentidas) e declarações falsas."

Observa-se, então, a distinção necessária entre o conceito em construção e a mera noção de notícias falsas ou mentiras. *Fake News* são bastante sofisticadas, planejadas desde sua gênese, disseminadas de forma intencional com o intuito de atingir objetivos econômicos ou políticos bastante específicos. Gross[5] acrescenta a esse escopo o advento da nova era informacional denominada Sociedade da Informação, ao classificar o termo como "um tipo novo de conteúdo produzido a partir de uma intencionalidade *apenas viabilizada pelo modo de produção, disseminação e consumo de conteúdo online*" (grifo nosso)[6]. A autora amplia sua conceituação ao reafirmar esse caráter intencionalmente falso e "fabricado com o objetivo de explorar as circunstâncias do universo online (anonimato, rapidez de disseminação da informação, fragmentação das fontes de informação e da atenção dos usuários da internet e o apelo às emoções e ao sensacionalismo, para fins de obtenção de vantagens econômicas ou políticas."[7]

Em casos diversos as *Fake News* também são exploradas economicamente, são casos nos quais conteúdos são disseminados em portais pretensamente noticiosos, mas que divulgam manchetes dúbias, enviesadas, sensacionalistas, com o intuito de angariar audiência e, especialmente, serem remunerados por anúncios. A ação desses portais *hiperpartidarizados* perdura nos períodos pós-eleitorais como estratégia política e comercial, notícias polarizadas ou simplesmente distorcidas

---

4. CASTRO, Leandro Nunes de. Computação e Desinformação: tecnologias de desinformação online. *In*: RAIS, Diogo (coord.). ***FAKE NEWS*: a conexão entre desinformação e o Direito.** São Paulo: Thomson Reuters Brasil, 2018, p. 63.
5. GROSS, Clarissa Piterman. *Fake News* e Democracia: discutindo o *status* normativo do falso e a liberdade de expressão. *In*: RAIS, Diogo (coord.). ***FAKE NEWS*: a conexão entre desinformação e o Direito.** São Paulo: Thomson Reuters Brasil, 2018, p. 157.
6. *Ibid*, p. 157.
7. *Ibid*, p.157.

servem como chamarizes *caça-cliques*, fidelizam audiência e potenciais anunciantes e, com isso, a outrora estratégia preponderantemente política passa a servir também como atrativo de *marketing*.

- *Espalham desinformação; mentiras, fraudes e teorias da conspiração.*

Sobre os efeitos de *desinformação* contidos nas *Fake News*, é necessário observar as distinções estabelecidas por Wu *et al.* (*Apud RAIS*[8]) entre esse termo e as expressões, em língua inglesa, *misinformation* e *desinformation*. Apesar de similares, possuem significados diferentes. "Em inglês, *misinformation* é uma informação falsa ou imprecisa espalhada de forma não intencional, enquanto *desinformation* é intencionalmente falsa e deliberadamente propagada." Nessa perspectiva, as *Fake News* devem ser consideradas como *desinformação*, ou seja, informação criada com o propósito deliberado de enganar ou enviesar os eleitores e cidadãos.

A opacidade da *fronteira entre verdade e mentira demarcada no ambiente virtual* pode ser mais bem compreendida na perspectiva da *Pós-Verdade*, modelagem conceitual que dialoga com a Sociedade da Informação na qual, conforme Faustino[9], "a *Pós Verdade* é o conceito que sustenta a possibilidade do surgimento das *Fake News*, já que esse momento evidencia que não é mais importante a verdade como ela é concebida, mas, sim, o interesse que está por trás da informação ou da notícia, dessa forma legitimando um discurso que possibilita a publicação ou divulgação de notícia falsa." O autor[10] prossegue e aponta que "as crenças pessoais ganham força quando relacionadas com a própria lógica dos fatos, com isso criando uma espécie de crise na forma como ver e se relacionar com a verdade da informação ou pelo menos com essa ideia de credibilidade da informação."

> Criando no consciente coletivo a sensação de que é possível existir mundos distintos, o real e o virtual, e que em ambos as consequências são distintas para os mesmos fatos praticados, permitindo que no ambiente virtual, graças às suas características, se torne no cenário propício para a criação de uma cultura de Pós Verdade, de amoldamento da opinião pública por meio de mentiras ou falsidades disfarçadas de informação ou notícia. O protagonismo do termo *Fake News*, frequentando os noticiários, salas de aula, aplicações de internet, bem como a sua efetiva ocorrência nos tempos atuais se dá, principalmente, pela forma descentralizada que as fontes de informação surgem.[11]

---

8. RAIS, Diogo (coord.). **FAKE NEWS: a conexão entre desinformação e o Direito**. São Paulo: Thomson Reuters Brasil, 2018, p. 63.
9. FAUSTINO, André. Fake News: **A liberdade de expressão nas redes sociais na Sociedade da Informação**. São Paulo: Lura Editorial, 2019, p. 123.
10. *Ibid*, p. 118-119.
11. *Ibid*, p. 120.

Um dos efeitos danosos da propagação de desinformação decorre da poluição e distorção do ambiente político advindas das *Fake News*. A rápida velocidade e amplitude do espalhamento das *Fake News* pode, segundo Shu *et al.* (*Apud* CASTRO[12]) causar diversos impactos negativos nas pessoas e na sociedade, pois podem quebrar o equilíbrio de autenticidade do ecossistema de notícias, convencer intencionalmente os usuários de ferramentas comunicacionais sobre crenças falsas ou polarizadas e ainda transformam a forma como as pessoas respondem e interpretam as informações verdadeiras. Esse último aspecto merece atenção especial no Brasil.

- *São impulsionadas de forma orgânica ou artificial em redes sociais/grupos de WhatsApp*

Conforme assinalado anteriormente, a história política-eleitoral humana é indissolúvel das tentativas de obtenção de ganho por meio de mentiras, fraudes, acusações caluniosas e outras estratégias pouco republicanas. As *Fake News* atingiram a atual centralidade em decorrência das potencialidades advindas com as Tecnologias de Informação e Comunicação (TICs) propiciadas pela Internet, o desenvolvimento dos *smartphones* e os novos hábitos arraigados pela cultura digital. Convencionou-se chamar esse novo cenário como Sociedade da Informação, nova era que propiciou o desenvolvimento de várias técnicas, artificias ou orgânicas, de disseminação de conteúdo pela internet. As estratégias artificiais mais comuns, nas quais as *Fake News* não raramente se apoiam, são robôs (*bots*), ciborgues, algoritmos e ativistas em série. Essas táticas servem para inflar artificialmente a repercussão de postagens em redes sociais, pois quanto maior o número de interações (curtidas, compartilhamentos e retuítes) mais ampla é a exposição orgânica das postagens, ou impulsionar mensagens via grupos de *WhatsApp*.

Necessário salientar que não foi a Sociedade da Informação quem criou a tendência gregária entre os humanos de procurarem seus similares, seus iguais para convívio, estreitamento dos laços sociais, partilha de visões de mundo ou ideologia. O que diferencia o momento atual é que esse confinamento virtual é conduzido pelos algoritmos de programação informática que definem o conteúdo que será exposto de forma orgânica aos usuários de aplicações de internet, especificamente as redes sociais (Facebook, Twitter, Instagram).

Como esses algoritmos são abastecidos de dados pessoais, geográficos, padrões de uso das aplicações informáticas e uma série de outros insumos gerados pela utilização das ferramentas computacionais dos usuários das aplicações de internet, há uma probabilidade bastante elevada de que esses programas informáticos

12. CASTRO, Leandro Nunes de. Computação e Desinformação: tecnologias de desinformação online. *In*: RAIS, Diogo (coord.). **FAKE NEWS: a conexão entre desinformação e o Direito.** São Paulo: Thomson Reuters Brasil, 2018, p. 64.

confinem, cada indivíduo, num ambiente moldado exclusivamente pelo reflexo de si próprio. E o conceito de estático deve aqui ser compreendido como um legítimo confinamento virtual, no qual o algoritmo aprisiona os indivíduos em bolhas narcísicas, entre seus iguais. Não se trata de manifestação de vontade ou movimento autônomo. E pode redundar na criação de solipsismos antagonizados, visões de mundo endógenas, fechadas, que podem coexistir e jamais se conectar.

- *Para que adquiram credibilidade e eficácia devem ser associadas ao contexto social mais amplo*

Algo que constantemente provoca questionamentos sobre a real eficácia das *Fake News* é que, não raro, seu teor pareça *exagerado, extravagante e caricato*, fatores que levaria os receptores a *imediatamente* questionarem sua autenticidade. É necessário observar que, apesar de procedente a assertiva de que parte do conteúdo parece inverossímil e pouco crível, essas mensagens normalmente despertam emoções ou crenças e, com a Sociedade da Informação e seus múltiplos efeitos na cultura e sociabilidade, há uma tendência de as pessoas serem menos cautelosas ao disseminarem notícias que coadunam com suas crenças ou visões de mundo.

Não obstante aos aspectos supracitados, para revestir as *Fake News* de credibilidade faz-se imprescindível que seus teores – mesmo que distorcidos ou deturpados – encontrem alguma aderência com o mundo real, ou seja, o contexto social, econômico, político, religioso moral etc., que caracteriza os sucessivos ciclos históricos. Assim, mostra-se necessária a existência de uma *infraestrutura ou superestrutura* propícias à propagação da estratégia comunicacional em análise, sem os quais provavelmente seus intuitos não seriam atingidos.

Ao término desta primeira unidade, pode-se confirmar a hipótese de que as *Fake News* políticas ou eleitorais não são apenas mentiras ou notícias falsas. Para que se reproduzam e potencializem sua capacidade de influenciar eleições, referendos ou plebiscitos, exigem um ecossistema que envolva seu *aggiornamento* (atualidade, conexão) com o contexto social mais amplo e, ainda, dependem das Tecnologias de Informação e Comunicação advindos com a Internet, programas computacionais, capacidade de processamento de bancos de dados e modulação de algoritmos que sirvam para os objetivos almejados. Nesse contexto o discurso do ódio fortalece ainda mais o desenvolvimento da cultura das *Fake News*, a tornam mais crível e aumentam a probabilidade de que efetivamente serão disseminadas.

2. *Fake News* e Discurso do Ódio

Conforme assinalado anteriormente, as *Fake News* são potencializadas pela sua associação com o contexto social mais amplo e destacam-se no meio da cacofonia da internet em função do efeito dos algoritmos das redes sociais, plataformas de vídeos e motores de buscas na *Internet*. Ambos esses aspectos são relacionados com o Discurso do Ódio, que será objeto de apreciação, nesta unidade. Antes de estabelecer essa associação, faz-se necessária a conceituação dessa narrativa. O Discurso do Ódio, segundo Winfried Brugger (Apud Santos) "consiste na manifestação de ideias que incitem à discriminação étnico-racial, social ou religiosa em relação a determinados grupos, na maioria das vezes as minorias.[13] " Ainda, segundo Brugger[14], "uma dificuldade para encontrar tal caracterização do discurso do ódio está na sua identificação, pois pode ser de forma explícita ou implícita. A incitação pode estar presente no discurso de forma clara ou subliminar." E segue:

> Da leitura de tal conceito é possível dividir duas consequências do discurso do ódio: o insulto e a instigação. O primeiro diz respeito à pessoa da vítima, o destinatário inicial da agressão, que de alguma forma pertence a algum grupo e teve sua dignidade violada (p. 22). O segundo ato, a *instigação*, é efeito decorrente do discurso do ódio e é voltado a possíveis "outros" leitores da manifestação e não identificados como suas vítimas (dissimulação), que são chamados a participar desse discurso discriminatório, ampliando sua *propagação* com palavras ou ações.

Conforme será destacado em breve, a instigação do ódio é o componente mais importante para disseminação da *Fake News*. O discurso que mais adere e se propaga é aquele que elege inimigos – ideológicos, políticos, morais, identitários, de classe social –, servindo simultaneamente como conteúdo e força de propulsão do Discurso do Ódio. E há nessa tática um nefasto efeito derivado pois, para Moura, "combinadas essas duas faces (*insulto e instigação, destaque nosso*), tem-se que esse discurso, além de expressar ódio, procura aumentar a discriminação, conduzindo a uma realidade onde opera a *intolerância*."[15]

Quando à influência do Discurso do Ódio nos algoritmos que impulsionam o conteúdo orgânico a ser exibido aos usuários de redes sociais, plataformas de vídeo e motores de busca na Internet, é sabido que essa programação informática, denominada *algoritmo*, é formulada para aumentar o tempo médio de uso das aplicações e, com isso, ater o usuário por mais tempo na rede mundial de computadores. Não se deve esquecer que a Internet é um grande ambiente de negócio.

E os algoritmos são desenhados para mapear e compreender os padrões de uso dos usuários das aplicações de Internet, e, posteriormente, devolvê-los a esse usuário na forma de conteúdo exposto. Assim funciona o Facebook, o Twitter, o Instagram, o Youtube e o Google, grandes tecnologias do ambiente informático. Nessa interação entre máquina e humano, constatou-se que o ódio exerce maior poder de engajamento do que sentimentos positivos e amenidades. O

---

13. SANTOS, Marco Aurélio Moura. **O Discurso do Ódio em Redes Sociais**. São Paulo: Lura Editorial, 2016, p. 21.
14. *Ibid*, p. 21-22.
15. *Ibid*, p. 22.

Discurso do Ódio exerce grande poder de atração e fixação sobre usuários médios de Internet por todo o planeta.

3. Guerra permanente: análise de mensagens com conteúdo de FN e discurso de ódio em grupos de WhatsApp

Em conformidade ao que foi exposto na introdução, a pesquisa ora apresentada analisou, entre 10 de outubro e 10 de dezembro de 2019, 56.558 mensagens disparadas em grupos de WhatsApp dedicados a disseminar conteúdo de extrema direita e de apoio ao governo Bolsonaro. O número médio diário de mensagens recebidas foi de 942, e esse cômputo é formado por imagens, vídeos, áudios e *links* externos para *sites* hiperpartidarizados, que apenas reverberam conteúdo em conformidade com o pensamento hegemônico do grupo, sem fonte ou comprovação, exagerado e não raro, também falso.

Raramente surgem mensagens originais, a grande maioria é retransmitida pelos administradores dos grupos e usuários mais habituais, características que denotam unidade, possível comando na produção do conteúdo e permite estimar seu alcance, uma vez que existem milhares de grupos similares espalhados pelo país.

A observação dos grupos revelou uma visível sincronização entre as mensagens disseminadas via WhatsApp e os acontecimentos políticos cotidianos, um *aggiornamento* estreito entre a agenda política diária e o conteúdo disparado via aplicativo de mensagens. Identificou-se dessa forma uma tática de *guerra permanente*. O período de observação foi bastante distanciado do calendário eleitoral – antecede em quase um ano o próximo pleito – mas, não obstante esse hiato temporal, a pesquisa presenciou ataques diários aos opositores ideológicos da extrema direita: STF, Ordem dos Advogados do Brasil, imprensa, universidades, artistas, políticos de esquerda, ambientalistas, ONGs, movimentos sociais, feministas e defensores dos Direitos Humanos.

Conforme assinalado anteriormente, ataques ao Supremo Tribunal Federal[16] e à imprensa foram diários e constantemente permeados por *Fake News e Discurso do Ódio*. Simultaneamente aos ataques dirigidos ao STF e à mídia, a saraivada de mensagens passava a ser orientada, diariamente, conforme a agenda política cotidiana: os acontecimentos e eventos, listados a seguir, ocorreram no período de observação da pesquisa e foram utilizados como subterfúgio para fustigar oponentes da extrema direita e do governo federal: *realização* do *Sínodo da Amazônia promovido pelo Vaticano por iniciativa do Papa Francisco; derramamento de petróleo na costa nordestina; incêndios na floresta amazônica; racha entre o grupo ligado ao presidente Bolsonaro e a direção do PSL; disputa pela liderança do PSL entre a*

16. Os ataques ao STF serão abordados na unidade 4 deste capítulo.

deputada Joice Hasselmann e o entorno presidencial; criação da Aliança pelo Brasil e coleta de assinaturas para sua viabilização; deposição de Evo Morales na Bolívia; eleição na Argentina e oposição à candidatura de Fernandes; disseminação de vídeo que retrata Bolsonaro como Leão e inimigos como Hienas (STF, Mídia, partidos, OAB, MBL...); crise e manifestações de oposição no Chile; aniversário do AI5 e apologia ao Regime Militar de 1964; revelação do Jornal Nacional que o suspeito de assassinar Marielle Franco esteve no condomínio em que residia Bolsonaro; acusação contra brigadistas de provocarem incêndios na Amazônia; iniciativa de Trump em sobretaxar o aço brasileiro; massacre policial na favela Paraisópolis, em São Paulo.

Esse conjunto de eventos foi destacado do noticiário e selecionado como *subterfúgio para disseminação de Fake News e Discurso do Ódio* pois, ao retratá-los, as mensagens os narram sob ótica que reforce a posição da extrema direita e detrate seus oponentes. Tome-se, como exemplo dessa tática, a disputa pela liderança do PSL na Câmara dos Deputados entre a deputada federal Joice Hasselmann e o entorno presidencial, ocorrida na segunda quinzena de novembro de 2019. Segundo matérias do Jornal Estado de São Paulo[17] e do portal G1[18], do grupo Globo, os deputados federais Eduardo Bolsonaro e Joice Hasselmann, ambos do PSL de São Paulo, têm feito acusações desde que Joice assinou uma lista que apoiava outro deputado, o Delegado Waldir (PSL-GO), para a liderança do PSL na Câmara. Segundo as matérias, em razão dessa disputa, Joice Hasselmann virou alvo do deputado Eduardo Bolsonaro, filho do presidente Jair Bolsonaro, nas redes sociais, em meio ao que se conflagrou uma crise generalizada no PSL.

> Eduardo postou em suas redes sociais uma montagem de uma nota de três reais com o rosto da ex-aliada e afirmou que Joice "se acha a dona de tudo", condenando as críticas que a deputada tem feito a Bolsonaro e a seus seguidores após ser destituída do cargo de líder do governo. Joice afirmou em entrevistas que o presidente tem "inteligência emocional de -20" e que sua destituição foi uma "carta de alforria".
>
> Joice, por sua vez, respondeu em seu Twitter afirmando que "não tem medo da milícia, nem de robôs" e que sabe quem os seguidores do presidente são e "o que fizeram no verão passado". "Olha só mais um 'presentinho' da milícia digital para mim. Anota aí: NÃO TENHO MEDO DA MILÍCIA, NEM DE ROBÔS! Meus seguidores são DE VERDADE, orgânicos. E não se esqueçam que eu sei quem vocês são e o que fizeram no verão passado", postou a ex-líder.

---

17. **Eduardo Bolsonaro ataca Joice Hasselmann comparando deputada à nota de R$3.** Disponível em: https://exame.abril.com.br/brasil/eduardo-bolsonaro-ataca-joice-hasselmann-comparando-deputada-a-nota-de-r3/. Acesso em: 05. Fev. 2020.
18. **Eduardo Bolsonaro e Joice Hasselmann trocam ofensas nas redes sociais.** Disponível em: https://g1.globo.com/politica/noticia/2019/10/19/eduardo-bolsonaro-e-joice-hasselmann-trocam-ofensas-nas-redes-sociais.ghtml. Acesso em: 05. Fev. 2020.

Em ocasião dessa crise, além da mobilização dos aliados da Família Bolsonaro via *Twitter*, os grupos de WhatsApp observados na pesquisa foram inundados por conteúdo detrator da deputada Hasselmann. Ofensas, calúnias, notícias falsas, distorcidas e grandes doses de misoginia e discurso do ódio. Entre os dias 18 e 25 de outubro, auge dessa queda de braço interna no PSL, 12.506 mensagens foram disparadas nos grupos. Evidente que a deputada Hasselmann não foi a pauta exclusiva das mensagens, mas essa disputa foi responsável pelo pico de disparos de conteúdo nos ambientes pesquisados. E, caso as críticas fossem circunscritas ao enfoque político, caso o teor das mensagens fosse avaliar se a estratégia foi a mais adequada para o então partido do presidente da república, não haveria óbice ao uso das redes e dos aplicativos de mensagens.

Porém, as imagens observadas na pesquisa, conforme assinalado anteriormente, foram moldadas por *discurso de ódio e eivadas de Fake News*. Podem ser assim sintetizadas: a) ilustração da deputada como *Peppa Pig*, personagem infantil de desenhos animados, em razão da sua forma corpórea; b) montagens do rosto de Hasselmann sobre corpos de mulheres obesas; c) falso "*meme*" no qual a deputada afirma ser maior que Bolsonaro, assertiva nunca feita; d) caracterização da parlamentar como traidora, ladeada pelo governador de São Paulo, João Dória, e o deputado Alexandre Frota, desafetos do entorno presidencial; e) imagem da deputada na forma de um porco e intitulada como "*Pig de Troia*"; montagens que acusam de ter contratado um escritor-fantasma para escrever um livro em seu nome.

Os exemplos supracitados representam apenas parcela do teor disparado contra a parlamentar. Considerando que seus detratores utilizaram também perfis de elevado engajamento no *Twitter*[19], formadores de opinião e influenciadores digitais, é possível formular hipóteses de que houve articulação nesses ataques e visível utilização de múltiplas aplicações (ferramentas de mensagens e redes sociais), além de um notável engajamento virtual contra Hasselmann. Há prováveis ganhos nessa tática, por exemplo, a manutenção de canais de distribuição de mensagens disponíveis para uso imediato ou preservá-los para disseminação de propaganda eleitoral. A estratégia possibilita propagação de conteúdo sob liderança coordenada e articulada, prescinde de grande investimento e mantém seguidores engajados, mobilizados e coesos. Um espírito de *guerra permanente*, pois, afinal, a pesquisa não foi realizada em período eleitoral.

Ao abordar essa tática de guerra ininterrupta, o general Carlos Alberto dos Santos Cruz, ex-ministro da Secretaria de Governo, afirmou em entrevista ao jornal Folha de S. Paulo[20] que, atualmente, "o ambiente politicamente não é bom. Um

---

19. Disponível em: https://oglobo.globo.com/brasil/perfis-que-se-comportam-como-robos--ajudam-turbinar-pautas-bolsonaristas-nas-redes-24045039. Acesso em: 05. Fev. 2020.
20. **Jornal Folha de S. Paulo**, 02 de fevereiro de 2019.

governo deve transmitir tranquilidade, união, um ambiente de trabalho (...), não no tumulto de todo dia, você ter uma intoxicação enorme de fake news e de grupos ideológicos espalhando conflitos. " Sugere ainda que "não se pode viver num estado permanente pré-eleitoral. Ele (o presidente) se comporta como se fosse haver uma eleição na semana que vem",[21] exatamente o que tem ocorrido, conforme o monitoramento dos grupos de WhatsApp permite supor.

4. *Discurso de Ódio e Fake News* contra o Supremo Tribunal Federal

Em conformidade com o foco deste livro, abordar *Fake News* e suas conexões com a desinformação e o Direito merece ser considerada a habitualidade diária de ataques ao Supremo Tribunal perpetrados nos grupos de WhatsApp monitorados na pesquisa. É de conhecimento da comunidade jurídica que, na última década, o STF passou a propalar decisões que asseguraram direitos previstos na Constituição Federal de 1988 e que foram submetidos a escrutínio da Suprema Corte. Os detratores dessa conduta a denominaram como *Ativismo Judicial*, conjunto de decisões que conforme seus críticos extrapolam a competência do STF e atingem atribuições que deveriam ser do Executivo ou do Legislativo e que podem ser assim exemplificado: admissão da constitucionalidade das Políticas Afirmativas que elegem critérios raciais, conhecidas como políticas de cotas; equiparação entre União Estável e União Homoafetiva (com posterior equiparação ao casamento por determinação do Conselho Nacional de Justiça); descriminalização do aborto de feto acometido de anencefalia; e demarcação da reserva indígena Raposa-Serra do Sol.

Não obstante a legitimidade da crítica a qualquer decisão judicial – desde que pautadas no campo da hermenêutica jurídica, da apreciação de sua oportunidade ou adequação política –, o chamado *ativismo judicial* colocou o STF no alvo de setores da extrema direita brasileira, que passaram a considerar a suprema corte como inimiga e levou esse órgão judicial e seus ministros a serem transformados em alvos da *retórica de ódio das redes sociais, Fake News e mensagens disparadas por grupos de WhatsApp*. Durante o período de observação desta pesquisa, o STF pauta julgamento de prisão após condenação em segunda instância, em outubro, e concluiu a votação em novembro de 2019.

> Nesta quinta-feira, 7 de novembro, o plenário do STF finalizou o polêmico julgamento da possibilidade de prisão após condenação em 2ª instância. Por 6 a 5, os ministros decidiram que não é possível a execução da pena depois de decisão condenatória confirmada em 2ª instância. As ADCs 43, 44 e 54 foram ajuizadas pelo PEN – Partido Ecológico Nacional (atual Patriota), o Conselho Federal da OAB e o PCdoB – Partido Comunista do Brasil com o objetivo de

21. **Jornal Folha de S. Paulo**, 02 de fevereiro de 2019.

examinar a constitucionalidade do artigo 283 do CPP, que prevê, entre as condições para a prisão, o trânsito em julgado da sentença condenatória.[22]

Em decorrência do caso concreto, mas que ilustra prática recorrentemente observada em redes sociais e no WhatsApp, o Supremo Tribunal Federal e seus ministros passaram a ser fustigados nos grupos observados com mensagens que: *a) incitam a invasão das dependências do STF, conclamam a intervenção militar ou do poder Executivo na suprema corte; b) propugnam o* impeachment *de ministros; c) propagam mensagens apócrifas que elegem o STF como maior mazela do Brasil; d) convocam manifestações e protestos em Brasília, na praça dos Três Poderes; e) acusam a corte de proteger corruptos, assegurar a impunidade de criminosos e julgar com vistas a mitigar os efeitos da operação Lava a Jato; f) disseminam montagem de imagens dos onze ministros retratados nominalmente como corruptos e inimigos do país; g) acusam Alexandre de Morais de advogar para o PCC e Dias Toffoli de estar a serviço do Partido dos Trabalhadores; h) exortam o Congresso a instalar uma CPI que escrutine politicamente o STF (popularmente conhecida como CPI da Lava Toga).*

Reitera-se que essas e outras aleivosias moldaram o teor das mensagens disparadas apesar de, "Na data de 14 de março de 2019, o presidente do Supremo Tribunal Federal (STF), Dias Toffoli, no uso de suas atribuições legais, previstas no artigo 43 do Regimento Interno do STF, instaurou um inquérito criminal objetivando investigar possíveis falsas notícias sobre ofensas e ameaças, em detrimento da honorabilidade e da segurança da Corte Suprema, dirigidas aos ministros e suas famílias."[23] O inquérito, considerado controverso por diversos juristas, aparentemente não inibiu a prática de disseminação de *Fake News* e discurso de ódio contra a suprema corte brasileira.

Conforme assinalado anteriormente, críticas ao STF podem ser plenamente legítimas, registre-se que há divergência entre os próprios ministros, e não é razoável supor que haja unanimidade quanto às decisões propaladas pela corte, desde que as críticas sejam pautadas sob perspectiva hermenêutica ou até mesmo política. Não é esse, porém, o intuito das *Fake News* e do Discurso do Ódio. Sua propagação pode gerar efeitos que venham a erodir a própria democracia ao atacar e distorcer decisões da sua instância judicial máxima. Podem levar à violência física contra os ministros e servir como justificativa para iniciativas de cunho autoritário, rupturas na institucionalidade democrática, estremecimento da segurança

---

22. **STF volta a proibir prisão em 2ª instância; placar foi 6 a 5**. Disponível em: https://www.migalhas.com.br/quentes/314723/stf-volta-a-proibir-prisao-em-2-instancia-placar-foi-6-a-5. Acesso em 05. Fev. 2020.
23. SOUZA NETO, Jacinto. Inconstitucionalidade do inquérito do Supremo Tribunal Federal. Disponível em: https://jus.com.br/artigos/73817/inconstitucionalidade-do-inquerito-do-supremo-tribunal-federal. Acesso em: 05. Fev. 2020.

jurídica e das garantias de liberdades e direitos individuais. Uma suprema corte esgarçada representa riscos de que seja exaurida a efetividade das suas competências de preservar a Constituição Federal e arbitrar os litígios daqueles que buscam dirimir conflitos sob sua guarida.

Considerações finais

Fake News podem ser consideradas uma das inovações no campo da estratégia política mais significativa entre aquelas advindas com a revolução tecnológica. As democracias têm procurado desenvolver mecanismos para mitigar seus efeitos, tais como ações das grandes empresas de tecnologia com o intuito de blindar suas aplicações (Facebook, Twitter, Google, WhatsApp) contra a desinformação e notícias falsas. Elas são ruins para o ambiente de negócios e podem obnubilar anúncios no meio da poluição causada pela desinformação. Outras iniciativas relevantes são a criação e desenvolvimento das Agências de Checagem de Fatos que buscam verificar a autenticidade de notícias veiculadas pelas plataformas digitais, além das sempre necessárias campanhas educativas voltadas aos cidadãos que inadvertidamente fomentam a cadeia de distribuição das *Fake News*.

Mas há um hiato nessas táticas preventivas que será superado apenas com a criação de leis efetivas para responsabilizar políticos que se beneficiam da estratégia de disseminação de *Fake News*. Há desafios evidentes para que uma legislação com esse intuito adquira efetividade, porém é possível viabilizá-las ao tipificar como infração ou mesmo crime eleitoral condutas como o disparo em massa de mensagens, uso de robôs e perfis falsos em redes sociais, produção deliberada de conteúdo falso ou calunioso e, principalmente, ocultamento de gastos de campanha para tais finalidades.

A pesquisa ora apresentada apresenta indícios sobre como são, internamente, as tão faladas *bolhas* criadas no ambiente digital. No conjunto de postagens acompanhadas não é permitido o dissenso, qualquer membro que discorde das perspectivas apresentadas é considerado inimigo e sumariamente excluído do grupo. Nas mensagens não existe respeito à noção de direitos humanos, pelo contrário, a construção das garantias individuais é tratada como subterfúgio para proteção de criminosos e entrave para a ação policial. O modelo de família retratado nos ambientes pesquisados impõe um modelo único, idealmente formado por homem, mulher, filhos. Ignoram as transformações recentes nos modelos familiares e repugnam famílias formadas por casais homoafetivos, comumente relacionados com comportamentos desviantes, degeneração e promiscuidade.

A representação da mulher remonta àquela retratada até a década de 1950 do século passado, idealmente dedicada ao lar, filhos e submissa aos maridos. Há ojeriza ao feminismo por questionar o modelo social baseado no patriarcado e contrapor-se ao modelo de família "tradicional", arquétipo idealizado nas mensagens disparadas nos grupos, assim como todas as formas de organização social – movimento negro, movimentos por terra ou moradia e movimento indígena – foram estigmatizados e retratados como oponentes de uma ordem social almejada nesses grupos de WhatsApp, ilusória por reportar-se a um passado idílico no qual reinava a Ordem, a Família, os "bons costumes" e uma suposta segurança, quase bons selvagens, como descrito por Rousseau.

Pode-se concluir que as *Fake News* poluem o ambiente político e interferem no direito legítimo dos cidadãos de fazerem escolhas em bases racionais nas eleições, os impede de deliberar sobre plataformas reais, como a agenda econômica dos candidatos, planos para Educação e Saúde, política ambiental ou urbana – pautas deliberadamente ocultas pelas estratégias de *Fake News*, que induzem os eleitores a sufragar com base no medo, ódio, premissas falsas, calúnias e mentiras como fundamento para seus votos. Em razão disso devem ser denunciadas e combatidas.

Referências

BARRETO JUNIOR, Irineu Francisco. Atualidade do Conceito Sociedade da Informação para a pesquisa jurídica. In: PAESANI, Liliana Minardi (coord.). **O Direito na Sociedade da Informação**. São Paulo: Atlas, 2007.

BARRETO JUNIOR, Irineu Francisco. Proteção da Privacidade e de Dados Pessoais na Internet: O Marco Civil da Rede Examinado com Fundamento nas Teorias de Zygmunt Bauman e Manuel Castells. *In:* DE LUCCA, Newton; SIMÃO FILHO, Adalberto; LIMA, Cíntia Rosa Pereira de (coordenadores). **Direito & Internet III – Tomo I: Marco Civil da Internet (Lei 12.965/2014)**. São Paulo: Quartier Latin do Brasil, 2015.

BARRETO JUNIOR, Irineu Francisco; VENTURI JÚNIOR, Gustavo. *Fake News* em Imagens: um esforço de compreensão da estratégia comunicacional exitosa na eleição presidencial brasileira de 2018. **REVISTA DEBATES**, Porto Alegre, v. 13, 2019-20 (no prelo).

BARRETO JUNIOR, Irineu Francisco; VENTURI JÚNIOR, Gustavo. Dados pessoais na internet: análise do seu *status* enquanto mercadoria na sociedade da informação. **Anais do 41°. Encontro Anual da ANPOCS.** Disponível em: [http://www.anpocs.com/index.php/papers-40-encontro-2/gt-30/gt02-25/10599-dados-pessoais-na-internet-analise-do-seu-status-enquanto-mercadoria-na-sociedade-da-informacao/file]. Acesso em: 10 nov. 2107.

BARRETO JUNIOR, Irineu Francisco; NASPOLINI, Samyra Haydêe Dal Farra. Proteção de informações no mundo virtual: a LGPD e a determinação de consentimento do titular para tratamento de dados pessoais. **Cadernos Adenauer XX** (2019), nº 3 Proteção de dados pessoais: privacidade versus avanço tecnológico Rio de Janeiro: Fundação Konrad Adenauer, outubro 2019.

BARRETO JUNIOR, Irineu Francisco; VENTURI JÚNIOR, Gustavo. Fake News em Imagens: um esforço de compreensão da estratégia comunicacional exitosa na eleição presidencial brasileira de 2018. **REVISTA DEBATES**, Porto Alegre, v. 13, 2019-20 (no prelo).

BENITES, Afonso. **A máquina de *Fake News* nos grupos a favor de Bolsonaro no *WhatsApp*.** Disponível em: [https://brasil.elpais.com/brasil/2018/09/26/politica/1537997311_859341.html]. Acesso em: 18 Maio 2019.

CASTRO, Leandro Nunes de. Computação e Desinformação: tecnologias de desinformação online. *In*: RAIS, Diogo (coord.). ***FAKE NEWS*: a conexão entre desinformação e o Direito.** São Paulo: Thomson Reuters Brasil, 2018

D'ANCONA, Matthew. **Pós Verdade: a nova guerra contra os fatos em tempos de *Fake News*.** Barueri: Faro Editorial, 2018.

FAUSTINO, André. *Fake News*: **A liberdade de expressão nas redes sociais na Sociedade da Informação.** São Paulo: Lura Editorial, 2019.

GROSS, Clarissa Piterman. *Fake News* e Democracia: discutindo o *status* normativo do falso e a liberdade de expressão. *In*: RAIS, Diogo (coord.). ***FAKE NEWS*: a conexão entre desinformação e o Direito.** São Paulo: Thomson Reuters Brasil, 2018.

RAIS, Diogo (coord.). ***FAKE NEWS*: a conexão entre desinformação e o Direito.** São Paulo: Thomson Reuters Brasil, 2018.

RAIS, Diogo. *Fake News* e Eleições. *In*: RAIS, Diogo (coord.). ***FAKE NEWS*: a conexão entre desinformação e o Direito.** São Paulo: Thomson Reuters Brasil, 2018.

SANTOS, Marco Aurélio Moura. **O Discurso do Ódio em Redes Sociais.** São Paulo: Lura Editorial, 2016.

Comunicação, Mídia e *Fake News*

AS *FAKE NEWS* E OS PARADIGMAS DO RELATO JORNALÍSTICO

DENISE C. PAIERO

Professora do curso de Jornalismo da Universidade Presbiteriana Mackenzie.

ANDRÉ C. T. SANTORO

Professor e Coordenador do curso de Jornalismo da Universidade Presbiteriana Mackenzie.

RAFAEL F. SANTOS

Professor do curso de Jornalismo da Universidade Presbiteriana Mackenzie.

SUMÁRIO: Introdução. Transformação possível. Equívocos ou fraudes deliberadas?. Notícias falsas e mecanismos de controle. Considerações finais. Referências bibliográficas.

RESUMO: Entender o papel do jornalismo e dos meios de comunicação é fundamental para a interpretação da realidade social brasileira, bem como para a apreensão dos elementos constitutivos da cultura nacional (que perpassam, especialmente, o universo virtual e suas redes sociais) e suas relações com a atual conjuntura pós-moderna da pós-verdade. Este artigo se propõe a analisar alguns pontos do jornalismo como práxis e como campo do conhecimento, a fim de contribuir para a discussão acerca da liberdade e da responsabilidade da imprensa diante do fenômeno das *fake news*. Para ilustrar os pontos apresentados, são elencadas duas iniciativas de *fact-checking* em veículos jornalísticos brasileiros, bem como alguns casos de disseminação de notícias falsas na internet.

PALAVRAS-CHAVE: Jornalismo. Pós-verdade. *Fake news*. *Fact-checking*.

Introdução

O jornalismo, em sua essência, é a intermediação dos membros de uma sociedade entre si. Em citação aos "Cânones do Jornalismo", adotado pelo Comitê de Ética da *American Society of Newspaper Editors*, Fortes (2005, p. 23-24) salienta:

> A função primária dos jornais é comunicar à raça humana o que seus membros fazem, sentem e pensam. O jornalismo, portanto, exige de seus praticantes o mais amplo alcance de inteligência, de conhecimento e de experiência, assim como poderes naturais e treinados de observação e raciocínio. As suas oportunidades como cronista estão indissoluvelmente ligadas a suas obrigações como professor e intérprete.

Essa afirmação é altamente representativa, uma vez que suscita a aproximação do fazer jornalístico com a educação. O jornalismo funciona como instrumento educacional e, portanto, é necessário que o jornalista entenda seu papel social e aja com a mesma responsabilidade exigida de seu par dentro de uma sala de aula.

Assim, é possível perceber que o jornalismo tem forte atuação na educação da sociedade. Além de levar ao conhecimento público notícias e reportagens, o jornalismo é determinante para a própria formação da opinião pública.

Com o avanço das estruturas sociais, o jornalismo assume um papel que a comunicação interpessoal direta já não era capaz de suprir. Assim, ele abraça a função de amplificador coletivo da educação que se dá no âmbito particular. Há definições que dão conta da notícia como aquilo que o público precisa conhecer. Dessa maneira, pode-se compreender o jornalista não apenas como emissor de notícias, mas como próprio meio pelo qual a mensagem chega ao seu receptor. Se a mensagem foi conscientizadora, intrigante e formadora da criticidade do receptor, então, o jornalismo cumpriu seu papel comunicacional de transformação social.

Por outro lado, ainda dentro desta perspectiva, o jornalismo pode funcionar como instrumento de dominação. Pode ser uma ferramenta de manutenção do poder e não de contestação. O opressor, quando domina o processo comunicacional do jornalismo, utiliza-se deste poder para manter ou aumentar sua opressão. O resultado, nesse cenário, é o da desinformação, em que o leitor (receptor da mensagem) não apreende ou não recebe em sua totalidade a informação almejada.

> No melhor dos casos (escreve Schulz) ele é informado superficialmente sobre os fatos, personagens e temas em destaque que dominam as discussões dos assuntos atuais. Não está capacitado a elaborar um conhecimento acumulativo e uma compreensão duradoura dos contextos políticos. (KUNCZIK, 2001, p. 326)

O jornalismo exige, em sua natureza, leitores críticos. Essa é a razão de o jornalismo ter sido por anos um local de debate dos poderosos somente, já que por séculos as sociedades eram, em sua quase totalidade, analfabetas. Está aqui uma pista para se compreender o porquê de haver poucas notícias e informações na grande mídia sobre a periferia e sobre os oprimidos. O jornalismo se tornou um espaço das elites: alimentado, comandado e direcionado por elas. A apropriação desse meio por parte do oprimido, ainda que tangencie uma situação utópica, é basilar para a transformação social. Sem essa apropriação, grande parte da população cai na Espiral do Silêncio, assim definida por Noelle-Neumann (1995, p. 179-180):

> La teoría de la espiral del silencio se apoya en el supuesto de que la sociedad – y no sólo los grupos en que los miembros se conocen mutuamente – amenaza con el aislamiento y la exclusión a los individuos que se desvían del consenso. Los individuos, por su parte, tienen un miedo en gran medida subconsciente al aislamiento, probablemente determinado genéticamente. Este miedo al aislamiento hace que la gente intente comprobar constantemente qué opiniones y modos de comportamiento son aprobados o desaprobados en su medio, y qué opiniones y formas de comportamiento están ganando o perdiendo fuerza.[1]

A teoria citada baseia-se na observação de que quando um determinado assunto é amplamente difundido nos meios de comunicação de massa, ele uniformiza a opinião pública e faz com que opiniões contrárias percam força, esvaindo-se até que todos caiam em uma espiral de silêncio, metáfora que define, em essência, a desinformação. A razão principal desse processo, segundo Noelle-Neumann, é o medo da rejeição que assume o controle das mentes opositoras, forçando-as a se calarem.

Essa teoria permite analisar o lado negativo do papel educacional do jornalismo, que pode ser uma ferramenta libertária, quando nas mãos da sociedade em geral, ou pode assumir a função de arma repressora e mantenedora do *status quo,* quando nas mãos dos opressores.

Transformação possível

Pensar nos pontos de contato da educação com o jornalismo é pensar nas relações sociais de poder. Vê-se a urgência da discussão acerca dos caminhos que a sociedade brasileira tomou para suas salas de aula, bem como dos que percorreu nas redações. Levantar questionamentos sobre a práxis de ambas as áreas é crucial para o desenvolvimento de um país mais justo.

Interessante notar que o silêncio é uma ferramenta de opressão e massificação da opinião pública. O silêncio se torna, por isso, um ponto convergente de

1. "A teoria da espiral do silêncio se apoia na suposição de que a sociedade – e não apenas os grupos em que os membros se conhecem mutuamente – corre o risco de isolamento e de exclusão dos indivíduos que se desviem do consenso. Os indivíduos, por sua vez, têm um medo em grande medida subconsciente do isolamento, provavelmente determinado geneticamente. Este medo do isolamento faz com que as pessoas tentem comprovar constantemente quais opiniões e modos de comportamento são aprovados ou desaprovados em seu meio, e quais opiniões e formas de comportamento estão ganhando ou perdendo força." (tradução livre)

dominação nas duas áreas. Permitir, capacitar e incentivar o grito dos oprimidos é tarefa impreterível. Portanto, o silêncio não é possível no bom jornalismo. A expressividade social é necessária para libertação dos oprimidos, para o crescimento do fraco, para emancipação do pobre, para uma sociedade mais justa.

Esses pontos convergem para uma compreensão do jornalismo como um potencial agente transformador da sociedade. Nos últimos anos, contudo, essa função vem sendo vilipendiada por fenômenos viabilizados pela internet, pelas redes sociais e pelos aplicativos de troca de mensagens. Expressões como "pós-verdade" e *fake news* tornaram-se cada vez mais comuns, contribuindo para o enfraquecimento dos relatos produzidos por jornalistas em seu exercício cotidiano da profissão. Antes, porém, convém organizar uma breve reflexão sobre os paradigmas do jornalismo.

Equívocos ou fraudes deliberadas?

Como salienta Amaral (1996), alguns dos valores mais caros ao discurso jornalístico, seja qual for a mídia de veiculação, são a objetividade, a imparcialidade, a neutralidade e a assim chamada "factualidade" – palavra que, a despeito de não constar dos principais dicionários de língua portuguesa, impõe-se como pilar da elaboração de relatos que têm como base a matéria-prima fundamental e primordial de qualquer relato não ficcional: o fato. No jornalismo, assim como nas demais ciências sociais, na história e em tantas outras áreas do conhecimento, a realidade dos fatos é que direciona todas as fases de construção da notícia ou da reportagem, que podem ser resumidas a três etapas principais (que podem se subdividir e se desdobrar em muitas outras): a pauta, a apuração e a redação (LAGE, 2001).

A pauta, que consiste basicamente no planejamento da elaboração de alguma notícia, já tem, por si só, uma limitação inequívoca ligada à "factualidade". Sem que algo tenha efetivamente ocorrido, não há pauta. E a etapa da redação, como parece natural, deve se ater ao conteúdo estritamente factual do acontecimento. Resta, portanto, uma etapa a ser explorada: a apuração ou captação de informações. É com base nela que o jornalista desenvolve o seu texto sobre o que aconteceu (LAGE, 2001). E é precisamente essa etapa que deve ser explorada para que se possa ter uma distinção clara entre o que são as *fake news* e os relatos derivados de apurações equivocadas, pesquisas insuficientes ou entrevistas em que as informações recolhidas não correspondem à realidade.

De modo geral, pode-se afirmar que a apuração é realizada a partir de várias estratégias diferentes e, muitas vezes, complementares. A primeira delas, não apenas no jornalismo, mas em várias outras áreas de produção e reprodução do conhecimento, é a pesquisa (LAGE, 2001). Na internet ou em obras de referência (livros, periódicos etc.), o jornalista recolhe informações preliminares que podem ser suficientes para a elaboração de um relato simples, como uma notícia breve, ou que servirão para a condução de entrevistas posteriores. Ao entrevistar uma personalidade, por exemplo, é de se esperar que a produção intelectual prévia daquela pessoa seja minimamente conhecida pelo repórter, que poderá, a partir desse ponto, preparar perguntas e buscar dados originais no contato com o entrevistado.

Esse preparo exige tempo e senso crítico para lidar com o volume e com a complexidade das informações que podem ser acessadas e consultadas. Fontes oficiais, por exemplo, costumam ser mais confiáveis que páginas pessoais na internet, e bases sólidas de referência, como periódicos certificados e com processos de *peer review* reconhecidos e aceitos pela comunidade acadêmica, geralmente, rendem pesquisas mais críveis do que o acesso a uma enciclopédia colaborativa, como a Wikipédia.

Também é comum, na rotina dos jornalistas, o contato com profissionais especializados em direcionar informações relevantes sobre empresas, órgãos públicos e figuras públicas: os assessores de imprensa ou de comunicação (MAFEI, 2007). Contratados para buscar a repercussão de fatos positivos relacionados aos seus clientes – ou para evitar que fatos negativos sejam disseminados pela mídia –, os assessores nem sempre oferecem informações que correspondem àquilo que o jornalista deveria (ou gostaria de) apurar. É necessário, portanto, lidar com esse tipo de fonte de forma bastante criteriosa.

Ainda em relação aos repositórios de dados e informações noticiáveis, faz-se necessário citar as agências de notícias. Vinculadas ou não a algum grupo midiático tradicional, empresas como Reuters, Associated Press e Agência Estado, entre muitas outras, realizam coberturas de vários temas diferentes e vendem esses relatos para jornais, revistas, emissoras de rádio e TV, *sites* etc. (MARQUES, 2005). Ao reproduzir o material oriundo da agência, o veículo jornalístico na ponta do processo, ou seja, aquele que irá, efetivamente, tornar pública a informação, não deve ser apenas corresponsável pelos relatos, mas precisa investigar a procedência e a veracidade dos fatos, ainda que de forma complementar ao trabalho já realizado pela agência.

As providências citadas, quando não encaradas com seriedade, podem abrir espaço para a publicação de informações falsas ou que não correspondem de forma fiel aos fatos ocorridos. Nessas situações, embora não possa e não deva haver uma isenção da responsabilidade dos jornalistas que participaram diretamente do processo de construção da notícia, o problema não está ligado diretamente à má-fé do profissional (ou da empresa jornalística) ou à confecção de relatos deliberadamente inverídicos. Quando isso ocorre, o problema pode ser atribuído a alguma falha, humana ou não, que geralmente acontece na etapa de apuração.

A informação equivocada, conhecida no jargão jornalístico como "barriga", relaciona-se, ainda que não de forma direta, à busca incessante pelo "furo", outro jargão que indica o fato apresentado em primeira mão (antes da concorrência, portanto) por algum veículo, especialmente no campo das *hard news* (programas jornalísticos de rádio e TV, portais de notícia e jornais diários). Um episódio bastante comentado entre jornalistas e nos principais cursos de jornalismo do Brasil foi o caso "Escola Base". Em 1994, uma instituição de ensino infantil da cidade de São Paulo se viu no centro de um escândalo envolvendo o suposto abuso sexual das crianças que frequentavam a escola (RIBEIRO, 2000). Antes do fim do inquérito policial e tendo como referência apenas as declarações de alguns pais e do delegado responsável pelo caso, vários veículos jornalísticos tornaram a informação pública, provocando uma onda popular de revolta contra os donos da escola, que foram obrigados a fechar o estabelecimento. Apesar da conduta reprovável e irresponsável da imprensa à época, o que ocorreu, nesse caso específico, foi um atropelo de informações sem as devidas comprovações – aliado, como é bom ressaltar, a uma certa dose de sensacionalismo por parte de alguns veículos.

Ainda no campo do processo de apuração conduzido de forma inadequada, um outro episódio veio a público quando da campanha presidencial de 2002. Com um comício agendado na cidade de Palmas, no Tocantins, o então presidenciável José Serra teve que desmarcar a viagem que faria àquele estado por causa do mau tempo. Mas uma repórter da Agência Estado já havia produzido o texto sobre o evento a partir de dados prévios coletados junto à assessoria do político. Um erro interno, contudo, fez com que o texto fosse publicado sem que o fato tivesse realmente acontecido (DÓRIA; SEVERIANO, 2011). Também neste caso, nota-se um descuido dos jornalistas responsáveis, sem caracterizar um ato de produção de notícias deliberadamente falsas.

Outro episódio de destaque, este mais recente, é o da suposta "grávida de Taubaté". Maria Verônica Aparecida, que morava na cidade do interior do estado de São Paulo, conseguiu notoriedade e ajuda financeira ao afirmar que estava grávida de quadrigêmeos[2]. O que poderia ter ficado restrito ao anedotário local ganhou, entretanto, repercussão nacional, pois vários veículos jornalísticos apresentaram o caso como sendo verídico, sem que tenha havido a preocupação de averiguar se a situação era real – como foi descoberto pouco tempo depois, Maria Verônica usava uma barriga falsa de silicone para simular a gravidez.

Os casos apresentados anteriormente podem ser atribuídos a vários fatores, alguns dos quais já citados. Imperícia do jornalista, imprudência, busca irresponsável pelo "furo", pesquisa insuficiente e checagens inapropriadas (ou inexistentes) de dados fornecidos por entrevistados são alguns deles. E todos convergem,

2. Disponível em: [http://g1.globo.com/sp/vale-do-paraiba-regiao/noticia/2012/12/falsa-gravida-muda-de-vida-apos-repercussao-do-caso-em-2012.html]. Acesso em: 30.01.2020.

obviamente, para problemas relacionados ao exercício inadequado da profissão. Mas, como também já foi salientado, as "barrigas" jornalísticas não devem ser confundidas com a fabricação deliberada de informações.

As notícias falsas distinguem-se dos erros acidentais justamente por sua natureza de origem fraudulenta[3]. Apesar de terem conquistado um espaço relevante especialmente depois da campanha de Donald Trump à presidência dos Estados Unidos, as *fake news*, que fazem parte do cenário da "pós-verdade", não são um fenômeno recente no jornalismo, embora tenham se beneficiado enormemente da velocidade cada vez maior de propagação de informações na internet de forma geral, mais especificamente nas redes sociais e nos aplicativos de trocas de mensagens.

Notícias falsas e mecanismos de controle

O portal de notícias G1 mantém uma seção dedicada exclusivamente à checagem de boatos e informações aparentemente falsas que circulam pela internet, principalmente em redes sociais e aplicativos de troca de mensagens. O serviço "Fato ou Fake"[4], lançado em 2018, traz dezenas de textos sobre temas diversos. Outro serviço relevante é a "Agência Lupa"[5], vinculada à revista Piauí e lançada em 2015. As duas iniciativas fazem parte de uma tendência mais ampla, seguida por vários veículos de comunicação, que é a checagem de fatos reproduzidos pela mídia ou que circulam de forma expressiva na internet. Em inglês, esse tipo de serviço é conhecido genericamente como *fact-checking*.

As agências de checagem e os *sites* que verificam informações falsas em circulação nas redes digitais têm o objetivo nobre de evitar que as *fake news* se espalhem de forma descontrolada. Mas ao menos um obstáculo parece intransponível: a credulidade excessiva dos receptores de informações falsas. Em janeiro de 2020, a proliferação de um agente infeccioso causador de problemas respiratórios graves, o coronavírus 2019-nCoV, abriu espaço para a circulação de inúmeras notícias incorretas ou deliberadamente falsas ao redor do planeta. No Brasil, *sites* como o "Fato ou Fake" e a "Agência Lupa" produziram relatos para trazer informações confiáveis sobre o vírus. Apresentamos dois exemplos a seguir.

Em 28 de janeiro de 2020, em uma seção especial dedicada à análise de notícias sobre o vírus ("Veja o que é #FATO ou #FAKE sobre o coronavírus"[6]), o G1 agregou uma série de checagens sobre notícias das semanas anteriores. Uma delas dava conta do seguinte relato:

3. Disponível em: [http://guides.lib.umich.edu/fakenews]. Acesso em: 30.01.2020.
4. Disponível em: [https://g1.globo.com/fato-ou-fake/]. Acesso em: 30.01.2020.
5. Disponível em: [https://piaui.folha.uol.com.br/lupa/]. Acesso em: 30.01.2020.
6. Disponível em: [https://g1.globo.com/fato-ou-fake/noticia/2020/01/28/veja-o-que-e-fato-ou-fake-sobre-o-coronavirus.ghtml]. Acesso em: 30.01.2020.

> **É #FAKE que vídeo que mostra cobras, ratos e cães prontos para consumo humano foi gravado na China.**
>
> Circula pelas redes sociais um vídeo que mostra um mercado a céu aberto onde ocorre a venda para consumo humano de diversos tipos de animais, entre eles, ratos, cachorros e cobras. Uma legenda diz: "Olha da onde vem o coronavírus! Esses chineses comem toda porcaria, cachorro, rato, morcego, cobra, insetos!!! Engraçado que parece que o resto do mundo não se comove com essa maldade... matar cachorro, gatos, etc. ... absurdo". É #FAKE. O vídeo mostra, na verdade, o mercado de Langowan, na Indonésia, e está publicado no Youtube pelo menos desde 19 de julho de 2019. Um dos trechos do vídeo mostra uma placa com a expressão "kantor pasar langowan", que significa escritório do mercado Langowan. Ao digitar "Pasar Langowan" no Google Maps, é possível descobrir a localização da feira, na Indonésia. O local fica a mais de 3 mil km de distância de Wuhan, na China, cidade considerada como epicentro da doença. (s/a, 2020, *on-line*)

Como é possível perceber a partir da checagem realizada pela equipe do G1, o conteúdo informativo das *fake news* sobre o coronavírus é rudimentar a ponto de poder ser desmentido com pesquisas simples na internet. Ainda assim, a propagação das notícias falsas ultrapassa em muito a capacidade jornalística de difundir informações confiáveis. Um estudo publicado na revista *Science* em março de 2018 trouxe números para esse fenômeno. Em uma análise de postagens na rede social Twitter de 2006 a 2017, os autores descobriram que:

> False news reached more people than the truth; the top 1% of false news cascades diffused to between 1000 and 100,000 people, whereas the truth rarely diffused to more than 1000 people. (VOSOUGHI et. al., 2018, pp. 1146-1151)[7]

De volta ao coronavírus, o que houve, no início de 2020, foi um surto biológico acompanhado de uma proliferação massiva de *fake news*, provavelmente mais contagiosas que o patógeno em si, e, certamente, com mais apelo do que as notícias corretas e fundamentadas sobre o tema, como indica a pesquisa mencionada anteriormente. A já citada "Agência Lupa" também se dedicou ao tema em sua cobertura. E um dos relatos mais surpreendentes é o que citamos a seguir:

> **#Verificamos: É falso que coronavírus infectou 2,8 milhões e matou 112 mil na China.**
>
> A informação é falsa e foi desmentida no dia 24 de janeiro de 2020 pela plataforma Lead Stories, dos Estados Unidos. O *site* integra a coalizão formada para verificar notícias e frases sobre o novo coronavírus criada pela International

---

7. "Notícias falsas alcançaram mais pessoas do que a verdade; o segmento de 1% das cascatas de notícias falsas foi difundido para 1.000 a 1000.000 pessoas, enquanto a verdade raramente foi difundida para mais de 1.000 pessoas" (tradução livre).

> Fact-Checking Network (IFCN). A Lupa, que faz parte desse esforço de cooperação internacional, analisou recentemente uma peça de desinformação que acusava falsamente a indústria farmacêutica de provocar a doença com o objetivo de vender vacinas. (s/a, 2020, online)

Ao utilizar números alarmantes, com claro potencial para gerar pânico em comunidades pouco informadas sobre o tema, os produtores e reprodutores de *fake news* como a que foi desmentida pela Agência Lupa incrementam de forma exponencial a disseminação dos relatos. Até o fim de janeiro de 2020, segundo informações de agências internacionais de saúde, os casos confirmados chegavam a alguns milhares em todo o mundo, com dezenas de mortes. As peças de ficção, apesar de inverossímeis, ganham dimensão preocupante graças ao compartilhamento e envio massivos pela internet.

Considerações finais

As batalhas são constantes, mas a guerra contra as notícias falsas está longe de terminar, a despeito dos avanços já conquistados, como a parceria entre a agência Lupa e o *Facebook*, noticiada em 10 de maio de 2018[8]. De acordo com comunicado disponível na internet, as duas empresas têm trabalhado juntas para verificar a autenticidade de informações que circulam na rede social.

No Brasil de 2020, multiplicam-se, infelizmente, os difusores de informações que não prezam pela qualidade do material que produzem ou reproduzem, muitos dos quais estimulados e/ou patrocinados por instituições da sociedade civil. Os projetos que têm a missão de combater esse fenômeno talvez não tenham poder de fogo suficiente para lidar com todas as fontes de *fake news* que alimentam diuturnamente a internet. Mas o jornalismo, ao assumir seu papel de mediador de processos educativos, desponta como um dos campos profissionais mais adequados ao bom combate da chamada pós-verdade.

Referências bibliográficas

AMARAL, Luiz. *A objetividade jornalística.* Porto Alegre: Sagra Luzzatto, 1996.

DÓRIA, Palmério; SEVERYANO, Milton. *Crime de imprensa.* São Paulo: Plena Editorial, 2011.

FORTES, Leandro. *Jornalismo investigativo.* São Paulo: Contexto, 2005.

KUNCZIK, Michael. *Conceitos de Jornalismo* – Norte e Sul – Manual de Comunicação. 2. ed. São Paulo: Editora da Universidade de São Paulo, 2001.

LAGE, Nilson. *A reportagem:* teoria e técnica de entrevista e pesquisa jornalística. Rio de Janeiro: Record, 2001.

---

8. Disponível em: [http://piaui.folha.uol.com.br/lupa/2018/05/10/verificacao-de-noticias-lupa-facebook/]. Acesso em: 30.01.2020.

MAFEI, Maristela. *Assessoria de imprensa:* como se relacionar com a mídia. São Paulo: Contexto, 2007.

MARQUES, Marcia. As mudanças nas rotinas de produção das agências de notícias com a consolidação da internet no Brasil. Dissertação (Mestrado em Comunicação). Universidade de Brasília, 2005. Disponível em: [http://www.bocc.ubi.pt/pag/marques-marcia-mudancas-nas-rotinas-de-producao.pdf]. Acesso em: 31.01.2020.

NOELLE-NEUMANN, Elisabeth. *La espiral del silencio.* Buenos Aires: Paidós, 1995.

RIBEIRO, Alex. *O caso Escola Base.* São Paulo: Ática, 2000.

VOSOUGHI, Soroush et al. *The spread of true and false news online.* Science. 09 Mar 2018: Vol. 359, Issue 6380, pp. 1146-1151.

O RETRATO DOS POBRES PELA MÍDIA E NAS REDES SOCIAIS: DESINFORMAÇÃO E VIOLÊNCIA CONTRA A POPULAÇÃO EM SITUAÇÃO DE RUA

GUSTAVO CLAYTON ALVES SANTANA

Doutor em Sociologia Política com mestrado em Psicologia Social. Pesquisador do Laboratório de Estudos Contemporâneos da Universidade do Estado do Rio de Janeiro - Labore/UERJ.

LUCIANA MARIN RIBAS

Doutora em Direitos Humanos pela Faculdade de Direito da Universidade de São Paulo (USP). Mestra em Direito Constitucional pela Pontifícia Universidade Católica de São Paulo - PUC-SP, onde também se graduou em Direito. Pesquisadora da Clínica Luiz Gama de Direitos Humanos (USP). Advogada e Consultora Jurídica na área de Direito Público e Direitos Humanos.

Introdução

As formas de interação entre as pessoas promovidas pelas redes sociais constituem um instrumental privilegiado para análise de fenômenos políticos e sociais. Algumas páginas virtuais de associações de bairro servem como um espelho dos interesses de classe e do comportamento humano diante de situações e conflitos, refletindo o posicionamento sobre os mais variados assuntos a respeito da vida na coletividade.

Na cidade do Rio de Janeiro, uma página denominada "Alerta Ipanema" – um dos bairros com maior renda *per capta* da cidade – publicou informes sobre a presença de pessoas em situação de rua na localidade. Em tom de protesto e ameaça, alertou os moradores locais sobre os perigos da prática de doação a esses sujeitos.

Na lógica da exclusão daqueles que não são consumidores, o espaço urbano é visto e construído somente para aqueles com poder aquisitivo e as pessoas em situação de rua são tratadas como se lá não estivessem ou lá não devessem estar. A perversidade dessa lógica excludente é a perpetuação de ações violentas contra as pessoas em situação de rua, seja pelo poder público, seja pela própria sociedade civil, é o reforço de estereótipos daqueles que são vistos como diferentes do "comportamento normal" e é a construção errática de políticas públicas para essas pessoas.

Diante desse panorama, o presente texto pretende, por meio da análise livre do discurso processado na relação entre dois mundos, explorar a relação entre o uso do espaço urbano como forma de exclusão e o discurso perpetrado por uma sociedade civil não cidadã, que reproduz estereótipos e estigmas de um grupo de pessoas em vulnerabilidade social. O principal objeto de estudo é a análise do conteúdo postado na referida página e os comentários de seus seguidores e colaboradores, como também alguns outros exemplos colhidos nos meios de comunicação tradicionais como jornais e revistas.

Consideramos que a propensa igualdade formal, a ideia da "brasilidade" centrada nos princípios culturais e nas representações comuns da nação, tão difundida em nosso senso comum, oculta a manutenção de formas sistêmicas de marginalização, pobreza e desrespeito exercidas todos os dias contra aqueles sujeitos cujos enunciados culturais, de classe social e processos históricos, são colocados em condições de hierarquia e externalidade aos conteúdos das representações dos grupos dominantes da sociedade brasileira. Como que escamoteadas, colocadas "para baixo do tapete", essas distinções não são afetadas até que a proximidade geográfica e a interação cotidiana lhes tragam à cena.

Construção social da pobreza

Até o ano de 1888, a circulação nas cidades e o controle exercido sobre a população pobre e negra estava sustentado pelo instituto jurídico-econômico da escravidão, no qual a posse sobre o corpo dos escravizados permitia aos senhores e ao Estado punições violentas para qualquer tentativa de manifestação em contrário. Após o fim da escravidão, uma massa de pessoas que deixaram de ser escravizadas, agora trabalhadores livres, pessoas negras e mestiças sem ocupação, começou a se levantar em revoltas populares que assustavam as elites de cidades como Rio de Janeiro e São Paulo, "surgia então a figura aterradora da massa de "cidadãos" pobre e perigosa, viciosa, a qual emergia da multidão de casas térreas, de estalagens e cortiços, de casas de cômodo [...]".[1]

As mudanças na matriz econômica brasileira, de agrária para urbano-comercial, expressaram-se nos progressos tecnológicos e científicos obtidos do início do

1. MARINS, Paulo César Garcez. Habitação e vizinhança: limites da privacidade no surgimento das metrópoles brasileiras. In: SEVCENKO, Nicolau. História da vida privada no Brasil. São Paulo: Companhia das Letras, 1998, p. 133.

século XX e nos anseios das elites de entrada na modernidade ocidental. Mas para isso ser posto em prática era necessário um modelo de cidade regulada em consonância com o pensamento higienista sistematizado na Europa, por volta de 1660, por Thomas Syndenham – médico inglês que estudou os efeitos da pandemia que afetou Londres em 1660 e resgatou o conceito grego de *katastasis* para sugerir que havia uma relação entre a deterioração do ambiente natural e o crescimento das epidemias.

Fundamentado por argumentos biológicos, raciais e econômicos liberais, o higienismo tornou-se uma ciência social e rapidamente foi empregado como instrumento de planejamento urbano integrado com a Estatística, a Geografia e o Urbanismo para a gestão das cidades, tendo na reforma de Haussmann em Paris sua realização mais concreta.

No Brasil, o pensamento chegou na transição do século XIX para o XX e rapidamente foi reinterpretado pelos profissionais dedicados à modernização do país, que logo entenderam que a desorganização social presente nos locais de moradia dos pobres era causa das doenças sofridas por todos da cidade e assim "acusadas de atrasadas, inferiores e pestilentas, essas populações seriam perseguidas na ocupação que faziam das ruas, mas sobretudo ficariam fustigadas em suas habitações".[2]

Somado a esse aspecto, as ações legislativas e políticas da época impediam das mais variadas formas a entrada das pessoas que foram escravizadas no modo de produção, bem como o acesso até mesmo a empregos precários que garantissem custear suas necessidades básicas de habitação e moradia.

Essa situação política e econômica gerada atingiu a atividade urbana e acentuou as diferenciações sociais em relação às moradias nas grandes cidades. Para exemplificar: o Rio de Janeiro, que em 1870 possuía uma população de 235 mil habitantes, chegou a 522 mil habitantes, 20 anos depois, em 1890. Aproximadamente 24% da população era constituída de imigrantes estrangeiros e 22% de brasileiros de outras regiões. Enquanto a população da cidade cresceu quase 90%, o número de moradias aumentou em apenas 62%, o déficit habitacional não ajudava a fechar a conta.[3]

Os pobres urbanos vistos como uma classe de sujeitos perigosos, começaram a despertar as preocupações das elites e dos legisladores que colocaram em pauta na Câmara Federal, naquela época baseada no Rio, um projeto de lei para reprimir a ociosidade das:

2. MARINS, Paulo César Garcez. Habitação e vizinhança: limites da privacidade no surgimento das metrópoles brasileiras. In: SEVCENKO, Nicolau. História da vida privada no Brasil. São Paulo: Companhia das Letras, 1998. p. 133.
3. LESSA, C. O Rio de Janeiro de todos os Brasis. Uma reflexão em busca de auto-estima. Rio de Janeiro: Record, 2001.

> [...] classes pobres e viciosas [que] sempre foram e hão de ser sempre a mais abundante casa de toda sorte de malfeitorias: são elas que se designam mais propriamente sob o título de "classes perigosas"; pois quando mesmo o vício não é acompanhado pelo crime, só o fato de aliar-se à pobreza no mesmo indivíduo constitui um justo motivo de terror para a sociedade. O perigo social cresce e torna-se de mais a mais ameaçador, à medida que o pobre deteriora a sua condição pelo vício e, o pior, pela ociosidade.[4]

Tendo o combate à ociosidade como algo proposto, o objetivo patente dessa legislação permanecia o mesmo do período anterior à abolição, o controle dos corpos negros para a produção de capital por meio do trabalho como um valor de regeneração social. O que pode ser visto na incorporação por parte dos deputados da expressão "classes pobres e viciosas", oriunda da expressão "classes perigosas" em voga na literatura europeia sobre pobreza e criminalidade.

Ao remontar a possível história da expressão "classes perigosas", Sidney Chalhoub acredita que ela pode ter surgido na publicação de um estudo sobre criminalidade e infância publicado na década de 1840 por uma escritora inglesa, que entendia as "classes perigosas" como um grupo social formado à margem da sociedade civil, composto por "pessoas que já houvessem passado pela prisão, ou as que, mesmo não tendo sido presas, haviam optado por obter o seu sustento e o de sua família através da prática de furtos e não do trabalho".[5]

Como não era mais possível às elites manter as relações de trabalho segundo a posse da vida do trabalhador, a suspeição generalizada foi o mecanismo encontrado para a continuação da repressão. Para os deputados brasileiros da época, a formulação "classes pobres e viciosas" definia que os sujeitos pobres carregariam em si a definição das atitudes viciosas que tanto prejudicam a sociedade, dessa maneira a pobreza do sujeito e sua cor já eram condições suficientes para ele ser tratado como perigoso malfeitor. A única maneira de escapar a esse estigma seria através do trabalho constante.

Controle e disciplinamento dos corpos sempre fizeram parte da forma de desenvolvimento do capitalismo como expedientes para condicionar os sujeitos ao trabalho continuado e insalubre que a condição de pobreza lhes impõe. A "educação para o trabalho" não permite a inadequação ou a subversão ao padrão dominante. No Brasil das relações de trabalho desreguladas, em que o trabalho era uma mercadoria que precisava ser vendida a baixo custo, junto à associação da pobreza com degradação moral, construiu uma distinção entre os que seriam

---

4. Anais da Câmara dos Deputados, v. 3, p. 73, sessão de 10 de junho de 1888, citado por Chalhoub (2006).
5. CHALHOUB, Sidney. Cidade febril: cortiços e epidemias na corte imperial. São Paulo: Companhia das Letras, 2006. p. 20.

pobres trabalhadores (poupadores, cuidadores das famílias e cumpridores de deveres sociais e religiosos), considerados dignos, em contraposição aos ociosos, não pertencentes ao mundo do trabalho e, à vista disso, delinquentes.

A imprensa, por sua vez, vem desde muito tempo contribuindo para a solidificação da associação perversa entre pobreza, desregulação e violência. Em trabalho em que analisa os discursos estigmatizantes sobre o local de moradia dos pobres do Rio de Janeiro no início do século XX (as favelas), no noticiário policial do ano de 1905, Mattos (2009) identificou como os atos violentos narrados eram tratados como características naturais da vivência dos moradores desses territórios que, animalizados, promoveriam atos de violência gratuita, agindo por instinto. Assim, considerados como não totalmente humanos, esses moradores eram enquadrados em estigmas que se perpetuam até hoje.

População de rua: breve histórico legal e (des)construção dos estereótipos

Parte da construção de estereótipos em relação à população de rua advém do histórico tratamento dispensado pelo ordenamento jurídico em relação a esse grupo populacional. No âmbito do ordenamento jurídico interno, destacam-se algumas normas[6], umas revogadas e outras não, que fizeram ou fazem parte da legislação nacional e que ilustram o percurso do tratamento legal voltado à população de rua.

No âmbito constitucional, o tema aparece pela primeira vez na Constituição de 1891 sob a denominação "mendigo" e na perspectiva de limitação de direitos, pois a essas pessoas é negado o direito de voto:

> Art. 70 – São eleitores os cidadãos maiores de 21 anos que se alistarem na forma da lei.
>
> § 1º – Não podem alistar-se eleitores para as eleições federais ou para as dos Estados:
>
> **1º) os mendigos;**
>
> 2º) os analfabetos;
>
> 3º) as praças de pré, excetuados os alunos das escolas militares de ensino superior;
>
> 4º) os religiosos de ordens monásticas, companhias, congregações ou comunidades de qualquer denominação, sujeitas a voto de obediência, regra ou estatuto que importe a renúncia da liberdade Individual.
>
> § 2º – São inelegíveis os cidadãos não alistáveis.

6. RIBAS, Luciana Marin. A pessoa em situação de rua como sujeito de direito: elementos críticos de uma política pública. Tese de Doutorado em Direito na Universidade de São Paulo, 2019, p. 34 e ss.

A expressão "mendigo" se repete nas Constituições de 1934 e 1937 e permanece a limitação ao direito ao voto:

> Constituição de 1934
>
> Art. 108 – São eleitores os brasileiros de um e de outro sexo, maiores de 18 anos, que se alistarem na forma da lei.
>
> Parágrafo único – Não se podem alistar eleitores:
>
> a) os que não saibam ler e escrever;
>
> b) as praças-de-pré, salvo os sargentos, do Exército e da Armada e das forças auxiliares do Exército, bem como os alunos das escolas militares de ensino superior e os aspirantes a oficial;
>
> c) os mendigos;
>
> d) os que estiverem, temporária ou definitivamente, privados dos direitos políticos.
>
> Constituição de 1937
>
> Art. 117 – São eleitores os brasileiros de um e de outro sexo, maiores de dezoito anos, que se alistarem na forma da lei.
>
> Parágrafo único – Não podem alistar-se eleitores:
>
> a) os analfabetos;
>
> b) os militares em serviço ativo;
>
> c) os mendigos;
>
> d) os que estiverem privados, temporária ou definitivamente, dos direitos políticos.

Essa previsão deixa de existir nas Constituições subsequentes (1946, 1967/69), e na Constituição de 1988.

Já na legislação infraconstitucional, o tratamento legal sob uma ótica punitivista e criminalizante está presente desde as Ordenações Filipinas em 1603:[7]

Título LXVIII – Dos Vadios

> Mandamos, que qualquer homem que não viver com senhor, ou com amo, nem tiver Officio, nem outro mestér, em que trabalhe, ou ganhe sua vida, ou não andar negoceando algum negocio seu, ou alhêo, passados vinte dias do dia que chegar a qualquer Cidade, Villa, ou lugar, não tomando dentro dos ditos vinte dias amo, ou senhor, com que viva, ou mestér, em que trabalhe, e ganhe sua vida, ou se o tomar, e depois o deixar, e não continuar, seja preso, e açoutado publicamente.

---

7. Para saber mais, vide BARROS, José Ourismar. A pessoa em situação de rua e a vida que não merece ser vivida. In. Direitos Fundamentais das Pessoas em Situação de Rua. Belo Horizonte: Editora D'Plácido, 2016, p. 153-177.

No Código Penal do Império de 1830, houve a manutenção da criminalização da vadiagem e previsão da criminalização da mendicância:

> Art. 295. Não tomar qualquer pessoa uma ocupação honesta, e útil, de que passa subsistir, depois de advertido pelo Juiz de Paz, não tendo renda suficiente.
>
> Pena – de prisão com trabalho por oito a vinte e quatro dias.
>
> Art. 296. Andar mendigando:
>
> 1º Nos lugares, em que existem estabelecimentos públicos para os mendigos, ou havendo pessoa, que se ofereça a sustenta-los.
>
> 2º Quando os que mendigarem estiverem em termos de trabalhar, ainda que nos lugares não hajam os ditos estabelecimentos.
>
> 3º Quando fingirem chagas, ou outras enfermidades.
>
> 4º Quando mesmo inválidos mendigarem em reunião de quatro, ou mais, não sendo pai, e filhos, e não se incluindo também no numero dos quatro as mulheres, que acompanharem seus maridos, e os moços, que guiarem os cegos.
>
> Penas – de prisão simples, ou com trabalho, segundo o estado das forças do mendigo, por oito dias a um mez.

A criminalização da vadiagem permaneceu no Código Penal da República Velha de 1890, sendo revogado o crime da mendicância:

> DOS VADIOS E CAPOEIRAS
>
> Art. 399. Deixar de exercitar profissão, officio, ou qualquer mister em que ganhe a vida, não possuindo meios de subsistencia e domicilio certo em que habite; prover a subsistencia por meio de occupação prohibida por lei, ou manifestamente offensiva da moral e dos bons costumes:
>
> Pena – de prisão cellular por quinze a trinta dias.
>
> § 1º Pela mesma sentença que condemnar o infractor como vadio, ou vagabundo, será elle obrigado a assignar termo de tomar occupação dentro de 15 dias, contados do cumprimento da pena.
>
> § 2º Os maiores de 14 annos serão recolhidos a estabelecimentos disciplinares industriaes, onde poderão ser conservados até á idade de 21 annos.
>
> Art. 400. Si o termo for quebrado, o que importará reincidencia, o infractor será recolhido, por um a tres annos, a colonias penaes que se fundarem em ilhas maritimas, ou nas fronteiras do territorio nacional, podendo para esse fim ser aproveitados os presidios militares existentes.
>
> Paragrapho unico. Si o infractor for estrangeiro será deportado.
>
> Art. 401. A pena imposta aos infractores, a que se referem os artigos precedentes, ficará extincta, si o condemnado provar superveniente acquisição de renda bastante para sua subsistencia; e suspensa, si apresentar fiador idoneo que por elle se obrigue.

> Paragrapho unico. A sentença que, a requerimento do fiador, julgar quebrada a fiança, tornará effectiva a condemnação suspensa por virtude della.

O sistema penal deixou de tratar mendicância e vadiagem como crimes, mas as práticas permaneceram na Lei das Contravenções Penais – LCP (Decreto-lei nº 3.688/1941). A LCP previa com pena de prisão simples de 15 dias a três meses a contravenção mendicância. Revogado pela Lei nº 11.983/2009, o artigo 60 assim definia:

> Art. 60. Mendigar, por ociosidade ou cupidez
>
> Pena – prisão simples, de quinze dias a três meses.
>
> Parágrafo único. Aumenta-se a pena de um sexto a um terço, se a contravenção é praticada:
>
> a) de modo vexatório, ameaçador ou fraudulento.
>
> b) mediante simulação de moléstia ou deformidade;
>
> c) em companhia de alienado ou de menor de dezoito anos.

Mesmo havendo essa revogação expressa em 2009, a reforma não se deu por completo, pois a mesma lei das contravenções penais permanece com o artigo 14 em vigor, no qual se estabelece que:

> Art. 14. Presumem-se perigosos, além dos indivíduos a que se referem os ns. I e II do art. 78 do Código Penal:
>
> I – o condenado por motivo de contravenção cometido, em estado de embriaguez pelo álcool ou substância de efeitos análogos, quando habitual a embriaguez;
>
> **II – o condenado por vadiagem ou mendicância;**

Mesmo que se entenda que o artigo 14, inciso II, foi revogado tacitamente, prevalece a compreensão de que, em dado momento histórico, a lei considerava o "vadio" ou "mendigo" como uma pessoa perigosa para a segurança social.

Outro artigo que permanece em vigor é o artigo 15, que prevê a pena de internação em colônia agrícola o condenado por vadiagem e mendicância:

> Art. 15. São internados em colônia agrícola ou em instituto de trabalho, de reeducação ou de ensino profissional, pelo prazo mínimo de um ano:
>
> I – o condenado por vadiagem (art. 59);
>
> II – o condenado por mendicância (art. 60 e seu parágrafo);

Vale lembrar que apenas a mendicância foi revogada, prevalecendo em vigor a contravenção vadiagem, conforme se verifica pela redação do artigo 59:

> Art. 59. Entregar-se alguém habitualmente à ociosidade, sendo válido para o trabalho, sem ter renda que lhe assegure meios bastantes de subsistência, ou prover à própria subsistência mediante ocupação ilícita:

> Pena – prisão simples, de quinze dias a três meses.
>
> Parágrafo único. A aquisição superveniente de renda, que assegure ao condenado meios bastantes de subsistência, extingue a pena.

A manutenção da contravenção penal da vadiagem "gera efeito pragmático-simbólico da possibilidade de punição permanente e mantém institucionalizada a situação de emergência, possibilitando a prática punitiva pelo Estado fora do marco teórico delimitado pelos direitos fundamentais garantidos pela CF/88".[8]

A legislação passou a considerar a pessoa em situação de rua como sujeito de proteção pela Lei Orgânica da Assistência Social – LOAS (Lei nº 8.742/1993)[9] que, em 2005, incluiu a população de rua como os destinatários para os serviços socioassistenciais por meio da Lei nº 11.258/2005[10]:

> Art. 23. Entendem-se por serviços socioassistenciais as atividades continuadas que visem à melhoria de vida da população e cujas ações, voltadas para as necessidades básicas, observem os objetivos, princípios e diretrizes estabelecidos nesta Lei. (Redação dada pela Lei nº 12.435, de 2011)
>
> § 1º O regulamento instituirá os serviços socioassistenciais. (Incluído pela Lei nº 12.435, de 2011)
>
> § 2º Na organização dos serviços da assistência social serão criados programas de amparo, entre outros: (Incluído pela Lei nº 12.435, de 2011)
>
> I – às crianças e adolescentes em situação de risco pessoal e social, em cumprimento ao disposto no art. 227 da Constituição Federal e na Lei no 8.069, de 13 de julho de 1990 (Estatuto da Criança e do Adolescente); (Incluído pela Lei nº 12.435, de 2011)
>
> II – **às pessoas que vivem em situação de rua.** (Incluído pela Lei nº 11.258/2005)

A dualidade no discurso entre a LOAS e as normas penais comprovam o modo pelo qual Estado e sociedade enxergam a população de rua: vista como um grupo que oferece risco e não como um segmento que se encontra em risco.

> Principalmente quando confrontada com os interesses econômicos, essas pessoas são vistas como um problema, enquanto, na verdade, o problema é a

---

8. BARROS, José Ourismar. A pessoa em situação de rua e a vida que não merece ser vivida. In. Direitos Fundamentais das Pessoas em Situação de Rua. Belo Horizonte: Editora D'Plácido, 2016, p. 173.
9. Importante também a Portaria nº 566/2005, do MDS, que estabelece regras complementares para o financiamento de projetos de inclusão produtiva destinados à população em situação de rua em processo de restabelecimento dos vínculos familiares e/ou comunitários;
10. Disponível em: http://www.planalto.gov.br/ccivil_03/_ato2004-2006/2005/lei/L11258.htm, acesso em 18 nov. 2018.

> situação de rua. É imperioso, desse modo, com foco nos direitos humanos, alterar a abordagem social do problema enfrentado pela população em situação de rua como um risco à sociedade, para a condição, na verdade, de vítima, muitas vezes, da própria sociedade. Faz-se necessário, portanto, trocar as lentes, mudar de perspectiva, focando na situação de risco e em seus múltiplos fatores e condicionantes, ao invés de focar na ameaça à ordem pública que supostamente as pessoas em situação de rua representam.[11]

Ao lado da redação legislativa para o desenvolvimento do estereótipo de marginalização da população de rua, também há a ausência de dados oficiais sobre as características preponderantes dessas pessoas, e os motivos que as levaram a viver nas ruas contribuem para o desconhecimento sobre o perfil dessas pessoas.

O fato de não participarem do censo demográfico realizado pelo Instituto Brasileiro de Geografia e Estatística (IBGE) é um dos fatores que contribui para a invisibilidade dessas pessoas. Ademais, o IBGE utiliza a base domiciliar para a contagem da população existente no Brasil, estando a população de rua totalmente excluída dessa metodologia.

O primeiro levantamento nacional ocorreu em 2007 e 2008, por meio de uma iniciativa do, então à época, Ministério do Desenvolvimento Social e Combate à Fome (MDS), dando origem à publicação *Rua: aprendendo a contar: pesquisa nacional sobre a população de rua*, em 2009[12]. Pela primeira vez foi estimada, oficialmente, a existência de aproximadamente 50.000 pessoas vivendo nas ruas e em centros de acolhida em todo o território nacional. Em 2016, aplicando uma metodologia diferente, o Instituto de Pesquisa Econômica Aplicada (IPEA) lançou relatório com a estimativa de 101.854 pessoas em situação de rua.[13]

No primeiro levantamento, feito nos anos de 2007 e 2008, foi verificado que se trata de uma população extremamente pobre, masculina, composta predominantemente por negros, e que, mesmo em idade economicamente ativa, não conseguem inserção no mercado formal. Mesmo assim, por ser formada por trabalhadores com algum nível de formação, ainda que precário, desempenham, sempre que possível, atividades laborativas. Vale salientar que, mesmo em menor número, foi verificado um número considerável de pessoas com formação universitária, em especial nas capitais.

Já no segundo levantamento, feito em 2016, como a pesquisa se valeu pela compilação de dados gerados pelo Cadastro Único, entre outros vinculados ao

---

11. NONATO, Domingos do Nascimento; RAIOL, Raimundo Wilson Gama. Invisíveis sociais: a negação do direito à cidade à população em situação de rua. Revista de Direito Urbanístico, Cidade e Alteridade. Curitiba, v. 2, n. 2, p. 81-101, jul/dez 2016.
12. Disponível em: [www.mds.gov.br/backup/arquivos/sumario_executivo_pop_rua.pdf].
13. Disponível em: [www.ipea.gov.br/portal/images/stories/PDFs/TDs/26102016td_2246.pdf].

sistema de assistência social, como também censos realizados por cidades que aderiram à política nacional[14], não há o detalhamento das características predominantes dessas pessoas como no primeiro levantamento realizado pelo MDS.

Informações oficiais, compiladas de forma periódica, e seguindo uma metodologia comprometida com o respeito a essas pessoas, são importantes para o estabelecimento de diretrizes para a elaboração de políticas públicas, alinhadas à realidade em que vivem, as violações às quais são submetidas e às perspectivas para a construção de uma realidade diferente da atual.

Com vistas a contribuir para o aprimoramento do olhar em relação a essas pessoas e desconstruir alguns estereótipos existentes no imaginário social, são apresentados alguns dados fornecidos por censos locais, por exemplo, os levantamentos realizados na cidade de São Paulo.

A escolha pela cidade de São Paulo se dá por dois principais motivos. Em primeiro lugar, a cidade de São Paulo, depois de Los Angeles e Nova York, é a cidade da América com o maior número de pessoas em situação de rua. Entre 2000 e 2015, a população de rua paulistana passou de 8.706 para 15.905 pessoas[15]. Ademais, São Paulo é pioneira na realização desses censos. Em 1991, na gestão da prefeita Luiza Erundina (1989-1992), foi realizado o primeiro censo em parceria com uma entidade da sociedade civil, contando com quase 5.000 pessoas em situação de rua na época. Em 1997, houve a aprovação da Lei Municipal 12.316/1997, que estabeleceu direitos da população de rua. Essa lei foi regulamentada em 2001, pelo Decreto Municipal 40.232/2001, que passou a obrigar o governo da cidade a realizar o censo da população em situação de rua.[16] Desde a década de 1991, portanto, mesmo que não seguindo uma periodicidade regular, existem registros com dados oficiais a respeito das pessoas em situação de rua.

Em 2015, na cidade de São Paulo, houve a realização de uma pesquisa social participativa, por iniciativa da Secretaria Municipal de Direitos Humanos e Cidadania (SMDHC), com os trabalhos coordenados pela SUR Clínica e Intervenção Social e Fundação Instituto de Pesquisa Econômica (FIPE). Nessa

14. O Decreto Federal 7.053/2009, que institui a política nacional para a população em situação de rua estabelece, em seu art. 2º, que a política nacional será implementada de forma descentralizada entre União e demais entes federativos que aderirem por meio de instrumento próprio, entre algumas atribuições está a responsabilidade de realizar censos periódicos locais.

15. BROIDE, Emília Estivalet; BROIDE, Jorge. População de rua: pesquisa social participativa, censo, perfil demográfico e condições de vida na cidade de São Paulo. Curitiba: Juruá, 2018. p. 9.

16. RIBAS, Luciana Marin. Acesso à justiça para a população em situação de rua: um desafio para a Defensoria Pública. Dissertação de Mestrado em Direito na Pontifícia Universidade Católica de São Paulo, 2014. p. 87, 96.

pesquisa, que contou com pesquisadores que foram ou ainda eram pessoas em situação de rua, além de um levantamento quantitativo, foi realizada uma pesquisa qualitativa, de modo a estabelecer as características predominantes dessa população.

A partir da análise feita por essas pesquisas na capital paulista, em especial no que tange à última de todas, é possível notar algumas semelhanças ao levantamento nacional de 2007-2008, com algumas ressalvas. A população de rua é variada e está em constante transformação. Cada momento histórico acaba por afetar essas características. Na pesquisa realizada em São Paulo, foi possível notar que a maioria das pessoas é do gênero masculino, mas há um número considerável de público LGBT, que sofre constantes violações, em especial, violências físicas. Tem-se verificado o aumento do número de mulheres em situação de rua. Também foi possível notar um número considerável de imigrantes e pessoas refugiadas em situação de rua, em razão da precariedade dos centros de acolhimento destinados a essas pessoas. A população de rua também envelheceu, a quantidade de pessoas idosas em situação de rua é alarmante, e os principais serviços oferecidos a essas pessoas não acompanharam essa demanda, existindo poucos centros de acolhida especializados para esse público. Existe um número considerável de pessoas com formação escolar e que, em sua maioria, garante seu sustento por meio do trabalho informal, seja por meio da realização da atividade de panfletagem em semáforos, seja realizando descarregamento de caminhões, seja por meio da coleta de materiais recicláveis, entre outras atividades.[17]

Esse último dado é exatamente aquele que contraria o imaginário da maior parte da sociedade de que a pessoa em situação de rua sobrevive da mendicância. É evidente que uma parcela vive da doação voluntária de transeuntes e moradores de bairros, mas não se pode colocar esse dado como regra. Uma parte considerável da população de rua é responsável pelo próprio sustento, tanto o censo nacional como o da cidade de São Paulo apontam que cerca de 70% dessa população é responsável pelo próprio sustento.

Ocorre que, contrariando os dados oficiais, alguns meios de comunicação, seja por meio de jornais, seja por meio das redes sociais, ainda persiste na redução da personalidade dessas pessoas a usuários de drogas, indesejados, perigosos ou vagabundos. Com vistas a demonstrar como a desinformação afeta a construção da imagem dessas pessoas, o item a seguir será dedicado à apresentação de algumas informações extraídas de redes sociais e da mídia tradicional, tais como jornais e revistas.

---

17. BROIDE, Emília Estivalet; BROIDE, Jorge. População de rua: pesquisa social participativa, censo, perfil demográfico e condições de vida na cidade de São Paulo. Curitiba: Juruá, 2018.

Quem são os atores que contribuem para esses estereótipos?

Ao se treinar o olhar em relação às notícias veiculadas pelos principais meios de comunicação em relação às pessoas em situação de rua, será possível notar que termos como "mendigos" são ainda comumente utilizados.

> A caracterização das pessoas em situação de rua como anormais, carrega em si a comparação com uma normalidade vista como forma legítima de vida na sociedade. Assim, o diferente passa a ser objeto de estranhamento e repulsa. A dicotomia "normal *versus* anormal" homogeneíza as diferenças com o intuito de manter todos na linha, re-produzir uma dada ordem social. Sempre que nos referimos a essas pessoas, é comum automaticamente ocorrer a associação com a difundida figura de um indivíduo sujo, maltrapilho e aparência sórdida. Nesse caso, estamos utilizando o discurso higienista que rotula e propaga o estigma do morador de rua sempre associado ao sujeito que deve ser jogado debaixo do tapete.[18]

A sociedade civil organizada, em especial por meio do Movimento Nacional da População de Rua (MNPR), há anos reivindica a utilização da expressão "pessoa em situação de rua". Com o propósito de tornar central a pessoa e destacar que a vida nas ruas pode e deve ser transitória, veicula-se o termo "situação de rua". A expressão foi adotada pelo principal ato legislativo federal, qual seja, o Decreto 7.053/2009, que, no parágrafo único do art. 1°, estabelece que população em situação de rua é:

> [...] o grupo populacional heterogêneo que possui em comum a pobreza extrema, os vínculos familiares interrompidos ou fragilizados e a inexistência de moradia convencional regular, e que utiliza os logradouros públicos e as áreas degradadas como espaço de moradia e de sustento, de forma temporária ou permanente, bem como as unidades de acolhimento para pernoite temporário ou como moradia provisória.

Suzana Rozendo Bortoli, na sua tese de doutorado em Ciências da Comunicação na Universidade de São Paulo, realizou um levantamento a respeito de como a mídia veiculava notícias em relação a mulheres em situação de rua na cidade do Rio de Janeiro. Em 2016, foram contabilizadas 14,2 mil pessoas na capital carioca e a pesquisadora realizou entrevistas com 15 mulheres adultas que viviam nas ruas ou em centros de acolhida, em contrapartida, analisou matérias publicadas nos jornais cariocas *Extra* e *O Globo*. Para ampliar a abordagem do tema, foram ouvidos profissionais que trabalham com esse público, como médicos, assistentes sociais, psicólogos e policiais.

---

18. MATTOS, Ricardo Mendes; FERREIRA, Ricardo Franklin. Quem vocês pensam que (elas) são? Representações sobre as pessoas em situação de rua. Psicologia e Sociedade, n. 16, 2004. p. 50.

A pesquisa permitiu levantar as características predominantes desse público, conforme demonstram os gráficos a seguir:

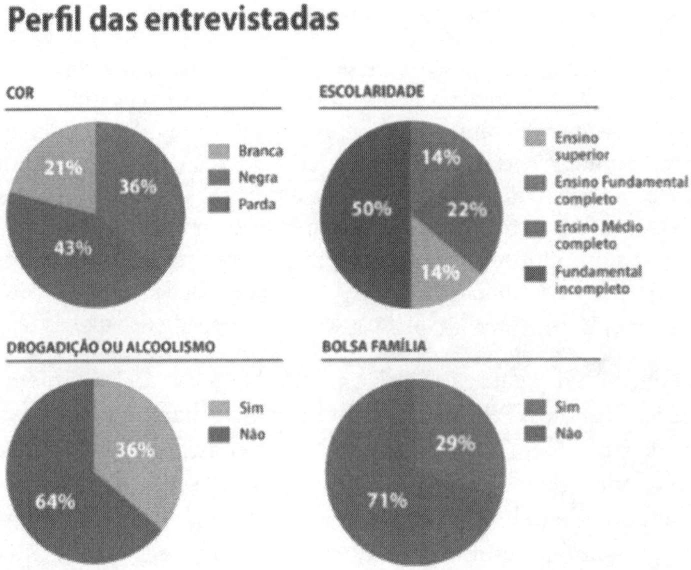

Fonte: Jornal da USP, 29.01.2018.

Dos dados coletados, o porcentual de mulheres que não são usuárias de álcool ou outras drogas supera significativamente a realidade oposta, o que contraria o senso comum de que a maior parte das pessoas que está em situação de rua é dependente química.

Na conclusão da tese, Suzana verificou a parcialidade no discurso jornalístico, os quais não traziam pluralidade de fontes, mas apenas a versão daqueles que se queixavam das pessoas nas ruas de seus estabelecimentos comerciais e residências. Tais notícias contribuem para a criação de uma lógica perversa que associa a presença dessas pessoas à degradação urbana, à violência e ao uso de drogas. Em umas das entrevistas que realizou constatou que:

> [...] tem umas que criminalizam a população de rua, porque quando aparece notícia no telejornal, por exemplo, porque só mostra aquela população de rua que está furtando, que está indo para a boca de fumo para usar droga, então só mostra o lado ruim da população de rua. Só mostra que a população de rua é o lixo da sociedade, que tem que ser exterminada. Quer dizer, não falam com essas palavras, mas da forma como mostram, a pessoa subentende dessa forma.

> Não mostra, por exemplo, aquele catador, que está catando o seu material para poder se alimentar, comprar roupa, muitas das vezes até comprar um remédio (informação verbal).[19]

Na mesma perspectiva, Bruno Jaar Karam, em sua dissertação em Serviço Social na Pontifícia Universidade Católica de São Paulo, dedica parte da sua pesquisa para descrever como a população de rua é vista pela sociedade e pela mídia. No decorrer de seu texto, apresenta a visão do Estado e da sociedade civil que, usualmente, referem-se às pessoas em situação de rua utilizando os termos "malandro", "vadio", "vagabundo", ou uma população que não se enquadra nos padrões normais e logo precisa ser afastada ou reintegrada.

Assim como na tese de Suzana, Bruno constata a relação feita entre a existência da população de rua com a degradação urbana ao citar uma notícia de 7 de novembro de 1983, extraída do *Jornal do Brasil*, cujo título era "Mendigos dificultam obras e a conservação de praças".

Além de descrever minuciosamente as atividades dos mendigos que prejudicam as imagens das praças do Rio, o jornal divulga a seguinte mensagem aos seus leitores: "(os) funcionários da Diretoria de Parques e Jardins travam uma guerra surda, mas diária, com os mendigos que se hospedam nos gramados nem sempre aparados. Quem perde é a população, que não passeia com segurança, não respira ar puro e nem desfruta das belas paisagens em suas poucas praças arborizadas".[20]

Os estereótipos criados pela desinformação veiculada pela mídia jornalística – televisiva e escrita – também se reforçam nas redes sociais. Em análise de duas páginas que existiam na rede social Facebook nos anos de 2017 e 2018, Alerta Ipanema com 17.771 seguidores e Alerta Copacabana com 27.145 seguidores, foi verificada a mesma abordagem em relação à população em situação de rua.

A escolha pela análise dessas duas páginas virtuais se deu pela repercussão de uma postagem ocorrida em 10 de setembro de 2017, na página Alerta Ipanema, em que o moderador da página clamou pela ajuda de seus seguidores a "quando virem alguém dando comida ou esmola, chamem atenção, façam gritaria, mostrem a todos que estiverem passando que aquela pessoa tá contribuindo pra que tenhamos mais mendigos nas ruas do bairro". Esse é apenas um exemplo entre tantos outros espalhados por páginas semelhantes a essas nas redes sociais e também na

19. BORTOLI, Suzana Rozendo. Mulheres adultas em situação de rua e a mídia: históricas de vidas, práticas profissionais com a população de rua e representações jornalísticas. Tese de Doutorado em Ciências da Comunicação na Universidade de São Paulo, 2016. p. 151.
20. KARAM, Bruno Jaar. O egresso prisional em situação de rua no Estado de São Paulo. Dissertação de Mestrado em Serviço Social na Pontifícia Universidade Católica de São Paulo, 2015. p. 203-204.

mídia. Afirmações como a destacada ilustram o modo como, nas palavras de Milton Santos, o espaço vivido pela coletividade consagra desigualdades e injustiças, deixando quase que exclusivamente ao jogo do mercado. Trata-se de um espaço de não cidadãos.[21]

A partir dessa data, a página Alerta Ipanema passou a ser acompanhada pelos autores deste texto. Com publicações diárias, foi verificada a recorrência de postagens relacionadas às pessoas em situação de rua, com mensagens evidentemente discriminatórias. Foi possível notar que o mesmo moderador criou outras páginas com conteúdo semelhante, que variavam de publicidade de comerciantes locais, clínicas de emagrecimento, questões relacionadas aos serviços oferecidos nesses espaços pelo poder público, até a veiculação de conteúdo ofensivo e discriminatório em relação às pessoas em situação de rua. As duas páginas, que aparentemente foram criadas para servir como uma associação de bairro virtual, com o propósito de trocar informações e servir como plataforma de denúncias a respeito do mau gerenciamento dos serviços públicos – tais como iluminação, pavimentação, podas de árvores, limpeza de bueiros, entre outros – funcionavam como uma plataforma de denúncias e de discurso preconceituoso contra as pessoas em situação de rua.

Monitoradas entre setembro de 2017 e fevereiro de 2018, constatou-se que, na maior parte das postagens, o moderador da página atribuía a responsabilidade pela insegurança no Rio de Janeiro à existência das pessoas em situação de rua, utilizando-se de termos inapropriados como "mendigos", vagabundos", "delinquentes", "bandidos" e "cracudos". As postagens consistiam na exposição da imagem das pessoas em situação de rua por meio de fotografias de forma discriminatória sob o argumento de serem "estelionatárias" e "golpistas". As fotografias eram amplamente compartilhadas para "contribuir para a informação do cidadão de bem" e apontar quem eram os "bandidos perigosos que ameaçam a ordem local".

O discurso de ódio se perpetuava pelas postagens dos seguidores que repetiam as afirmações e entendiam pela necessidade de denúncia em relação à existência dessas pessoas, pois, segundo essa lógica, sua permanência nas ruas lhes tolhiam o "direito de ir e vir". Ademais, por serem contribuintes de um dos IPTU mais caros do País, sentiam-se no direito de denunciarem a existência dessas pessoas nas ruas sob a lógica privatista "se não é contribuinte, não merece permanecer nesse bairro".

A relação entre a titularidade de direitos e poder aquisitivo não consiste em um discurso novo. Reiterado nas redes sociais, essa visão de que pobres não têm direitos é inerente à construção histórica brasileira. Nos dizeres de Milton Santos:

---

21. SANTOS, Milton. O espaço do cidadão. São Paulo: Editora da Universidade de São Paulo, 2007. p. 59.

> As sociedades de moradores atendem a fins específicos, mas estão longe de substituir as comunidades autênticas, nas quais o indivíduo se realizava como personalidade integral. Trata-se, aqui, da defesa de interesses ligados à propriedade, já obtida ou a obter, no quadro da sociedade mercantil. A ação não se dirige para reduzir os efeitos da sociedade de consumo, mas para nela inserir ainda mais profundamente os respectivos protagonistas. Não tem outro sentido a defesa da valorização da propriedade individual ou as campanhas para obtê-la. Cada qual no seu nível se defende dos outros, mas é para obter uma posição melhor no mercado. As sociedades de moradores têm um inegável papel organizativo, mas não têm fôlego para ultrapassar o funcional, deixando intacto o estrutural. Seu papel se esgota com o atendimento dos reclamos patrimoniais, e com isso se esgota a ação do grupo. É o mercado, afinal, que triunfa.[22]

Trata-se, portanto, de um discurso reducionista de que "pago, logo tenho direitos, mas se não pago, não tenho direitos".

As duas páginas ainda relacionavam a existência dessas pessoas ao lixo acumulado nos espaços públicos com constantes parabenizações às ações da guarda municipal, Rio + Seguro, empresa de limpeza urbana pela "limpeza" no local e expulsão das pessoas em situação de rua.

Foi notável também a veiculação de notícias a respeito de supostos resgates de cachorros de pessoas em situação de rua, sob o argumento de que tais animais eram maltratados por seus donos. Essas notícias acabavam repercutindo negativamente nos comentários dos seguidores que repetiam expressões como "vagabundos sádicos" e "pessoas sem alma que maltratam animais". Tais notícias eram seguidas de campanhas que realizam "vaquinhas virtuais" para reparar danos causados a esses cachorros que supostamente foram resgatados. Não havia prestação de contas sobre o montante arrecadado e sua destinação.

Nas mesmas páginas, foi notável a quantia considerável de notícias sobre atos violentos contra pessoas em situação de rua, mas justificando que tais atos foram motivados pela própria pessoa em situação de rua. Não existia um apoio explícito, mas a redação das mensagens parecia sugerir que tais atos eram legítimos sob o argumento de manutenção da ordem pública e segurança local.

No momento da atualização deste texto, não foram localizadas as duas páginas do Facebook – Alerta Ipanema e Alerta Copacabana. Possivelmente foram extintas, mas ao se utilizar os termos "alerta Ipanema" e "alerta Copacabana" para localização das referidas páginas, foram encontrados outros resultados, sendo eles: Alerta Ipanema, grupo com 3,9 mil membros; Ipanema, página curtida por 73 mil pessoas; Alertas Arpoador e Ipanema, página curtida por 847 pessoas; Leblon

22. SANTOS, Milton. O espaço do cidadão. São Paulo: Editora da Universidade de São Paulo, 2007. p. 97.

Alerta, página curtida por 2,1 mil pessoas; Moradores do Leblon, Ipanema, Copacabana e Leme, grupo com 11 mil membros; Copacabana Alerta, grupo com 64 mil membros; Zona Sul Alerta, grupo com 10 mil membros; Copacabana Urgente, grupo 4,1 mil membros e Copacabana Informa, grupo com 13 mil membros.

Não foi executada a mesma metodologia de análise das páginas Alerta Ipanema e Alerta Copacabana, isto é, monitoramento das publicações por alguns meses, no entanto, a breve descrição de algumas destas páginas e grupos permitiu verificar que existem características semelhantes às páginas extintas. Por exemplo, o grupo Copacabana Alerta "visa a troca de informações sobre delitos, acontecimentos e problemas em Copacabana e adjacências". Não foi possível verificar o conteúdo publicado nos grupos por depender de autorização do moderador para acessá-los.

Na descrição da página Alertas Arpoador e Ipanema consta que se trata de "canal de comunicação do grupo de moradores e comerciantes do Arpoador que luta por uma segurança pública efetiva e permanente em nosso bairro" e continua "somos moradores e comerciantes do Arpoador e de Ipanema, unidos no combate ao crime, para que possamos viver e trabalhar em paz. O foco dessa página é a segurança". Assim como a página extinta, as publicações se resumem em fotos e vídeos feitos pelos moradores locais indicando a presença de "suspeitos". Há destaque para as atuações policiais nas abordagens que fazem.

Os resultados coletados são menos explícitos que as páginas extintas, mas é possível notar que o estigma permanece. Sob o argumento de trocar informações em defesa da segurança do bairro, são criados grupos que reforçam preconceitos. E de grupos, passamos para o desenvolvimento de aplicativos.

Em 2018 foi lançado o aplicativo Be On[23] por uma consultoria de segurança gaúcha, que consiste basicamente em um Waze de combate à criminalidade. Por meio de um simples cadastro, o usuário funciona como uma espécie de segurança informal que, ao presenciar uma situação que considere suspeita, pode gerar um alerta para toda a rede. A questão principal em torno dessa prática é: quem é considerado suspeito e o que pode ser considerada uma atitude suspeita? Em um país marcado racismo institucionalizado, sabemos quem serão alvo desse aplicativo.

Os exemplos coletados na mídia por meio das pesquisas anteriormente mencionadas, a análise de duas páginas de associações de bairro nas redes sociais, os atuais resultados de páginas e grupos no Facebook e o desenvolvimento de um aplicativo sobre segurança demonstram que há décadas a desinformação

23. ZANINI, Fábio. 'Waze da segurança' estimula usuários a alertar sobre pessoas suspeitas. Folha de São Paulo, 17/12/2019, disponível em: https://saidapeladireita.blogfolha.uol.com.br/2019/12/17/waze-da-seguranca-estimula-usuarios-a-alertar-sobre-pessoas-suspeitas/. Acesso em 03/01/2020.

veiculada pelos meios de comunicação contribuíram e ainda contribuem para a perpetuação de uma imagem errática e preconceituosa em relação a pessoas que vivem em extrema vulnerabilidade social. Mais do que isso, tem-se verificado o aumento considerável de um discurso de ódio e de intolerância, contribuindo para a realização de atos de violência física e moral contra essas pessoas.

Não se vislumbra uma alternativa a não ser combater essas notícias por meio de informações oficiais e a criação de espaços para diálogos humanizados, como também o fomento de uma educação de massa baseada nos direitos humanos e no respeito recíproco.

Considerações finais

Quem não se lembra da morte do líder indígena Galdino Jesus dos Santos, queimado vivo enquanto dormia em um ponto de ônibus em Brasília, na madrugada do dia 20 de abril de 1997? O fato que chocou o País, entristeceu ainda mais uma parcela da sociedade quando um dos responsáveis pelo ato declarou que imaginava "ser apenas um mendigo". Entre os dias 29 a 31 de agosto de 2004, na região central da cidade de São Paulo, 15 pessoas em situação de rua foram brutalmente atacadas, sendo que sete delas vieram a óbito. O fato ganhou repercussão internacional e ficou conhecido como "massacre da Sé". Até os dias atuais, os responsáveis pelo massacre não foram punidos e o processo investigatório não foi finalizado.

A declaração de um dos jovens que ateou fogo no índio e o massacre da Sé representam como a desinformação e o discurso de intolerância afetam diretamente os direitos da população de rua e as pessoas pobres como um todo. Esses dois fatos representam a opinião de uma parcela considerável da população, que trata as pessoas em situação de rua como indesejados e que, por não se encaixarem nos padrões tradicionais da cidade, devem ser exterminados.

Em 2004, o diretor Evaldo Mocarzel lançou o documentário À margem da imagem, que conta com pouco mais de uma hora de duração, e que focaliza as rotinas de sobrevivência, o estilo de vida de algumas pessoas em situação de rua na cidade de São Paulo. Além de abordar casos de exclusão e preconceito vividos por essas pessoas, o documentário chama a atenção para uma questão pouco abordada: o roubo da identidade dessas pessoas, reduzindo-as a processos de estetização da miséria. No momento em que um morador do bairro de Ipanema fotografa uma pessoa em situação de rua e publica nas redes sociais, não apenas está fomentando o processo de desinformação a respeito da realidade enfrentada por essa pessoa como também está violando seu direito à imagem.

É importante salientar que assim como na mídia tradicional, ao veicular uma informação nas redes sociais, seu autor é responsável pela sua veracidade e contextualização. Vale frisar que é pacífico na jurisprudência e na doutrina constitucional que o direito à livre manifestação de pensamento, resguardado constitucionalmente pelo art. 5°, inciso IV, é relativizado pelo direito de resposta, sendo cabível indenização por dano material, moral e à imagem (art. 5°, V, da CF). Em outras palavras, é preciso que a sociedade tenha ciência que a manifestação a respeito de determinados assuntos, em especial aqueles que pouco conhecem, podem ensejar ações de responsabilidade pelos danos causados.

No caso das pessoas em situação de rua, não se está preservando apenas o direito à imagem, mas o direito à vida. A veiculação de informações infundadas a respeito desse público é responsável pela sua morte e extermínio. Em levantamentos feitos pelo Centro Nacional de Defesa de Direitos Humanos da População de Rua (CNDDH), desde a sua criação em 2009 até 2015, foram registrados 860 homicídios e 1.012 tentativas de homicídio contra a população em situação de rua em todo o Brasil. As informações falsas veiculadas pela mídia e nas redes sociais impedem a existência dessas pessoas como seres humanos.

Pessoas em situação de rua não são um problema, não podem ser objetificadas, não podem ser removidas dos espaços que ocupam. Pessoas em situação de rua são igualmente titulares de direitos como todos os demais membros da sociedade. Cabe à sociedade civil, ao poder público e aos meios de comunicação reverterem essa realidade de extermínio à população de rua.

Referências bibliográficas

BARROS, José Ourismar. A pessoa em situação de rua e a vida que não merece ser vivida. In. *Direitos Fundamentais das Pessoas em Situação de Rua*. Belo Horizonte: Editora D'Plácido, 2016.

BORTOLI, Suzana Rozendo. *Mulheres adultas em situação de rua e a mídia:* históricas de vidas, práticas profissionais com a população de rua e representações jornalísticas. Tese de Doutorado em Ciências da Comunicação na Universidade de São Paulo, 2016.

BROIDE, Emília Estivalet; BROIDE, Jorge. *População de rua:* pesquisa social participativa, censo, perfil demográfico e condições de vida na cidade de São Paulo. Curitiba: Juruá, 2018.

CHALHOUB, Sidney. *Cidade febril:* cortiços e epidemias na corte imperial. São Paulo: Companhia das Letras, 2006.

CUNHA, Júnia Valéria Quiroga da; RODRIGUES, Monica. *Rua:* aprendendo a contar: pesquisa nacional sobre a população em situação de rua. Brasília: MDS, 2009.

FERNANDES, Larissa. Mídia representa pessoas em situação de rua de forma negativa. *Jornal da USP*, 29 de janeiro de 2018.

KARAM, Bruno Jaar. *O egresso prisional em situação de rua no Estado de São Paulo*. Dissertação de Mestrado em Serviço Social na Pontifícia Universidade Católica de São Paulo, 2015.

LESSA, C. *O Rio de Janeiro de todos os Brasis*. Uma reflexão em busca de auto-estima. Rio de Janeiro: Record, 2001.

MARINS, Paulo César Garcez. *Habitação e vizinhança: limites da privacidade no surgimento das metrópoles brasileiras*. In: SEVCENKO, Nicolau. *História da vida privada no Brasil*. São Paulo: Companhia das Letras, 1998.

MATTOS, Ricardo Mendes; FERREIRA, Ricardo Franklin. *Quem vocês pensam que (elas) são?* Representações sobre as pessoas em situação de rua. *Psicologia e Sociedade*, n. 16, 2004.

MOCARZEL, Evaldo. À margem da imagem. Documentário: 1h12m, 2004. Disponível em: [www.youtube.com/watch?v=Dhg7UYd998c].

NATALINO, Marco Antonio Carvalho. *Estimativa da população em situação de rua no Brasil. Texto para discussão 2246*. IPEA: Brasília, 2016.

NONATO, Domingos do Nascimento; RAIOL, Raimundo Wilson Gama. Invisíveis sociais: a negação do direito à cidade à população em situação de rua. *Revista de Direito Urbanístico, Cidade e Alteridade*. Curitiba, v. 2, n. 2, p. 81-101, jul/dez 2016.

RIBAS, Luciana Marin. *Acesso à justiça para a população em situação de rua: um desafio para a Defensoria Pública*. Dissertação de Mestrado em Direito na Pontifícia Universidade Católica de São Paulo, 2014.

RIBAS, Luciana Marin. *A pessoa em situação de rua como sujeito de direito: elementos críticos de uma política pública*. Tese de Doutorado em Direito na Universidade de São Paulo, 2019.

SANTANA, Gustavo Clayton Alves. *Favelas e controle estatal: um estudo em representações sociais*. Dissertação de Mestrado em Psicologia Social na Universidade do Estado do Rio de Janeiro, 2015. Disponível em: [http://www.bdtd.uerj.br/tde_busca/arquivo.php?codArquivo=8360].

SANTOS, Milton. *O espaço do cidadão*. São Paulo: Editora da Universidade de São Paulo, 2007.

TELLES, Vera da Silva. Cidade: produção de espaços, formas de controle e conflitos. *Revista de Ciências Sociais*, Fortaleza, v. 46, n. 1, p. 15-41, jan.-jun. 2015.

VALLADARES, Licia. Cem anos pensando a pobreza (urbana) no Brasil. In: BOSCHI, R. (Ed.) *Corporativismo e desigualdade:* a construção do espaço público no Brasil. Rio de Janeiro: Iuperj/Rio Fundo, 1991.

ZANINI, Fábio. 'Waze da segurança' estimula usuários a alertar sobre pessoas suspeitas. Folha de São Paulo, 17/12/2019, disponível em: [https://saidapeladireita.blogfolha.uol.com.br/2019/12/17/waze-da-seguranca-estimula-usuarios-a-alertar-sobre-pessoas-suspeitas/].

FAKE NEWS E O CUSTO DA INFORMAÇÃO

Diogo Mendonça Cruvinel

Mestre em Ciência Política pela Universidade Federal de Minas Gerais. Especialista em Direito Público pelo Centro Universitário Newton Paiva. Bacharel em Direito pela Faculdade de Direito Milton Campos.

Resumo: Este artigo busca analisar o fenômeno das *fake news* sob a ótica da economia da comunicação, apontando o alto custo inerente à produção e à veiculação de informações de boa qualidade, bem como o baixo custo para a produção e a veiculação das informações de baixa qualidade, como algumas das principais razões pelas quais os aplicativos de mensagens instantâneas e as redes sociais virtuais se tornaram ambientes férteis para a disseminação de notícias falsas. Para tanto, serão apresentadas três modalidades de custo da informação que incidem diretamente sobre os receptores e três modalidades de custo da informação associadas aos emissores, demonstrando que a sequência de procedimentos necessários para que a informação saia de uma ponta e chegue à outra comporta medidas específicas, em cada uma de suas etapas, para a alteração do custo final. Pretende-se com este trabalho apresentar informações e identificar alguns elementos que possam contribuir no debate sobre a criação de mecanismos mais eficientes para o combate à circulação das *fake news*.

Introdução

Muito se tem falado atualmente, tanto nos noticiários nacionais quanto internacionais, a respeito do papel decisivo das *fake news* no desfecho, dentre outras, das eleições presidenciais norte americanas, no *Brexit*[1], nas eleições alemãs, francesas e italianas, com alta probabilidade de que isso se repita também em outras eleições, inclusive nas brasileiras. Diante disso, vários autores de diferentes áreas passaram a se dedicar ao estudo deste fenômeno social que, embora não seja exatamente novo, tornou-se potencialmente perigoso por ter atingido um patamar inédito e preocupante, principalmente em razão da velocidade e do alcance em escala global quase instantâneo a um número de pessoas suficientemente amplo e capaz de influenciar os resultados de eleições e de demais consultas populares. Este risco potencial de interferência na estabilidade do funcionamento de democracias consolidadas revela a necessidade de realização de novas pesquisas com foco no aprimoramento das técnicas para mitigação dos efeitos deletérios provocados pela circulação das *fake news*, cuja consequência mais notável e imediata é a deturpação da vontade dos cidadãos para o exercício do voto, uma vez que muitos deles podem ter passado a formar suas convicções e, com isso, a fazer suas escolhas tendo como referência a imagem de uma falsa realidade.

Este artigo tem como objetivo analisar uma das condições, dentre as várias existentes, para que as notícias falsas ganhem ressonância e circulem mais rapidamente entre as pessoas, sobretudo nos meios de interação virtuais, tais como redes sociais em *sites* na internet e aplicativos para *smartphones*. Para tanto, partimos da premissa de que as *fake news* precisam encontrar ambientes minimamente férteis para serem disseminadas e que a ausência de informações corretas e confiáveis expõe as pessoas a um volume maior de notícias falsas[2]. Tais notícias podem ser veiculadas tanto propositalmente, de má-fé, quanto involuntariamente, por pessoas que, desavisadas, acabam repassando informações falsas como se verdadeiras fossem[3]. Este tipo de comportamento constitui uma característica psicológica

1. Apelido criado a partir da corruptela obtida pela junção das palavras inglesas *Britain* (Grã-Bretanha) e *Exit* (saída), para designar a decisão do Reino Unido, após realização de uma consulta popular, de sair da União Europeia. Este processo teve início em 2017, após a população decidir pela saída, com previsão de término em 2019.
2. Claire Wardle, professora da Harvard Kennedy University e coordenadora do projeto *First Draft*, criou uma tipologia dividida em 7 modalidades para a definição do conceito de *fake news*. Tomando por base essa tipologia, temos que apenas o primeiro desses tipos (notícias falsas com a intenção de satirizar ou parodiar alguém) deixaria de ser influenciado pela falta de informação, no contexto apresentado por este artigo. Além deste tipo, a professora considera, ainda, como espécies do conceito de *fake news*, as seguintes modalidades: *false connection, misleading content, false context, imposter content, manipulated content* e *fabricated content*.
3. Tomando como referência a tipologia criada pelo Conselho Europeu para a definição do conceito de *fake news*, teríamos, além das duas acepções descritas na parte do texto relacionada a essa nota de rodapé, também a possibilidade de uma notícia que, embora verdadeira, seja veiculada com a intenção de prejudicar alguma pessoa (divulgando, por exemplo, aspectos de sua vida privada).

natural e intrínseca do ser humano em querer ser o portador, em primeira mão, de notícias impactantes aos demais membros de seus grupos sociais, ainda que essas notícias sejam falsas. Isso infelizmente faz sentido na lógica da nossa sociedade atual, em que os indivíduos cada vez mais competem por serem os primeiros (ou os melhores) em tudo, inclusive em acesso à informação.

O problema é que as informações de boa qualidade trazem consigo um alto valor agregado, o que, consequentemente, eleva seu custo ao serem disponibilizadas para o público em geral. Mas este valor agregado nem sempre é reconhecido pelos potenciais receptores como um fator diferencial capaz de convencê-los a pagar o preço mais alto, pois relegam a segundo plano a importância da origem e a confiabilidade da procedência, bem como da qualidade do texto. Além disso, por demandarem um pesado trabalho de elaboração intelectual, apuração, checagens e revisões, por parte do emissor, acabam demorando mais tempo do que a maior parte das pessoas, por ansiedade, está disposta a esperar. Isso faz com que as informações corretas e completas, pela demora natural no processo de elaboração, acabem dando lugar às notícias superficiais, de circulação mais rápida, mas de baixa qualidade e, muitas vezes, falsas.

Uma sociedade ideal, constituída por pessoas bem informadas e, sobretudo, com capacidade de analisar criticamente as notícias e opiniões que lhes são apresentadas estaria muito menos propensa a sofrer as danosas consequências causadas pela circulação de notícias falsas. Primeiramente, porque tais notícias não encontrariam aderência entre receptores mais qualificados e, muito possivelmente, seriam descartadas de plano ou teriam sua circulação imediatamente interrompida por aqueles que possuíssem condições de reconhecê-la como sendo falsa (ou, pelo menos, duvidosa). Em segundo lugar, porque, estando inserido numa sociedade altamente bem informada e com elevada capacidade de interpretar criticamente as informações, um indivíduo ficaria naturalmente constrangido pelos seus pares a repassar notícias e informações de baixa qualidade. Assim, em termos ideais, a capacidade de análise crítica dos indivíduos em relação ao conteúdo que recebem eleva, por consequência, o nível de qualidade das informações que circulam naquela sociedade, reduzindo, por outro lado, a circulação de notícias falsas (baixa capacidade de análise crítica de determinada população).

1. Custo da informação para o receptor

O processo de construção de nosso conhecimento passa, inicialmente, pela recepção tanto das informações que adquirimos pelas nossas próprias observações quanto por aquelas adquiridas por terceiros, que conosco compartilham fatos, análises, experiências e opiniões. Ao receber essas novas informações, as comparamos e as analisamos à luz da bagagem cultural que já construímos, o que nos permite formar nosso próprio juízo acerca da novidade. A exposição a elevado volume de informações não significa necessariamente que estamos absorvendo todo o conteúdo que nos é novo. Para que isso ocorra, é necessário que a informação nova nos faça sentido a partir daquilo que já trazemos como referências, valores, impressões e até sentimentos. Só assim podemos transformar uma informação em conhecimento, agregando-a à nossa bagagem cultural que é permanentemente atualizada.

No fim da década de 1950, o economista Anthony Downs[4] elaborou um modelo teórico seminal com o propósito de explicar a dinâmica de produção e distribuição de conteúdo político em contextos democráticos. Para tanto, partiu do pressuposto da racionalidade dos atores políticos (governos e candidatos) e dos eleitores, num cenário em que as formas de se fazer a informação chegar aos destinatários dependia basicamente dos meios de comunicação unidirecionais da época (rádio, televisão, jornais, etc.). Contudo, nos tempos atuais, a comunicação política acompanhou a evolução tecnológica e migrou em boa medida para os ambientes de comunicação virtuais, tais como os aplicativos de troca de mensagens instantâneas por indivíduos ou grupos e as plataformas que hospedam redes de interações sociais. Embora muitas das lições de Downs permaneçam válidas, mesmo nos dias de hoje – ainda que considerando as ressalvas feitas pelo próprio autor ao elaborar um modelo baseado num pressuposto de racionalidade dos atores envolvidos nas trocas de informação – tornou-se necessário realizar novas análises e abordagens a essa dinâmica de interação entre indivíduos, uma vez que a forma de as pessoas se comunicarem evoluiu para um modelo não existente ao tempo em que sua brilhante obra fora escrita. Sem ter a pretensão de reelaborar a teoria erigida por Downs, este trabalho tem como objetivo mais modesto apenas trazer novos elementos que demonstram a complexidade atual para lidarmos com o problema da desinformação deliberada, que já se mostrou suficientemente danoso às democracias contemporâneas.

O simples fato de estarmos conectados à internet, ligarmos a televisão, o rádio ou circularmos pelas ruas e conversarmos com outras pessoas já é suficiente para que estejamos expostos a um volume enorme de novas informações. Ocorre que nem sempre essas informações de fácil circulação passam pelos filtros adequados para verificação da procedência ou da veracidade para, por exemplo, selecionar aquilo que realmente merece ser armazenado e processado como conhecimento. O acesso a informações selecionadas e de boa qualidade demanda, portanto, uma postura ativa do receptor para buscá-las nas fontes mais confiáveis, refletir e analisar criticamente todo o conteúdo que lhe é apresentado como novo. Entretanto, tal procedimento demanda ao interessado um custo significativo, que pode ser

4. DOWNS, Anthony. Uma teoria econômica da democracia. São Paulo: Editora da Universidade de São Paulo, 2013.

desdobrado nas seguintes espécies: (a) custo do acesso à informação; (b) custo do tempo para que a informação seja apreendida e assimilada; e (c) custo cognitivo para compreender em profundidade o significado da informação.

a. *Custo do acesso à informação*

O primeiro obstáculo para o acesso à informação diz respeito ao custo financeiro que o receptor da mensagem deve arcar para ter contato com conteúdo de qualidade. Neste ponto, nossa forma de consumo de informação comporta uma metáfora com nossa forma de consumo de alimentos. Para uma alimentação saudável é necessário que nossa dieta seja rica, por exemplo, em verduras, hortaliças, legumes frescos, frutas da estação e grãos integrais. Ocorre que estes alimentos são significativamente mais caros do que outros com qualidade inferior, como frituras, produtos industrializados, gorduras saturadas, comidas com excesso de sal, de açúcar ou de farinha branca. Seguindo essa metáfora, podemos dizer que, para consumirmos informações de qualidade e provenientes de fontes confiáveis é natural que haja cobrança de algum valor adicional, tais como livros especializados, escritos por autores com pesquisas científicas reconhecidamente sólidas, bem como periódicos qualificados, com conselhos editoriais rigorosos, ou mesmo *sites* que cobrem pelo acesso a conteúdo restrito aos assinantes.

Mas nem todas as pessoas reconhecem essa justa e necessária relação de troca entre o conteúdo de qualidade superior e o valor pago a mais por ele, preferindo consumir apenas as informações disponíveis gratuitamente, por exemplo, nas redes sociais. Ocorre que nesses ambientes de interação virtual, cada usuário é ao mesmo tempo destinatário e emissor de conteúdo, trazendo como consequência o fato de que as opiniões superficiais, emitidas por pessoas que não possuem qualquer conhecimento mais aprofundado ou experiência mínima para se manifestarem acerca dos assuntos em discussão, são disponibilizadas no mesmo patamar e com os mesmos elementos de destaque (às vezes até maiores) que as informações produzidas por pessoas e entidades qualificadas. Contudo, como a tônica das redes sociais virtuais é a da instantaneidade e velocidade na circulação das informações, as matérias jornalísticas ou científicas que, por exemplo, demandam um tempo maior para elaboração dos textos e buscam por fontes confiáveis, além da checagem dos fatos, acabam perdendo lugar para as mensagens que apenas reverberam noções do senso comum, piadas, "memes" e, muitas vezes, discursos de ódio e informações falsas. No que concerne à qualidade do conteúdo que normalmente circula nas redes sociais virtuais, portanto, e seguindo a metáfora anteriormente apresentada, podemos concluir que consumir informações nestes ambientes seria equiparável a consumir alimentos em lanchonetes do tipo *fast-food,* onde é bastante raro (embora não impossível) conseguir garimpar conteúdos tão bem elaborados quanto nos livros, por exemplo.

Não se pretende aqui defender, de forma alguma, que somente possuem valor as informações obtidas mediante pagamento direto[5] para sua aquisição. Ocorre que, como o volume de informações diariamente disponibilizado na internet é enorme, a própria atividade de procurar conteúdo de qualidade torna-se demasiadamente trabalhosa e, muitas vezes, demorada, mesmo que buscadas apenas dentre as informações de acesso gratuito. Isso demonstra, portanto, a pertinência e necessidade de se adicionar o tempo de procura como importante fator de aumento no custo final da informação para o receptor, haja vista ser este um ativo cada vez mais escasso em nossa sociedade moderna.

Timothy Snyder[6], ao discorrer sobre a importância de se valorizar o trabalho de jornalistas sérios e que pautam suas atuações profissionais pela conduta ética, acertadamente constata que:

> consideramos natural pagar pelos serviços de um eletricista ou de um mecânico, mas queremos receber as notícias de graça. Se não pagarmos ao eletricista ou ao mecânico, não podemos ter luz em casa ou usar o carro. Por que, então, haveríamos de formar nossa opinião política com base em investimento zero? Recebemos aquilo pelo qual pagamos.

Um problema notório e grave, contudo, é que atualmente, diante da ampla facilidade de acesso e de pesquisas na internet por conteúdos superficiais – de leitura fácil e rápida – as pessoas cada vez menos reconhecem a importância de se informarem por meio de fontes qualificadas. Como consequência, deixam de compreender a necessidade de se pagar para ter acesso a conteúdo de melhor qualidade – normalmente com acesso restrito aos assinantes – ou para a aquisição de livros e periódicos, preferindo quase sempre a consulta aos primeiros *sites* sugeridos pelos buscadores eletrônicos, o que nos leva à segunda espécie de custo da informação para o receptor da mensagem.

b. *Custo do tempo para que a informação seja apreendida e assimilada*

Uma vez superadas as dificuldades e o custo para o acesso inicial à informação, conforme anteriormente apresentado, é necessário lidar com o material adquirido.

---

5. Por pagamento direto, entenda-se aquele que o destinatário da mensagem faz diretamente, em moeda corrente, a quem lhe disponibiliza o conteúdo. Em contraposição, há também formas de pagamento indireto, tal como a publicidade. Nesta modalidade, são os anunciantes que pagam diretamente a quem disponibiliza a informação, desonerando financeiramente o destinatário final. Em contrapartida, contudo, o receptor da mensagem fica exposto a diversos tipos de anúncios veiculados juntamente ao conteúdo de seu interesse. Por meio deste tipo de pagamento, portanto, o destinatário não precisa desembolsar nenhum valor em espécie, mas faz o pagamento destinando parte de sua atenção para os anúncios publicitários veiculados juntamente com o conteúdo de seu interesse.
6. SNYDER, Timothy. *Sobre a tirania: vinte lições do século XX para o presente*. São Paulo: Companhia das Letras, 2017.

Mesmo que o volume de informações de boa qualidade seja menor do que o volume de informações de qualidade ruim, ainda assim ele representa um montante significativo e demanda a leitura daquilo que previamente foi selecionado – ressaltando que este trabalho de pesquisa e seleção posterior ao acesso também demanda um tempo que deve ser contabilizado no custo total da informação. Não basta, portanto, acessar e selecionar o material de boa qualidade. É necessário dedicar um tempo exclusivo para a atividade da leitura, que, diferentemente de outras atividades compatíveis com a execução simultânea (como cozinhar, contar uma história e ouvir música, por exemplo), demandam a atenção plena e o foco total do leitor.

Para que se consiga levar uma informação completa, com a forma adequada e inteligível a seus destinatários, é comum que os textos elaborados sobre temas complexos demandem um tempo maior de leitura. Isso se deve tanto à densidade da matéria tratada quanto à forma escolhida para sua veiculação. O estilo de linguagem utilizado pelos autores, por exemplo, é um fator que impacta diretamente no tempo demandado do leitor para a compreensão da mensagem final. Autores que recorrem a um estilo de linguagem mais fluida e, portanto, menos intrincada ou técnica, evitando o uso de jargões e expressões apenas acessíveis a quem é familiarizado com sua área de pesquisa, tendem a atingir um público numericamente maior. Contudo, para que estes autores consigam explicar a seus leitores a resolução detalhada de algum tema complexo, é mais comum que precisem lançar mão de textos mais extensos, sob o risco de deixarem escapar algo importante e, por essa razão, acabam demandando também um tempo considerável de leitura. Por outro lado, os autores que direcionam seus textos especificamente para os seus pares, colegas de profissão já iniciados e familiarizados com a área, normalmente tendem a fazer uso de construções de difícil entendimento para o público que ainda não atingiu o mesmo patamar de conhecimento, o que torna essas obras em certa medida herméticas. Não é incomum, também, que os leitores de textos técnicos ou de informações complexas, mesmo já sendo iniciados, precisem reler um mesmo trecho diversas vezes até conseguirem compreender o real significado pretendido pelo autor. Essa releitura, embora necessária, dificulta o avanço e a finalização desta etapa do trabalho, com o agravante de não ser possível mensurar previamente a quantidade e os pontos nos quais será necessário voltar e reler. É algo que ocorre somente depois de iniciada a leitura.

Há ainda o problema dos autores prolixos, que costumam fazer uso excessivo de narrativas absolutamente dispensáveis para a compreensão da ideia que se pretende transmitir. Mas esse tipo de autor pode ser encontrado tanto no primeiro grupo (textos fluidos) quanto no segundo (textos herméticos), não sendo esta variável, portanto, o que diferencia os dois estilos de escrita no que diz respeito ao tempo total de leitura como custo da informação.

De qualquer forma, é fato que a leitura de textos sobre temas complexos, obtidos por meio de fontes confiáveis, demanda do leitor um tempo maior do que a leitura de textos mais simples e elaborados superficialmente, sem revisão ou checagem de fatos, ainda que também tratem dos mesmos temas complexos. Diante disso, além do custo para se acessar a informação, conforme trazido no item anterior, constitui também uma modalidade de custo o tempo que o destinatário precisa para a leitura, compreensão e reflexão necessárias para assimilar o conteúdo novo e, assim, transformá-lo efetivamente em conhecimento.

c. *Custo cognitivo para compreender em profundidade o significado da informação*

Uma vez superados os obstáculos para o acesso ao conteúdo de qualidade e dedicado o tempo necessário para ler todo o material selecionado, revela-se o problema que certamente representa a maior parte do custo total da informação, qual seja, o custo cognitivo. Isso porque a capacidade de compreender o texto lido demanda uma bagagem cultural e teórica que somente é construída ao longo da vida e por meio das experiências a que cada pessoa foi submetida. Os textos mais simples, com conteúdo superficial e que muitas vezes sequer passam por revisões minimamente adequadas, normalmente circulam de forma mais rápida e atingem um número maior de pessoas, haja vista que, para sua compreensão, não é necessário conhecimento além do rudimentar e a capacidade mínima de leitura. Por outro lado, nos textos mais elaborados ou complexos, os autores normalmente se valem de referências sofisticadas, além daquelas mais óbvias à maior parte dos leitores. Muitas vezes, tais referências ultrapassam tanto o tema sobre o qual se escreve quanto a forma da linguagem escrita, não sendo raras as passagens nas quais se incluem menções a outros tipos de manifestação cultural, tais como a música, o teatro, a fotografia, a dança e o cinema. Assim, nestes casos, para uma compreensão plena de todas as ideias transmitidas pelo autor é demandado do leitor um repertório cultural satisfatório, o que inclui não apenas o conhecimento básico sobre diversos tipos de arte, mas também um nível suficiente de informação sobre as generalidades e atualidades em vários temas.

A construção desse repertório de conhecimento pode ser feita tanto por meio do estudo formal das matérias ensinadas em salas de aula – o que demanda do receptor, além de ter frequentado as aulas durante muitos anos, um enorme tempo de estudo por conta própria para a fixação do conteúdo aprendido – quanto nas experiências de vida em outros campos do saber, adquiridas principalmente a partir do convívio social com pessoas que detenham esse tipo de conhecimento. Este segundo modelo foi denominado pelo sociólogo francês Pierre Bourdieu[7] como "capital cultural". O autor ainda identificou e destacou a importância da

7. Bourdieu, P. The forms of capital. In J. Richardson (Ed.) Handbook of Theory and Research for the Sociology of Education. Westport, Conn.: Greenwood Press, 1986.

transmissão desse conhecimento entre as sucessivas gerações, chamando esse processo de "herança cultural"[8].

Ser fluente em outras línguas é outro exemplo de que o domínio destes códigos culturais possibilita às pessoas ter acesso a um universo muito mais amplo de conhecimento além daquele produzido em seu próprio país. Dessa forma, elas expandem significativamente seus horizontes, pois passam a ser capazes de realizar suas pesquisas, podendo consultar o que há de mais relevante em suas áreas sem que, para isso, fiquem restritas aos textos produzidos em suas línguas ou que já tenham sido traduzidos. Além disso, o domínio de outras línguas facilita sobremaneira que, em viagens internacionais, seja possível realizar uma imersão cultural para além das informações superficiais que são mostradas genérica e indistintamente aos turistas. A transposição da barreira da língua, portanto, abre portas que vão além de apenas possibilitar a leitura de textos em outros idiomas. Permitem uma interação e um aprendizado muito maiores a partir do contato com pessoas de outras culturas.

Uma informação verdadeira e de qualidade, portanto, não pode ser considerada efetiva pelo simples fato de existir e estar disponível a determinada população. A cadeia de custos implícitos para que essa informação chegue até o destinatário e seja bem compreendida por ele envolve não apenas o custo ao acesso, mas também o custo de tempo para leitura e reflexão do texto e, sobretudo, o custo para se construir uma bagagem de conhecimento que lhe permita compreender aquilo que se pretende noticiar.

No que diz respeito a este último aspecto (cognitivo), o fato de uma pessoa possuir um repertório de conhecimentos gerais e específicos normalmente está associado também à sua capacidade de discutir e analisar criticamente toda nova informação que lhe é apresentada, ocasião na qual ela naturalmente questionará tudo aquilo que lhe seja evidentemente falso ou simplesmente lhe pareça duvidoso, a partir de seus conhecimentos já adquiridos. Assim, quanto mais elevados forem os níveis de conhecimento e de capacidade crítica de um grupo de pessoas, menor será a probabilidade de que notícias falsas circulem entre as pessoas deste grupo.

2. Custo da informação para o emissor

Uma máxima entre os comunicólogos é que o processo de comunicação se completa não no momento em que a informação é lançada pelo emissor, mas sim,

8. Para o autor, como os códigos culturais valorizados pelas classes dominantes são diferentes dos códigos culturais das classes mais baixas, ao ser mais cobrado e valorizado nas escolas que o aluno tenha um tipo de conhecimento relacionado aos códigos culturais que naturalmente são passados mais frequentemente entre as gerações das classes dominantes, isso representa uma forma de reforçar a exclusão das classes inferiores por meio de uma violência simbólica.

quando essa informação chega e – o mais importante – é corretamente compreendida pelo receptor. Falhas na comunicação podem ocorrer, portanto, em qualquer ponto do caminho entre a saída da informação do emissor e sua chegada ao receptor. Quanto mais lacunas e ruídos houver neste caminho da informação verdadeira, maiores serão as chances de que o receptor fique vulnerável ao recebimento, por outras fontes, de informações falsas. Conforme anteriormente apresentado, há custos significativamente relevantes para que o destinatário possa acessar informações de qualidade. Mudando a perspectiva para a posição do emissor da informação, contudo, podemos também identificar a necessidade de que este se esforce, talvez até mais que o receptor, para que a comunicação se complete de maneira adequada. Afinal, quando alguém tem algo importante a dizer, é de seu total interesse que a mensagem chegue corretamente aos seus destinatários.

Ocorre que este processo de fazer a mensagem sair de uma ponta e chegar à outra sem ruídos ou lacunas também pressupõe custos. Nesta segunda parte do trabalho identificaremos três pontos que demonstram os tipos de custo da informação existentes também para o emissor. Eles correspondem e se equivalem, em alguma medida, aos custos do receptor para acessar o conteúdo pretendido.

a. *Custo para fazer a informação correta chegar aos receptores*

Se, por um lado, é exigido dos receptores o pagamento de um preço relativamente alto para que recebam em troca informações de boa qualidade, por outro, recai sobre o emissor a pesada missão de fazer chegar aos destinatários as notícias corretas, sendo necessário disputar a atenção do leitor (muitas vezes por interesses financeiros) com veículos dispostos a circular mais rapidamente, e a um custo menor, informações de qualidade inferior. É fato, contudo, que o custo da informação – tanto para que ela seja elaborada quanto para que ela seja recebida – constitui obstáculo relevante e muitas vezes intransponível para que a população tenha acesso a conteúdos completos, corretos e de qualidade, trazendo como consequência um vácuo informacional que contribui para transformar as redes sociais em ambientes férteis e propícios para a disseminação das *fake news*.

No contexto de uma eleição, por exemplo, em que o período destinado às campanhas eleitorais é extremamente curto (mesmo considerando o período legalmente permitido para a realização das pré-campanhas) e a veiculação de notícias falsas, dependendo do contexto e de outros elementos, pode ser determinante para a derrota de um candidato, há razões de sobra, portanto, para que os coordenadores de campanha de partidos e de candidatos se esforcem além do normal na tentativa de que suas mensagens cheguem da forma correta aos seus destinatários. Para tanto, é essencial que destinem boa parte dos recursos financeiros arrecadados não apenas para a elaboração das mensagens, mas também para sua imediata e eficiente veiculação. Atualmente, por imposições cada vez mais restritivas da legislação eleitoral às propagandas de rua (por exemplo, cartazes, pinturas em muros, adesivos, cavaletes, *outdoors* etc.), as alternativas mais eficientes, juridicamente permitidas e economicamente viáveis, são aquelas voltadas para o formato digital e veiculadas por meio de *sites* de relacionamento virtuais e aplicativos para *smartphones*.

As empresas de publicidade que exploram esse tipo de serviço, incluindo os *sites* de relacionamentos virtuais, já oferecem o serviço pago de anúncios e postagens impulsionados e direcionados especificamente ao público que se pretende atingir. Nos últimos anos, inclusive, houve significativo aumento na precisão com que esses serviços conseguem selecionar o público-alvo (*microtargeting*) a partir de suas preferências, identificadas pelo comportamento dos usuários na interação com os demais (por exemplo, pelas palavras mais frequentemente usadas em postagens, pessoas ou grupos seguidos, número de "curtidas" em postagens de terceiros etc.). Dessa forma, é possível personalizar cada vez com mais precisão a forma e o conteúdo que cada mensagem deve ter para provocar mais impacto no cliente em potencial[9].

Ferramentas como essas permitem um direcionamento mais preciso do público-alvo, mais isso pode ser utilizado tanto para divulgar as informações corretas quanto falsas. Assim, cabe aos emissores das mensagens investir tempo e dinheiro no uso responsável e adequado da ferramenta.

b. Construir a informação de forma simplificada para que seja mais facilmente compreendida pelos receptores

Dentre os custos da informação para os receptores, foram anteriormente destacados o tempo para a leitura e reflexão dos textos e o custo cognitivo para a compreensão das informações novas. Pelo outro lado, podemos compreender que, no caso do emissor, sobretudo dos jornalistas, o trabalho de elaboração de conteúdo de qualidade, seguindo os preceitos éticos e protocolos próprios, demanda um tempo considerável para a pesquisa, elaboração do texto, entrevistas com as fontes (que nem sempre estão disponíveis nos horários mais apropriados), revisões, checagem dos fatos, dentre outros. Somado a isso, há também a pressão dos editores para que a matéria seja publicada o quanto antes, seguindo uma lógica típica do mercado, com o imediatismo e o consumismo que lhe definem.

9. Esse tipo de uso de dados pessoais de forma massiva (*big data*) tem sido objeto de sérios questionamentos em diversos países do mundo, o que inclusive ensejou, recentemente, a aprovação de uma lei específica para proteger a privacidade dos usuários de internet residentes na Europa. Contudo, a abordagem mais aprofundada do tema, embora extremamente interessante e importante, escapa ao objeto principal deste artigo, razão pela qual deixaremos de tratá-la.

As pessoas contratadas para escrever notícias jornalísticas de qualidade o fazem também a partir das habilidades e conhecimentos que adquirem ao longo de suas vidas profissionais, uma vez que a *expertise* somente é conquistada após anos de prática intensa do ofício para o qual houve dedicação e esforço para aprender e se aperfeiçoar. Assim, ao consumir uma notícia de qualidade, o destinatário paga não apenas pela logística de sua distribuição ou pela qualidade do conteúdo do texto, mas contribui também para recompensar o autor da matéria por todo período em que se dedicou a estudar e se qualificar, formando uma bagagem cultural capaz de agregar um valor próprio de seu trabalho.

Este custo intrínseco à produção jornalística de qualidade eleva consideravelmente o valor a ser pago pelo receptor. Entretanto, num contexto de eleições, por exemplo, em que é de total interesse dos candidatos que suas mensagens cheguem até seus destinatários-eleitores, faz-se necessário adotar estratégias para reduzir estes custos de elaboração e distribuição das notícias. Infelizmente, a alternativa mais comumente escolhida para essa redução de custo é a redução da qualidade do conteúdo.

Conforme mencionado acima, o custo de tempo para a leitura do material e o custo cognitivo para a compreensão do conteúdo são enormes obstáculos que, consequentemente, encarecem bastante uma comunicação de qualidade. Uma das maneiras para que estes custos para o receptor sejam reduzidos sem perda significativa de substância e com algum tipo de ganho, em contrapartida, é tentar facilitar a linguagem e simplificar a maneira por meio da qual os temas são abordados. Essa medida teria como consequência imediata a possibilidade de que a informação circule mais rapidamente e atinja um número maior de pessoas.

Essa estratégia de simplificação dos textos não significa que devam ser abandonados os esforços para se compreender temas de alta complexidade, o que certamente demanda alto investimento de tempo e de recursos financeiros. Contudo, é possível, por exemplo, uma decantação e estratificação dos resultados obtidos pelas pesquisas, checagens etc. Ao se divulgar uma informação em diferentes níveis, é possível disponibilizar tanto versões mais completas e detalhadas, atingindo o público mais qualificado e com maior disposição a pagar por informações de boa qualidade, quanto versões mais simplificadas, como forma de se reduzir o custo e viabilizar o acesso para a parcela da população que tenha menos condições ou disposição de pagar pelo conteúdo melhor ou mais dificuldade para compreender construções aprofundadas e complexas.

As reduções e simplificações não são, por suposto, a melhor maneira de se tratar as questões mais relevantes e difíceis. Entretanto, embora simplificadas, tais informações não são necessariamente incorretas, podendo servir muito bem, dependendo da maneira como são apresentadas, como uma espécie de "porta de entrada" para que o receptor busque, a partir delas, um aprofundamento nos temas de seu interesse, na medida de suas possibilidades financeiras e cognitivas. Aliás, é justamente por meio deste exercício de sempre buscar um aprofundamento nas questões novas e que nos são apresentadas inicialmente apenas de forma superficial, que desenvolvemos nossa habilidade de raciocínio e pensamento crítico. Daí a importância de que mesmo as informações acerca dos temas complexos circulem de forma simplificada, pois por meio delas é possível que gradualmente tenhamos um número maior de pessoas interessadas em se desenvolver e aprofundar seus conhecimentos.

c. *Custo para monitorar o surgimento de notícias falsas e produzir informações corretas para combatê-las*

Faz parte do jogo das disputas eleitorais que os jogadores, além de impulsionar suas campanhas, utilizem estratégias para contestar as propostas apresentadas por seus adversários, o que, em princípio, é essencial para qualquer debate democrático de ideias e possibilita aos eleitores formarem seus convencimentos a partir das visões contrapostas. Ocorre que, infelizmente, nem sempre essas estratégias utilizadas pelos candidatos prezam pelo uso de informações corretas, o que acaba mais confundindo do que esclarecendo os eleitores. Neste contexto de informações falsas e verdadeiras, as equipes dos candidatos devem estar permanentemente atentas à possibilidade de que suas campanhas possam ser atacadas por notícias falsas produzidas por seus adversários. Como tais tipos de informação, em virtude de diversos elementos que lhes são intrínsecos, tendem a circular nas redes sociais e aplicativos de mensagens instantâneas para *smartphones* em velocidade muito superior à das informações de boa qualidade e verdadeiras, isso demanda providências ativas para atuações imediatas de contrainformação. A cada minuto que uma informação falsa permanece disponível para consulta ou circulando nas redes sociais o número de pessoas por ela atingidas cresce exponencialmente[10].

Assim, boa parte da alocação de recursos financeiros nas campanhas eleitorais deve ser destinada para o combate às informações negativas e falsas veiculadas por candidatos adversários. A medida inicial para esse combate deve ser o monitoramento do que é dito pelos adversários nas redes sociais. Atualmente, há diversas ferramentas de fácil acesso que fazem esse tipo de controle. Em seguida, caso seja identificada a veiculação massiva de informação falsa, o próximo passo é disponibilizar a informação correta nos canais oficiais de comunicação (por exemplo, nos *sites* e nos perfis oficiais da campanha). A terceira medida é utilizar a estrutura de

---

10. Ressalte-se que o fato de várias pessoas estarem sendo expostas a determinada informação falsa não significa, necessariamente, que elas acreditarão ou serão negativamente impactadas por esse conteúdo. Sobre esse fenômeno, conferir: GORODNICHENKO, Y.; PHAM, T.; TALAVERA, O. *Social Media, Sentiment and Public Opinions: Evidence from #Brexit and #USElection*. In: NBER Working Paper Nº 24631. 2018.

campanha já existente para veicular o desmentido nas redes de eleitores e apoiadores, para que eles ajudem a replicar e circular a informação correta.

Como forma de combate às *fake news*, muito se tem apostado na atuação das agências de *fact-checking* para o controle da veracidade do conteúdo que circula nas redes sociais, garantindo uma espécie de "porto seguro", no qual as pessoas possam se assegurar de que estão consultando informações em fontes confiáveis. Embora a popularização dessas agências esteja ocorrendo no Brasil apenas agora, elas existem há várias décadas, principalmente no exterior, sendo que aquelas com melhor reputação adotam metodologia e procedimentos internacionalmente aceitos para a conferência da veracidade de notícias publicadas. Recentemente, o Facebook anunciou no Brasil a parceria firmada com algumas dessas agências de *fact-checking* para, em alguma medida, tentar coibir a disseminação de informações falsas em sua rede social. Por meio da análise estatística dos conteúdos mais divulgados, é possível focar nas notícias falsas mais potencialmente danosas e criar mecanismos para restringir sua circulação, seja diminuindo sua visibilidade para os usuários ou impedindo, por exemplo, que tais notícias sejam impulsionadas por meio de anúncios pagos.

No caso de informações falsas veiculadas em *sites* de notícias (ou que aparentam ser de notícias), contudo, a questão é um tanto mais problemática. Um modelo de (mal) jornalismo praticado há algumas gerações, que baseia a veiculação de seu conteúdo apenas em parâmetros mercadológicos, por meio dos quais o mais importante é vender exemplares, é perceptível o uso de estratégias para chamar a atenção do leitor, ainda que se valendo de exageros, sensacionalismo e, em muitos casos, até de informações falsas. A lógica desse modelo, chamado de "imprensa amarela" nos Estados Unidos e de "imprensa marrom" no Brasil, migrou rapidamente para os portais de notícias na internet, que também passaram a criar novos elementos de realce para atrair a atenção do leitor.

Na internet, a audiência é medida pelo número de acessos nos *sites* e pela quantidade de cliques nos anúncios por eles divulgados. Com base nesses números, os responsáveis pelos *sites* conseguem captar anunciantes, que divulgam as marcas de seus produtos, serviços ou empresas apostando na visibilidade da plataforma. Assim, quanto mais sensacionalistas forem as notícias divulgadas, maior será a capacidade de atrair audiência e, consequentemente, maior será a capacidade do *site* de atrair anunciantes, ainda que para fazer movimentar esse ciclo seja preciso divulgar informações falsas. Este é, em resumo, o mecanismo "caça-cliques" (*clickbaits*) de monetização dos *sites* que buscam audiência a qualquer custo.

O custo para o emissor que faz uso dessa estratégia é o da eventual perda de credibilidade, o que faria seu negócio, em tese, entrar em espiral negativa ao arrastar para baixo sua audiência, levando à consequente perda de anunciantes e, por fim, à inviabilização do próprio negócio. Mas como o contingente de pessoas que acreditam em quase tudo o que leem na internet é alto e o custo para se produzir e divulgar notícias falsas é baixo – pois basta, basicamente, inventar as notícias em vez de apurá-las – essa perda de credibilidade afeta pouco o resultado final, compensando o risco. Associado a este procedimento de criação de notícias falsas para ganhar dinheiro monetizando cliques, normalmente estão também os perfis falsos de usuários de redes sociais que espalham *links* como "chamariscos" apontando para essas matérias (falsas), onde estão os muitos anúncios publicitários, garantindo assim o retorno financeiro ao dono do *site*.

O problema da mercantilização das notícias não se restringe à internet. As poucas e grandes empresas que atualmente dominam os veículos de comunicação da mídia tradicional (rádio, televisão, jornais e revistas) também atuam, desde sempre, pela lógica do mercado e, portanto, têm como objetivo principal o lucro. Por essa razão, estão sempre trabalhando seu produto (a notícia) para que recebam um "verniz" de sensacionalismo, de forma a deixá-la mais atraente aos espectadores e leitores, aumentando, assim, sua capacidade de audiência e atraindo mais anunciantes. As pessoas que se informam apenas por meio de empresas tradicionais de comunicação (jornalismo misturado com publicidade), portanto, consomem notícias pelas quais não pagaram nada – pois basta ligar a televisão ou o rádio e começar a recebê-las – mas que somente puderam chegar até elas por estarem sendo subsidiadas pelos anunciantes e patrocinadores. Ocorre que, como sempre, quem paga escolhe o que quer divulgar e, neste caso, o que se pretende é justamente ter o poder de escolha sobre o tipo de conteúdo a ser oferecido ao público. Aliás, muitas vezes, o que se pretende é escolher o tipo de conteúdo a ser *escondido* do público.

A questão fica ainda mais complicada – e séria – quando as empresas de comunicação responsáveis pela chamada "grande mídia" começam a receber (e a depender) de recursos financeiros distribuídos por órgãos governamentais. Como quem paga é quem define o que vai ser veiculado, forma-se, pela dependência financeira, uma rede potente e perigosa para a difusão de propaganda política em prol dos governantes em exercício, que, por razões óbvias, preferem esconder do público as informações ou críticas que lhes sejam desfavoráveis.

Por situações como essas, pagar pelo conteúdo a ser consumido não é apenas uma questão de escolha sobre a qualidade do texto que se consome ou do formato, dos elementos gráficos ou do papel em que a informação é impressa. Trata-se de escolher entre maior ou menor grau de influência que o viés político do veículo de comunicação estará suscetível às pressões do poder econômico, seja por empresas privadas, seja por órgãos governamentais. Daí a importância de se valorizar cada vez mais o trabalho das agências independentes de jornalismo investigativo.

Ser assinante do serviço prestado por essas agências significa apoiar suas equipes para que elas não sejam totalmente dependentes de anúncios publicitários e, portanto, consigam maior autonomia, inclusive financeira, para decidir suas pautas de investigação, orientadas pela lógica da importância dos fatos, e não apenas pela lógica da audiência. Dessa maneira, ao conscientizar a população acerca da importância de se financiar agências independentes, a consequência esperada é que haja uma notória melhoria não apenas na qualidade das informações que passarão ser veiculadas, mas também na qualidade dos debates entre as pessoas, uma vez que elas passarão a consultar fontes melhores do que apenas as opiniões superficiais disponíveis nas redes de interação da internet e aplicativos de *smartphones*.

É importante também não apenas escolher comprar os exemplares dessas agências que contenham matérias sobre as quais se tenha interesse em determinado momento. Assinar o serviço, comprometendo-se a pagar as mensalidades pelo tempo combinado, significa possibilitar às agências de jornalismo investigativo fazer um melhor planejamento de suas pautas e financiar as despesas de seus jornalistas, permitindo-lhes que se dediquem durante mais tempo a pesquisar, investigar, checar as informações, ir atrás de suas fontes e elaborar melhor seus textos.

Conclusão

Para que informações de qualidade circulem adequadamente, é necessário que seus emissores e receptores arquem com os custos a elas inerentes, que podem estar relacionados não apenas ao pagamento direto pelo material, mas também ao tempo necessário para que o conteúdo seja produzido, ao tempo necessário para que o conteúdo seja lido ou, principalmente, ao custo, de tempo e de dinheiro, para a formação de uma bagagem cultural que habilite o emissor a construir conteúdos mais elaborados e que habilite o receptor a compreender em profundidade as informações a ele direcionadas.

Os ambientes virtuais de interação, tais como redes sociais e grupos em aplicativos de mensagens instantâneas, possibilitaram a circulação de informações em velocidade e alcance nunca antes experimentado na história de nossa sociedade. Contudo, essa facilidade de acesso e a circulação acelerada de conteúdos superficiais colocaram em pé de igualdade as conversas informais, normalmente ocorridas nos grupos de família e amigos, os debates aprofundados sobre temas relevantes realizados por pessoas que são referências em suas áreas, as informações jornalísticas de boa qualidade, as meras opiniões e, por fim, os discursos de ódio, muitas vezes alimentados por informações falsas. Por esse motivo, as pessoas que cada vez mais escolhem se informar apenas por meio daquilo que circula em redes sociais acabam formando seus convencimentos a partir de imagens distorcidas da realidade, nas quais os conteúdos de boa qualidade recebem o mesmo peso e a mesma atenção que os conteúdos ruins.

A formação de discussões qualificadas em ambientes públicos, entretanto, ainda que virtuais, apenas é possível se as pessoas que delas participam estiverem minimamente preparadas e bem informadas acerca dos temas em pauta. Por essa razão, existe, para quem deseja participar desses debates públicos, um ônus não apenas argumentativo[11], para demonstrar o acerto de suas razões, mas também de informação e de conhecimento, como condição inarredável para demonstrar a veracidade e validade de suas afirmativas. O que temos percebido recentemente, contudo, é que, como o custo para o simples acesso aos ambientes virtuais de discussão coletiva praticamente inexiste, as pessoas que deles participam consideram irrelevante ou desnecessário arcar também com os ônus informacional e argumentativo, como condição mínima para que exprimam publicamente suas opiniões, ainda que sem qualquer embasamento teórico ou empírico.

O alto custo existente para a circulação de informações verdadeiras e de qualidade, combinado com a pouca disposição das pessoas, de forma geral, em arcar com estes custos, cria um ambiente perigosamente fértil para a circulação das *fake news*, uma vez que as informações falsas, para circular, custam menos tempo, menos dinheiro e atraem muito mais a atenção e o interesse das pessoas em compartilhá-las. Assim, qualquer tentativa real de combate à circulação de *fake news* deverá necessariamente considerar essa dinâmica dos custos de produção, de acesso e de circulação das informações verdadeiras e falsas. A partir dessa identificação, será possível se pensar em estratégias mais eficazes para, por exemplo, reduzir os custos relacionados à veiculação das informações verdadeiras e elevar os custos relacionados à veiculação das informações falsas, como forma de melhorar a qualidade dos debates públicos.

11. Sobre o ônus argumentativo em debates públicos, especificamente no âmbito das ações judiciais, conferir: GRESTA, Roberta Maia. *Introdução aos Fundamentos da Processualidade Democrática*. Rio de Janeiro: Lumen Juris, 2014.

PINÓQUIO EM TEMPOS DE PÓS-VERDADE: *FAKE NEWS* E COMUNICAÇÃO NA CONSTRUÇÃO DA CIDADANIA DIGITAL PARA CRIANÇAS E ADOLESCENTES

ANA CLAUDIA POMPEU TOREZAN ANDREUCCI

Pós-Doutora em Direitos Humanos e Trabalho pelo Centro de Estudos Avançados da Universidade Nacional de Córdoba, Argentina. Pós-Doutoranda em Novas Narrativas na Escola de Comunicações e Artes da Universidade de São Paulo (ECA/USP). Pós-Doutoranda em Direitos Humanos e Democracia pelo Instituto Ius Gentium, Universidade de Coimbra, Portugal. Doutora e Mestre pela PUC/SP. Graduada em Jornalismo pela Faculdade de Comunicação Social Cásper Líbero e em Direito pela UPM. Professora do Curso de Graduação da Faculdade de Direito da UPM. Professora Convidada do Curso de Pós-Graduação *Lato Sensu* da ECA/USP. Líder do Grupo de Pesquisa Emergente - CriaDirMack - Direitos da Criança do Adolescente no Século XXI da Faculdade de Direito da UPM. anatorezan@mackenzie.br

MICHELLE ASATO JUNQUEIRA

Doutora e Mestre em Direito Político e Econômico pela Universidade Presbiteriana Mackenzie. Especialista em Direito Constitucional com Extensão em Didática do Ensino Superior. Professora nos Cursos de Graduação e Pós-Graduação *Lato Sensu* da Universidade Presbiteriana Mackenzie. Vice-líder do Grupo de Pesquisa Emergente - CriaDirMack - Direitos da Criança do Adolescente no Século XXI da Faculdade de Direito da UPM. Vice-líder do Grupo de Pesquisa CNPq "Políticas Públicas como Instrumento de Efetivação da Cidadania" e do Grupo de Estudos "Criança e Adolescente no Século XXI". Pesquisadora no Grupo de Pesquisa "Estado e Economia no Brasil". Avaliadora de diversos periódicos nacionais e autora de diversos artigos e livros jurídicos. michelleasato@mackenzie.br

SUMÁRIO: Introdução. Pós-Verdade: causa ou sintoma da atualidade?. Crianças e adolescentes: direito à comunicação e exercício cidadão. Dialogismo, comunicação e cidadania. A Educação e a formação da Cidadania Digital. Conclusões. Referências bibliográficas.

"E a mentira repulsiva
se não explode pra fora
pra dentro explode
implosiva."
(Affonso Romano de Sant`Anna)

Introdução

O que é a verdade e o que é a mentira? A sociedade nos impõe dizer a verdade?

Essas são indagações que permeiam as discussões sociológicas e filosóficas há tempos. A reflexão, que nunca deixou de ser relevante, ganha forças nos dias atuais, dias em que as mentiras são disseminadas de forma cada vez mais ágil, guiada pelas novas tecnologias. Esses novos tempos atingem também o universo infantil e juvenil. Quando as crianças são apresentadas à história de Pinóquio, levam a lição de que não se deve mentir, faz parte de nosso pacto de convívio social. Integra também a esfera moral necessária para a construção de direitos e deveres, que também chamamos de cidadania.

A cidadania, como fundamento do Estado Social e Democrático de Direito, possui um conteúdo histórico, que se materializa de acordo com os fatos sociais de cada nação que integra o respectivo Estado. Assim, esse conceito é mutante e mutável, relacionando-se de forma plúrima com outros elementos, como o de desenvolvimento, de igualdade e de emancipação. É certo que em um mundo globalizado, cada vez mais esses conceitos se aproximam, criando uma identidade comum em diversos Estados, situação com que a tecnologia contribuiu significativamente.

Nessa seara, é de alta relevância a discussão da chamada cidadania digital, especialmente no que se refere à formação de crianças e de adolescentes, que integram as novas gerações e cuja cultura pretendem as gerações futuras transmitir, de forma a perpetuar seus valores e suas prioridades.

A cidadania digital, portanto, na visão de Mike Ribble, compreende a formação a partir de uma nova visão do uso da tecnologia, que se afasta da mera criação de barreiras de segurança, promovendo a criação de novos valores de ética e segurança.

Compreende e deve fazer parte de um processo educativo e que, sobretudo, tende a efetivar o direito à voz e à comunicação, que deve integrar o rol de direitos que se prestam ao desenvolvimento infantil.

O método hipotético-dedutivo, sob a utilização de levantamento bibliográfico qualitativo, integra a metodologia aplicada ao presente trabalho.

Pinóquio: ...a cada mentira o seu nariz crescia e crescia e ele não queria permanecer feio assim.

A obra, hoje conhecida como "As aventuras de Pinóquio", foi escrita em 1881, originalmente chamada de "Storia di un burattino". É um clássico da literatura infantil que tem por objetivo consagrar valores morais como: evitar a mentira, obedecer aos pais, estudar e trabalhar. A falta de obediência a tais valores leva Pinóquio, o boneco de madeira esculpido por seu pai, a terríveis consequências, como ver o seu nariz crescer, adquirir a febre da burrice, ser enganado e quase morrer de trabalhar. A mentira o afasta da humanidade, a cada vez que mente, seu nariz de madeira fica maior e cheio de galhos. O seu sonho de transformar-se em um menino de verdade só se torna realidade quando Pinóquio arrisca sua vida para salvar a vida de seu pai, Gepeto, ou seja, quando consegue agir pensando mais no outro do que em si próprio. O postulado estava em consonância com o descrito por Durkheim, de que só é moral a ação desinteressada, o que nos leva a concluir que: tornar-se ser humano pressupõe agir moralmente.[1]

Assim, a construção moral da criança, a sua educação e o processo de construção do desenvolvimento integral passam pela necessária intelecção das consequências da mentira. Nessa linha:

> Num trabalho sobre o julgamento moral das crianças, Piaget (Piaget, 1932) demonstra que, enquanto a criança não alcança a fase de autonomia, ela não avalia a mentira pela intenção do mentiroso, mas pela verossimilhança, pela probabilidade de existir aquilo que está sendo dito. Para o autor, até aproximadamente os dez anos a mentira é o que não é verdade, incorporando aqui os erros e os exageros. Somente quando a criança experimenta relações de respeito mútuo, como nos jogos, é que ela entende a mentira como toda a afirmação que é intencionalmente falsa. Entre crianças de até aproximadamente dez anos, quanto mais a mentira se afasta da realidade, mais ela entende a mentira como algo errado. Depois dessa fase, os motivos que levaram a pessoa a mentir é que determinarão o julgamento moral do uso da mentira. [2]

Identificar, portanto, a mentira e suas consequências, são essenciais para a ideia da construção da cidadania e sua conformação de "direito a ter direitos".

Pós-Verdade: causa ou sintoma da atualidade?

A expressão "pós-verdade" foi considerada a palavra do ano de 2016 pelo Dicionário Oxford e é assim definida: "que se relaciona ou denota circunstâncias nas quais fatos objetivos têm menos influência em moldar a opinião pública do que apelos à emoção e crenças pessoais". Um mundo com a pós-verdade é uma realidade em que acreditar, ter crença e fé de que algo é verdade é mais importante do que isso ser um fato realmente.[3]

O prefixo "pós", nesse caso, não se refere ao tempo em que ocorre. Não se trata do momento posterior à verdade, mas sim ao momento que o núcleo central (a palavra principal – verdade) não é mais importante.

---

1. LIMA, Márcio Alexandre Barbosa. O significado histórico e sociológico do uso da mentira na vida cotidiana. **Fronteiras: Revista de História.** v. 9, n. 19, pp. 13-24, jan/jul 2007.
2. *Ibidem.*
3. Disponível em: http://www.politize.com.br/noticias-falsas-pos-verdade/. Acesso em 30 jan. 2020.

Assim, se relativiza a verdade, se relativiza sua importância para a formação moral, para a construção da ética e a utiliza como instrumento de poder, coerção e manipulação. Não importa se é verdade, mas o que todos acreditam ser verdade.

Essa situação se coaduna com a proteção necessária das crianças e dos adolescentes?

Crianças e adolescentes: direito à comunicação e exercício cidadão[4]

O art. 227 da Constituição Federal de 88 – inspirado nos ditames da Declaração Universal dos Direitos da Criança de 1959 e fruto de grandes deliberações – traduziu um querer, um *mens legislatoris* dos Constituintes de 1988, em especial, garantindo às crianças e adolescentes um *status* constitucional diferenciado, responsável por desencadear políticas públicas e interpretações judiciais mais contemporâneas e que, no fim do percurso, conduzirão à igualdade e a promoção da justiça e do bem-estar social na sociedade brasileira.

Ao eleger como a base o que se convencionou nominar de "Doutrina da Proteção Integral", quis o legislador sublinhar a necessidade de proteção plena e especial ao público infanto-juvenil, a qual se justifica em virtude da maturidade física e mental em desenvolvimento.

Seguindo os ditames constitucionais, no ano de 1990 dá-se a edição do Estatuto da Criança e Adolescente (ECA) – conceituado como lei especial e de natureza infraconstitucional – responsável por desenhar, de modo mais específico e pormenorizado, as matizes que delineiam os sujeitos de direito, reiterando em seu texto os princípios da prioridade absoluta, proteção integral, melhor interesse e sujeito de direito em desenvolvimento.

O princípio da prioridade absoluta encontra-se disposto constitucionalmente no art. 227 da CF/88, bem como se estabelece nos arts. 4º e 100, parágrafo único, II, da Lei 8.069/90. A garantia da prioridade consiste em receber, primeiramente, proteção e socorro, em quaisquer circunstâncias; atendimento preferencial nos serviços públicos e de relevância pública; prioridade na formulação e execução de políticas sociais públicas; destinação preferencial de recursos públicos nas áreas de atendimento à infância e à adolescência. Estabelece, assim, que há a primazia em favor das crianças e dos adolescentes em todas as esferas de interesse, quer seja judicial, extrajudicial, administrativo, social ou familiar, o interesse infanto-juvenil deve preponderar. É um princípio que não está aberto a indagações ou ponderações sobre o interesse a tutelar em primeiro lugar, já que a

---

4. Essas ideias já foram tratadas no trabalho: ANDREUCCI, A. C. P. T.;ASATO J., Michelle. Crianças visíveis e direito à voz como direito humano fundamental: contributos jurídicos-sociais do marco legal da primeira infância para o desenho das políticas públicas participativas no Brasil. **Cadernos de Dereito Actual**, v. 7, p. 289-303, 2017.

escolha foi feita pelo legislador constituinte, em nome da Nação. À primeira vista, pode parecer injusto, mas se trata aqui de interesses a se ponderar. "Ainda que todos os cidadãos sejam iguais, sem desmerecer adultos e idosos, quais são aqueles cuja tutela de interesses mostra-se mais relevante para o progresso da nossa Nação? Se pensarmos que o Brasil é "o país do futuro" – frase de efeito ouvida desde a década de 1970 – e que este depende de nossas crianças e jovens, torna-se razoável e acertada a opção do legislador constituinte".[5]

Estabeleceu também o ECA o princípio da solidariedade entre família, comunidade, sociedade e Estado, asseverando-se que todos são corresponsáveis pelo desenvolvimento integral da criança e do adolescente.

Indispensável é o resgate da cidadania e da *res* pública, pois o sentimento de possuir a coisa pública identifica o cidadão e o faz coeso em seus direitos e em sua essência cidadã. A existência cidadã está condicionada ao sentimento de possuir e dominar a esfera pública. Nesse contexto, o direito à manifestação, à informação e à comunicação se faz presente, e representa o liame necessário para o desenvolvimento de um espírito de cidadania e pertencimento.

Edgar Morin esclarece sobre a indissociável ligação entre educação e cidadania discorrendo que: "Deve contribuir para a autoformação da pessoa (ensinar a assumir a condição humana, ensinar a viver) e ensinar como tornar cidadão. Um cidadão é definido, em uma democracia, por sua solidariedade e responsabilidade em relação a sua pátria. O que supõe nele o enraizamento de sua identidade nacional".[6]

Indispensável acrescentar que o homem informado se torna um agente capacitado a transformar suas questões pessoais em problemas sociais, relevantes para a sua comunidade e a comunidade para eles. Passa, a partir da formação e da informação, a compreender que os problemas pessoais e individualizados são compartilhados da mesma forma por outras pessoas e, muitas vezes, impossíveis de se resolver por uma pessoa, e que necessitam do compartilhamento das ideias e pensamentos coletivos para alteração da estrutura de toda uma sociedade.[7]

Dialogismo, comunicação e cidadania

O parentesco etimológico inicial entre as noções de "comunicação" e "comunidade" permite algumas aproximações relativas ao entendimento do ato de

---

5. AMIN, Andrea Rodrigues. Princípios orientadores do Direito da Criança e do Adolescente. In MACIEL, Katia Regina Ferreira Lobo Andrade. **Curso de Direito da Criança e do Adolescente**: aspectos teóricos e práticos. 6ª ed. São Paulo: Saraiva, 2013, p. 61.
6. MORIN, Edgar. **A cabeça bem feita**. 10ª ed. Rio de Janeiro: Bertrand Brasil, 2004, p. 65.
7. MILLS, C.Wrignt. A sociedade de massas. *In* FORACHI, Marialice & MARTINS, José de Souza. **Sociologia e Sociedade**. LTC: Rio de Janeiro, 1997, p. 321.

"comunicar" dentro de um sentido no qual está implicado não apenas o sentido de um relacionamento com o outro, mas também a qualificação desse relacionamento dentro de um tipo específico de vínculo – o caráter "comunitário", em oposição a outros. Entender a noção de "comunidade" em sua perspectiva do ato de "tornar comum" pode auxiliar a compreensão da comunicação como um tipo específico de relação social caracterizado por uma dimensão que vem se procurando entender como sendo uma aproximação estética e política com a alteridade.[8]

Atualmente verifica-se o Direito à Comunicação como um Direito Humano Fundamental, mas nem sempre foi assim, as notícias históricas informam que apenas a partir dos anos de 1960, começa um intenso trabalho para categorização da dupla Comunicação e Direito Humanos. A consagração efetiva desse conceito ganhou maior realce no anos 1980, a partir do debate para uma Nova Ordem Mundial da Informação e da Comunicação, liderado pela Organização das Nações Unidas para a Educação, a Ciência e a Cultura – UNESCO, o que culminou na produção em 1980, especificamente, do Relatório MacBride, batizado de "Um Mundo e Muitas Vozes". Cabe ressaltar que a partir desse Relatório o conceito de comunicação não se cingiu apenas a um caráter formal, de tão somente receber informações, mas, muito ao contrário, ganhou uma dimensão plúrima e interdisciplinar, compreendendo a noção de alteridade, deliberação, partes em iguais condições para estabelecer um diálogo equilibrado e efetivo. A partir desses aportes, reitera-se definitivamente, o Direito à Comunicação como um Direito Humano Fundamental, entrelaçando-se com os conceitos de universalidade, diversidade, participação e democracia. [9]

Quanto à comunicação, impende dizer que seu papel é colaborar com a transmissão da denominada "visão de mundo" da cultura a que se pertence, e a educação cumpre seu papel levando o aprendizado dos valores e dos sentimentos que estruturam a comunidade na qual vivemos. Alertando-se para o fato que somente a educação e a comunicação integrativas, na qual ocorra a formação completa do indivíduo nos seus aspectos emocional e racional, poderá resgatar a consciência autônoma. Para Freire, "educação é comunicação, é diálogo, na medida em que não é transferência de saber, mas um encontro de sujeitos interlocutores que buscam a significação dos significados".[10]

---

8. SALGUEIRO MARQUES, Angela Cristina; SÁ MARTINO, Luis Mauro. **Não fale com estranhos: solidariedade e comunicação entre identidade e alteridade**. Revista FAMECOS: mídia, cultura e tecnologia, vol. 24, núm. 2, mayo-agosto, 2017.
9. LIMA, Venâncio de A. **Para garantir o direito à comunicação**: a lei Argentina, o Relatório Leveson (Inglaterra) e o HLG da União Européia. 2. ed. São Paulo: Fundação Perseu Abramo, 2014, p. 19.
10. FREIRE, Paulo. **Extensão ou Comunicação?**. 9ª Edição. Rio de Janeiro, Paz e Terra, 1988, p. 46.

A palavra diálogo quer dizer "palavra que atravessa", conversa que permeia, "papo" que preenche um espaço entre pessoas. Ou seja, diálogo é o que acontece entre pessoas, é a atmosfera, a cena, o clima, a situação em que duas, três, cinco, dez pessoas se relacionam. Entre as pessoas circula algo. Além das palavras emitidas, circulam sensações, emoções, desejos, interesses, curiosidades, percepções, estados de espírito, intuições, humores, uma indescritível sensação de "coisa comum", de ligação.[11]

Dessa forma, procura-se, através do agir comunicativo, apreender as manifestações da realidade do indivíduo, em que "o uso da linguagem, sobretudo a verbal, está sempre determinada pelas condições reais em que o diálogo se efetiva [...] a palavra carregará essas três determinações: ela procede de alguém, dirige-se para alguém e procura persuadir".[12]

Os sujeitos manejam as regras de interpretação – fundadas pelos significados compartilhados do *sensus communis* – e se servem delas para instaurar um contexto de reconhecimento mútuo, que visa ao entendimento recíproco. Contudo, o *sensus communis* está sujeito a reavaliações, a mudanças que se processam ao mesmo tempo em que as práticas sociais se modificam e se transformam mediante a ação criativa dos sujeitos sociais empenhados em suas relações com os outros, seus parceiros.[13]

A busca pelo desenvolvimento e pela igualdade, na visão Freireana, é um processo contínuo, compartilhado e dialogado. O diálogo pressupõe preocupação com o outro e com o participar democrático. Ouvir, ponderar e equilibrar devem ser as constantes do desenvolver da educação igualitária. É preciso dialogar com as diferenças, não as negar. Freire afirmava ser possível trabalhar com os diferentes, mas não com os antagônicos. Diante de tal contexto, importante frisar que a noção de diálogo para Paulo Freire é de extrema importância pois considera que "O homem não é uma ilha. É comunicação. Logo, há uma estreita relação entre comunhão e busca". No mesmo sentido são as assertivas de Cyrulnik, para quem "os seres organizados são forçados a interagir de modo constante com seu meio para viver. Essa atividade intencional, como tem a vida por projeto, exige uma busca de informação. Essa intenção de viver leva a filtrar, selecionar e organizar o percebido em função do que é necessário para viver".[14]

---

11. MARCONDES FILHO, C. **Para entender a comunicação: Contatos antecipados com a nova teoria**. São Paulo: Paulus, 2008, p. 25-26 .
12. BACCGEGA, M. **Comunicação e linguagem–discursos e ciência**. São Paulo: Moderna, 1998, p. 23.
13. SALGUEIRO MARQUES, Angela Cristina; SÁ MARTINO, Luis Mauro.**Não fale com estranhos": solidariedade e comunicação entre identidade e alteridade**. Revista FAMECOS: mídia, cultura e tecnologia, vol. 24, núm. 2, mayo-agosto, 2017.
14. CYRILNIK, Boris. **Os alimentos do afeto**. São Paulo: Ática, 1995, p. 17.

A comunicação atualiza os códigos que norteiam as práticas dos indivíduos em comunidade. É por meio dela que posições são revistas, que argumentos são considerados e reconsiderados, enfim, que a comunidade avança em suas formas de representar, interpretar e significar o mundo tomado em sua complexidade. Os significados compartilhados, arraigados na tradição e na cultura – bem como nos códigos e gestos comportamentais – devem ser renovados, recriados por uma forma de sociabilidade que não desconsidere o "diferente", que não tema o risco de investir na novidade, na reabilitação de um "estar-juntos" movido pelo reconhecimento da pluralidade que caracterizava política e todos os âmbitos sociais. E, segundo Castells, "quanto mais rápido e interativo for o processo de comunicação, maior será a probabilidade de formação de um processo de ação coletiva enraizado na indignação, propelido pelo entusiasmo e motivado pela esperança".[15]

O filósofo Habermas, ao estruturar a teoria da ação comunicativa, concebeu que a comunicação estabelecida entre os sujeitos, mediada por atos da fala, diz respeito sempre a três mundos:

> 1. o mundo objetivo das coisas: que corresponde a pretensões de validade referentes às verdades das afirmações feitas pelos participantes no processo comunicativo;
>
> 2. o mundo social: corresponde a pretensões de validade referentes à correção e à adequação das normas;
>
> 3. o mundo subjetivo, das vivências e sentimentos: correspondem a pretensões de veracidade, ou seja, que os participantes do diálogo estejam sendo sinceros na expressão dos seus sentimentos.[16]

O conceito da ação comunicativa é descrito como

> o mundo da vida, um saber intuitivo ao qual se domina por viver numa mesma cultura e compartilhar uma mesma experiência. Ele é um pano de fundo de coisas desde sempre sabidas que torna possível a comunicação entre os falantes trazendo a possibilidade de compartilhamento, participação e deliberação.[17]

E é no mesmo sentido que o UNICEF, Fundo das Nações Unidas para a Infância, declara como imprescindível "a comunicação para o desenvolvimento da humanidade, enquanto um direito humano fundamental – no sentido de básico – por ser pedra de toque de todas as liberdades às quais estão consagradas

15. CASTELLS, Manuel. **Redes de indignação e esperança: movimentos sociais na era da internet**. Rio de Janeiro: Zahar, 2013, p. 19.
16. HABERMAS, Jurgen. **Consciência moral e agir comunicativo**. Rio de Janeiro: Tempo Brasileiro; 1989, p. 16.
17. Idem, p. 18.

as Nações Unidas, fator essencial de qualquer esforço sério para fomentar a paz e o progresso no mundo".

Seguindo a mesma trajetória, a Convenção sobre os Direitos da Criança, das Nações Unidas, disciplina a comunicação como um dos direitos fundamentais ao declarar em seu artigo 13, que "a criança tem direito à liberdade de expressão" e que "este direito compreende a liberdade de procurar, receber e expandir informações e ideias de toda a espécie, sem considerações de fronteiras, sob forma oral, escrita, impressa ou artística ou por qualquer outro meio à escolha da criança".

A partir da comunicação temos o ponto de partida para a compreensão do existir humano em suas amplas interfaces. Para melhor ilustrar a indispensabilidade dos processos comunicativos para a compreensão do humano, a Teoria da Convergência, exposta por Bormann, auxilia-nos nessa tarefa, já que:

> é uma teoria geral com um amplo enquadramento que encara a comunicação humana sob a perspectiva *homo narrans*. A teoria explica o aparecimento da consciência de grupo, com as emoções, motivos esignificados partilhados que isso implica, não em termos de sonhos ou guiões individuais, mas sim em termos de narrativas ou fantasias socialmente partilhadas. A teoria da convergência simbólica cria um contexto simbólico e uma cultura que permite desenvolver uma forma de comunicação empática, assim como conhecer a mente dos outros.[18]

A comunicação como estratégia deve estar pautada nas novas narrativas, apoiadas nos indivíduos e em suas experiências, considerando que suas dimensões políticas estratégicas e sua ambiência social e etária são grandes catalisadoras para construção de espaços infanto-juvenis de cidadania. À medida que a comunicação se torna peça-chave, especialmente no ambiente dos relacionamentos públicos das empresas e das instituições, cada vez mais seus gestores têm como desafio administrar a dimensão simbólica dos negócios, o imaginário de suas ações.[19]

Tomando por base o Eixo 4 da 8ª Conferência Nacional dos Direitos da Criança e do Adolescente, são considerados como prioritários os exercícios de participação de Crianças e Adolescentes em Espaços de Construção da Cidadania.

A Convenção dos Direitos da Criança de 1989 estabelece diretrizes protetivas para a consolidação de direitos de opinião, de liberdade de expressão, de manifestação e de associação de crianças em prol de seus interesses traduzidos por temáticas que integram seus ideários de percepção de mundo.

---

18. BORMANN, E. G. (1985). *Symbolic Convergence Theory: A Communication Formulation. Journal of Communication*, 1985, p. 128-138.
19. NASSAR, Paulo (org.). **Memória de empresa: história e comunicação de mãos dadas, a construir o futuro das organizações**. São Paulo: Aberje, 2004.

Nos mesmos moldes, a Constituição Brasileira e o Estatuto da Criança e do Adolescente, instrumentos legais brasileiros, garantem à criança e ao adolescente, na condição de sujeitos de direito, a liberdade de participar diretamente das decisões importantes de sua comunidade, cidade, estado e país.

O art. 16 do ECA disciplina que toda criança e adolescente tem, entre outros direitos à liberdade, o direito de se expressar e opinar, bem como participar da vida política na forma da lei. É por meio dessa abertura comunicativa que crianças, adolescentes, Estado, família, comunidade e sociedade se inter-relacionam, buscando a melhoria de políticas públicas de atendimento ao público infanto-juvenil.

Assim, o Direito à voz na contemporaneidade se faz acompanhar por novos estudos e práticas multidisciplinares indispensáveis para se compreender a criança neste novo momento histórico, e iniciativas da Comunicação Social são bem --vindas para a democratização desses saberes, cabendo destacar o videodocumentário lançado em maio de 2017, no Fórum Mundial de Educação e Cuidados com a Primeira Infância, em Auckland, Nova Zelândia, intitulado "A Voz das Crianças" (Voices of Children,), responsável por apresentar o trabalho do grupo internacional de escuta e participação das crianças do *World Forum Foundation*, com a missão de dar vozes para crianças em cinco países: Singapura, EUA, Quênia, Índia e Brasil.

Nos tempos contemporâneos, a criança não é mais objeto, transmutou-se a partir de 1988 como sujeito de direito, em especial, a partir de 2016, como sujeito de direito político, o que consiste em dizer que seu papel na sociedade está focado no protagonismo, no direito à participação nos processos que lhe dizem respeito. Urge a criação de uma rede profícua de debates para que o direito à voz seja implementado a partir das reais necessidades dos infantes, e não tão somente como norma posta mas que não ecoa na realidade social. A visão adultocêntrica pautada na compreensão interpretativa dos adultos de que são os tradutores dos "quereres" infantis deve ser abandonada por completo para que o exercício da cidadania infanto-juvenil seja reconhecido de maneira plena. Cada vez mais o pensamento "pós-metafísico deixa clara a superação dessa relação objetivadora. Reconhece que as crianças têm voz, vontades, desejos e posicionamentos que fazem parte da sua constituição; que as crianças são sujeitos com suas singularidades e potencialidades diferentes dos adultos; reconhece essas diferenças e sugere a construção de espaços para novos diálogos que permitam, por meio das estruturas do mundo da vida infantil, externar suas vontades, anseios, necessidades." A partir de tais compreensões hodiernas, crianças passam a ser atores do processo educacional permeado pelo direito à voz e valorização das experiências pessoais e singulares para o aprendizado.[20]

---

20. ALVES PEREIRA, Vilmar. **Infância, Subjetividade e Pluralidade no Contexto do Pensamento Pós-Metafísico.** Educação & Realidade [en linea] 2009, 34 (Enero-Abril). Disponível em: http://www.redalyc.org/articulo.oa?id=317227053013 . Acesso em 30 jan. 2020.

Tonucci assinala que "a palavra deve estar com as crianças, sendo que conceder a palavra às crianças não significa fazer-lhes perguntas e fazer com que respondam, mas conceder a elas a palavra para expressarem sobre coisas que conhecem, sobre o bairro ondem vivem e suas necessidades", [21] e que o processo de escuta pressupõe práticas colaborativas já que

> Escutar significa precisar da contribuição do outro. Não basta haver interesse, motivação, convicção de que seja uma boa técnica para envolver as crianças que seja uma boa técnica para envolver as crianças; é preciso sentir sincera e urgentemente essa necessidade. É necessário precisar das crianças, reconhecer que são capazes de dar opiniões, ideias e de fazer propostas uteis para nós adultos, capazes de nos ajudar a resolver problemas.[22]

Nos mesmos moldes, Gimeno Sacristán denuncia que:

> Ao acreditarmos que são "menores", sua voz não nos importa e não os consultarmos para elaborar ou reconstruir a idéia que temos sobre quem eles são. Os adultos definem a si mesmos, e os menores são definidos pelos adultos. Se eles não falam, somos nós, os adultos que fazemos isto por eles. É lógico que a explicação de sua experiência esteja muito intermediada pelas visões que temos deles.[23]

Dar voz à criança, antes de mais nada, é um direito. Direito de não mera informação, mas direito à comunicação, que pressupõe a compreensão global e interpretativa da informação trazida. Nesse contexto, direito à comunicação é o pressuposto para a existência infantil e a leitura do mundo por meio dos seus olhos com o abandono gradual da intermediação de um adulto como o responsável por traduzir os anseios e vontades desses sujeitos de direito:

> As crianças não estão envolvidas, desde a expressão de suas realidades, como vozes principais para projetos de políticas que se relacionam com suas condições de vida, deixando-as em uma posição onde são vistas mas não escutadas, dificultando seu reconhecimento como interlocutoras válidas e evidenciando uma situação na qual predomina a posição dos sujeitos adultos.[24]

Nesses termos, a escuta deve ser determinada pelo "sujeito aprendiz" que, ao receber a informação, terá não mais uma atitude de mero receptor, mas sim de ator

21. TONUCCI. Francesco. ***Quando as crianças dizem*: agora chega.** Porto Alegre: Penso, 2005, p.17.
22. Idem, p. 18.
23. GIMENO SACRISTÁN, José. **O Aluno Como Invenção**. Tradução de Daisy Vaz de Moraes. Porto Alegre: Artemed, 2005, p. 12.
24. DIAZ, S. P. Participar como niña o niño em el mundo social. **Revista Latinoamericana de Ciencias Sociales,** *Niñez y Juventud*, 8(2), 2010.pp. 1149-1157.

social, buscando por meio da ação e da reflexão a troca de experiências a desembocar em um processo participativo e dinâmico considerado como "contexto de escuta".[25] Partindo-se de tal compreensão, é possível destacar que direito à comunicação é o pressuposto primeiro para a manifestação e a deliberação consagradas para o exercício da cidadania e da transformação.

> Na produção das políticas de comunicação, a organização deve expressar seus valores e suas crenças acerca de suas mensagens, direcionadas à sociedade. Entre os valores de suas mensagens, a organização pode optar entre transparência e opacidade, pro atividade e reatividade, distância e conveniência, padronização e diversidade, entre morosidade e velocidade.
>
> Essa decisão emana do comando organizacional, provoca percepções no ambiente dos públicos, e indica que não existe política de comunicação efetiva, construída fora dos territórios da alta direção. É a essência estratégica que determina a abrangência dos conteúdos estabelecidos pela política e a sua perenidade, assentados, geralmente, no longo prazo. Os ordenamentos e posicionamentos previstos na política de comunicação orientam os planos de comunicação, voltados para o momento de cada organização. O plano de comunicação estrutura as ações concretas e, para que elas existam, estabelece recursos materiais, define quem operará as ações, estabelece prazos, processos, conteúdos, ferramentas de comunicação e de relacionamento. É a essência tática, por exemplo, que determina o alcance das ações assentadas no médio e no curto prazo.[26]

Importância cabal do direito à voz e de manifestação e que podem "influir directamente nas decisões e no processo em que a negociação entre adultos e crianças é fundamental, um processo que possa integrar tanto as divergências como as convergências relativamente aos objectivos pretendidos e que resultam em processo híbrido".[27] E a participação leva à cidadania compreendida como um conceito que se altera conforme o contexto histórico, atualmente ganhando forma de reconhecimento de direitos e deveres na construção de um Estado baseado na vontade popular. Assim, ser cidadão encontra guarida na relação que o indivíduo tem com o mundo e somente a educação é capaz de ajudar na construção dessa cidadania.

---

25. RINALDI, Carla. **Diálogos Com Reggio Emillia. Escutar, investigar, e aprender**. Tradução. Vania Cury. 1. Ed. São Paulo: Paz e Terra. 2012, p. 125.
26. NASSAR, Paulo. Política e comunicação: a comunicação com pensamento. **RedDircom Iberoamericana**, [s.d.]. Disponível em <http://www.reddircom.org/textos/nassar.pdf> Acesso em 06 fev. 2018.
27. TOMÁS, C. Participação não tem idade; Participação das crianças e cidadania da infância. **Contextos&Educação.** Instituto de Estudos da Criança da Universidade do Minho Portuga, 2007, pp. 45-57.

Finalmente, à medida que se universaliza a convicção de que os processos democráticos são os instrumentos para a efetiva cidadania e que a participação pressupõe uma "sociedade de informação e para informação" gerando cultura, conhecimento e pertencimento, fortalece-se e a solidariedade entre os cidadãos e seu engajamento conduz à plenitude da vida em sociedade.[28]

Assim, se incentivado desde a mais tenra infância, o processo participativo pode se tornar um moto contínuo desde a infância. A noção de pertencimento pode se fazer presente e o processo com seu desenrolar histórico vai se tornando um moto contínuo pela experiência a atual e as futuras gerações, em comunhão de valores, anseios e transformações sociais.

O direito à comunicação será o responsável por conscientizar o público infanto-juvenil do seu direito à voz e seu direito à participação, consagrando-se a partir de manifestações individuais e singulares a atingirem patamares plurais e coletivos.

Manifestação caminha ao lado da cidadania e ambas podem ser ensinadas ludicamente a partir da verdadeira interação entre educadores e educandos, em um processo de total sintonia e efetiva deliberação. Consideramos que a cidadania é a garantia do desenvolvimento digno, comunicação de direitos e promoção de capacidades e habilidades. A cidadania confere a possibilidade da compreensão plena da legitimidade de possuir direitos civis, políticos e sociais, o que podem ser considerados – em sua acepção mais ampla – como a expressão concreta do exercício da democracia.[29]

Para finalizar o presente tópico, à colação as ideias propostas por Carole Pateman, ao destacar que

> uma vez estabelecido o sistema participativo (e este é o ponto de maior importância), ele se torna auto-sustentável porque as qualidades exigidas de cada cidadão para que o sistema seja bem-sucedido são aquelas que o próprio processo de participação desenvolve e estimula; quanto mais o cidadão participa, mais ele se torna capacitado para fazê-lo. Os resultados humanos obtidos no processo de participação fornecem uma importante justificativa para um sistema participativo.[30]

Assim, as políticas públicas de cultura e produção do conhecimento devem estar consubstanciadas na construção de práticas para a igualdade, potencializando

---

28. FERREIRA, Aluízio. **Direito à informação, direito à comunicação: direitos fundamentais na Constituição Brasileira**. São Paulo: Celso Bastos Editor/Instituto Brasileiro de Direito Constitucional, 1997, p. 82.
29. PINSKY, Jaime. **História da Cidadania**. São Paulo: Contexto, 2002, p. 9-10.
30. PATEMAN, Carole. 1992. **Participação e teoria democrática**. Rio de Janeiro: Paz e Terra, 1992, p. 39.

as ações comunicativas e educacionais. Ressalta-se que crianças e adolescentes não podem ser meros expectadores, pois na medida em que compreendem sua importância como sujeitos de direito, desde a tenra infância, passam a internalizar os valores da participação, da cidadania e do pertencimento a uma sociedade. Eis aí a importância da educação para a cidadania. Eis a ótica contemporânea e interdisciplinar da condição jurídico-social de crianças e adolescentes como sujeitos de direitos e protagonistas do direito à comunicação, à manifestação e à participação política.

A Educação e a formação da Cidadania Digital

Qual a finalidade da Educação? Em nossa concepção, traduz-se a educação, singularmente, como a força motriz de uma sociedade, o sustentáculo para as ações dos indivíduos, o esteio necessário para a consolidação de uma vida digna e instrumento para a concretização da cidadania.

A educação está prevista no Texto Constitucional, no art. 6º, como um direito social, e reiterada no Título da Ordem Social, em seu art. 205, como um direito de todos e um dever do Estado.

Resta claro que a educação é um processo contínuo e complexo. É necessário como um direito individual promotor da liberdade, na medida em que possibilita ao indivíduo que é educado que ele se reconheça como cidadão, detentor de direitos e ciente de suas obrigações; bem como é um direito de caráter social, que objetiva a igualdade e a promoção do desenvolvimento nacional. Nessa linha, esse caráter dúplice exala que o benefício é, ao mesmo tempo, individual e coletivo.

O texto constitucional preocupou-se em estabelecer os princípios básicos do direito à educação, estabelecendo parâmetros para a formação de políticas públicas que, primordialmente, devem expandir progressivamente o acesso de todos à educação.

Por outro lado, vale lembrar que na reconfiguração do conceito de cidadania, Hannah Arendt esclarece que muito mais do que uma definição ligada à nacionalidade, a cidadania compreende "o direito a ter direitos"[31]. A partir desse conceito, o desafio está na concretização dessa cidadania, que pressupõe a efetivação de direitos fundamentais e, como forma consequente e interligada, o acesso de todos ao espaço público.

Não é diferente em relação às crianças e, portanto, é necessário que a partir da educação se concretize a cidadania, que pode se dar sob múltiplas facetas, entre elas: a cidadania digital.

---

31. ARENDT, Hannah. **Origens do totalitarismo.** São Paulo: Cia das Letras, 2007, p. 302.

Mike Rubble[32] propões nove elementos, do que ele denomina de cidadania digital, que compreende as normas de adequação para o comportamento adequado diante da tecnologia.

Vale asseverar que a atualidade pressupõe um mundo novo, no qual a informação e a tecnologia permeiam todas as relações humanas, inserindo, especialmente as crianças, em uma realidade nova, que, em geral, as gerações anteriores não possuem total domínio.

Compreendem os elementos de cidadania digital[33]:

1 – Etiqueta digital: compreende as normas de conduta e procedimento para o uso da tecnologia. Não basta seguir as políticas de determinadas páginas eletrônicas, é necessário que cada um sinta-se responsável por sua conduta;

2 – Comunicação digital: a tecnologia alterou sensivelmente a troca de informações entre as pessoas, alargando os meios de comunicação e possibilitando que a comunicação possa ser constante entre as pessoas, todavia, é necessário que as pessoas sejam responsáveis pelas suas escolhas e pela comunicação ampla que exercem;

3 – Literacia digital: a literacia compreende o processo de aprendizagem que, além das formas clássicas, deverão incluir formas de comunicação digital e interativa, compondo a capacidade de acessar a *web*, compreendê-la e utilizá-la, criando e compartilhando conteúdos de forma crítica, ética e segura;

4 – Acesso Digital: o processo de desenvolvimento deve estar aberto a todos, portanto, o acesso digital é essencial e deve ocorrer de forma igualitária, tanto às pessoas quanto às organizações.

5 – Comércio Digital: O consumo também foi modificado e a tecnologia é ponto fulcral na economia de mercado, que deve se adaptar também ao consumo consciente, responsável e sustentável;

6 – Leis digitais: Servem como forma de regulação da sociedade ética que, se descumpridas as normas, importarão e sanções de natureza civil e criminal;

7 – Direitos e Responsabilidade Digital: as liberdades humanas também devem ser estendidas ao mundo digital, de forma que direitos como a liberdade de expressão, o acesso à informação, o direito de resposta, bem assim, o direito à privacidade e à inviolabilidade dos dados, devem ser estendidos ao mundo digital para que a tecnologia não seja instrumento para a violação de direitos;

8 – Saúde e bem-estar digital: a segurança da visão, a proteção à ergonomia e a prevenção de lesões por esforços repetitivos precisam de abordagem específica. Além

---

32. RUBBLE, Mike. **Digital citizenship in schools**. EUA: Iste publishing, 2012.
33. Síntese disponível em: http://www.miudossegurosna.net/nove-elementos-da-cidadania-digital.html. Acesso em 30 jan. 2020.

disso, o cuidado psicológico também é essencial para a proteção da pessoa, em especial as crianças e os adolescentes que estão em formação e desenvolvimento;

9 – Segurança digital: a proteção é inerente ao patrimônio e à intimidade e deve ser transfigurada para o mundo digital, de forma que as senhas, informações e a própria "pegada digital" sejam objeto de proteção.

O desenvolvimento da cidadania digital, portanto, terá entre os seus reflexos a proteção da criança e do adolescente diante das chamadas "fake news" que, embora inevitáveis, devem ser minimizadas diante do universo infanto-juvenil. No mais, como não é possível, diante do novo mundo que se apresenta, deixá-los simplesmente a salvo dessa realidade, é preciso que eles sejam treinados a se proteger diante desse novo mundo, o que só é possível através do fomento da educação como um processo contínuo e que se presta à formação para a cidadania, como menciona o próprio texto constitucional.

Nessa linha, o deputado Edson Giriboni apresentou à Assembleia Legislativa do Estado de São Paulo o projeto de lei 47/2018, que visa implantar no currículo escolar das escolas públicas a disciplina chamada "educação digital", cujo trechos da justificativa seguem abaixo:

> O tema Educação Digital não implica apenas a discussão sobre a privacidade e a segurança da informação; trata-se de uma ampla e constante abordagem sobre a cidadania global, legislação e ética digital em toda e qualquer forma de comunicação virtual.
>
> Educar é um verbo que necessita do comprometimento dos sujeitos ativos – escola e família – para o diálogo com as crianças e os adolescentes; a Educação Digital pressupõe que os pais tenham uma boa relação estabelecida com o objeto de discussão ou, quando isso não acontece, tenham coragem para ser sinceros e expressar limites e incapacidades, buscando constantemente a ajuda da escola para assumir o papel na formação do indivíduo.
>
> A Educação Digital precisa encontrar respaldo pedagógico para a implementação de políticas de segurança específicas para crianças e adolescentes. Entretanto, as melhores técnicas pedagógicas serão inócuas sem a constante parceria entre a escola e a família. Essas duas partes formam uma equipe, sendo certo que ambas devem seguir os mesmos princípios e critérios, bem como a mesma direção em relação aos objetivos que desejam atingir.[34]

É fato que as propostas legislativas não possuem o condão, por si só, de alterarem a realidade, mas pode ser um começo para a discussão acerca de uma cidadania verdadeiramente inclusiva e que se presta ao desenvolvimento e à formação de uma sociedade mais livre, justa e solidária.

---

34. Disponível em: https://www.al.sp.gov.br/propositura/?id=1000203820. Acesso em 30 jan .2020.

Cabe ressaltar, na oportunidade, que já existiam proposições legislativas no Estado versando sobre ensino de informática e instalação de equipamentos nas escolas públicas que são deveras importantes, mas simbolizam tão somente o elemento do acesso digital como acima tratado, a educação digital sob o viés da cidadania é mais amplo e vai além do conteúdo formal.

Conclusões

Na atualidade, o mundo se apresenta como um local que vai além de um espaço físico onde podemos ver, visitar e conhecer. A realidade física foi suplantada por um universo virtual amplo, rico, desconhecido e, portanto, perigoso, que permite ampliar o seu conhecimento, mas que está cheio de armadilhas. Como se não bastasse os adultos, que devem se adaptar a esse novo mundo, as crianças e os adolescentes se desenvolvem diante dessa nova realidade, por vezes desconhecida por seus pais e avós.

Mas é um caminho sem volta. A solução, todavia, não é nova: a educação como promotora da cidadania que, todavia, assume uma nova roupagem – a cidadania digital.

Essa cidadania digital se desenvolve em um cenário no qual as crianças, não mais objeto de direito, não apenas sujeitos de direito em desenvolvimento, assumem um grau superlativo de proteção e ganham direitos próprios da democracia e da participação, em especial: a voz!

Além disso, a cidadania digital apresenta vantagens ao desenvolver o direito à cultura digital, o uso da tecnologia de forma responsável e ética, a consciência do impacto das publicações *on-line*, a análise os riscos da internet, refletindo sobre as redes sociais e as ferramentas digitais; a construção de uma reputação digital positiva; previne o *cyberbullying*; aumenta a autonomia digital; alerta e conscientiza sobre a pegada digital; protege da super exposição *on-line*; e forma cidadãos mais conscientes e responsáveis.

Em uma realidade em que a verdade ganhou um atributo: pós!, a supervalorização do direito à comunicação e o desenvolvimento da cidadania digital se mostram como única solução viável para a proteção do desenvolvimento da criança e do adolescente.

Referências bibliográficas

ALVES PEREIRA, Vilmar. **Infância, Subjetividade e Pluralidade no Contexto do Pensamento Pós-Metafísico.** Educação & Realidade [en linea] 2009, 34 (Enero-Abril). Disponível em: http://www.redalyc.org/articulo.oa?id=317227053013. Acesso em: 30 jan. 2020.

AMIN, Andrea Rodrigues. Princípios orientadores do Direito da Criança e do Adolescente. In MACIEL, Katia Regina Ferreira Lobo Andrade. **Curso de Direito da Criança e do Adolescente**: aspectos teóricos e práticos. 6ª ed. São Paulo: Saraiva, 2013.

ANDREUCCI, A. C. P. T.; ASATO J., Michelle. Crianças visíveis e direito à voz como direito humano fundamental: contributos jurídicos-sociais do marco legal da primeira infância para o desenho das políticas públicas participativas no Brasil. **Cadernos de Dereito Actual**, v. 7, p. 289-303, 2017.

ARENDT, Hannah. **Origens do totalitarismo.** São Paulo: Cia das Letras, 2007.

BACCGEGA, M. Comunicação e linguagem–discursos e ciência. São Paulo: Moderna, 1998.

BORMANN, E. G. (1985). **Symbolic Convergence Theory: A Communication Formulation.** Journal of Communication, 1985, p. 128-138.

CASTELLS, Manuel. Redes de indignação e esperança: movimentos sociais na era da internet. Rio de Janeiro: Zahar, 2013.

CYRULNIK, Bóris. **Os alimentos do afeto**. São Paulo: Ática, 1995.

DIAZ, S. P. Participar como niña o niño em el mundo social. **Revista Latinoamericana de Ciencias Sociales,** *Niñez y Juventud*, 8(2), 2010. pp. 1149-1157.

FERREIRA, Aluízio. **Direito à informação, direito à comunicação: direitos fundamentais na Constituição Brasileira**. São Paulo: Celso Bastos Editor/Instituto Brasileiro de Direito Constitucional, 1997.

FREIRE, Paulo. **Extensão ou Comunicação?** 9ª Edição. Rio de Janeiro, Paz e Terra, 1988.

GIMENO SACRISTÁN, José. **O Aluno Como Invenção**. Tradução de Daisy Vaz de Moraes. Porto Alegre: Artemed, 2005.

HABERMAS, Jurgen. **Consciência moral e agir comunicativo**. Rio de Janeiro: Tempo Brasileiro; 1989, p. 16.

LIMA, Márcio Alexandre Barbosa. O significado histórico e sociológico do uso da mentira na vida cotidiana. **Fronteiras: Revista de História.** v. 9, n. 19, pp. 13-24, jan./jul. 2007.

LIMA, Venâncio de A. **Para garantir o direito à comunicação**: a lei Argentina, o Relatório Leveson (Inglaterra) e o HLG da União Europeia. 2. ed. São Paulo: Fundação Perseu Abramo, 2014, p. 19.

MERELES, Carla; MORAES, Isabela. **Notícias falsas e pós-verdade:** o mundo das fake news e da (des)informação. Disponível em: http://www.politize.com.br/noticias-falsas-pos-verdade/. Acesso em: 30 jan. 2020.

MILLS, C. Wrignt. A sociedade de massas. *In* FORACHI, Marialice & MARTINS, José de Souza. **Sociologia e Sociedade**. LTC: Rio de Janeiro, 1997.

MARCONDES FILHO, C. Para entender a comunicação: Contatos antecipados com a nova teoria. São Paulo: Paulus, 2008.

MORIN, Edgar. **A cabeça bem feita**. 10ª ed. Rio de Janeiro: Bertrand Brasil, 2004.

NASSAR, Paulo (org). Memória de empresa: história e comunicação de mãos dadas, a construir o futuro das organizações. São Paulo: Aberje, 2004.

NASSAR, Paulo. Política e comunicação: a comunicação com pensamento. **RedDircom Iberoamericana**, [s.d.]. Disponível em http://www.reddircom.org/textos/nassar.pdf. Acesso em: 06 fev. 2018.

PATEMAN, Carole. 1992. **Participação e teoria democrática**. Rio de Janeiro: Paz e Terra, 1992.

PINSKY, Jaime. **História da Cidadania**. São Paulo: Contexto, 2002.

RUBBLE, Mike. **Digital citizenship in schools**. EUA: Iste Publishing, 2012.

RINALDI, Carla. **Diálogos Com Reggio Emillia. Escutar, investigar, e aprender**. Tradução. Vania Cury. 1. Ed. São Paulo: Paz e Terra, 2012.

SALGUEIRO MARQUES, Angela Cristina; SÁ MARTINO, Luis Mauro. **Não fale com estranhos: solidariedade e comunicação entre identidade e alteridade**. Revista FAMECOS: mídia, cultura e tecnologia, vol. 24, núm. 2, mayo-agosto, 2017.

TOMÁS, C. Participação não tem idade; Participação das crianças e cidadania da infância. **Contextos&Educação**. Instituto de Estudos da Criança da Universidade do Minho Portuga, 2007.

TONUCCI. Francesco. ***Quando as crianças dizem*: agora chega.** Porto Alegre: Penso, 2005.

COMPUTAÇÃO E DESINFORMAÇÃO: TECNOLOGIAS DE DETECÇÃO DE DESINFORMAÇÃO ONLINE

LEANDRO NUNES DE CASTRO

Laboratório de Computação Natural e Aprendizagem de Máquina (LCoN). Programa de Pós-Graduação em Engenharia Elétrica e Computação (PPGEEC). Universidade Presbiteriana Mackenzie. lnunes@mackenzie.br

RESUMO: A ampla penetração da Internet e a evolução das mídias sociais tem promovido mudanças no ecossistema de mídia e comunicação. Cada vez mais pessoas buscam a informação que circula nas mídias sociais em detrimento das mídias convencionais, como revistas e jornais. Há uma superabundância de fontes de informação online e a geração dessa informação pode ser feita por qualquer um de nós, o que abre brechas para boatos, rumores, sátiras, teorias de conspiração e Fake News. Esse tipo de notícia traz à tona debates sociais, políticos, jurídicos e tecnológicos sobre como combater a desinformação. A checagem de fatos (do inglês *fact-checking*) convencional não consegue lidar com a avalanche de notícias geradas continuamente e métodos computacionais para automação ou apoio a esse processo precisam ser desenvolvidos. No contexto político-eleitoral veem ocorrendo muitos debates sobre uma possível regulação do uso das mídias sociais nas campanhas políticas. Esse capítulo traz uma perspectiva de engenharia de computação sobre o problema de detecção de Fake News, posicionando-o como uma questão tecnológica e que, portanto, pode e deve ser tratada com ferramentas tecnológicas. São apresentados os conceitos centrais de detecção de Fake News usando métodos algorítmicos e ilustrados dois exemplos reais de detecção via técnicas de Inteligência Artificial.

PALAVRAS-CHAVE: Inteligência Artificial; Fake News; Desinformação; Tecnologia.

1. Introdução

Até pouco mais de uma década atrás a comunicação era feita de um para muitos e a sociedade era refém do conteúdo que alguns poucos grupos produziam e disseminavam. A penetração da Internet e a expansão das mídias sociais vem permitindo a geração e comunicação de muitos para muitos em uma escala sem precedentes. Cada vez menos pessoas restringe suas fontes de informação àquelas geradas pelos grandes grupos e aumenta exponencialmente a procura e consumo de informações geradas dentro da própria rede, virtualmente por qualquer um. Se, por um lado, se democratizou a geração e o compartilhamento de conteúdo, por outro vimos, também em grande proporção, a explosão da desinformação online (Del Vicario et al., 2016; Lazer et al., 2017; McCright & Dunlap, 2017).

Estudos recentes mostram que a exposição crescente dos usuários a essa desinformação aumenta a tendência deles a acreditarem nela (Bessi et al., 2014; Bessi et al., 2015; Mocanu et al., 2015). A *desinformação* por meios digitais tem se tornado tão ampla que o Fórum Econômico Mundial (WEF – *World Economic Forum*) listou a desinformação, denominada de *incêndio digital* (do inglês, *digital wildfire*), como uma das principais ameaças à sociedade (Howell, 2013). Outras iniciativas de mesma magnitude incluem os planos da OCDE de inclusão de pensamento crítico sobre as fontes de informação em seus *Testes de Competência Global* e o fato de que várias escolas já desenvolvem programas que ensinam alunos a avaliarem criticamente fontes online de conteúdo (WEF, 2018).

A verificação da veracidade da informação é um problema antigo, mas a Internet e as mídias sociais amplificaram esse problema. Há muitas discussões sobre a capacidade humana de discernir entre uma mensagem falsa e uma verdadeira ao mesmo tempo em que surfa e se engaja com o conteúdo online (Figueira & Oliveira, 2017; McCright & Dunlap, 2017). Mesmo os jovens, que normalmente têm muito mais facilidade com tecnologia, se veem com dificuldade para discernir uma notícia falsa de uma verdadeira e aproximadamente um terço deles informa já ter compartilhado uma notícia que eles descobriram ser falsa posteriormente (Robb, 2017).

Diante desse contexto, definir o grau de veracidade, ou a precisão, da informação online tornou-se uma tarefa bastante desafiadora, porém de extrema relevância. Esse capítulo apresenta uma perspectiva de engenharia de computação sobre o problema das Fake News e como detectá-las. São apresentados conceitos associados a Fake News e revisados métodos computacionais para a identificação automática delas, objetivando o projeto e construção de tecnologias capazes de nos auxiliar no combate às Fake News.

O capítulo está organizado da seguinte forma. A Seção 2 apresenta conceitos sobre Fake News e temas relacionados, como boatos, teorias de conspiração, sátiras e outros; e a Seção 3 discute as tecnologias de combate às Fake News, incluindo uma formalização do problema e o processo de detecção das Fake News nas mídias sociais. A Seção 4 ilustra alguns dos métodos discutidos na seção anterior utilizando dois exemplos de notícias potencialmente falsas. O capítulo é concluído na Seção 5 com algumas considerações sobre o avanço das mídias sociais e da inteligência artificial no combate às Fake News.

2. Fake News e Conceitos Relacionados

Cada vez passamos mais tempo conectados, principalmente nas mídias sociais, e, consequentemente, buscamos informação também nesses canais. Isso promove uma mudança nos hábitos de consumo de conteúdo, pois a informação disponibilizada (compartilhada) nas mídias é geralmente gratuita, apresentada em tempo real e pode ser compartilhada de forma muito mais ágil. Além disso, há razões psicológicas e sociais para a vulnerabilidade humana aos Fake News.

Como indivíduos temos um *realismo ingênuo* (do inglês, *naïve realism*), por meio do qual acreditamos que a nossa percepção da realidade é o único ponto de vista correto, enquanto quem discorda de nós é visto como desinformado, irracional ou enviesado (Ross & Ward, 1996); e temos um viés de confirmação (do inglês, *confirmation bias*), pelo qual preferimos informações que corroboram com nossa visão atual (Nickerson, 1998; McCright & Dunlap, 2017).

Como seres sociais, temos uma tendência a aceitar conceitos e ideias compartilhadas pelas nossas redes, o que ajuda a definir nossa identidade e autoestima, nos mantendo em ambientes socialmente seguros (Tajfel & Turner, 2004). Essa exposição seletiva ao conteúdo, que normalmente ocorre dentro de grupos com pessoas que compartilham crenças e pensamentos, é o principal promotor de difusão de conteúdo, formando a geração de clusters homogêneos, conhecidos como *câmaras de eco* (do inglês, *echo chambers*) ou *bolhas de filtro* (do inglês, *filter bubbles*), que os isolam de perspectivas contrárias ou alternativas (Del Vicario et al., 2016; Allcott & Gentzkow, 2017). Esse efeito de câmara de eco facilita o consumo e a crença nas Fake News devido à credibilidade social e à frequência de exposição a essas notícias.

Conceitualmente é curioso observar que em inglês há duas expressões similares, mas com significados bem distintos: *misinformation* e *desinformation*. Em inglês, *misinformation* é uma informação falsa ou imprecisa espalhada de forma não intencional, enquanto a *desinformation* é intencionalmente falsa e deliberadamente propagada (Wu et al., 2017). O escopo desse capítulo é tratar sobre a *desinformation*, ou seja, aquela informação que é criada com o propósito de enganar ou enviesar os usuários e é espalhada para que seja reforçada nas redes. A esse conceito chamamos de *desinformação*.

Allcott & Gentzkow (2017) definem as Fake News como sendo aquelas notícias que são intencionalmente e verificavelmente falsas, e que poderiam enganar os leitores; ou seja, desinformação. Essa definição enfatiza duas características centrais das Fake News: *autenticidade* (é possível validá-las) e *intencionalidade* (possuem o intuito de enganar), o que levou a uma definição mais estrita: As Fake News são notícias intencionalmente e verificavelmente falsas (Shu et al., 2017). Tal definição exclui *erros jornalísticos não intencionais*; *rumores*, ou seja, informações que não são verificadas no momento da postagem (Zubiaga et al., 2018); *teorias de conspiração*, entendidas como explicações sobre eventos históricos em termos do agente causal de um grupo relativamente pequeno de pessoas agindo em segredo (Keeley, 1999); *sátiras*, que são facilmente identificáveis pela característica de entretenimento; *fofocas*, que são afirmações não validadas e não consentidas sobre pessoas ou fatos, e *declarações falsas*.

Há diversas razões para o surgimento e espalhamento das Fake News: elas são mais fáceis de criar do que as notícias verdadeiras; os consumidores não conseguem verificar sua autenticidade de forma simples; os consumidores gostam de ter uma visão polarizada sobre vários assuntos; muitas de nossas decisões são tomadas com base em um conhecimento coletivo e não em uma racionalidade individual; e normalmente nós buscamos informações alinhadas com nossos pensamentos (Allcott & Gentzkow, 2017; Lazer et al., 2017).

Por fim, é importante identificar as razões pelas quais as Fake News são geradas (Allcott & Gentzkow, 2017): 1) atrair público para um determinado site visando obter benefícios econômicos ou financeiros; e 2) manter e propagar certa ideologia, por exemplo, beneficiar um determinado candidato ou denegrir outro.

A rápida velocidade e amplitude de espalhamento das Fake News pode causar um impacto negativo muito grande nas pessoas e na sociedade por várias razões (Shu et al., 2017): elas podem quebrar o equilíbrio de autenticidade do ecossistema de notícias; elas intencionalmente convencem os usuários sobre crenças falsas ou polarizadas; e elas mudam a forma com que as pessoas interpretam e respondem a notícias verdadeiras.

3. Tecnologias de Combate à Desinformação Online

A detecção de Fake News corresponde ao processo de predizer a probabilidade de que uma determinada notícia seja intencionalmente falsa (do inglês, *deceptive*) (Conroy et al., 2015; Rubin et al., 2015).

O desenvolvimento de métodos automáticos de detecção de Fake News é central para minimizar os aspectos negativos de sua propagação. Dentre os desafios dos métodos de detecção destacam-se (Shu et al., 2017):

- Como as Fake News são intencionalmente escritas para enganar os leitores, sua identificação a partir do conteúdo é não trivial;

• O conteúdo das Fake News é bastante diverso em relação aos tópicos, ao estilo de escrita e à plataforma de distribuição;

• O uso de informações auxiliares às Fake News, como informações sociais, também está sujeito à baixa qualidade dos dados;

• As Fake News normalmente estão associadas a eventos recentes e cujo tempo de divulgação é crítico;

• O engajamento das pessoas com as Fake News gera dados em grande escala (Big Data), incompletos, não estruturados e ruidosos.

Para combater a desinformação, muitas abordagens computacionais estão sendo desenvolvidas. Por exemplo, o Google desenvolveu um score de veracidade para ranquear os resultados das buscas (Dong et al., 2015; Wingfield et al. 2016). De forma similar, o Facebook alterou suas políticas e propôs uma abordagem baseada em comunidade por meio da qual usuários podem apontar conteúdo potencialmente suspeito (Del Vicario et al., 2016; Wingfield et al., 2016).

Sob uma perspectiva do usuário, a Wikipedia (2018) e Kiely & Robertson (2016) trazem um resumo dos oito principais pontos de atenção que devemos ter ao receber uma notícia potencialmente falsa objetivando verificar sua validade: considerar a fonte da informação; fazer uma leitura mais profunda de toda a notícia (e não apenas ler a manchete); verificar os autores; buscar bases de conhecimento externas que permitam confrontar aquela notícia; verificar a data de publicação; verificar se a notícia é uma brincadeira; rever seus pontos de vista, permitindo que novas perspectivas sejam criadas sobre um assunto; e consultar especialistas.

Na literatura já há alguns trabalhos recentes que fazem um resumo de técnicas algorítmicas de detecção de Fake News (Conroy et al., 2015; Figueira & Oliveira, 2017; Shu et al. 2017; Wu et al., 2017). Esses trabalhos possuem alguma diferença em relação a taxonomia dos métodos, mas essencialmente tratam dos mesmos tipos de algoritmos. Por exemplo, Figueira & Oliveira (2017) classificam as técnicas de combate à desinformação em *baseadas em conteúdo*, *baseadas na fonte da informação*, e *baseadas na difusão*; Conroy et al. (2017) categorizam os métodos em *linguísticos* e *baseados em rede*; e Shu et al. (2017) trazem uma perspectiva de mineração de dados (de Castro & Ferrari, 2016) ao problema, dividindo a tarefa nas etapas de *extração de características* e *mineração dos dados*. Essa seção faz uma revisão dos métodos de detecção de Fake News seguindo a metodologia proposta em Shu et al. (2017).

3.1. O Processo de Detecção de Fake News em Mídias Sociais

A detecção de Fake News nas mídias sociais segue basicamente o mesmo fluxo dos processos de *descoberta de conhecimento em bases de dados* (do inglês, *knowledge discovery in databases* ou *KDD*), também conhecidos como *mineração de dados* (de Castro & Ferrari, 2016): captura dos dados; pré-processamento; análise; e validação (Figura 1).

Figura 1: Processo de descoberta de conhecimento em bases de dados

O termo *mineração de dados* (MD) foi cunhado como uma alusão ao processo de mineração, uma vez que se explora uma *base de dados* (mina) usando *algoritmos* (ferramentas) adequados para se obter *conhecimento* (minerais preciosos) (de Castro & Ferrari, 2016). Os *dados* são símbolos ou signos não estruturados, sem significado, como valores em uma tabela, e a *informação* está contida nas descrições, agregando significado e utilidade aos dados. Por fim, o *conhecimento* é algo que permite uma tomada de decisão para a agregação de valor.

Neste capítulo enfatizaremos as etapas centrais do processo de KDD e que são peculiares às Fake News: a extração de características como etapa principal do pré-processamento dos dados, e a análise dos dados. Nesse contexto os dados a serem minerados são as notícias potencialmente falsas e todas as interações sociais relacionadas a elas, e o conhecimento a ser obtido é sua classificação em falsa ou verdadeira (ou algum grau de veracidade associado).

3.1.1. Extração de Características

Na taxonomia proposta por Shu et al. (2017), as técnicas de extração de características das notícias podem trabalhar com *características associadas ao conteúdo* das mensagens, ou *características associadas ao contexto social* das mensagens, conforme resumido na Figura 2.

As características baseadas em conteúdo incluem o autor, o cabeçalho, o corpo da notícia e seus anexos (fotos, vídeos, etc.), e podem ser divididas em *características linguísticas* e *visuais*. As abordagens linguísticas são possíveis devido à própria natureza enganadora das Fake News, que reforça e/ou deturpa pontos de vista, ou visa obter benefícios econômicos, financeiros ou políticos. Esses fazem com que as Fake News sejam carregadas de termos associados a ansiedade, raiva, palavrões, emoções exacerbadas, etc., que facilitam sua identificação (Larcker et al., 2012). As características visuais também são muito expressivas nas Fake News devido à necessidade de promover algum sensacionalismo ou causar sentimentos extremistas, como raiva e desgosto (Jin et al., 2017).

Além das características de conteúdo, muitas características associadas ao contexto social podem ser obtidas a partir do engajamento social dos usuários e há três aspectos centrais a serem considerados (Shu et al., 2017): os próprios usuários;

os *posts* gerados sobre uma determinada notícia; e as redes. Sob a perspectiva dos usuários, como muitos sistemas automatizados (*bots*) são usados para gerar e propagar as Fake News, as características de perfil e interações dos usuários podem fornecer indícios importantes sobre a veracidade das notícias. Os *posts* que são feitos sobre as notícias também podem expressar opiniões e emoções sobre elas, ajudando na sua verificação de veracidade. Por fim, as características das redes em torno de uma notícia refletem os interesses, relações e tópicos de um grupo social, servindo como mais um atributo de análise para a veracidade da notícia.

Figura 2: Diferentes tipos de características que podem ser extraídas das notícias

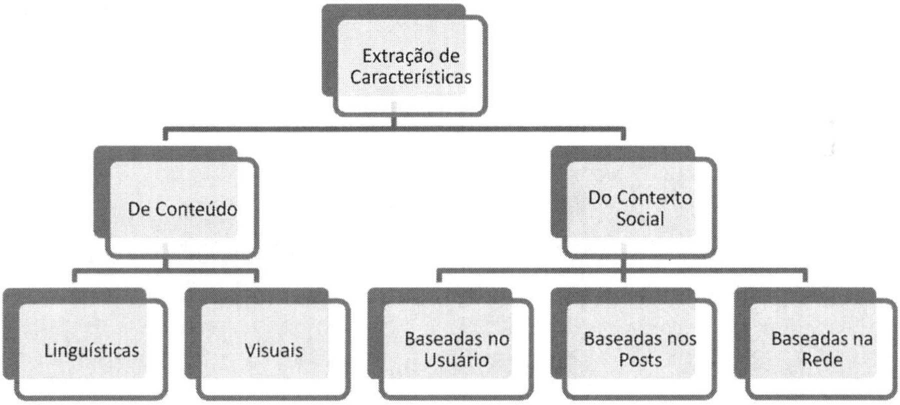

Fonte: elaboração do autor.

3.1.2. Mineração dos Dados

Uma vez extraídas as características da mensagem, é necessário classificá-la em verdadeira ou falsa. Os métodos de mineração, ou classificação propriamente dita, também podem ser divididos em *baseados no conteúdo* e *baseados no contexto social* (Shu et al., 2017), conforme resume a Figura 3.

Os métodos baseados em conteúdo, por sua vez, podem ser classificados em *baseados em conhecimento* e *baseados em estilo*. No primeiro caso, a classificação da notícia em verdadeira ou falsa pode ser feita por meio de uma checagem de veracidade da notícia, uma técnica também conhecida como *checagem de fatos* (do inglês, *fact-checking*) (Vlachos & Riedel, 2014). Essa checagem pode ser feita por um *especialista*, por uma decisão coletiva (do inglês, *crowdsourcing*), ou por *métodos algorítmicos*. No caso dos métodos baseados em estilo, há, essencialmente, duas abordagens na literatura (Shu et al., 2017): orientadas a enganar; e orientadas a objetividade. As técnicas que visam detectar notícias orientadas a enganar usam métodos estilométricos que identificam sentenças ou afirmações enganadoras nas mensagens, enquanto os métodos que detectam mensagens orientadas a objetividade capturam estilos que indicam uma redução na objetividade do conteúdo, como estilos super-partidários e jornalismo amarelo.

Por fim, a mineração baseada no contexto social inclui os engajamentos sociais dos usuários e pode ser dividida em *baseada na posição do usuário* (do inglês, *stance-based*) e *baseada na propagação da notícia* (Shu et al., 2017). A posição de um usuário sobre um determinado conteúdo, por exemplo, um partido político, pode aparecer de forma explícita ou implícita na mensagem. As posições explícitas são representadas por símbolos bem definidos, como uma Curtida ou o uso de um Emoticon, mas as posições implícitas requerem um método capaz de extrair essa posição, como um método de *análise de polaridade* (Lima et al., 2015), que infere se a mensagem é positiva, negativa ou neutra sobre um determinado tema. A mineração baseada em propagação parte da premissa de que a credibilidade de uma notícia está associada à credibilidade dos posts relacionados a ela ou à alguma característica do grafo gerado em torno da notícia.

Figura 3: Métodos de classificação de notícias e suas ramificações

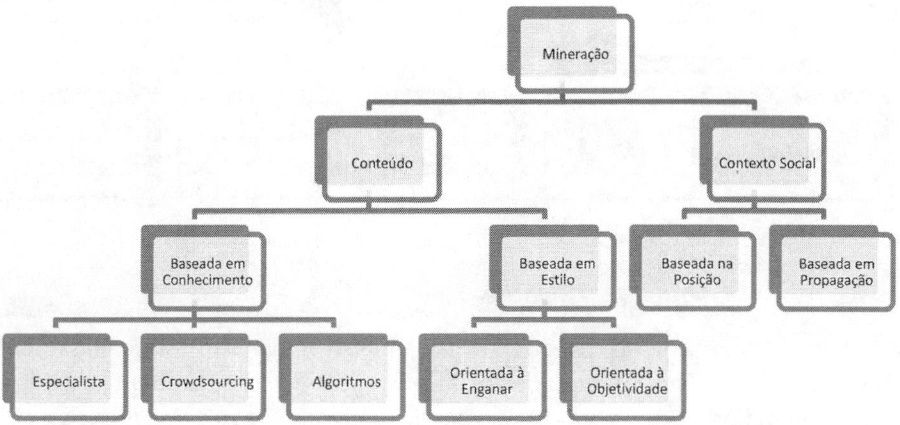

Fonte: elaboração do autor.

4. Exemplos de Detecção de Fake News

Para ilustrar o processo de detecção de Fake News, vamos considerar duas notícias falsas divulgadas no contexto político. No primeiro exemplo usaremos um método baseado na extração de características linguísticas seguida de um classificador automático baseado em conhecimento. O segundo exemplo também extrai as características linguísticas e aplica um classificador automático baseado em conhecimento, porém explora um grafo de conhecimento gerado a partir da notícia potencialmente falsa que se deseja validar e de uma base de conhecimento coletiva.

Em fevereiro de 2018 um site chamado RealtimePolitics publicou um artigo com a seguinte manchete: "Ivanka Trump está, finalmente, sendo DEMITIDA da

Casa Branca – e Trump está FURIOSO!". A forma com que a manchete foi escrita sugere que alguém demitiu a Ivanka Trump sem o consentimento do presidente, que ficou furioso com a situação.

Essa Fake News foi escrita pelo site RealtimePolitics com base em partes de uma notícia da CNN do dia anterior (Zeleny et al., 2018), que falava sobre as tensões e estranhezas criadas na Casa Branca pelo papel da Ivanka na administração do presidente Trump, mas que não mencionava sua demissão. O trecho publicado pelo site foi o seguinte (https://www.snopes.com/fact-check/ivanka-trump-rampage/): "*O chefe de gabinete da Casa Branca, John Kelly, está furioso com o desempenho da primeira filha Ivanka Trump no governo, de acordo com um relatório recente da CNN. Fontes reveladas à rede de notícias indicam que Kelly acha que Trump não conseguiu ter uma perspectiva objetiva sobre a primeira filha e conselheira* sênior do presidente. Kelly teria explicado a outras pessoas, em particular, que a primeira filha está '*brincando de governar*'...".

Para ilustrar o uso do processo de detecção de Fake News descrito anteriormente, vamos considerar o método proposto por Larcker & Zakolyukina (2012) que extrai características linguísticas do texto e classifica a mensagem com base nas categorias de palavras associadas à falsidade, de acordo com pesquisas psicológicas e linguísticas. Por exemplo, DePaulo (2003) (apud Larcker & Zakolyukina, 2012, p. 501) sugere que mentirosos são menos diretos e oferecem respostas mais curtas do que quem fala a verdade, além de tentarem se dissociar de suas palavras, evitando o uso da primeira pessoa do singular. Além disso, há várias categorias de palavras que estão mais comumente associadas a falsidades, conforme ilustra a Tabela 1. Nessa tabela, o *sinal* positivo indica categorias de palavras mais associadas à falsidade, enquanto o sinal negativo indica palavras mais comuns à veracidade. O método automático de classificação corresponde essencialmente a uma contagem (soma) ponderada dos sinais das palavras da mensagem em análise. No caso da escrita feita pelo site, podemos observar não apenas a predominância da terceira pessoa no discurso (a notícia sempre atribui à CNN a informação sobre a demissão da Ivanka), várias palavras pertencentes a categorias indicativas das Fake News, como 'furioso', 'não' e 'demitida', além de expressões de impacto, como 'brincando de governar'. Todas essas características da notícia e mais a soma dos sinais das palavras trazem um forte indício da falsidade da notícia.

Tabela 1: Amostra das variáveis linguísticas e seu sinal para a detecção da veracidade do texto

Categoria	Sinal	Exemplos
Pronomes pessoais em primeira pessoa	-	Eu, meu, minha, etc.
Pronomes impessoais	+/-	Isso, qualquer um, ninguém, etc.

Categoria	Sinal	Exemplos
Negações	+	Não, nunca, nada, jamais, etc.
Ansiedade	+	Preocupado, com medo, nervoso, etc.
Raiva	+	Odeio, detesto, irritado, furioso, etc.
Emoções negativas	+	Absurdo, adverso, melancólico, falsidade, privar, demissão etc.

Fonte: elaboração do autor.

Ciampaglia et al. (2015) propuseram um método automático de detecção da veracidade de notícias que utiliza uma base de conhecimento pré-definida, transforma a notícia potencialmente falsa em um grafo, aplica um método de detecção de caminho mais curto no grafo e, a partir do caminho resultante, infere o grau de veracidade da notícia.

Para ilustrar o método proposto por Ciampaglia e colaboradores, vamos considerar a seguinte notícia: "Barack Obama é muçulmano", um exemplo trazido pelos próprios autores. A ascensão de Barack Hussein Obama, o primeiro afrodescendente, à presidência dos Estados Unidos provocou muitas reações em seus adversários políticos, que, dentre outras coisas, afirmaram que ele era muçulmano (Parlett, 2014; Ali, 2017). A base de conhecimento utilizada para levantar informações sobre o Obama foi a Wikipedia. A partir das informações contidas no *infobox* da página da Wikipedia sobre o Barack Obama[1] e as múltiplas conexões derivadas dele, os autores construíram o grafo de conhecimento sobre o ex-presidente. Uma vez construído o grafo, um algoritmo de caminho mais curto foi aplicado e foram encontrados seis nós entre o Obama e o Islamismo. Além disso, os nós encontrados são nós de alto grau, ou seja, nós que contém uma grande quantidade de conexões, representando entidades genéricas (como a Universidade de Columbia, o país Canadá e a cidade de Calgary). Essas características do caminho resultam em uma conexão fraca entre o Obama e o islamismo, implicando num baixo grau de veracidade para essa notícia.

5. Considerações Finais

O debate sobre Fake News está bem aquecido no Brasil e no mundo, principalmente em época de eleições. O tema vem sendo discutido em diversas esferas, do Tribunal Superior Eleitoral ao Congresso Nacional. Eventos vêm sendo organizados pelo Brasil visando discutir o assunto, e representantes da academia, da imprensa, dos tribunais e do governo se unem para propor soluções. Sob uma perspectiva político-jurídica, a principal questão está relacionada a como combater as Fake News sem abrir espaço para a censura.

Apesar de todo esse debate, as Fake News são resultado do mau uso da tecnologia visando obter vantagens, enganar e enviesar opiniões. Como tal, a linha

1. [https://pt.wikipedia.org/wiki/Barack_Obama].

de frente de combate às Fake News deve ser usando a própria tecnologia. Todos que tiveram acesso a e-mails na década de 1990 lembram-se do grande problema que eram os *spams*. Naquela época, alguns usuários recebiam mais *spams* do que e-mails legítimos. Um e-mail *spam* é, em essência, uma mensagem não solicitada enviada com o objetivo de obter informações sigilosas (por exemplo, senhas e dados bancários) ou injetar agentes maliciosos no computador do receptor. Do final da década de 1990 até início do novo milênio, muitas tecnologias foram desenvolvidas e são continuamente aperfeiçoadas para se combater *spams*. Nesse sentido, a tecnologia *antispam* está tão sofisticada e precisa que a maioria de nós nem se dá ao trabalho de consultar a Caixa Spam de nossos serviços de e-mail, estando seguros de que os e-mails que recebemos são, em sua quase totalidade, legítimos, e aqueles filtrados como *spams* são de fato *spams*.

Nesses quase trinta anos as tecnologias avançaram bastante, permitindo uma comunicação muito mais abrangente, principalmente nas mídias sociais, e uma criação de conteúdo cada vez mais difícil de identificar devido ao alto grau de realismo e sofisticação. De forma similar e com velocidade quase tão rápida, as técnicas de Inteligência Artificial (IA) avançaram bastante. Vivemos na era do Big Data, na qual grandes volumes de dados são gerados a partir de diversas fontes e com alta velocidade. Os algoritmos para tratamento e análise desses dados no contexto específico das Fake News também evoluíram muito e neste capítulo fizemos uma breve revisão sobre como essas técnicas funcionam. Sob o ponto de vista da IA as Fake News também vêm chamando a atenção da comunidade e a expectativa é que em um prazo de poucos anos já tenhamos algoritmos eficientes de identificação automática e em tempo real das Fake News, as ferramentas *Anti Fake News*.

Agradecimentos

O autor agradece ao CNPq, à Fapesp e ao MackPesquisa pelo apoio financeiro. Agradecimentos especiais também vão para a Intel, que patrocina o Laboratório de Computação Natural e Aprendizagem de Máquina (LCoN) da Universidade Presbiteriana Mackenzie como um Centro de Excelência em Inteligência Artificial.

Referências

Alcott, H.; Gentzkow, M (2017), Social media and Fake News in the 2016 Election, Journal of Economic Perspectives, 31(2), pp. 211-236.

Ali, W. (2017), Goodbye, Barack Hussein Obama: America's first 'Muslim president', The Guardian, Disponível em: [https://www.theguardian.com/commentisfree/2017/jan/17/goodbye-barack-hussein-obama-americas-first-muslim-president]. Acessado em: 04/05/2018.

Bessi, A. et al. (2015), Science vs Conspiracy: Collective narratives in the age of misinformation, PLoS One, 10(2): e0118093.

Bessi, A.; Scala, A.; Rossil, L.; Zhang, Q.; Quattrociocchi, W. (2014), The economy of attention in the age of (mis)information, Journal of Trust Management, 1(1), pp. 1-13.

Conroy, N. J.; Rubin, V. L.; Chen, Y. (2015), Automatic deception detection: Methods for finding Fake News, Proc. of the Association for Information Science and Technology, 52(1), pp. 1-4.

Dong, X. L.; Gabrilovich, E.; Murphy, K.; Dang, V.; Horn, W.; Lugaresi, C.; Sun, S.; Zhang, W., (2015), Knowledge-based trust: Estimating the trustworthiness of web sources, Proc. of the VLDB Endowment VLDB Endowment, 8(9), pp. 938-949.

Figueira, A.; Oliveira, L. (2017), The current state of the fake news: Challenges and opportunities, Procedia Computer Science, 121(2017), pp. 817-825.

Howell, L. (2013), Digital wildfires in a hyperconnected world. WEF Report 2013.

Jin, Z.; Cao, J.; Zhang, Y. Zhou, J.; Tian, Q. (2017), Novel visual and statistical image features for microblogs news verification, IEEE Trans. On Multimedia, 19(3), pp. 598-608.

Keeley, B. L. (1999), Of Conspiracy Theories, The Journal of Philosophy, 96(3), pp. 109--126.

Kiely, E.; Robertson, L. (2016), How to Spot Fake News, FactCheck.org, Disponível em: [https://www.factcheck.org/2016/11/how-to-spot-fake-news/], Acessado em 12/05/2018.

Larcker, David F. and Zakolyukina, Anastasia A. (2012), Detecting Deceptive Discussions in Conference Calls. Journal of Accounting Research, Vol. 50, Issue 2, pp. 495-540.

Lazer, D.; Baum, M.; Grinberg, N.; Friedland, L.; Joseph, K.; Hobbs, W.; Mattsson, C. (2017), Combating Fake News: An agenda for research and action, Conference Report, p. 19.

Lima, A. C. E. S.; de Castro, L. N.; Corchado, J. M. (2015), A polarity analysis framework for Twitter messages, Applied Mathematics and Computation, 270, pp. 756-767.

McCright, A. M.; Dunlap, R. E. (2017), Combating misinformation requires recognizing its types and factors that facilitate its spread and resonance, Journal of Applied Research in Memory and Cognition, Elsevier, 6(2017), pp. 389-396.

Mocanu, D.; Rossi. L.; Zhang, Q.; Karsai, M.; Quattrociocchi, W. (2015), Collective attention in the age of (mis)information, Computer Human Behavior, 51, pp. 1198-1204.

Nickerson, R. S. (1998), Confirmation bias: A ubiquitous phenomenon in many guises, Review of general Psychology, 2(2), pp. 175.

Parlett, M. A. (2014), Demonizing a President: The 'Foreignization' of Barak Obama, Political Science.

Robb, M. B. (2017), News and America's Kids: How Young People Perceive and Are Impacted by the News, p. 24, Disponível em: [https://www.commonsensemedia.org/sites/default/files/uploads/research/2017_commonsense_newsandamericaskids.pdf], Acessado em 30/04/2018.

Ross, L., Ward, A. (1996), Naïve realism in everyday life: Implications for social conflict and misunderstanding. In E. S. Reed, E. Turiel, & T. Brown (Eds.), The Jean Piaget symposium series. Values and Knowledge (pp. 103-135). Hillsdale, NJ, US: Lawrence Erlbaum Associates, Inc.

Rubin, V. L.; Conroy, N.; Chen, Y. (2015). Towards News Verification: Deception Detection Methods for News Discourse, Hawaii International Conference on System Sciences (HICSS48), January 2015.

Shu, K.; Sliva, A.; Wang, S.; Tang, J.; Liu, H. (2017), Fake News Detection on Social Media: A Data Mining Perspective, ACM SIGKDD Explorations Newsletter, 19(1), pp. 22-36.

Tajfel, H.; Turner, J. C. (2004), The social identity theory of intergroup behavior, Social Sciences Information, 13(2), pp. 65-93.

Vlachos, A.; Riedel, S. (2014), Fact Checking: Task definition and dataset construction, Proc. of the ACL 2014 Workshop on Language Technologies and Computational Social Science, pp. 18-22.

WEF (2018), The Global Risks Report 2018, 13th Edition, [http://www3.weforum.org/docs/WEF_GRR18_Report.pdf].

Wikipedia (2018), Fake News, Disponível em: https://en.wikipedia.org/wiki/Fake_news, Acessado em 12/05/2018.

Wingfield, N.; Isaac, M.; Benner, K. (2016), Google and Facebook take aim at Fake News sites, The New York Times, Disponível em: [https://bit.ly/2wwKgOo], Acessado em 12/05/2018.

Wu, L.; Morstatter, F.; Hu, X.; Liu, H. (2016), Mining Misinformation in Social Media, In Thai, T.; Wu, W.; Xiong, H. Big Data in Complex and Social Networks, Taylor & Francis Group, Chapter 5, p. 28.

Zeleny, J.; Liptak, K.; Collins, K. (2018), Ivanka Trump's South Korea trip fuels White House tension, Disponível em: [https://edition.cnn.com/2018/02/26/politics/ivanka-trump-south-korea-white-house-tension/index.html]. Acessado em 05/05/2018.

Zubiaga, A.; Aker, A.; Bontcheva, K.; Liakata, M.; Procter, R. (2018), Detection and Resolution of Rumours in Social Media: A Survey, ACM Computing Surveys 51(2), Article 32, p. 36.

EDUCAÇÃO NO COMBATE À DESINFORMAÇÃO

PATRICIA BLANCO

Formada em Relações Públicas pela Faculdade de Comunicação Social Cásper Líbero, com Pós-graduação em Marketing pela ESPM, foi durante três anos Diretora Executiva do Instituto Brasileiro de Ética Concorrencial - ETCO. É atualmente Presidente Executiva e do Conselho Diretor do Instituto Palavra Aberta. É membro do Conselho de Ética do Conselho Nacional de Autorregulação Publicitária - CONAR; membro da Comissão Permanente de Comunicação e Liberdade de Expressão do Conselho Nacional de Direitos Humanos, conselheira titular do Conselho de Comunicação Social do Congresso Nacional e membro do Painel de Colaboradores do Conselho Nacional de Combate à Pirataria - CNCP/MJ. É organizadora de diversos livros, entre eles, *Liberdade de Expressão e Campanhas Eleitorais 2018* e *Liberdade de Expressão - Questões da Atualidade*, ambos lançados em 2020.

Agradecimentos especiais às jornalistas Mariana Mandelli, coordenadora de comunicação do Instituto Palavra Aberta, e Isabella Galante, colaboradora do Instituto Palavra Aberta, pelas contribuições que foram imprescindíveis para a redação deste artigo.

SUMÁRIO: Risco real. Esforço coletivo. Educação midiática – Cidadania para o mundo conectado. Referências.

Você tem ideia de quantas informações imprecisas já recebeu e pode ter compartilhado? E em quantas mensagens falsas já acreditou, para mais tarde descobrir que não passavam de boatos?

A desinformação parece estar por toda parte e, ainda que esse não seja um problema novo, é preciso levar em conta que a tecnologia ampliou consideravelmente a velocidade e o alcance das chamadas "*fake news*".

Tal situação não é exclusiva do Brasil. É uma preocupação global e, não à toa. Um estudo realizado por cientistas do Instituto de Tecnologia de Massachussetts – MIT (uma das instituições de ensino mais prestigiadas dos Estados Unidos) e publicado na revista especializada Science mostrou que, no Twitter, informações falsas têm 70% mais chances de serem retuitadas do que as verdadeiras.

Diferenciar uma "*fake news*" de uma sátira, um boato, opinião, conteúdo patrocinado ou erro de reportagem está cada vez mais difícil. Isso porque não estamos surfando apenas uma onda de desinformação: estamos em meio ao que podemos chamar de tempestade perfeita. Basta olhar em volta para ver que houve uma mudança radical na forma como se produz e se consome informação.

Se antes vivíamos uma era de escassez, onde poucos produziam para muitos, passamos a viver uma realidade em que somos todos produtores de conteúdo, que podem ser criados em ferramentas cada vez mais acessíveis e disponíveis para qualquer cidadão. Ou seja, de uma hora para outra, passamos a navegar livremente no ambiente digital, sem o devido conhecimento ou preparo, causando uma enorme confusão informacional que tem afetado até as maiores democracias do mundo.

Os dados trazidos na última pesquisa TIC Educação (CGI.br, 2019) revelaram, por exemplo, que existe uma grande disparidade entre a percepção dos professores e o real conhecimento dos seus alunos no que diz respeito ao uso seguro da rede e de informações na internet. Os resultados indicam que a maior parte dos educadores acredita que seus alunos sabem utilizar o computador e a rede para acessar conteúdos sobre temas trabalhados em aula (75%) e fazer pesquisas (74%). No entanto, apenas 32% dos docentes afirmam que os estudantes conseguem avaliar as informações que não devem compartilhar, ou ainda, que sabem comparar *sites*, identificando as fontes relevantes.

Além disso, apenas um em cada cinco professores (21%) acredita que seus alunos sabem interpretar e julgar a confiabilidade das informações disponíveis na internet. Isto é, a grande maioria dos professores crê que os jovens não estão conseguindo interpretar o conteúdo que consomem diariamente e de forma cada vez mais constante. Contudo, se perguntarmos diretamente aos jovens, a percepção é exatamente a contrária: segundo a pesquisa TIC Kids Online Brasil (CGI.br, 2019), a maior parte deles (69%) diz saber verificar se uma informação encontrada na Internet está correta e se julga preparada para navegar na web.

Tal fenômeno, que contrapõe percepção e realidade, não é exclusividade dos jovens brasileiros e, por muito tempo, foi impulsionado pelo conceito do "nativo digital". Durante muitos anos, aprendemos que os nativos digitais, aqueles que nasceram nesta era, já vinham preparados para navegar na internet e dispunham de uma habilidade que os tornava seres de alguma forma mais desenvolvidos e sabendo lidar muito bem com todos os riscos do ambiente digital.

Para o professor e pesquisador Sam Wineburg, da Universidade de Stanford, tal conceito esconde uma realidade bem diferente. O que se comprova hoje é que, embora essa geração já tenha a habilidade de se virar com os dispositivos digitais com mais facilidade do que os mais velhos, são extremamente inocentes no que diz respeito ao entendimento e à interpretação de informações consumidas na web.

A matéria intitulada "*Teenagers are rewriting the rules of the news*" ("Adolescentes estão reescrevendo as regras das notícias"), publicada na edição de 18 de dezembro de 2019 da revista The Economist, confirma o argumento do Prof. Wineburg, pois, segundo a revista, os adolescentes estão recebendo notícias de outros jovens que expressam amplamente suas opiniões pessoais, mesmo sendo quase tão informados quanto aqueles que os seguem. O artigo ainda mostra que muitos acreditam quase que imediatamente na autenticidade de um áudio enviado por um conhecido, "*enquanto franzem as sobrancelhas para a Folha de S. Paulo*" ou para qualquer conteúdo de outro veículo de comunicação formal.

Infelizmente, esse fenômeno não afeta somente os jovens, mas todas as gerações. Saber identificar um conteúdo falso passou a ser um grande desafio, principalmente para aqueles que cresceram num ambiente com poucos atores. A informação oriunda de um jornal, revista, rádio ou TV passava pela curadoria de um editor e só era divulgada quando havia confirmação do fato.

A tecnologia derrubou essa barreira. Ao facilitar o acesso a ferramentas de produção e de disseminação de conteúdo, derrubou as fronteiras econômicas e proporcionou a entrada de novos produtores. Novos formatos foram surgindo, tais como *blogs*, *vlogs*, *sites*, comunidades, redes sociais e tantos outros que mudaram radicalmente a oferta de informação. Além disso, qualquer indivíduo passou a ter o poder de publicar suas opiniões e sua própria versão dos fatos.

Pode-se afirmar também que a mudança radical na forma de consumir informação – hoje mais de 72% dos jovens brasileiros consomem notícias via redes sociais – aliada à falta de entendimento quanto à origem, formato e propósito de uma notícia, gerou um ambiente de desinformação grave e bastante danoso para a sociedade.

Risco real

Em 2019, o jovem norte-americano Jerome Kunkel, de 18 anos, ganhou as manchetes do noticiário mundo afora quando decidiu processar a escola em que estudava. O motivo: ele havia sido suspenso por recusar-se a tomar vacina contra catapora. Em meio a um surto do vírus na região, o adolescente de Walton, estado de Kentucky (EUA), afirmou que o procedimento de imunização iria contra as suas convicções religiosas.

Um mês depois de ter entrado com a ação judicial (que foi indeferida), como uma piada de mau gosto do destino, Kunkel contraiu catapora. Mesmo assim, ele afirmou não ter mudado de posicionamento: segundo sua crença, as vacinas derivariam de "fetos abortados".

O episódio reflete, dentro do ambiente escolar, a adesão crescente aos movimentos antivacinas, considerados pela Organização Mundial de Saúde (OMS) uma das principais ameaças à saúde global em 2019.

De acordo com números da própria entidade, os casos de sarampo, doença outrora erradicada em diversas localidades, aumentaram em 300% no mundo nos primeiros três meses de 2019 em comparação ao mesmo período de 2018.

É sabido que o descrédito na eficácia dos processos de imunização não é novidade, mas a proporção que o tema tomou por conta das redes sociais é imensurável, uma vez que essas plataformas propiciaram a organização de indivíduos e grupos que defendem tais ideias e, consequentemente, facilitaram a disseminação desses boatos em escala exponencial.

Em tempos de desinformação, a questão específica da vacinação enquadra-se em um contexto muito mais amplo: o da deslegitimação do conhecimento. Não se trata de críticas ou questionamentos, e sim da desqualificação de tudo aquilo que se baseia em métodos, leis, teorias e pesquisas científicas, desenvolvidos ao longo dos séculos.

O desprezo pelo saber acumulado e organizado, conhecimento muitas vezes incompreensível para quem não é estudioso, somado a crenças próprias, opiniões pessoais e argumentos simplórios, sem comprovação alguma, que parecem de alguma forma fazer sentido, reforçam teses que há pouco tempo atrás não ganhariam espaço nem em conversas no almoço de domingo. As suposições em torno do aquecimento global, da teoria da evolução humana e da esfericidade do planeta são outros exemplos de temas que ganharam "especialistas" que expõem teorias rasas e opiniões nas redes sociais.

Esse quadro ganha contornos mais drásticos quando o assunto é saúde pública. Informações falsas e mentiras sobre doenças e medicações circulam em uma velocidade muito maior do que os próprios vírus.

Nos Estados Unidos, por exemplo, 34% dos jovens de 12 a 24 anos não têm certeza de que a terra é redonda. A maior influência para tal convicção, de acordo com uma pesquisa da Universidade de Texas Tech, vem de vídeos sobre teorias conspiratórias publicados no YouTube.

Já no Brasil, apesar do interesse da população pela ciência ser mais alto do que a média mundial (70% e 46%, respectivamente, segundo o Índice Anual do Estado da Ciência), os desafios são imensos. Isso porque a desconfiança está em ascensão por aqui: 39% se dizem céticos sobre a ciência e 50% só acreditam nela quando vai ao encontro de suas próprias crenças.

Tal conjuntura atinge de maneira acentuada inclusive os jovens. Os últimos dados do Instituto Nacional de Ciência e Tecnologia em Comunicação Pública da Ciência e Tecnologia (INCT-CPCT) mostram que adolescentes com idade entre 15 e 24 anos estão com dúvidas sobre controvérsias sociais e políticas que atravessam a ciência. De acordo com o levantamento, 25% deles acreditam que vacinar crianças pode ser perigoso e 54% concordam que os cientistas possam estar "exagerando" sobre os efeitos das mudanças climáticas.

Todos esses dados mostram que é preciso atuar imediatamente para reduzir o *gap* entre percepção e realidade e, com isso, conter a onda de desinformação que nos assola.

Esforço coletivo

Esse cenário parece desafiador – e, de fato, é, pois estamos suscetíveis e expostos a uma infinidade de conteúdos de diferentes procedências e disseminados com intenções diversas. Em quem acreditar? Se estamos tão vulneráveis, como ficam as crianças e os adolescentes? E qual o papel da escola nesse cenário tão complexo?

É justamente nesse contexto que emerge a educação midiática, também conhecida como alfabetização midiática e informacional, que pode ser definida como o conjunto de habilidades para acessar, analisar, criar e participar de maneira crítica do ambiente informacional e midiático em todos os seus formatos – dos impressos aos digitais. Educação midiática é muito mais do que checar informações e não compartilhar "*fake news*": é saber ler, escrever e participar ativamente e de modo responsável do mundo conectado em que vivemos.

Levar esse tema tão fundamental para a sala de aula é o caminho mais seguro para garantir que os jovens desenvolvam as habilidades necessárias para navegar com segurança e responsabilidade pelo mar de informações com que somos bombardeados a todo minuto.

O momento para agir é este justamente porque o contexto educacional brasileiro oferece uma excelente oportunidade com a implementação da Base Nacional Comum Curricular (BNCC). O documento, organizado em torno de competências gerais, reforça o papel da escola e do professor em debater habilidades que dizem respeito à fluência digital, incluindo a análise e a publicação de informações de forma crítica, ética e responsável.

De forma mais explícita, esse novo letramento aparece no Campo Jornalístico-Midiático da Língua Portuguesa. Mas também em outras áreas do conhecimento – e em várias das competências gerais da BNCC – a educação midiática está presente. O foco é formar os alunos para os diversos usos da linguagem e para a participação na sociedade de maneira reflexiva e ética. Ou seja, a avaliação crítica das mídias e a produção de textos em formatos diversos ganham destaque na Base, não só no que diz respeito à esfera do jornalismo e da comunicação social, mas também em um contexto de participação cívica, da pesquisa e documentação científica e histórica, e da expressão artística.

Entretanto, embora os sinais sejam positivos no sentido da adoção desse tema, há muito ainda o que fazer. É preciso disseminar o conceito, unificar o termo, formar professores. Passa também pelo convencimento da importância em se adotar a educação midiática em sala de aula. Sem contar o desafio imposto pelas dimensões e diversidade brasileiras.

A união de esforços em torno do tema é fundamental. Mobilizar todos os agentes envolvidos, professores, formuladores de políticas públicas, membros da academia e sociedade em geral, é condição essencial para implementar o processo de educação midiática nas escolas e, com isso, ajudar crianças e jovens a terem uma relação mais saudável e segura com as mídias.

Educação midiática – Cidadania para o mundo conectado

Informar, empoderar e engajar. Esse foi o tema central da 8ª Edição da Global MIL Week (Out. 2019), evento anual organizado pela UNESCO para promover a cooperação internacional e garantir que todos os cidadãos tenham acesso a ferramentas de alfabetização midiática e informacional, visando capacitar assim cidadãos do mundo todo, incluindo crianças e jovens, com competências relacionadas à mídia, informação, TIC e outros aspectos da alfabetização necessários para o século XXI.

Para a UNESCO, a alfabetização midiática e informacional, informa, empodera e engaja o indivíduo, além de proporcionar a ele as competências necessárias para buscar e usufruir plenamente dos benefícios expostos no Artigo 19 da Declaração Universal dos Direitos Humanos, que estabelece que: "*Todo ser humano tem direito à liberdade de opinião e expressão; esse direito inclui a liberdade de opinar livremente e de procurar, receber e transmitir informações e ideias por quaisquer meios, independentemente de fronteiras*".

A entidade acredita também que a educação midiática traz inúmeros benefícios que vão muito além de saber identificar conteúdos falsos. O cidadão educado midiaticamente, que se informa a partir de fontes confiáveis, com senso crítico e autonomia, se fortalece e com isso exerce melhor a sua cidadania e passa a usufruir plenamente os direitos humanos fundamentais.

A educação midiática pressupõe questionar fontes de dados, suspeitar da procedência de uma informação, manusear os diferentes gêneros digitais e dominar o conceito de credibilidade, entre outras habilidades que transformam o ato de ler em algo que exige interpretação, criticidade, autonomia e até uma pitada de investigação.

Uma sociedade alfabetizada midiaticamente promove também o desenvolvimento de mídias livres, independentes e pluralistas, e de sistemas abertos de informação, tão necessários para a democracia. Além disso, a educação midiática deve ser vista como uma ferramenta essencial para facilitar o diálogo intercultural, a cultura de paz e a compreensão mútua e cultural entre os povos, reduzindo assim a intolerância e o discurso do ódio.

Esses benefícios e tantos outros da educação midiática podem ser comprovados a partir de experiências, pesquisas e estudos desenvolvidos há mais de 40 anos em vários centros espalhados pelo mundo. Nesse período destacam-se estudiosos como a Professora Renee Hobbs, líder do Media Education Lab, da Universidade de Rhode Island/EUA; o professor David Buckingham, diretor do Centro para o Estudo das Crianças, Juventude e Mídia na Universidade de Londres (Inglaterra); o italiano Paulo Celot, da EAVI, uma organização internacional com sede em Bruxelas, ativa nos campos da mídia, educação e cidadania; e o brasileiro Ismar Soares, da ECA/USP, considerado o pai da Educomunicação no Brasil e precursor da educação midiática no país. Foi por intermédio dele que o país entrou na discussão sobre o tema.

No entanto, foi a partir de 2016 que a educação midiática ganhou de fato seu lugar de destaque. O impacto das redes sociais e sua influência em processos eleitorais reacenderam a importância do tema, e hoje podemos dizer que sua implantação começa a se tornar realidade nas escolas do Brasil, assim como em todo o mundo.

Formar uma sociedade educada midiaticamente em meio a um mundo perpetrado por desinformação é um grande desafio, mas pode se transformar em realidade a partir do momento em que tivermos a consciência de que educar para a informação é uma decisão nossa como sociedade.

Que tipo de sociedade queremos? Se nossa escolha for por cidadãos livres, informados, engajados e capazes de fazer escolhas conscientes, não podemos ignorar a urgência da educação midiática como tema central nas escolas. Precisamos transformar a relação dos jovens com o conhecimento, para que saibam aprender a aprender e para que se tornem cidadãos mais responsáveis, éticos e aptos a participarem ativamente da sociedade democrática.

Referências

BRASIL, Ministério da Educação. **Base Nacional Comum Curricular: Educação é a Base**, 2017. Disponível em: [http://basenacionalcomum.mec.gov.br/]. Acesso em: novembro de 2019.

Comitê Gestor da Internet no Brasil – CGI.br. **Pesquisa sobre o Uso das Tecnologias de Informação e Comunicação nas Escolas Brasileiras – TIC Educação 2018.** São Paulo: CGI.br, 2019b. Disponível em: [https://cetic.br/publicacao/pesquisa-sobre-o-uso-das-tecnologias-de-informacao-e-comunicacao-nas-escolas-brasileiras-tic-educacao-2018/]. Acesso em: novembro 2019.

Comitê Gestor da Internet no Brasil – CGI.br. **Pesquisa sobre o Uso da Internet por Crianças e Adolescentes no Brasil – TIC Kids Online 2018.** São Paulo: CGI.br, 2019a. Disponível em: [https://cetic.br/publicacao/pesquisa-sobre-o-uso-da-internet-por-criancas-e-adolescentes-no-brasil-tic-kids-online-brasil-2018/]. Acesso em: novembro 2019.

The Economist. **Teenagers are rewriting the rules of the news.** Disponível em: [https://www.economist.com/international/2019/12/18/teenagers-are-rewriting-the-rules-of-the-news]. Acesso em: dezembro 2019.

UNESCO – Alfabetização midiática e informacional: currículo para formação de professores. Disponível em: [https://unesdoc.unesco.org/ark:/48223/pf0000220418].

Reuters Institute. **Digital News Report 2016**. Disponível em: [https://static.poder360.com.br/2016/12/Pesquisa-instituto-Reuters.pdf].

EducaMídia. [www.educamidia.org.br].

Estado, *Fake News* e Responsabilidade

DESINFORMAÇÃO: ATUAÇÃO DO ESTADO, DA SOCIEDADE CIVIL ORGANIZADA E DOS USUÁRIOS DA INTERNET

ANTONIO CECÍLIO MOREIRA PIRES

Advogado e Consultor Jurídico em São Paulo. Mestre e Doutor em Direito do Estado pela Pontifícia Universidade Católica de São Paulo (PUC-SP). Professor de Direito Administrativo e Chefe do Núcleo Temático de Direito Público da Faculdade de Direito da Universidade Presbiteriana Mackenzie. Integrante do MackCidade: direito e espaço urbano.

LILIAN REGINA GABRIEL MOREIRA PIRES

Advogada. Mestra e Doutora em Direito do Estado pela Pontifícia Universidade Católica de São Paulo (PUC-SP). Professora de Direito Administrativo da Faculdade de Direito da Universidade Presbiteriana Mackenzie. Coordenadora do Programa MackCidade: direito e espaço urbano.

1. Introdução

A tecnologia caminha a passos largos e, junto com ela, a velocidade das informações se tornou regra no mundo moderno. Nos dias de hoje, temos o denominado mundo virtual, que tem como características a descentralização a e globalização da comunicação, do consumo, dos hábitos sociais, entre outros, criando formas de sociabilidade e de conhecimento do mundo real.

Nesse ambiente, as redes sociais se constituem em mecanismo que exerce forte papel na mediação tecnológica e, portanto, diretamente envolvido na proteção de direitos fundamentais. Isso porque elas oferecem aquilo que agrada aos usuários por meio dos filtros[1].

1. "Filtro bolha: conjunto de dados gerados por todos os mecanismos de algorítmicos utilizados para se fazer uma edição invisível voltada à customização da navegação

A possibilidade de escolha de algorítmicos desemboca na personalização. Eli Pariser registra na introdução de seu livro:

> Os defensores da personalização nos oferecem um mundo feito sob medida, adaptados à perfeição para cada um de nós. É um lugar confortável, repletos de nossas pessoas, coisas e ideais preferidas. Se nunca mais quisermos ouvir falar de coisas mais sérias, como violência, não precisaremos ouvir falar.... Nunca mais ficaremos entediados, nunca ficaremos aborrecidos. Nossos meios de comunicação serão um reflexo perfeito de nossos interesses e desejos.[2]

As tecnologias de personalização de conteúdo garantem a determinação do público alvo e resultam nas chamadas câmaras de eco e bolhas de filtro, ou seja, a filtragem garante o apanhado de informações a respeito daquilo que se infere ser do interesse do usuário. Isso acontece em razão do processamento de dados dos padrões de atividades na rede (internet). Percebe-se, portanto, que o gosto do usuário é marcado e definido a partir de uma aproximação de atividades e informações semelhantes, pelo que estamos diante de uma mediação virtual. Essa aproximação faz com que a interação ocorra de forma contínua e afaste o desafio de perspectivas e interesses diferentes.

Afora isso, não podemos deixar de registar que essa mediação virtual reflete diretamente no conteúdo a que o usuário está exposto. Assim, o conteúdo decidido como relevante ao usuário, necessariamente, não estará consoante os princípios democráticos e constitucionalmente protegidos. Além disso, existe uma sensação de proteção diante da tela, posto que ninguém enxerga de modo real aquilo que posta, haja vista que a postagem é feita de acordo com o desejo do seu autor, que automaticamente afasta os eventuais opositores, seja ignorando solenemente a eventual reprimenda, seja mediante um clique de bloqueio.

De todo modo, se de um lado temos acesso às informações com uma rapidez vertiginosa, de outro, por vezes, ficamos à mercê de notícias duvidosas, desprovidas de sustentáculos técnicos e postadas de má-fé.

É patente que o direito não pode se furtar de reconhecer e buscar disciplinar a denominada *fake news*, cabendo ao operador do direito enfrentar questões altamente complexas relativas à liberdade de expressão e à hipótese de controle.

Por óbvio, o presente trabalho não tem a pretensão de abarcar todas as hipóteses, mas tão somente trazer alguns pontos para a necessária reflexão do leitor.

---

on-line. Em outras palavras, é uma espécie de personificação dos conteúdos da rede, feita por determinadas empresas como a Google, através de seus mecanismos de busca, e redes sociais como o Facebook, entre diversas outras plataformas e provedores de conteúdo" MAGRANI, Eduardo. *Democracia conectada: a internet como ferramenta de engajamento político-democrático.* Curitiba: Juruá, 2014. p. 118.

2. PARISIER, Eli. *The filter bubble:* what the internet is hidding from you. London: Viking, 2011. Tradução livre.

2. A internet e a quebra de fronteiras

Sem sombra de dúvidas, a internet se constitui em uma das maiores quebras de fronteiras em face da possibilidade de democratizar as informações. Com efeito, com o advento da internet, as redes sociais se conformaram em um instrumento de liberdade de expressão como forte impacto social.

Não se pode negar que a plataforma das redes sociais trouxe consigo a possibilidade de que pessoas comuns possam competir no mercado cultural[3]. Deveras, livros, filmes, músicas, entre outros, não mais dependem de editoras, produtoras e gravadoras.

Doutra parte, a ideia reinante encontrava-se focada na hipótese de que as redes sociais seriam perfeitas para garantir a liberdade de expressão, de forma a consolidá-la, bem como se constituir em um espaço democrático de discussão pública. Isso porque, com a democratização dos meios de comunicação, em última análise, seria possível a todos ouvir, retirando o estigma de que aquilo que deve ou não ser publicado é fruto de uma decisão sustentada pelo juízo daqueles que detém o poder.

Não obstante, não podemos esquecer que a tecnologia possibilita a mediação virtual[4] e é manuseada por pessoas, residindo, nesse contexto, o ponto de inflexão do tema: como garantir a neutralidade quando existe facilidade de difusão de informações duvidosas, ideologias e, além de tudo, má-fé?

De fato, o que encontramos na nossa história recente é que o compartilhamento de informações passou a ser o meio de apresentar opiniões e desejos pessoais, sem necessariamente de se preocupar com a verdade.

Note-se que o descaso com a ética e com a verdade está intimamente relacionado com a inexistência de contato com os possíveis interlocutores, haja vista que existe uma aparente e sugestiva proteção ofertada pela tela do computador.

---

3. Exemplo disso é Yasmin Thayná, negra e de classe humilde, nascida na Baixada Fluminense, que produziu o curta Kbela, por meio de financiamento coletivo *on-line*, e foi para apresentação no festival de cinema em Roterdã em 2017. Disponível em: [http://diariodonordeste.verdesmares.com.br/cadernos/caderno-3/online/cinema-brasileiro-tera-presenca-expressiva-no-festival-de-roterda-1.1684784]. Acesso em: 26.05.2018, às 22h33. Amanda Hocking, escritora de 27 anos que emergiu da obscuridade para o *status* de *best-seller* em 18 meses, graças a seus esforços de autopublicação. Disponível em: [www1.folha.uol.com.br/fsp/ilustrada/22500-autora-de-27-anos-sem-editora-vende-15-milhao-de-livros-na-web.shtml]. Acesso em: 26.05.2018, às 22h26.

4. Como já apresentado na introdução deste trabalho: essa mediação virtual tem reflexo direto no conteúdo a que o usuário está exposto. Assim, o conteúdo decidido como relevante ao usuário necessariamente não estará conforme os princípios democráticos e constitucionalmente protegidos. Além do que existe uma sensação de proteção diante da tela, ninguém enxerga de modo real aquele que posta, então a postagem é feita de acordo com o desejo do seu autor e este afasta os eventuais opositores com o fato de solenemente ignorar a eventual reprimenda ou com um clique de bloqueio.

Logo, se houver qualquer comentário relativo à precisão ou à fidedignidade da informação isso pode ser solenemente ignorado, além da patente e corriqueira possibilidade de simplesmente se apagar a publicação e bloquear aquele que, de alguma forma, apontou ou contraditou a informação.

Por outro lado, quando o algoritmo recebe um estímulo, mediante o compartilhamento ou a "curtida" de alguém, existe um esforço de aproximação e conexão em razão do mesmo pensamento ou opinião.

Nesse ambiente, conclui-se que o espaço para se democratizar o debate que, em princípio, parece ter um amplo espectro de possibilidades, torna-se pequeno e arriscado, até porque o excesso de informação disponível não estimula uma leitura atenta e reflexiva.

Disso decorre que a propagação da notícia falsa – *fake news* – encontra, na internet, em especial na plataforma das redes sociais, campo fértil para se proliferar mediante compartilhamentos, sem qualquer atitude reflexiva e, muitas vezes, com boa-fé, na medida em que o conteúdo apresenta características curiosas e é entendido como passível de ser por todos conhecido.

Nesse cenário, o universo do direito é chamado para colaborar na solução da situação que se constitui em aparente dicotomia entre a liberdade de expressão e seu controle.

De qualquer maneira, para que possamos fazer uma reflexão ao lume do direito, partamos do princípio que, com o advento da internet, facilitou-se significativamente o intercâmbio de informações e, sem sombra de dúvida, caminhamos para uma democracia efetivamente participativa. Melhor dizendo, caminhamos para uma democracia em que a facilidade de participação é significativamente maior. Diogo Figueiredo Moreira Neto anota:

> A conjugação do processamento de dados à transmissão de imagens, a telemática, implicará também em substancial mudança no modo de participar e de ser "fazer política" no século vindouro. Neste campo, por sinal, o que ainda não sabemos é bem mais amplo do que até a mente mais audaciosa pode hoje antecipar.
>
> Contudo, uma importante tendência proporcionada pela participação é desde já perfeitamente identificável: a radical mudança de peso entre os interlocutores do diálogo político, antes perfeitamente hierárquico, partindo do líder ou da autoridade para seus liderados mais abaixo, hoje transformado em relações lateralizadas ou "de baixo para cima".[5]

Impende considerar que essa lateralização, embora seja salutar, na medida em que existe um empoderamento de todos em relação a essas informações, isso,

---

5. MOREIRA NETO, Diogo de Figueiredo. *Mutações do direito administrativo*. 3. ed. rev. e ampl. Rio de Janeiro: Renovar, 2007. p. 15.

também, por outro lado, pode conduzir a nefastos resultados notadamente em se tratando daquilo que hodiernamente se denomina *fake news*.

Se de um lado se atende ao princípio da transparência, vital para a concreção de uma democracia participava, em que "todo o poder emana do povo e para o povo", propiciando inclusive um controle social da Administração Pública, realizado pelos cidadãos e por entidades da sociedade civil, necessário se faz que o propalar de informações desconectadas, falsas e desagregadoras sejam coibidas.

3. A liberdade de informação

A quebra de paradigma da comunicação social em razão dos meios digitais apresenta responsabilidade relativa à tutela do direito à informação. Nas palavras de Paulo Bonavides:

> A globalização política na esfera da normatividade jurídica introduz os direitos os direitos da quarta geração, que aliás, correspondem à derradeira fase de institucionalização do Estado Social. São Direitos de quarta geração o direito à democracia, o direito à informação e o direito ao pluralismo. Deles depende a concretização da sociedade aberta do futuro, em sua dimensão de máxima universalidade, para qual parece o mundo inclinar-se no plano de todas as relações de convivência.[6]

A Constituição Federal, em seu art. 220, estabelece que a manifestação do pensamento, a criação, a expressão e informação não poderão sofrer qualquer restrição, observadas, por óbvio, as disposições de nossa Lei Fundamental.

Releva registrar que a liberdade de expressão e comunicação, enquanto direito fundamental, constitui-se em um dos sustentáculos da democracia, implicando, pois, em dever do Estado naquilo que diz respeito à sua promoção.

Edmilson Farias, em sua obra *Liberdade de expressão e comunicação*, afirma que a mídia tem função política, na medida em que divulga os fatos e acontecimentos atinentes a toda uma sociedade, subsidiando o cidadão naquilo que diz respeito às suas escolhas, de modo a fixar uma agenda de discussão.[7]

Consequentemente, não podemos deixar de afirmar que a mídia pode ser vista como o quarto poder, tendo condições de influenciar positivamente ou negativamente toda a sociedade, motivo pelo qual as suas ações não podem ser dissociadas do contexto da responsabilidade, como, aliás, muito bem observa Indiara Liz Fazolo Pinto:

---

6. BONAVIDES. Paulo. *Curso de direito constitucional*. 25. ed. São Paulo: Malheiros Editores, 2010. p. 571.
7. FARIAS, Edmilson. *Liberdade de expressão e comunicação: teoria e proteção constitucional*. São Paulo: Revista dos Tribunais, 2004. p. 113-117.

> A imprensa tornou-se, então, um verdadeiro poder social, podendo influenciar negativa ou positivamente a comunidade em que está inserida. De maneira positiva, contribui para a socialização dos cidadãos, evitando que certos grupos caiam no isolamento, promovendo o intercâmbio cultural. Por outra via, pode se tornar maléfica ao uniformizar as opiniões, massificando a linguagem e os costumes. Isso ocorre em razão de interesses comerciais, despreocupados com o cidadão, que têm como único objetivo atingir um maior número de pessoas, a despeito da qualidade da informação transmitida.
>
> Trata-se, portanto, da triste configuração da imprensa (notadamente a brasileira), operada por entidades privadas que visam, quase que exclusivamente, ao lucro, deixando de se tornar expressão da autonomia individual dos cidadãos para refletir interesses meramente comerciais ou ideológicos.
>
> Dessa maneira, especialmente em razão das essenciais funções por ela exercidas, é que a liberdade de imprensa deve ter como fundamento o binômio liberdade-responsabilidade, pelo que deve obedecer a critérios de ética e juridicidade, para que não entre em choque com outros direitos fundamentais, como a intimidade, a vida privada, a honra e a dignidade humana.[8]

Logo, é de se concluir que a liberdade de informação não pode ser absoluta, isso sem falar no necessário compromisso com a ética e a verdade, sob pena de responsabilização a ensejar a cabível indenização. Nesse sentido, cabe aqui decisão do Superior Tribunal de Justiça que muito bem espelha a questão em pauta:

> Recurso Especial. Direito de informação, expressão e liberdade de imprensa. Direitos não absolutos. Compromisso com a ética e a verdade. Vedação à crítica difamatória e que comprometa os direitos da personalidade. Dano moral. Indenização. Arbitramento. Método bifásico.
>
> 1. A doutrina brasileira distingue as liberdades de informação e de expressão, registrando que a primeira diz respeito ao direito individual de comunicar livremente fatos e ao direito difuso de ser deles informado; por seu turno, a liberdade de expressão destina-se a tutelar o direito de externar ideias, opiniões, juízos de valor, em suma, qualquer manifestação do pensamento humano.
>
> 2. A liberdade de imprensa, por sua vez, é manifestação da informação de informação e expressão, por meio da qual é assegurada a transmissão das informações e dos juízos de valor, a comunicação de fatos e ideias pelos meios de comunicação social de massa.
>
> 3. As liberdades de informação, de expressão e de imprensa, por não serem absolutas, encontram limitações ao seu exercício, compatíveis com o regime

8. PINTO, Indiara Liz Fazolo. *Liberdade de expressão, Lei de Imprenso e discurso do ódio – Da restrição como violação à limitação como proteção.* A&C. *Revista de Direito Administrativo e Constitucional,* Belo Horizonte, ano 13, n. 53, jul.-set. 2013. Disponível em: [http://bidforum.com.br/?key1=mackenziebid&key2=mackenzie&key3=95610F7A]. Acesso em: 15.05.2018.

democrático, tais como o compromisso ético com a informação verossímil; a preservação dos direitos da personalidade; e a vedação de veiculação de crítica com fim único de difamar, injuriar ou caluniar a pessoa (*animus injuriandi vel diffamandi*).

4. A pedra de toque para aferir-se legitimidade na crítica jornalística é o interesse público, observada a razoabilidade dos meios e formas de divulgação da notícia, devendo ser considerado abusivo o exercício daquelas liberdades sempre que identificada, em determinado caso concreto, a agressão aos direitos da personalidade, legitimando-se a intervenção do Estado-juiz para pôr termo à desnecessária violência capaz de comprometer a dignidade.

[...]

6. Detectado o dano, exsurge o dever de indenizar e a determinação do *quantum* devido será alcançada a partir do método bifásico de arbitramento equitativo da indenização: numa primeira etapa, estabelece-se o valor básico para a indenização, considerando o interesse jurídico lesado, com base em grupo de precedentes jurisprudenciais que apreciaram casos semelhantes e, na segunda etapa, as circunstâncias do caso serão consideradas, para fixação definitiva do valor da indenização, atendendo a determinação legal de arbitramento equitativo pelo juiz.

7. Recurso especial provido.[9]

É, portanto, plenamente possível asseverar que os limites da liberdade de informação se circunscrevem ao compromisso com a ética e com a verdade, pelo que desbordar dos vetores em comento pode e deve ensejar a devida responsabilização.

Calha aqui, por pertinente que é, lembrar que não somos a favor da indústria das indenizações, mas entendemos que os órgãos de comunicação devem ser responsabilidades em razão da veiculação de notícia falsa, desde que existam provas suficientes de que a falsidade já era conhecida, ou poderia ser conhecida, antes da divulgação da aludida notícia.

Da mesma forma, também não somos a favor da censura que, em nosso país, teve os seus derradeiros dias em razão de decisão do Supremo Tribunal Federal no julgamento da ADPF 130/09, que decidiu que a Lei 5.250/67, denominada de Lei de Imprensa, que foi imposta no regime militar, era completamente incompatível com a nossa Lei Fundamental.[10]

9. STJ. Recurso Especial 1.627.863/DF (2016/0187442-4), 4ª T., rel. Min. Luiz Felipe Salomão, *DJe* 2110, publicado em 12.12.2016. Disponível em: [http://bidforum.com.br/bidBiblioteca_periodico_telacheia_pesquisa.aspx?i=246871&p=16]. Acesso em: 15.05.2018.

10. STF. Arguição de Descumprimento de Preceito Fundamental 130/DF, Tribunal Pleno, rel. Min. Carlos Britto, publicado em 06.11.2009. Disponível em: [http://redir.stf.jus.br/paginadorpub/paginador.jsp?docTP=AC&docID=605411]. Acesso em: 17.05.2018.

4. A *fake news* e o direito

A questão das notícias falsas é de grande relevância e não pode ser ignorada pelo direito. Isso tanto é verdade que a Polícia Federal criou um grupo de trabalho, em conjunto com o Tribunal Superior Eleitoral e Procuradoria-Geral da República, objetivando coibir as *fake news* nas eleições de 2018.

Nesse mesmo passo, também foi constituído o Conselho Consultivo sobre a Internet e Eleições pela Presidência do Tribunal Superior Eleitoral[11] tendo por objetivo o desenvolvimento de pesquisas e estudos acerca das regras eleitorais e a influência da Internet nas eleições, notadamente no que diz respeito ao *fake news*.

Afora isso, temos o Marco Civil da Internet – Lei 12.965/14 – que veio a dispor sobre princípios, garantia, direitos e deveres para uso da internet no Brasil, disciplinando em seu art. 19 a hipótese de responsabilização por danos decorrentes de conteúdo gerado por terceiros.[12]

Sobremais, temos ainda, no âmbito eleitoral, as Leis 13.165/15, 13.487/17 e 13488/1), que vieram a modificar a Lei Eleitoral – Lei 9.504/97.

No campo do direito penal, o Senador Ciro Nogueira apresentou projeto para acrescentar ao Código Penal o artigo 287-A, com a seguinte proposta de redação:

---

11. Portaria TSE 949 de 07.12.2017. Disponível em: [www.tse.jus.br/legislacao-tse/prt/2017/PRT09492017.html]. Acesso em: 17.05.2018.

12. Art. 19. Com o intuito de assegurar a liberdade de expressão e impedir a censura, o provedor de aplicações de Internet somente poderá ser responsabilizado civilmente por danos decorrentes de conteúdo gerado por terceiros se, após ordem judicial específica, não tomar as providências para, no âmbito e nos limites técnicos do seu serviço e dentro do prazo assinalado, tornar indisponível o conteúdo apontado como infringente, ressalvadas as disposições legais em contrário.

    § 1º A ordem judicial de que trata o caput deverá conter, sob pena de nulidade, identificação clara e específica do conteúdo apontado como infringente, que permita a localização inequívoca do material.

    § 2º A aplicação do disposto neste artigo para infrações a direitos de autor ou a direitos conexos depende de previsão legal específica, que deverá respeitar a liberdade de expressão e demais garantias previstas no art. 5º da Constituição Federal.

    § 3º As causas que versem sobre ressarcimento por danos decorrentes de conteúdos disponibilizados na internet relacionados à honra, à reputação ou a direitos de personalidade, bem como sobre a indisponibilização desses conteúdos por provedores de aplicações de internet, poderão ser apresentadas perante os juizados especiais.

    § 4º O juiz, inclusive no procedimento previsto no § 3º, poderá antecipar, total ou parcialmente, os efeitos da tutela pretendida no pedido inicial, existindo prova inequívoca do fato e considerado o interesse da coletividade na disponibilização do conteúdo na internet, desde que presentes os requisitos de verossimilhança da alegação do autor e de fundado receio de dano irreparável ou de difícil reparação.

> Divulgação de notícia falsa
>
> Art. 287-A. Divulgar notícia que sabe ser falsa e que possa distorcer, alterar ou corromper a verdade sobre informações relacionadas à saúde, à segurança pública, à economia nacional, ao processo eleitoral ou que afetem interesse público relevante.
>
> Pena – detenção, de seis meses a dois anos, e multa, se o fato não constitui crime mais grave.
>
> § 1º Se o agente pratica a conduta prevista no caput valendo-se da internet ou de outro meio que facilite a divulgação da notícia falsa:
>
> Pena – reclusão, de um a três anos, e multa, se o fato não constitui crime mais grave.
>
> § 2º A pena aumenta-se de um a dois terços, se o agente divulga a notícia falsa visando a obtenção de vantagem para si ou para outrem.[13]

Note-se que o objetivo do projeto de lei sobredito é o apenamento daquele que divulgou notícia falsa, independentemente da configuração dos crimes de calúnia, injúria e difamação.

Na seara internacional, a comissária de economia digital da União Europeia, Maryia Gabriel, em novembro de 2017, realizou uma conferência em Bruxelas[14] anunciando a criação de grupo de trabalho composto de especialistas para opinar sobre a desinformação e, na oportunidade, trouxe os princípios fundantes da abordagem europeia para o problema da desinformação:

> Primeiro, a transparência sem a qual os cidadãos não podem fazer escolhas informadas. Os atores que querem magoar não gostam da luz. Esta

13. Projeto de Lei do Senado 473, de 2017.
14. Dans cette effort collectif qui sera poursuivi durant les mois à venir, il me semble nécessaire que nous gardions à l'esprit certains principes qui doivent selon moi être nos «quatre points cardinaux»: Premièrement, la transparence sans laquelle les citoyens ne peuvent faire des choix éclairés. Les acteurs qui veulent faire du mal n'aiment pas la lumière. Cette transparence devrait pouvoir concerner les flux financiers, les sources d'information, les mécanismes de fabrication et de diffusion de l'information Deuxièmement, la diversité de l'information: le temps d'une information monolithique est terminé et la diversité de l'information est le carburant de l'esprit critique et d'un jugement éclairé. Cette diversité ne doit pas être réduite par les hommes ou les machines. Troisièmement avoir la capacité de caractériser la crédibilité d'une information: pour les utilisateurs, l'accès non seulement à l'information mais aussi à une indication concernant la crédibilité de cette information, est essentielle. Enfin, toute analyse devrait valoriser les solutions inclusives. Comme nous le savons tous, aucune solution de long terme ne pourra intervenir sans une implication des parties prenantes durable et la plus large possible.

    Disponível em: [http://europa.eu/rapid/press-release_SPEECH-17-4609_fr.htm]. Acesso em: 26.05.2018, às 23h.

> transparência deve ser capaz de se referir aos fluxos financeiros, às fontes de informação, aos mecanismos de fabricação e difusão da informação. Em segundo lugar, a diversidade de informações: o tempo da informação monolítica acabou e a diversidade de informações é o combustível do pensamento crítico e do julgamento esclarecido. Essa diversidade não deve ser reduzida por homens ou máquinas. Em terceiro lugar, tendo a capacidade de caracterizar a credibilidade da informação: para os usuários, o acesso não só à informação, mas também a uma indicação da credibilidade dessa informação é essencial. Finalmente, qualquer análise deve valorizar soluções inclusivas. Como todos sabemos, nenhuma solução a longo prazo será possível sem o maior envolvimento das partes interessadas. (tradução do original em francês)

Sobremais, a Comissão Europeia, órgão da União Europeia (UE), em março de 2018, tornou público um manual de boas práticas para garantir ambiente propício e protetivo à liberdade de expressão, apresentando recomendações e reflexões, de sorte a evitar a propagação de boatos ou informações mentirosas por meio da internet. [15]

---

15. 1. Desinformación en lugar de fake news: Los expertos recomiendan en primer lugar evitar el término fake news. En primer lugar, porque es inadecuado para capturar la complejidad del problema, que a veces incluye contenidos que no son totalmente falsos sino que incluyen también hechos reales combinados con información ficticia. En segundo lugar, es un término engañoso porque ha sido apropiado por algunos políticos y sus seguidores, que lo utilizan para descalificar la información que no les gusta. En su lugar, debería hablarse de desinformación: información falsa, inexacta o engañosa diseñada, presentada y promovida para obtener un beneficio o para causar intencionadamente un perjuicio público. La desinformación puede poner en riesgo los valores democráticos. 2. Autorregulación en lugar de nuevas leyes. Tanto Alemania como Francia han empezado ya a legislar contra las fake news. Pero los expertos escogidos por la Comisión apuestan en su lugar por un "enfoque multidimensional basado en la autorregulación". Por eso, su informe incluye un código de conducta con 10 principios básicos que ya cuenta con el apoyo de Twitter, Facebook o Google, empresas que contaban con representantes en el grupo de expertos. La comisaria de Economía digital ha confirmado también que de momento no tiene previsto proponer nueva legislación el 25 de abril. 3. Transparencia sobre los algoritmos: Uno de los diez principios clave del futuro código de conducta exige que las plataformas digitales aumenten la transparencia, ofreciendo información sobre el funcionamiento de los algoritmos que seleccionan y presentan las noticias a los usuarios. El objetivo es encontrar un enfoque común para hacer frente a la diseminación y amplificación de la desinformación. Los expertos reclaman además a las plataformas digitales que adopten medidas eficaces para mejorar la visibilidad de las noticias fiables y facilitar el acceso a ellas de los usuarios, todo ello en colaboración con los medios de comunicación europeos. 4. Financiación pública para el periodismo de calidad.

    Los expertos descartan crear una lista negra de medios poco fiables, porque ello podría atentar contra el pluralismo. Pero sí reclaman más financiación pública para el periodismo de calidad. En Estados Unidos, el Departamento de Estado ha concedido 120 millones de dólares para contrarrestar los intentos de potencias extranjeras de

4.1. *Uma aparente questão de prevalência de princípios constitucionais*

Não temos dúvidas de que, para a perfeita aplicação das normas infraconstitucionais com vistas a coibir o *fake news*, não pode prescindir do necessário manejo dos princípios constitucionais relativos à liberdade de informações.

Para tanto, não podemos deixar de trazer à baila o princípio democrático que, para se concretizar, exige a informação como condicionante da opinião pública.[16] Via de consequência, releva, pois, destacar as garantias constitucionais de liberdade do pensamento, liberdade de comunicação e liberdade de informação. A tudo isso, não podemos deixar de lembrar que o art. 220, *caput*, §§ 1º e 2º vedam qualquer restrição à liberdade de informação jornalística em qualquer veículo, vedando-se, ainda, censura de natureza política, ideológica ou artística.

Contudo, tais garantias, por óbvio, não são absolutas, notadamente quando confrontadas com a vedação ao anonimato e o direito de resposta e indenização, nos termos do art. 5º, IV e V, de nossa Lei Fundamental.

É patente que estamos perante questão que há de ser solvida mediante prevalência de princípios perante o caso em concreto, pelo que o uso da hermenêutica constitucional é instrumental adequado para se solver as aparentes colidências principiológicas.

Claro está, portanto, que será mediante a ponderação de princípios que a questão deverá ser corretamente solvida, tendo como limites principiológicos interpretativos a razoabilidade e a proporcionalidade, pelo que informações desprovidas de sustentáculo técnico, capazes de provocar lesões ao direito de terceiros ou lesivas à comunidade não podem ser albergadas pelos direitos e garantias relativas à informação.

Não obstante, é de relevo registrar que, embora o sistema normativo garanta um caminho de repressão, é necessário garantir o empoderamento do cidadão,

---

mezclarse en las elecciones o crear desconfianza en la democracia. La Unión Europea debería hacer un esfuerzo similar. El informe propone por ejemplo la exención del IVA u otros tipos de bonificaciones fiscales, o más fondos para I+D en periodismo.

5. Alfabetización mediática. El grupo de expertos recomienda incluir la alfabetización mediática y audiovisual en los currículums escolares de toda Europa y medir esta competencia en los informes PISA. También se debe mejorar la formación de los profesores para que puedan dar estas clases. Es la mejor manera de contrarrestar la desinformación y ayudar a los usuarios a navegar el actual entorno de medios digitales. Disponível em: [www.elespanol.com/economia/medios/20180312/propuestas-expertos-bruselas-combatir-fake-news/291471700_0.html]. Acesso em: 26.05.2018.

16. LIMBERGER, Têmis. *Transparência administrativa e novas tecnologias: o dever de publicidade, o direito a ser informado e o princípio democrático. Interesse Público – IP*, Belo Horizonte, ano 8, n. 39, set.-out. 2006. Disponível em: [http://bidforum.com.br/bidBiblioteca_periodico_telacheia_pesquisa.aspx?i=47553&p=16]. Acesso em: 21.05.2018.

com a alfabetização digital, facilitando a compreensão, a análise, a produção do conteúdo para distinguir a notícia/informação real da notícia/informação falsa[17].

Com relação ao cenário eleitoral, Ricardo Abramovay, em entrevista à rádio CBN em novembro de 2017, apontou a necessidade de uso ético da tecnologia:

> A solução para isso se chama transparência. [...] Na política, isso vai ser muito importante. Identificar quem está fazendo a propaganda, quem o financia, quanto foi pago. O Tribunal Regional Eleitoral tem que assumir esse papel. Primeiro, você tem que aumentar a consciência do cidadão e a capacidade de fazer boas perguntas: a mensagem que eu recebi é de um humano ou de um robô? Nas eleições brasileiras, nós temos que evitar o que aconteceu nos EUA, que é a presença enganosa de protagonistas eleitorais que não são cidadãos. [...] Há muitas empresas investindo em coleta e interpretação de dados pessoais. O que não é legítimo é que isso seja feito de maneira opaca e não transparente. A internet tem que ampliar a transparência de nossas vidas, mas o modelo que domina hoje é o contrário. Eu não entendo como funcionam os algoritmos. Eu não entendo por que certas notícias que eu recebo no Facebook são essas ou são aquelas. Essa arquitetura da nossa relação pela internet tem que mudar. [...] O que nós temos que reprimir não são as ideias, mas sim a opacidade, a mentira, aquilo que se esconde.[18]

E mais, o movimento Não Vale Tudo, em carta assinada por mais de 30 organizações civis, apresentou pontos visando ao uso ético das tecnologias em momentos eleitorais[19]. No ambiente da educação digital foi desenvolvida uma lista para

---

17. Nos últimos dias, a fotografia de um jovem de Juiz de Fora, aparentando ter cerca de 25 anos, foi compartilhada centenas de vezes no Facebook e em grupos de WhatsApp. Conforme as postagens, que foram feitas como uma forma de alerta para a comunidade, o rapaz seria o autor de diversos crimes na Cidade Alta, inclusive roubos na UFJF, sendo apontado como de alta periculosidade. Diante da avalanche de comentários, alguns diziam que o reconheciam e que ele era perigoso, outros chegaram a falar até que iriam agredi-lo se o vissem na rua. Porém, segundo a Polícia Militar, o jovem em questão não é perigoso como estão apontando, ele seria morador de rua e autor apenas de pequenos furtos. Disponível em: [https://tribunademinas.com.br/noticias/cidade/15-10-2016/inocentes-incriminados-por-boatos-nas-redes.html].

    Dona da casa é espancada e morte em razão de notícia falsa. Disponível em: [http://g1.globo.com/sp/santos-regiao/noticia/2014/05/mulher-espancada-apos-boatos-em-rede-social-morre-em-guaruja-sp.html].

18. Ricardo Abramovay, professor da USP. Entrevista disponível em: [http://m.cbn.globoradio.globo.com/media/audio/140429/tecnologias-estao-reconfigurando-sociedade-conform.htm]. Acesso em: 26.05.2018.

19. "Nós precisamos conhecer como estamos usando a tecnologia na política e nos responsabilizar coletivamente pelas consequências destes usos. As novas tecnologias devem representar uma oportunidade para um debate mais amplo, consciente e um campo fértil para inovação política. Precisamos informar, mobilizar e sensibilizar para que

identificar notícia falsa, uma parceria do Facebook, Abraji, Projor e Universidade Presbiteriana Mackenzie *campus* São Paulo:

> Desconfie das manchetes
>
> Notícias falsas frequentemente apresentam manchetes apelativas em letras maiúsculas e com pontos de exclamação. Se as afirmações chocantes na manchete parecerem inacreditáveis, desconfie
>
> Verifique atentamente o link
>
> Um link impostor ou semelhante a de outro site pode ser um sinal de alerta para notícias falsas. Muitos sites de notícias falsas imitam fontes de notícias autênticas, fazendo pequenas alterações no link. Você pode navegar até o site para comparar o respectivo link com o de fontes de notícias estabelecidas.
>
> Investigue a fonte
>
> Verifique se a reportagem foi escrita por uma fonte confiável e de boa reputação. Se a reportagem for proveniente de uma organização desconhecida, verifique a seção "Sobre" do site para saber mais sobre ela.
>
> Observe se a formatação é incomum
>
> Muitos sites de notícias falsas contêm erros ortográficos ou apresentam layouts estranhos. Redobre a atenção na leitura, se perceber esses sinais.
>
> Atenção com as imagens
>
> Notícias falsas frequentemente contêm imagens ou vídeos manipulados. Às vezes, as fotos podem ser autênticas, mas podem estar fora de contexto. Você pode pesquisar as fotos ou as imagens para verificar sua procedência.
>
> Confira as datas
>
> Notícias falsas podem apresentar datas que não fazem sentido ou que tenham sido alteradas. Sempre verifique a data da publicação.

---

estas novas tecnologias sejam utilizadas a favor da construção de uma democracia mais aberta, participativa e justa. Nós não toleramos a produção e disseminação de notícias falsas. Quem as cria, promove a mentira e manipula os cidadãos em torno de interesses particulares e desonestos. Vinda por veículos tradicionais ou inovadores, a informação de qualidade deve ser um direito garantido a todas e todos os participantes de uma discussão política, seja qual for o lado. Nós acreditamos em informações cujas fontes estejam claras, cujos autores e veículos estejam evidentes. Desta forma, saudamos e encorajamos todas as iniciativas de verificação de fatos, dados e informações e de fortalecimento do jornalismo ético e transparente com suas posições políticas conduzidas hoje no Brasil. Nós acreditamos que informações detalhadas sobre o uso de tecnologias para fins eleitorais devem ser de conhecimento público, tais como softwares, aplicativos, infraestrutura tecnológica, serviços de análise de dados, profissionais e empresas envolvidas na construção e consultoria da nossa campanha. Além da prestação de contas financeira com doações e fornecedores, é necessário também uma transparência detalhada das tecnologias utilizadas em uma campanha". Disponível em: [https://naovaletudo.com.br/]. Acesso em: 26.05.2018.

Cheque as evidências

Verifique os elementos que sustentam a notícia para confirmar se ela é confiável. Falta de evidências sobre os fatos ou menção a especialistas desconhecidos pode ser uma indicação de notícias falsas.

Procure outras reportagens

Se nenhuma outra fonte de notícias publicar uma reportagem sobre o mesmo assunto, isso pode ser um indicativo de que a história é falsa. Se a reportagem for publicada por várias fontes confiáveis, é mais provável que ela seja verdadeira.

A história é uma brincadeira?

Às vezes, pode ser difícil distinguir uma notícia falsa de um conteúdo de humor ou sátira. Verifique se a fonte é conhecida por paródias e se os detalhes e o tom da história sugerem que pode se tratar apenas de uma brincadeira.

Algumas histórias são intencionalmente falsas

Pense de forma crítica sobre as histórias que você lê e compartilhe apenas as notícias que você sabe que são verossímeis.[20]

Em última análise, Estado e a sociedade civil organizada devem estar em esforço conjunto para coibir a disseminação de notícias falsas.

5. Conclusão

O mundo moderno é primoroso em ofertar facilidades, incluindo-se nesse contexto a velocidade da tecnologia das informações, que, embora possa se constituir em novo marco de uma democracia participativa, também pode ser capaz de propiciar lesões a terceiros e, pior, levar a opinião pública a indesejáveis desacertos.

Não somos favoráveis a um controle restritivo como aquele que era característico da Lei de Imprensa, que foi muito bem declarado incompatível com o ordenamento constitucional brasileiro de 1988 e, portanto, não recepcionado por nossa Lei Fundamental.

Mas claro, a questão da liberdade de informação não pode ser simplesmente ignorada pelo direito, pelo que louvamos o legislador infraconstitucional em disciplinar a matéria. Contudo, é nosso entendimento que a questão da *fake news* somente poderá ser corretamente avaliada ao lume dos princípios constitucionais atinentes à matéria, mediante uma ponderação de princípios perante o caso em concreto, tendo como limites a razoabilidade e a proporcionalidade.

De outro lado, nunca se discutiu tanto a responsabilidade em relação ao uso da internet. A hipótese da indenização colabora como indutor de mudança de

---

20. Disponível em: [http://observatoriodacomunicacao.org.br/clippings/anuncio-dicas-para-identificar-noticias-falsas/].

comportamento. Não obstante, a regulação eficiente é a longo prazo e passa também pela alfabetização, pelo investimento em educação, em que se aprenda a distinguir a informação falsa, pelo engajamento da sociedade civil com o incentivo de entidades que realizem a checagem de fatos e com a participação nos processos de controle pelas empresas de tecnologia que abrigam milhares de dados e informações.

Referências bibliográficas

BONAVIDES, Paulo. *Curso de direito constitucional.* 25. ed. São Paulo: Malheiros Editores, 2010.

FARIAS, Edmilson. *Liberdade de expressão e comunicação:* teoria e proteção constitucional. São Paulo: Revista dos Tribunais, 2004.

LIMBERGER, Têmis. Transparência administrativa e novas tecnologias: o dever de publicidade, o direito a ser informado e o princípio democrático. *Interesse Público – IP,* Belo Horizonte, ano 8, n. 39, set.-out. 2006. Disponível em: [http://bidforum.com.br/bidBiblioteca_periodico_telacheia_pesquisa.aspx?i=47553&p=16]. Acesso em: 21.05.2018.

MAGRANI, Eduardo. *Democracia conectada:* a internet como ferramenta de engajamento político-democrático. Curitiba: Juruá, 2014.

MOREIRA NETO, Diogo de Figueiredo. *Mutações do direito administrativo.* 3. ed. rev. e ampl. Rio de Janeiro: Renovar, 2007.

PARISIER, Eli. *The filter bubble:* what the internet is hidding from you. London: Viking, 2011.

PINTO, Indiara Liz Fazolo. Liberdade de expressão, Lei de Imprenso e discurso do ódio – Da restrição como violação à limitação como proteção. A&C. *Revista de Direito Administrativo e Constitucional,* Belo Horizonte, ano 13, n. 53, jul.-set. 2013. Disponível em: [http://bidforum.com.br/?key1=mackenziebid&key2=mackenzie&key3=95610F7A]. Acesso em: 15.05.2018.

Sítios eletrônicos:

[http://diariodonordeste.verdesmares.com.br/cadernos/caderno-3/online/cinema-brasileiro-tera-presenca-expressiva-no-festival-de-roterda-1.1684784]. Acesso em: 26.05.2018.

[www1.folha.uol.com.br/fsp/ilustrada/22500-autora-de-27-anos-sem-editora-vende-15-milhao-de-livros-na-web.shtml]. Acesso em: 26.05.2018.

[http://europa.eu/rapid/press-release_SPEECH-17-4609_fr.htm]. Acesso em: 26.05.2018.

[www.elespanol.com/economia/medios/20180312/propuestas-expertos-bruselas-combatir-fake-news/291471700_0.html]. Acesso em: 26.05.2018.

[https://tribunademinas.com.br/noticias/cidade/15-10-2016/inocentes-incriminados-por-boatos-nas-redes.html].

[http://g1.globo.com/sp/santos-regiao/noticia/2014/05/mulher-espancada-apos-boatos-em-rede-social-morre-em-guaruja-sp.html].

[http://m.cbn.globoradio.globo.com/media/audio/140429/tecnologias-estao-reconfigurando-sociedade-conform.htm]. Acesso em: 26.05.2018.

[https://naovaletudo.com.br/]. Acesso em: 26.05.2018.

[http://observatoriodacomunicacao.org.br/clippings/anuncio-dicas-para-identificar-noticias-falsas/].

FAKE NEWS – OS LIMITES DA CRIMINALIZAÇÃO DA DESINFORMAÇÃO

Thamara Medeiros

Doutora em Política Criminal e Direito Penal pela Universidade de Granada – Espanha. Professora da Universidade Presbiteriana Mackenzie.

Juliana Abrusio

Doutora em Direito pela PUC-SP. Mestre pela Universidade de Roma Tor Vergata. Professora da Universidade Presbiteriana Mackenzie e do Mestrado Profissional da Escola de Direito do Brasil (EDB).

Introdução

As *fake news* ou notícias falsas são o paradoxo da sociedade da informação. Em que pese não ser um fenômeno recente, a rapidez com que a desinformação circula hoje, por meio da interconectividade das mídias sociais, está desafiando a estabilidade democrática dos estados.

O termo *fake news* foi popularizado pelo Presidente do Estados Unidos – Donald Trump – nas eleições de 2016 e, desde então, suscita múltiplas reflexões no sentido de definir os limites da liberdade de expressão e de informação na *ágora* virtual. Trata-se de um problema global cujas consequências ainda não são totalmente conhecidas, em especial se consideramos os possíveis riscos e vulnerabilidades que a desinformação promove nos cidadãos e nas instituições.

O *Digital New Report*,[1] elaborado pela *Reuters Institute*, informou que 85% dos brasileiros estão preocupados com o que é real e falso na internet. Curioso é que 62% não sabem reconhecer uma notícia falsa[2].

1. NEWMAN, Nic. at al. Reuters Institute Digital News Report 2019. Reuters Institute of the Study of Jornalism. Disponível em: http://www.digitalnewsreport.org/ Acesso em: 14 de janeiro de 2020.

É necessário, portanto, refletir sobre os mecanismos e os sistemas de controle das *fake news ou* notícias falsas. Assim, sem pretensão de esgotar o tema, este artigo sugere um estudo sobre os limites da criminalização das *fake news* a partir da análise de algumas iniciativas legislativas que tramitam no âmbito do Congresso Nacional.

1. *Fake News* e os novos paradigmas da sociedade da informação

O fenômeno da desordem informacional tem se tornado cada vez mais preocupante. Tal condição ganha maior relevância porquanto os meios de comunicação da era contemporânea deixaram de protagonizar a produção de conteúdo.

Na era da internet e das redes sociais surge a figura do *prosumer*, consumidor que reúne em si a figura de usuário que consome informações e, ao mesmo tempo, também as produz, por meio de sua divulgação e criação. É produtor e consumidor. É nesse sentido que contribui Fabiano Menke ao asseverar que o usuário da *internet* passa a ter um papel mais ativo:

> É a característica da denominada *Web 2.0*, em que o usuário da internet passa a ter um papel muito mais ativo, saindo de sua condição de mero visitante de sítios de notícias, por exemplo, para a de protagonista da criação de conteúdo, com a colaboração em massa, disseminação de informações e imagens[3].

A denominada *Web 2.0*, particularmente quanto às grandes redes sociais, constitui um vetor-chave para exposição de notícias[4], inclusive aquelas de natureza falsa, chamadas de *fake news*, as quais podem ser definidas como notícias criadas deliberadamente para desinformar ou enganar.

As *fake news* despertaram maior atenção dentro de um contexto político, mas também já foi verificado o seu uso quanto a temas de vacinas, nutrição, dentre

---

2. Dados informados pela empresa de cibersegurança Kaspersky (2020). Disponível em: https://veja.abril.com.br/tecnologia/62-dos-brasileiros-nao-sabem-reconhecer-uma-noticia-falsa/ Acesso em 14 de janeiro de 2020.
3. MENKE, Fabiano. *A proteção de dados e o novo direito fundamental à garantia da confidencialidade e da integridade dos sistemas técnico-informacionais no direito alemão.* In: (Coords.) MENDES, Gilmar Ferreira; SARLET, Ingo Wolfgang; COELHO, Alexandre Zavaglia P. *Direito, inovação e tecnologia.* v. 1. São Paulo: Saraiva, 2015, p. 205. O autor informa que a expressão *prosumer* já aparecia nos trabalhos de Alvin Toffler, "The Third Wave" (1980) e mais recentemente em "Revolutionary Schock".
4. Sobre como as redes sociais constituem um vetor para exposição de Fake News vide: GUESS, Andrew; NYHAN, Brendan; REIFLER, Jason. Selective Exposure to Misinformation: Evidence from the consumption of fake news during the 2016 U.S. presidential campaign. Disponível em: https://www.dartmouth.edu/~nyhan/fake-news-2016.pdf Acesso em 9 de janeiro de 2018.

outros. Trata-se de uma espécie de "parasita" nos meios de comunicação padrão, posto que mina a credibilidade dos leitores[5].

A relação entre as plataformas e a disseminação das *fake news* também é destacada no relatório *Digital News Report, do Reuters Institute*[6], que analisou a opinião de utilizadores de 36 países. "Nossos dados qualitativos sugerem que os utilizadores sentem que a combinação de ausência de regras e algoritmos estão encorajando a disseminação rápida de conteúdos de baixa qualidade e '*fake news*'".

Existe, ademais, uma modificação no debate sobre a concepção de esfera pública, formulada por Jünger Habermas. Essa não se figura como antes. A esfera pública moderna denota a forma como a Constituição e a circulação da informação política e social é estruturada dentro de um Estado, tornando-se parte essencial e basilar de todas das democracias liberais modernas[7]. Nessa conjuntura, a disseminação de notícias falsas se projetou como um dos maiores desafios das sociedades democráticas.

Sob outro ângulo, é sobremaneira importante considerar que, atualmente, existe uma concentração de poder em algumas gigantes de internet que acabam por afetar na construção da "esfera pública".

A forma como as informações circulam e são compreendidas, portanto, mudou. Isso porque a sociedade de rede transpassou, em grande parte, a sociedade de organizações, quando a produção de informação era mais centralizada nos meios de comunicação em massa. Segundo Juliano Maranhão, "se antes a esfera pública era centrada na produção de informação por jornais impressos e televisão, a esfera pública atualmente é centrada em redes e plataformas digitais"[8]. E acrescenta esse autor:

> [...] a centralidade das organizações aos poucos perde seu valor. Esse fato se dá acima de tudo porque aquele "contato interrompido" entre emissor (grandes

---

5. Para uma visão história vide: LAZER, David M. J.; BENKLER, Matthew A. Baum, Yochai; BERINSKY, Adam J.; GREENHILL, Kelly M.; MENCZER, Filippo; METZGER, Miriam J.; NYHAN, Brendan; PENNYCOOK, Gordon; David ROTHSCHILD; SCHUDSON, Michael; SLOMAN, Steven A.; SUNSTEIN, Cass R.; THORSON, Emily A.; WATTS, Duncan J.; ZITTRAIN, Jonathan L. *The Science of Fake News*. In: Social Science, 9 mar. vol. 359, ed. 6380, 2018. Disponível em: https://science.sciencemag.org/content/359/6380/1094/tab-article-info. Acesso em 05 de janeiro de 2020.
6. NEWMAN, N. at al. *Reuters Institute Digital News Report 2017*. Reuters Institute of the Study of Jornalism. Disponível em: http://www.digitalnewsreport.org/. Acesso em: 14 de janeiro de 2020.
7. MARANHÃO, Juliano; CAMPOS, Ricardo. Exercício de autorregulação regulada das redes sociais no Brasil. In: NERY, N. Campos; ABBOUD, George. (Orgs). Fake news e regulação. São Paulo: RT, 2018.
8. *Ibidem*.

> empresas jornalísticas) e receptor (público geral), que caracterizava a esfera pública na sociedade das organizações, volta a se restabelecer. Com as redes sociais, a produção de informação nova pode se dar de forma desvinculada das organizações jornalísticas, ou seja, da interação entre o emissor e o receptor, interação entre leitores em blogs, em posts no facebook etc. Isso, sem que a informação produzida de modo pulverizado perca seu alcance, que não só tem profusão abrangente, como também tem sua eficácia ampliada pela possibilidade de direcionamento para públicos específicos.[9]

A possibilidade de direcionamento para públicos específicos se deve ao fato de que os diversos dados pessoais capturados e tratados pelas gigantes da *internet* permitem desenvolver psicometria quanto ao perfilhamento de indivíduos, em aspectos que geram valor, a exemplo de preferências políticas.

2. Os limites da criminalização da desinformação

A reflexão sobre a criminalização da desinformação ou *fake news* sugere alguns desafios complexos, em especial, no âmbito de um estado democrático de direito cujas garantias fundamentais relacionadas à liberdade de expressão e à liberdade de informação são expressas pela vontade soberana do povo.

Conforme já destacado, a expansão da *internet* por meio de redes deflagrou novos paradigmas de comunicação social e, nesse contexto, tanto a informação como a desinformação reverberam de forma imensurável e incontrolável. É inegável que disseminação de notícias falsas ou *fake news* representa riscos para a democracia e riscos reputacionais, no entanto, também é certo que a ideia de criminalizar as *fakes news* pode representar riscos para a estabilidade democrática do direito penal.

Nesse sentido, refletir sobre a influência dos novos paradigmas sociais na atual estrutura do sistema jurídico penal, ou seja, definir se é possível que a intervenção criminal garanta segurança sem comprometer os princípios fundamentais do direito penal de um Estado democrático, é uma das questões fulcrais da dogmática penal.

Com efeito, os conflitos dos tempos atuais são distintos dos do século passado, portanto, é compreensível que o direito penal se adapte à evolução da sociedade, principalmente porque a dinâmica da criminalidade contemporânea está estruturada a partir das facilidades introduzidas pela globalização[10], assim, diante das novas situações advindas da sociedade em rede, o direito penal não pode

9. *Ibidem.*
10. SCHÜNEMANN, B. En: GRACIA MARTÍN, L. *Prolegómenos para la lucha contra la modernización y expansión del Derecho penal y para la crítica del discurso de resistencia*, Tirant lo Blanch, Valencia, 2004. pp. 13 y ss.

permanecer inalterado ou inerte, pois as mudanças sociais necessariamente influenciam sua estrutura. Não obstante, faz-se necessário ponderar que o direito penal deve enfrentar a criminalização de novas formas de criminalidade sob o manto absoluto dos princípios delimitadores da intervenção penal, entre os quais se encontra a *ultima ratio*[11].

Nessa perspectiva, Jakobs[12] observa:

> *[...] si realmente la sociedad está inmersa en una tendencia hacia la disminución de los Derechos de libertad, esta tendencia no se dará exclusivamente en el Derecho penal, y de hecho, cabe imaginar ciertas crisis en las que solo una tendencia de este tipo puede ofrecer una última ratio. La decisión acerca de si se trata de un proceso de criminalización excesivo, innecesario, o, por el contrario, de la necesaria defensa de lo nuclear es puramente política, pero no jurídico-penal. Ciertamente, la ciencia del Derecho penal puede evidenciar que es lo que aportaran exactamente las nuevas regulaciones legales y que de lo aportado ha de considerarse, conforme a la valoración establecida, como algo positivo o como algo perjudicial. Pero es impotente frente a los cambios políticos de valores, y no puede optar a favor de los cambios políticos de valores.*

O fato é que a *ágora* virtual, ao proporcionar um espaço democrático para o exercício da liberdade de expressão, também favorece os abusos e excessos, eis que a celeridade e a facilidade para a criação e a propagação de notícias pode exceder os limites das garantias individuais, promovendo significativos danos à coletividade e à democracia. Portanto, o debate sobre a criminalização das *fake news* não se limita à disseminação de notícias falsas, implica, em especial, nas possíveis consequências que a desinformação pode promover nas sociedades democráticas, ou seja, os prejuízos decorrentes das mentiras e dos boatos propagados por meio do ambiente virtual são inestimáveis e comumente irreversíveis.

É nessa ambiência que a preocupação com as *fakes news* promove as reflexões sobre a legitimidade da tutela penal para controlar a disseminação das notícias falsas.

Nesse contexto, tem-se que a Lei de Imprensa, nº. 5.250/67, não recepcionada pela Constituição Federal de 1988, nos termos da ADPF 130-7/DF, contemplou a primeira tipificação penal para combater a veiculação e a disseminação de notícias falsas. De forma ampla, o art. 16 criminalizava a conduta de publicar ou divulgar notícias falsas ou fatos verdadeiros truncados ou deturpados com o objetivo de provocar a perturbação da ordem pública ou alarma social; a desconfiança no

---

11. MORILLAS CUEVA, L. *Derecho penal. Parte General. Fundamentos conceptuales y metodológicos del Derecho penal.* Ley penal. 2. ed. Dykinson, Madrid, 2010. p. 130.
12. JAKOBS, G. *Sociedad, norma y persona en una teoría de un Derecho penal funcional*, Civitas, Madrid, 2000, pp. 40 e 41.

sistema bancário ou abalo de crédito de instituição financeira ou de qualquer empresa, pessoa física ou jurídica; o prejuízo ao crédito da União, do Estado, do Distrito Federal ou do Município; e a sensível perturbação na cotação das mercadorias e dos títulos imobiliários no mercado financeiro. Para tais condutas disponha de uma pena de 1 (um) a 6 (seis) meses de detenção e multa de 5 (cinco) a 10 (dez) salários mínimos da região.

Os argumentos que atualmente corroboram a tipificação das *fake news*, de forma geral, manifestam preocupação com os prejuízos econômicos, políticos e reputacionais que a propagação de informações falsas pode promover. Com esse propósito, tramitam no Congresso Nacional diversas iniciativas para criminalizar a divulgação de *fake news*. A primeira iniciativa foi o Projeto de Lei nº 6812/2017,[13] que tramita na Câmara dos Deputados. A justificativa apresentada no referido projeto considera que:

> A rápida disseminação de informações pela Internet tem sido um campo fértil para a proliferação de notícias falsas ou incompletas. Atos desta natureza causam sérios prejuízos, muitas vezes irreparáveis, tanto para pessoas físicas ou jurídicas, as quais não têm garantido o direito de defesa sobre os fatos falsamente divulgados. A presente medida tipifica penalmente o ato de divulgar ou compartilhar notícia falsa na rede mundial de computadores, de modo a combater esta prática nefasta.

De forma similar, o Projeto de Lei n. 473/2017,[14] em tramitação no Senado Federal, pontua:

---

13. BRASIL. Câmara dos Deputados. Projeto de Lei PL 6.812/2017, de autoria do Deputado Federal Luiz Carlos Hauly. Dispõe sobre a tipificação criminal da divulgação ou compartilhamento de informação falsa ou incompleta na rede mundial de computadores e dá outras providências. Disponível em: https://www.camara.leg.br/proposicoesWeb/prop_mostrarintegra?codteor=1522471&filename=PL+6812/2017. Acesso em 11 de janeiro de 2020.

    Art. 1º Constitui crime divulgar ou compartilhar, por qualquer meio, na rede mundial de computadores, informação falsa ou prejudicialmente incompleta em detrimento de pessoa física ou jurídica. Penal- detenção de 2 a 8 meses e pagamento de 1.500 (mil e quinhentos) a 4.000 (quatro mil) dias-multa.

    Art. 2º Os valores decorrentes da imposição da multa a que se refere o artigo primeiro serão creditados à conta do Fundo de Defesa dos Direitos Difusos – CFDD.

14. BRASIL. Senado. Projeto de Lei do Senado nº 473/2017, de autoria do Senador Ciro Nogueira. Altera o Decreto-Lei nº 2.848, de 7 de dezembro de 1940 – Código Penal, para tipificar o crime de divulgação de notícia falsa. Acrescenta o art. 287-A – Divulgar Notícia que sabe ser falsa e que possa distorcer, alterar ou corromper a verdade sobre informações relacionadas à saúde, à segurança pública, à economia nacional, ao processo eleitoral ou que afetem interesse público relevante. Pena – detenção, de seis meses a dois anos, e multa, se o fato não constitui crime mais grave. § 1º Se O agente pratica a

> A divulgação das chamadas *fake news* (notícias falsas), sobretudo na internet, é conduta cada vez mais comum em nosso país. Esse quadro é preocupante, uma vez que tais notícias deseducam e desinformam a sociedade em assuntos como saúde, segurança pública, economia nacional e política, servindo, frequentemente, como instrumento de manipulação da opinião popular. Quando a vítima pode ser identificada, a divulgação de *fake news*, via de regra, configura crime contra a honra (calúnia, injúria ou difamação). Há situações, no entanto, em que embora o dano não possa ser individualizado, o direito difuso de a população receber notícias verdadeiras e não corrompidas é atingido. Ocorre que para estes casos a lei penal não prevê qualquer tipo de punição. Dessa forma, o presente projeto de lei busca criminalizar a divulgação de notícia falsa em que a vítima é a sociedade como um todo.

Na mesma linha propositiva dos já referidos projetos, o Projeto de Lei n. 471/2018[15], que tramita no Senado Federal, propõe criminalizar a "citação e divulgação de notícia falsa" e a "criação e divulgação de notícia falsa para afetar indevidamente o processo eleitoral", prevê alterações no Código Penal, no Marco Civil da Internet e no Código Eleitoral e apresenta como justificativa:

> A notícia falsa, ou seja, aquela que o elaborador sabe ser falsa e lhe faz a divulgação com propósitos malsãos, tem o nefasto potencial de desmoralizar publicamente um a pessoa inocente, afetar de forma indevida processos eleitorais, em prejuízo dos princípios democráticos e da verdade eleitoral, ou seja, da expressão autêntica da vontade do eleitor, e, no limite, até mesmo provocar danos à saúde e à segurança pública.

Percebe-se que as justificativas expressam uma preocupação latente com as consequências das inverdades, mentiras e boatos que a *ágora* virtual pode compartilhar de forma veloz e irrestrita, no entanto, para além dos possíveis danos, é necessário ter em conta que reverter uma notícia falsa é muito mais complexo que criá-la, nesse sentido, o direito à informação verdadeira, enquanto bem

---

conduta prevista no caput valendo- se da internet ou de outro meio que facilite a divulgação da notícia falsa: Pena – reclusão, de um a três anos, e multa, se o fato não constitui crime mais grave. § 2º A Pena aumenta-se de um a dois terços, se o agente divulga a notícia falsa visando a obtenção de vantagem para si ou para outrem. Disponível em: https://legis.senado.leg.br/sdleg-getter/documento?dm=7313311&disposition=inline. Acesso em 10 de janeiro de 2020.

15. BRASIL. Senado. Projeto de Lei do Senado nº 471/2018, de autoria do Senador Humberto Martins. Altera o Decreto-Lei nº 2.848, de 7 de dezembro de 1940, a Lei nº 4.737, de 15 de julho de 1965, e a Lei nº 12.965, de 23 de abril de 2014, para dispor sobre a definição das infrações penal, eleitoral e civil de criar ou divulgar notícia falsa, e cominar as respectivas penas. Disponível em: https://legis.senado.leg.br/sdleg-getter/documento?dm=7892542&ts=1581077948299&disposition=inline Acesso em: 10 de janeiro de 2020.

jurídico difuso, supostamente tutelado, é frequentemente vitimado pela manipulação dos meios de comunicação em rede.

Por outro lado, as teses contrárias à criminalização da propagação das *fake news* ressaltam as dificuldades relacionadas à individualização de condutas, aos critérios de valoração das notícias "falsas" e o que é exatamente "verdade".

Pois bem, as iniciativas legislativas já referidas sugerem condutas típicas abertas. Os verbos "divulgar, compartilhar, modificar e desvirtuar a verdade", são amplos e vagos e, portanto, comprometem a tipicidade, eis que a ações de divulgação e compartilhamento são de difícil verificação e mensuração, haja vista a velocidade de propagação.

A identificação do autor da disseminação *fake news* também revela dificuldades, pois a cadeia de compartilhamento é complexa, o que compromete a individualização do sujeito ativo.

A valoração do dolo da conduta e dos elementos normativos do tipo relacionada à apreciação da inverdade/falsidade da notícia ("notícia que sabe ser falsa", "corromper a verdade", "informação falsa ou prejudicialmente incompleta") transita na órbita da imprecisão. Nesse sentido, observa Graça:

> [...] existe uma dificuldade enorme na apuração persecutória do que seria necessariamente uma informação verdadeira/falsa, bem como existem dificuldades em punir o sujeito ativo do crime que, por ignorância e erro, compartilha determinado tipo de informação. Ademais, não é juridicamente aconselhável elaborar um tipo penal amplo, que trabalhe com conceitos indeterminados.[16]

As considerações expostas sobre as teses antagônicas que problematizam a criminalização da propagação de *fake news* revelam importantes desafios para dogmática penal, em especial, os questionamentos consistem em definir se é possível legitimar a intervenção penal sem comprometer os princípios fundamentais do direito penal democrático. Nesse sentido, Corcoy Bidasolo[17] constata que "*la cuestión se plantea, en última instancia, a partir de cuestiones de legitimidad de la intervención penal en la protección de los llamados nuevos riesgos*".

Assim, tendo em conta as lições de Jimenez Asúa[18], o direito penal é "ciência das possibilidades", em constante busca de equilíbrio e de progresso desse objeto

16. GRAÇA, G. M. *Desvelando o Grande Irmão. Fake News e Democracia: novos desafios do direito constitucional contemporâneo.* Revista Eletrônica da Faculdade de Direito de Pelotas, v. 5, n. 1, p. 407. Disponível em: https://periodicos.ufpel.edu.br/ojs2/index.php/revistadireito/article/view/13987 Acesso em: 13 de janeiro de 2020.
17. CORCOY BIDASOLO, M. *Límites objetivos y subjetivos a la intervención penal en el control de riesgos In*: CORCOY BIDASOLO, M./ MIR PUIG, S. (Dir.)/GÓMEZ, V. (coord.): *La Política Criminal en Europa.* Atelier, 2004. p. 25.
18. JIMÉNEZ DE ASÚA, L. *La Política criminal en las legislaciones europeas y norteamericanas.* Madrid, 1918, p. 10.

complexo que é a sociedade e, por essa razão, a tipificação da desinformação ou notícias falsas deve ser analisada com cautela, pois os excessos da punição promovidos pelo populismo penal também reverberam negativamente, pois além de fragilizar a credibilidade dos controles sociais do estado, fortalecem a utilização simbólica do direito penal.

Considerações finais

Os riscos tecnológicos provenientes das dinâmicas impostas pela sociedade da informação promovem demandas por mais segurança. Sob essa perspectiva, a desordem informacional ganha novos contornos no âmbito da *Web 2.0*. Assim, a disseminação das *fake news* implica riscos concretos para a convivência democracia, sobretudo, ao exercício da liberdade de expressão e do direito de informação verdadeira.

A legitimação da ciência punitiva para minimizar os danos provenientes da desinformação ainda é assunto polêmico, eis que as iniciativas legislativas de criminalização de *fake news* devem encontrar limites nas premissas e nos princípios inerentes ao direito penal democrático. Do contrário, a previsão de tipos penais indeterminados e imprecisos apenas legitima a função simbólica do direito penal.

Não obstante, é possível que num futuro próximo o controle social da divulgação de *fake news* se realize a partir da aplicação conjunta da adequada regulação e de ferramentas tecnológicas, tal qual a inteligência artificial. Do indivíduo ao sujeito digital, a vida atual tem sido percebida por construções e padrões digitais. Nesse contexto, os processos algorítmicos são essenciais para auxiliar na identificação de padrões e perfis para verificar a origem e veracidade da notícia.

Para tanto, visando não agravar o estado de desordem informacional, é salutar que as empresas de internet – em que pese não serem responsáveis pelo conteúdo que terceiros postam em suas plataformas – contribuam, por meio de sua própria tecnologia, para amenizar a disseminação das assim chamadas *fake news*.

Assim, não obstante os países ao redor do mundo estarem tentando resolver o problema dentro de seus próprios territórios, por meio de regulações, é essencial que as empresas de tecnologia responsáveis pelas plataformas nas quais as informações trafegam na internet, atuem diante das peculiaridades da arquitetura de suas redes, incluindo parcerias com agências de checagem de fatos e utilização de algoritmos desenvolvidos especificamente para o combate às *fake news*, na atuação *early warning*.

Referências

BRASIL. Câmara dos Deputados. Projeto de Lei PL 6.812/2017. Dispõe sobre a tipificação criminal da divulgação ou compartilhamento de informação falsa ou incompleta na rede mundial de computadores e dá outras providências. Disponível em: [https://www.

camara.leg.br/proposicoesWeb/prop_mostrarintegra?codteor=1522471&filename=PL+6812/2017]. Acesso em 11 de janeiro de 2020.

BRASIL. Senado Federal. Projeto de Lei do Senado nº 471/2018. Altera o Decreto-Lei nº 2.848, de 7 de dezembro de 1940, a Lei nº 4.737, de 15 de julho de 1965, e a Lei nº 12.965, de 23 de abril de 2014. Disponível em:

________. Senado Federal. Projeto de Lei do Senado nº 473/2017. Altera o Decreto-Lei nº 2.848, de 7 de dezembro de 1940. Disponível em: [https://legis.senado.leg.br/sdleggetter/documento?dm=7313311&disposition=inline]. Acesso em 10 de janeiro de 2020.

CORCOY BIDASOLO, M. *Límites objetivos y subjetivos a la intervención penal en el control de riesgos* In: CORCOY BIDASOLO, M./ MIR PUIG, S. (Dir.)/GÓMEZ, V. (coord.): La Política Criminal en Europa. Atelier, 2004.

CZERNIK, Agnieszka. Was ist ein algorithmus. Definition und Beispiele, 14.10.2016. Disponível em: [https://www.datenschutzbeauftragter-info.de/was-ist-ein-algorithmus-definition-und-beispiele/]. Acesso em: 14 fev. 2020.

FRISCHMANN, Brett; SELINGER, Evan. Re-engineering Humanity. New York: Cambridge University Press, 2018.

GUESS, Andrew; NYHAN, Brendan; REIFLER, Jason. Selective Exposure to Misinformation: Evidence from the consumption of fake news during the 2016 U.S. presidential campaign, 9 jan. 2018.

GRAÇA, G. M. *Desvelando o Grande Irmão. Fake News e Democracia: novos desafios do direito constitucional contemporâneo*. Revista Eletrônica da Faculdade de Direito de Pelotas, v. 5, n. 1. Disponível em: [https://periodicos.ufpel.edu.br/ojs2/index.php/revistadireito/article/view/13987]. Acesso em: 13 de janeiro de 2020.

JAKOBS, G. Sociedad, norma y persona en una teoría de un Derecho penal funcional, Civitas, Madrid, 2000, pp. 40 e 41.

JIMÉNEZ DE ASÚA, L. La Política criminal en las legislaciones europeas y norteamericanas. Madrid, 1918.

MARANHÃO, J.; CAMPOS, Ricardo. *Exercício de autorregulação regulada das redes sociais no Brasil*. In: NERY, N. Campos; ABBOUD, George. (Orgs.). Fake news e regulação. São Paulo: RT, 2018.

MENKE, F. A proteção de dados e o novo direito fundamental à garantia da confidencialidade e da integridade dos sistemas técnico-informacionais no direito alemão. In: (Coords.) MENDES, Gilmar Ferreira; SARLET, Ingo Wolfgang; COELHO, Alexandre Zavaglia P. Direito, inovação e tecnologia. v. 1. São Paulo: Saraiva, 2015.

MORILLAS CUEVA, L. Derecho penal. Parte General. Fundamentos conceptuales y metodológicos del Derecho penal. Ley penal. 2. ed. Dykinson, Madrid, 2010. p. 130.

NEWMAN, N. et al. *Reuters Institute Digital News Report 2019*. Reuters Institute of the Study of Jornalism. Disponível em: [http://www.digitalnewsreport.org/]. Acesso em: 14 de janeiro de 2020.

SCHÜNEMANN, B. En: GRACIA MARTÍN, L. Prolegómenos para la lucha contra la modernización y expansión del Derecho penal y para la crítica del discurso de resistencia, Tirant lo Blanch, Valencia, 2004. pp. 13 y ss.

FAKE NEWS COMO INSTRUMENTO DE ESTRATÉGIA MILITAR

FLÁVIO DE LEÃO BASTOS PEREIRA

Doutor e Mestre em Direito. Professor de Direitos Humanos na Faculdade de Direito da Universidade Presbiteriana Mackenzie. Membro do rol de especialistas da *International Nuremberg Principles Academy* (Alemanha). Co-fundador do Observatório Constitucional Latino-Americano (OCLA). Egresso do *International Institute for Genocide and Human Rights Studies* (Zoryan Institute) – University of Toronto (Canadá). Membro do Grupo de Pesquisas Arqueologia da Repressão e da Resistência da Universidade Estadual de Campinas (UNICAMP/ CNPQ). Especialista em Direitos Fundamentais pela Universidade de Coimbra (Instituto *Ius Gentium Conimbrigae*/IGC) e Instituto Brasileiro de Ciências Criminais (IBCCrim). Membro do Conselho Editorial da Imprensa Oficial do Estado de São Paulo. Professor convidado da Escola Superior do Ministério Público da União. Professor convidado da Escola Superior do Ministério Público do Estado de São Paulo. Professor convidado da Escola Judiciária Militar do Estado de São Paulo (Tribunal de Justiça Militar do Estado de São Paulo). Coordenador do Núcleo Temático de Direitos Humanos da Escola Superior da Advocacia (OAB/SP). Membro do Núcleo da Memória da Comissão de Direitos Humanos da OAB/SP. Professor colaborador junto ao Departamento de História da UNICAMP (Prof. Paulo Funari).

WAGNER WILSON DEIRÓ GUNDIM

Doutorando em Filosofia do Direito pela Pontifícia Universidade Católica de São Paulo (PUC-SP). Bolsista Capes. Doutorando em Direito Constitucional pela Faculdade de Direito da Universidade de São Paulo (FADUSP). Mestre em Direito Político e Econômico pela Universidade Presbiteriana Mackenzie. Membro efetivo do Observatório Constitucional Latino-Americano (OCLA). Docente da Faculdade de Direito da Universidade Anhembi Morumbi nas disciplinas de Ciência Política e Teoria do Estado, Direito Constitucional e Direito Eleitoral. Sócio-Proprietário do Gundim & Advogados Associados, atuante nas áreas de direito público (constitucional, administrativo e eleitoral) e privado (cível, empresarial e direito do consumidor). wagner.gundim@adv.oabsp.org.br

Se uma história é demasiadamente emocionante ou dramática, provavelmente não é real. A verdade é geralmente entediante.
(Olga Yurkova, jornalista da Ucrânia, durante a palestra inaugural do TED 2018 em Vancouver, Canadá[1].)

Se você disser uma mentira grande o suficiente e continuar a repeti-la, as pessoas acabarão acreditando. A mentira só pode ser mantida durante o tempo em que o Estado puder proteger o povo das suas consequências políticas, econômicas e/ou militares. Torna-se assim vitalmente importante que o Estado use todos os seus poderes para reprimir a dissensão, pois a verdade é o inimigo mortal da mentira e, assim, por extensão, a verdade é o maior inimigo do Estado.
(Josef Goebbels, Ministro da Propaganda do Terceiro Reich – tradução livre[2].)

Introdução

Quando Hannah Arendt (1906-1975) escreveu que todo fato conhecido e estabelecido pode ser negado, bem como quando desenvolveu sua visão sobre a distorção na abordagem dos fatos históricos em seu ensaio *Verdade e política* (1967), talvez a referida grande pensadora não tivesse imaginado o quanto a ideia de *distorção* e *negação de fatos*, além da *construção de realidades* moldadas por interesses políticos, econômicos ou militares, predominaria na pauta global contemporânea como autêntico instrumento de confronto e com resultados altamente eficazes no que tange à produção de consequências tão velozmente propagadas por meio da tecnologia de informação e que, mesmo diante de uma posterior revelação da verdade, caracterizar-se-iam os danos provocados por sua marca indelével em razão de seus impactos, dada a rapidez e extensa capilaridade na produção dos resultados almejados pelo autor da distorção da realidade. Nascida numa época marcada por instabilidades diversas e profundas no mundo, Hannah Arendt foi contemporânea de Josef Goebbels, ministro da propaganda do Terceiro Reich e que afirmou em diversos discursos sobre a utilidade e os benefícios da mentira para o

1. BBC BRASIL. *Três casos de* fake news *que geraram guerras e conflitos ao redor do mundo*. Disponível em: [www.bbc.com/portuguese/geral-43895609]. Acesso em: 16.05.2018.
2. Texto original em inglês: "If you tell a lie big enough and keep repeating it, people will eventually come to believe it. The lie can be maintained only for such time as the State can shield the people from the political, economic and/or military consequences of the lie. It thus becomes vitally important for the State to use all of its powers to repress dissent, for the truth is the mortal enemy of the lie, and thus by extension, the truth is the greatest enemy of the State" (HOLOCAUST EDUCATION & ARCHIVE RESEARCH TEAM. *Joseph Goebbels – The poison dwarf*. Disponível em: [www.holocaustresearchproject.org/holoprelude/goebbels.html]. Acesso em: 15.05.2018).

Estado e para os regimes políticos. Se o reconhecimento da utilidade das notícias falsas não é novidade quanto a objetivos políticos, econômicos e militares almejados, o advento da revolução tecnológica com a rede mundial de computadores potencializou e converteu uma arma antes eficaz – *a notícia falsa*, em estratégia contra a qual qualquer meio de defesa ou de eventual resposta revela-se insuficiente e de contenção quase impossível, considerando a velocidade na propagação das notícias, bem como a volatilidade dos referenciais úteis à identificação do propagador das denominadas *fake news*. Aliás, o fator *tempo* representa importante fator na operacionalização de *fake news* veiculadas pela internet, na medida em que os *fakers* contam exatamente com o fator tempo para a circulação das notícias falsas com tal velocidade que dificulta ou mesmo impossibilita a identificação, o filtro e a eliminação da notícia falsa. Nesse sentido, já tivemos a oportunidade de ressaltar a relevância de tal fator temporal ao analisarmos a veiculação, também pela internet, de mensagens revisionistas (que, afinal, são também baseadas em distorções e falsificações de fatos históricos comprovados) e racistas, nos termos seguintes[3]:

> [...] *Isto significa que os agentes delituosos têm o fator tempo a seu favor*, na medida em que a propagação de ideias de cunho racista e xenofóbico, bem como a disponibilização de material revisionista, que nega ou justifica o holocausto e os genocídios praticados com base em postulados racistas, entre outros crimes possíveis, é executada com tal rapidez e instantaneidade, que em muito resta dificultada a ação das autoridades competentes. *Tal fato relaciona-se ao que se denomina, em direito digital, de "tempo passivo", ou seja, no dizer da advogada brasileira Patrícia Peck Pinheiro, "aquele que é explorado principalmente pelos agentes delituosos, acreditando que a morosidade jurídica irá desencorajar a parte lesada a fazer valer seus direitos.* ("Direito digital", p. 37, 2ª edição, Ed. Saraiva, São Paulo, 2008). [...]. (grifo nosso)

De fato, a morosidade jurídica, diante da rapidez na circulação de notícias falsas divulgadas na rede mundial de computadores, impõe às autoridades e aos mecanismos de controle a busca por celeridade profissional e maior capacidade de reação.

Considerando o espectro sob os quais circulam mais comumente as falsas notícias nos dias que correm, a abordagem presente refere-se à utilização das citadas *fake news* no meio militar e enquanto estratégia para a consecução de objetivos

---

3. PEREIRA, Flávio de Leão Bastos. O protocolo adicional de Estrasburgo à convenção sobre crimes cibernéticos da União Europeia e sua adoção nas Américas. (Palestra proferida na XLV Conferência da Inter-American Bar Association, Nassau, Bahamas), jul. 2009 – Comissão de Direitos Humanos. Disponível em: [http://diversitas.fflch.usp.br/files/o%20protocolo%20adic%20de%20estrasburgo%20a%20conv%20sobre%20crimes%20ciber%20da%20uni%20europeia%20e%20sua%20adoc%20nas%20americas.pdf]. Acesso em: 17.05.2018.

como a legitimação da guerra e intervenções militares; a dissuasão do inimigo; o convencimento de populações e a *fabricação* da verdade e, enfim, a justificação do envolvimento em conflitos armados para o alcance e domínio de recursos objeto de interesse, tal como ocorreu no Vietnã ou na invasão ao Iraque, nesse caso, em razão da existência de um suposto arsenal de armas químicas e armas de destruição em massa, afinal jamais encontradas, tampouco confirmadas tais informações, mas que levariam à queda do regime e à morte de milhares de civis iraquianos (segundo a Iraq Body Count – IBC –, perderam a vida entre 97.461 e 106.348 iraquianos até julho de 2010[4]).

O fenômeno volta a se repetir ao longo da guerra na Síria, com a evidente comprovação, uma vez mais, do papel das agências de notícias e de relações públicas em tais cenários, contratadas por governos com o objetivo de vencerem, também, a guerra de informações[5]. Nesse sentido, é relevante a análise do papel desenvolvido pelos atores responsáveis pela utilização estratégica da falsa notícia, seja para ganhar mentes e corações durante uma guerra; seja para enfraquecer a posição do inimigo; seja, ainda, para manter a continuidade do conflito por conta dos interesses econômicos envolvidos (caos construtivo?).

É nesse contexto, portanto, que o presente artigo direciona a sua análise para discutir sobre a utilização das *fake news* como instrumento de estratégia militar, cujo recorte metodológico, ao final, destina-se a analisar o contexto específico do período militar vivenciado pelo Brasil na década de 1960.

Para desenvolver a abordagem pretendida, utiliza-se como metodologia de pesquisa o método dialético, uma vez que a partir da análise normativo-histórica dos conflitos e posições existentes sobre a temática – tese e antítese –, buscam-se as interpretações possíveis para se chegar a uma nova compreensão da realidade (síntese).

Estruturalmente, o artigo está dividido em quatro capítulos. No primeiro são apresentadas algumas experiências históricas que demonstram a propalação de informações falsas – que aparentam ser verdadeiras – no contexto de guerras e conflitos armados, para, na sequência (capítulo 2), apontar os riscos advindos da manipulação da verdade por força da criação e circulação de notícias falsas nas searas política. No capítulo 3, por sua vez, discorre-se sobre o papel da mídia na

---

4. BBC BRASIL – *Em números*: Guerra no Iraque custou bilhões e deixou milhares de mortos. Disponível em: [www.bbc.com/portuguese/noticias/2011/12/111215_eua_iraque_numeros_fn]. Acesso em: 15.05.2018.
5. GLOBAL RESEARCH – Centre for research on globalization. *BBC caught staging fake news chemical attack (2016) to drag Britain into Syrian war.* Disponível em: [www.globalresearch.ca/bbc-caught-staging-fake-news-chemical-attack-to-drag-britain-into-syrian-war/5560433]. Acesso em: 15.05.2018.

moldagem da realidade por meio de circulação de *fake news*, e por fim, analisando-se sob uma ótica normativo-prática, trata no quarto e último tópico sobre as ações de inteligência e contrainteligência de Estado no Brasil e, mediante recorte metodológico específico, analisa a utilização/divulgação de *fake news* no País no contexto da ditadura militar, notadamente como estratégia militar.

1. Experiências históricas

Quando George Smith Patton Jr., temido General que comandou tropas durante a Segunda Guerra Mundial no Mediterrâneo e na Europa preparou-se para tomar parte na operação Overlord (Dia-D) a partir de 6 de junho de 1944, não imaginavam os alemães que a divisão comandada por Patton consistia no que ficou conhecido como Ghost Army (exército fantasma), mais precisamente a 1st US Army Group (FUSAG), divisão fantasma com base na Escócia (Edimburgo), bem como baseada no sul da Inglaterra. Seus alvos: Noruega (Operação Norte) e Pas de Calais (Operação Sul), missões que colaboraram para atrair a atenção dos alemães, por simular naqueles locais supostas operações de deslocamento de tropas e induzindo a defesa germânica à ideia de que naqueles locais se daria o desembarque dos aliados na Europa continental, e não na Normandia. Também a difusão de notícias falsas, circulação de comentários inverídicos propalados por espiões; vazamento de informações por canais diplomáticos; utilização de milhares de armamentos leves e pesados, porém, infláveis e fabricados em estúdios por artistas, entre outras táticas, compuseram o repertório de instrumentos *fake* durante a Segunda Guerra Mundial, a mais letal das guerras na história da humanidade e que teve início, exatamente, também a partir da propagação de uma *fake news*, fato hoje conhecido como o *Incidente de Gleiwitz*, no qual a rádio e emissora alemã de Gleiwitz (localidade fronteiriça com a Polônia, região da Silésia, à época pertencente à Alemanha, atualmente localidade polonesa de *Gliwice*), teria sido palco de uma encenação que provocaria a propagação da falsa notícia de que forças polonesas teriam se apossado da citada emissora germânica, além de assassinar um cidadão alemão e, desta forma, propagando em território alemão uma *fake news* que exigia, a partir de então, do III Reich, uma reação. Cuidou-se, sem dúvida, da mais famosa *fake news* do século XX, fruto de encenação previamente calculada e que deu início à Segunda Guerra Mundial[6].

---

6. Já observamos, sobre o Incidente de Gleiwitz, que "...*À época, a rádio de Gleiwitz, hoje um museu-memorial (Gleiwitz Radio Station Museum), transmitia sua programação de rotina já tarde da noite de 31 de agosto de 1939, quando a mesma foi subitamente interrompida pela transmissão de inflamadas vozes alemãs afirmando que forças polonesas estavam prestes a invadir a rádio e acidade de Gleiwitz (alemã, à época). Repentinamente a transmissão para toda a região foi interrompida; retomada momentos após, já com vozes polonesas convocando os habitantes de origem polonesa que lá viviam a pegar em armas e agir*

Em todos os conflitos armados, pode-se constatar a ocorrência de uma guerra paralela travada no campo da comunicação. Vencer a batalha da abordagem dos fatos perante a opinião pública torna-se essencial para legitimar a permanência e a continuidade do envolvimento em dado conflito, fato que se tornou bem evidente durante a guerra travada entre os Estados Unidos e o Vietnã, ainda que referida abordagem seja falsa e/ou distorcida. Acrescente-se, aliás, que muito embora o termo *fake news* tenha se tornado popular em todo o mundo por força de sua criação por jornalistas norte-americanos em vista das reportagens acerca de uma suposta influência do Kremlin nas eleições norte-americanas vencidas por Donald Trump em 2016, é amplamente conhecido o fato, especialmente nos Estados Unidos, que tal fenômeno ganha força e importância exatamente durante a Guerra do Vietnã, período no qual o governo norte-americano e seus aliados, na época, buscavam fazer prevalecer suas "verdades" sobre o curso daquele conflito, como durante a tomada da terceira maior cidade do então Vietnã do Sul, qual seja, Hue, por cerca de 10.000 combatentes comunistas durante a *ofensiva do Tet*, em janeiro de 1968. Apesar da derrota das forças norte-americanas na referida batalha, a posição oficial do General William Westmoreland e que circulara nos Estados Unidos minimizava o evento, afirmava que Hue permanecia sob controle norte-americano e de seus aliados, e que não mais do que 500 combatentes inimigos encontravam-se na cidade palco das operações, apesar da indiscutível verdade retratada em memorandos secretos da CIA acerca dos fatos que realmente ocorreram naquele momento da guerra e entregues ao Presidente Johnson[7]. A utilização e circulação de notícias falsas vem sendo também praticadas durante a guerra da Síria, inclusive com a exploração de ocorrências relacionadas a crimes de guerra e crimes

---

contra Hitler. Além disso, um corpo foi encontrado no local, alegadamente de uma "vítima" alemã. ...Sabe-se hoje que a descrita encenação se constituiu numa operação da SS nazista comandada por Alfred Naujocks, inclusive sendo tema de filme de 1961 dirigido pelo alemão Gerhard Klein e sob o título Der Fall Gleiwitz (O caso Gleiwitz), baseado principalmente nas declarações de Naujocks durante os julgamentos de Nuremberg. Na verdade, a vítima cujo corpo foi encontrado na rádio era o alemão Franciszek Honiok, comerciante de máquinas agrícolas e simpatizante da Polônia, muito provavelmente já sob vigilância da Gestapo. Os soldados SS que participaram da farsa eram fluentes em polonês e seguiram ordens diretas de Heinrich Himmler e Reinhard Heydrich que exatamente na referida noite dispensaram as sentinelas da rádio, visando dar a Hitler uma justificativa para iniciar a guerra. Naujocks declarou à revista Der Spiegel, em 1963, como a farsa fora uma operação "altamente política", que seguira instruções precisas...". PEREIRA, Flávio de Leão Bastos. *Fake News e o Incidente de Gleiwitz*. Universidade Presbiteriana Mackenzie. Disponível em: [https://www.mackenzie.br/fakenews/noticias/arquivo/n/a/i/fake-news-e-o-incidente-de-gleiwitz/]. Acesso em: 02.01.2020.

7. TIME. *Fake News is a Tactic from the Vietnam War*. BOWDEN, Mark. Disponível em: [http://time.com/4839971/trump-media-press-enemy-vietnam-war/]. Acesso em: 16.05.2018.

contra a humanidade imputados de parte a parte, supostamente responsáveis por ataques com armas químicas ou bombardeiros de hospitais e instalações sanitárias e que, por força das Leis de Genebra, tipificam crimes contra os usos e costumes de guerra. Com a tecnologia disponível atualmente, as notícias circulam o mundo quase que instantaneamente, potencializando os efeitos buscados por quem as faz circular. Os riscos, no caso das guerras, são evidentemente mais graves do que o usual, na medida em que podem provocar reações de cunho militar e, portanto, a escalada das guerras e morte de inocentes, com grave comprometimento dos sistemas democráticos e pluralistas.

2. Riscos

Como dito anteriormente, a manipulação da verdade por força da criação e circulação de notícias falsas nas searas política e militar pode ter consequências as mais graves. Basta a memória das dinâmicas preparatórias dos principais genocídios perpetrados no mundo ao longo do século XX para que se possa aferir com mais clareza quais os graus de ruptura civilizacional que podem ser atingidos pela humanidade: ao longo dos genocídios do povo armênio (1915-1923); antes e durante o Holocausto (1939-1945); também no decorrer do genocídio dos Tutsis e Hutus moderados em Ruanda (1994), apenas para mencionar alguns, a "construção" de um inimigo comum das nações otomana, alemã e hutu, que consistiriam em verdadeiras ameaças, devidamente "fabricadas", à sobrevivência de tais povos, deu-se constante e gradativamente, de modo a implantar a clara percepção de que os grupos humanos que viriam a ser vitimados não eram seres humanos; eram perigosos e traidores do país nos quais viviam; inferiores e que não mereciam viver. A propagação das falsas ideias e do *hate speech* sobre os grupos então vitimados pelo genocídio era operacionalizada por meios de comunicação como jornais e rádios (*Völkischer Beobachter; Der Stümer; Radio Télévision des Milles Collines – RTLM; Radio Rwanda* etc.).

Exemplos recentes e que envolvem as graves consequências proporcionadas por falsas notícias e relatos caluniosos, mais especificamente a provocação para o estopim de conflitos armados, são encontrados nas situações relatadas pela jornalista ucraniana Olga Yurkova, dirigente do *site StopFake*,[8] e que dizem respeito a situações nas quais depoimentos e notícias falsas mostraram-se fundamentais para a eclosão de conflitos armados que levaram milhões de pessoas à morte, como nos casos seguintes noticiados pela BBC[9]:

8. STOPFAKE.ORG – *Struggle against fake information about events in Ukraine*. Disponível em: [www.stopfake.org/en/about-us/]. Acesso em: 16.05.2018.
9. BBC BRASIL. *Três casos de* fake news *que geraram guerras e conflitos ao redor do mundo*. Disponível em: [www.bbc.com/portuguese/geral-43895609]. Acesso em: 16.05.2018.

a) O relato de uma suposta refugiada russa, Galyna Pyshnyak, que relatara a crucificação de uma mulher e de uma criança por soldados da Ucrânia. Dito relato foi transmitido pelo canal de TV estatal *Channel One Russia* em 12 de julho de 2014, colaborando para a intensificação dos combates entre forças separatistas pró-Rússia e tropas ucranianas. Contudo, a citada refugiada era, na verdade, esposa de um militante pró-Rússia e os fatos eram falsos.

b) Durante a invasão do Kuwait pelo Iraque, em 1990, a menina Nayirah al Sabah, menor kuwaitiana com 15 anos de idade, afirmou no Congresso dos Estados Unidos que tropas iraquianas levaram incubadoras dos hospitais do Kuwait durante tal invasão, deixando os bebês abandonados no chão dos hospitais, depoimento que colaborou para que o Senado norte-americano aprovasse a ação militar naquele país. Contudo, a depoente era filha de Saud Nasser al-Sabah, o embaixador do Kuwait em Washington. Seu depoimento era falso e elaborado por uma Agência de Relações Públicas que mantinha relações com a monarquia do Kuwait, conforme posteriormente demonstrado por uma investigação conjunta da Anistia Internacional, *Human Rights Watch* e de jornalistas independentes.

c) Em 2017 imagens do povo rohingya circularam na internet e que mostravam supostos guerrilheiros e combatentes rohingya armados e durante combates, de modo a fazer crer que tal etnia era perigosa, especialmente para os budistas em Mianmar. O primeiro-ministro turco, Mehmet Simsek, chegou a compartilhar tais imagens que, na verdade, eram de 1971 e tiradas em Bangladesh. Os rohingya, minoria em Mianmar e que padeceram sob um processo de limpeza étnica e genocida praticado pelas tropas budistas daquele governo, encontram-se atualmente em campos de refugiados em Bangladesh.

Eis o paradoxo da democracia: se, de um lado, a liberdade de pensamento e, mais especificamente, a liberdade de expressão constitui ponto fulcral para sua preservação e para seu desenvolvimento, o exercício de tal liberdade por agentes mal-intencionados põe em risco a própria democracia. Vale lembrar, sempre existiram aqueles que, por desprezar o pluralismo e a convivência entre ideias e visões de mundo distintas, valeram-se de notícias falsas – e da facilidade viabilizada pelos regimes democráticos para a circulação das notícias – para destruir a própria democracia. Basta a lembrança do incêndio do Reichstag em Berlim, em 27 de fevereiro de 1933, e cuja culpa fora falsamente imputada aos comunistas[10], por Adolf Hitler, levando, assim, à aprovação do Decreto para Proteção do Povo Alemão, que

10. Apesar da prisão, condenação e execução do militante antifascista holandês Marinus van der Lubbe como principal responsável pelo incêndio do Parlamento alemão, jamais existiu qualquer envolvimento do movimento comunista no referido incêndio. A falsa imputação da culpa pelo incêndio aos comunistas foi o pretexto buscado por Adolf Hitler para obter a aprovação da lei de emergência que lhe concedeu ilimitados poderes.

suprimiu a liberdade de imprensa bem como permitiu a prisão de todos aqueles considerados suspeitos pelo novo regime ditatorial. Nesse sentido:

> A imprensa nazista descreveu o incêndio do Reichstag como o trabalho dos comunistas e um sinal para uma insurreição planejada. Até mesmo o noticiário independente dos EUA, a Fox Movie Tones, refletiu a versão do governo alemão. Embora os comunistas não tivessem, de fato, desenvolvido planos para uma insurreição, o impacto da propaganda e do terror sobre os temores existentes de um planejamento comunista convenceu muitos alemães de que a ação decisiva de Hitler salvou a nação do "bolchevismo".[11] (livre tradução do autor)

A memória e a experiência histórica demonstram, assim, como as informações reconhecidas como *fake news* nos campos político e militar põem em risco a democracia, derrubam regimes e destroem milhares de vidas, quando manipuladas com objetivos especificamente escusos. De fato, ainda que a história registre ocorrências e acontecimentos de modo inquestionável, como no caso do Holocausto ou do extermínio dos povos indígenas, a verdade comprovada em relação a tais fatos, ainda assim, é muitas vezes distorcida em razão de claras e escusas intenções, como: (i) apresentar certas decisões e ações como justas e necessárias; (ii) adiar ou antecipar a reação das populações por meio da divulgação de fatos em momentos calculados e julgados adequados pelo regime vigente; (iii) viabilizar reações, muitas vezes excepcionais (medidas de exceção), sob a alegação de ocorrências de supostas crises ou necessidade de enfrentamento de perigos iminentes para a nação; (iv) simplesmente negar, revisar ou distorcer a história, não raramente por meio do negacionismo, com o objetivo de favorecer pessoas, ações e ideologias excludentes.[12]

Com tal intuito atuam as inúmeras agências de relações públicas (RP) contratadas por governos ao longo dos conflitos armados, frequentemente construindo ou moldando a realidade, a tal ponto que a reflexão sobre a existência de um espaço público genuíno é cabível atualmente. Reitere-se que a dinâmica da moldagem da realidade e do espaço público por meio da veiculação e circulação de informações falsas, como já demonstrado, não é fenômeno novo nas searas militar,

11. Texto original em inglês: "The Nazi press described the Reichstag fire as the work of the Communists and a signal for their planned uprising. Even the US independent Fox Movie Tones newsreel reflected the German government version. Although the Communists had not, in fact, developed any plans for an uprising, the impact of propaganda and terror on existing fears of a Communist takeover convinced many Germans that Hitler's decisive action had saved the nation from 'Bolshevism'" (UNITED STATES HOLOCAUST MEMORIUM MUSEUM (USHMM). *Holocaust Encyclopedia*. Disponível em: [www.ushmm.org/wlc/en/article.php?ModuleId=10007657]. Acesso em: 16.05.2018).
12. KELLY, Paul et al. *O livro da política*. São Paulo: Globo, 2013.

política e notícias em geral. Desde a década de 1980, já atuavam os denominados *spin doctors*, qual seja, especialistas em distorções e alterações dos fatos, ou:

> [...] alguém que tenta influenciar o público, utilizando um viés favorável nas informações apresentadas ao público ou para a mídia. Frequente na política, em especial nas campanhas eleitorais, bem como em empresas em crise, ou atuado junto a políticos, artistas, esportistas e pessoas envolvidas em processos judiciais e escândalos, o fenômeno pode induzir os jornalistas ao erro e usurpar uma assessoria de imprensa ao se aventurar em manipular estatísticas, engendrar informações, fabricar mensagens subliminares, distribuir releases enganosos e cooptar jornalistas com o propósito de tornar uma verdade relativa, na versão que lhe convém [...].[13]

Não sem razão, afirmou Habermas que *a esfera pública não existe mais, ela passou a ser fabricada*[14]. Nesse sentido, merece destaque o papel desempenhado pelos veículos de comunicação ao longo dos conflitos armados, com objetivos evidentes de construção e moldagem da realidade justificadora das decisões que levam às guerras e aos combates, legitimando-os e com o apoio das populações receptoras das informações e notícias falsas (*fake news*).

3. O papel da mídia na construção de cenários durante conflitos armados: a moldagem da realidade por meio de circulação de *fake news*

A importância da moldagem da realidade a ser apresentada e até imposta às populações durante o transcurso de momentos traumáticos em dada sociedade, como ao longo de guerras, guerras civis, regimes de exceção etc. é conhecida e constitui, via de regra, uma guerra paralela visando à conquista de mentes e corações, contra ou a favor dos regimes contestados.

Mais do que a legitimação de decisões de enfrentamento e justificação de envolvimento em conflitos, sempre com os ônus material e espiritual transferidos a toda a sociedade, a fabricação de cenários e realidades inverídicas, como a idealização de um inimigo a ser combatido, constitui uma guerra paralela. A derrota no campo da formação da opinião pública pode significar a deslegitimação e o fim de um governo ou a saída de uma guerra. Daí a prática comum verificável em situações tais, como a demonização do inimigo vislumbrado, bem como a adjetivação da guerra com termos divinizados, como a *defesa da civilização* ou a autodenominação como *guardião das nações ocidentais*.

---

13. SCHMITZ, Aldo Antonio; KARAM, Francisco José Castilho. Os *spin doctors* e as fontes das notícias. *Brazilian Journalism Research*, v. 9, n. 1, 2013.
14. KREMPL, S. Medien, Internet, Krieg: das Beispiel Kosovo; ein Beitrag zur kritischen Medienanalyse. München: Fischer, 2004. Apud CAZZAMATTA, Regina. Sobre o papel das agências de relações públicas durante guerras e conflitos internacionais. *Estudos em Jornalismo e Mídia*, v. 14, n. 1. jan.-jun. 2017. p. 26.

Não sem razão, registra Regina Cazzamatta como agências costumam ser contratadas por governos envolvidos em guerras e enfrentamentos, de modo a que fossem alcançados os escopos de legitimação anteriormente apresentados. Alguns casos apontados pela pesquisadora são significativos e bem demonstram a relevância e a gravidade dos resultados produzidos pela circulação de *fake news* na seara militar, tais como[15]:

a) Entre 1957 e 1962 a firma de Relações Públicas Hamilton-Wright prestou serviços à China, com o intuito de construir uma imagem positiva de Chiang Kai-shek, bem como publicar – como de fato o fez – reportagens, fotos e artigos sobre os comunistas como seres perigosos e ameaçadores;

b) Ivy Ledbetter Lee, influente profissional norte-americano de relações públicas, após ter trabalhado para os nazistas, foi depois contratado para "construir" uma imagem positiva dos alemães, nos Estados Unidos;

c) Durante a guerra dos Balcãs, a agência de Relações Públicas norte-americana Ruder Finn foi contratada pela Croácia em agosto de 1991[16]; pela Bósnia em maio de 1992 e, pelas lideranças Kosovo-albaneses no outono também de 1992. Dita empresa de RP pertencia a políticos norte-americanos;

d) Ao longo da guerra do Cáucaso, em 2008, a Geórgia (que enfrentava a Rússia) contratou os serviços da agência belga Aspect Consulting, bem como as agências de RP Orion Strategies, do lobista Randy Scheunemann, conselheiro do candidato republicano John McCain, além da Squire Sanders Public Advocacy, gerenciada por Patrick O`Donnell, antigo conselheiro dos ex-presidentes Nixon e Ford (Cazzamatta). Durante o conflito, a Aspect Consulting fez circular centenas de *press releases* e notícias dando conta da agressividade das tropas russas em atacar a Geórgia. Em agosto de 2008, com o fim do conflito, a Independent International Fact-Finding Mission on the Conflict in Georgia, comissão europeia incumbida de investigar a verdade dos fatos, concluiu que a guerra irrompera uma grande operação militar da Geórgia na cidade de Tskhinvali, na madrugada de 8 de agosto do ano anterior.

Os casos referidos por Cazzamatta dizem respeito apenas a alguns poucos exemplos entre milhares sobre a atuação das agências de RP e que constituem atores ativos e relevantes, atualmente, na construção da boa imagem dos Estados que as contratam durante o envolvimento em conflitos armados ou, ainda, para a moldagem de um perfil perigoso, agressivo e bárbaro do inimigo cuja imagem se

15. CAZZAMATTA, Regina. Sobre o papel das agências de Relações Públicas Durante Guerras e Conflitos Internacionais. *Estudos em Jornalismo e Mídia*, v. 14, n. 1. jan.-jun. 2017.

16. Durante a guerra dos Balcãs foi veiculada notícia, inclusive pela BBC, de que os sérvios estariam pagando 300 libras por cada criança morta, aos franco-atiradores. Posteriormente, funcionária da Ruder-Finn admitiu que a agência havia colaborado para divulgar tal notícia, afinal reconhecida como falsa. Ver CAZZAMATTA, Regina. Op. cit., p.31.

quer sedimentar para justificar investimentos bélicos, participação efetiva em guerras e o apoio das populações. Nesse sentido, nada como um inimigo que inspire o terror. A mídia, dessa forma, e as notícias falsas (*fake news*), constituem, portanto, elementos essenciais que modelam o espaço público conforme a vontade das instâncias decisórias. Nesse sentido, o risco para a democracia e para os direitos humanos é grande.

Tampouco as ditaduras latino-americanas durante a Guerra Fria viram-se imunes à guerra pela hegemonia das informações e das *fake news*. O tratamento das informações do período ditatorial que vigorou no Brasil a partir de 1964 foi realizado por estruturas organicamente muito bem organizadas, tal como o Serviço Nacional de Informações (SNI); os temidos CIE (Centro de Informações do Exército) e CENIMAR (Centro de Informações da Marinha). Nesse sentido, a manipulação de informações e notícias durante conflitos armados ou mesmo em sociedades marcadas pela repressão política, visando à moldagem do espaço público e à influência sobre a opinião pública, inclusive com o recurso corriqueiro às falsas notícias, constituem matéria-prima essencial aos serviços de inteligência e contrainteligência, tal como ocorreu verificado no contexto de exceção brasileiro.

4. O papel das ações de inteligência e contrainteligência de Estado no Brasil: uma análise sob a ótica das *fake news*

Uma vez apresentadas as experiências históricas que evidenciam a utilização das *fake news* no âmbito das grandes guerras e devidamente evidenciado qual tem sido o papel da mídia nas últimas décadas no processo de propagação das informações, torna-se essencial perquirir qual tem sido o papel das ações de inteligência e contrainteligência/contrainformação de Estado no Brasil e se a "desinformação" tem sido utilizada como "estratégia militar".

No intuito de concatenar as ideias objetivadas nesse tópico, o desenvolvimento será dividido em dois subtópicos, sendo o primeiro destinado ao estabelecimento das bases conceituais sobre a real significação dos atos de inteligência e contrainteligência, e o segundo, sob um viés mais prático-pragmático, a analisar a possível utilização de *fake news* durante a Ditadura Militar no Brasil como estratégia de desinformação

4.1. Inteligência e contrainteligência de Estado: contornos conceituais

A priori, é importante registrar que a despeito de a palavra inteligência possua suas raízes históricas coincidentes com a própria existência humana[17], o seu uso

17. Nesse sentido, inclusive, em exaustivo trabalho sobre a "Cidadania e limites jurídicos da atividade de inteligência de Estado no Brasil", Vicente Nicola Novellino preleciona

encontra acepções diferenciadas[18] a partir do campo do conhecimento em que esteja associada, razão pela qual o presente estudo fará um recorte metodológico direcionando a sua análise apenas para o campo da aquisição e utilização de dados e informações como estratégia de Estado.

Especificamente no campo da atuação como força de Estado "o termo inteligência é relacionado por pesquisadores a relações e entendimentos secretos que normalmente ocorrem dentro do território ou fora dele[19]".

Ao tratar sobre a significação de inteligência de Estado, Vicente Nicola Novellino tece a seguinte ponderação:

> Inteligência de Estado, às vezes também chamada de clássica, pode ser definida como produção de conhecimento que se destina a subsidiar a tomada de decisões no mais alto nível de uma nação [...][20].
>
> [...]
>
> É o conjunto de conhecimentos, normalmente de acesso restrito, produzidos por uma Instituição de Estado, conhecida como Serviço de Inteligência, obtidos por meio da coleta em diversos tipos de fontes, bem como complementados por operações de busca, quando imprescindíveis, cujo produto, após processado e

---

sobre a coexistência da inteligência com a atividade humana aduzindo que "De acordo com historiadores, a inteligência, muito embora não fosse conhecida com essa terminologia, existe desde as primeiras civilizações que tanto necessitavam de informações para garantia de sua sobrevivência. Contudo, inobstante diversos estudos e relatos históricos decorrentes de suas pesquisas, podemos afirmar que não existe unanimidade de entendimento quanto a uma data ou ao menos uma época precisa que pudesse marcar seu surgimento. *O uso das informações de combate é tão velho quanto a luta humana organizada*. Em relatos históricos podemos encontrar elementos que demonstram a importância da obtenção de informações: *um dos primeiros registros de relatórios de inteligência produzidos remonta a três mil anos antes de Cristo: trata-se de um documento produzido para o Faraó por uma patrulha da fronteira sul do Egito, em que é informado que 'encontramos o rastro de 32 homens e 3 jumentos'*. Também podemos afirmar que é muito difícil encontrar algum estudioso da história da inteligência que, logo nas primeiras leituras, não tenha se deparado com uma clássica assertiva: *informação é poder*. Assim, podemos destacar um traço que denota a importância da atividade de informações, ou seja, é uma ferramenta para exercício do poder" (NOVELLINO, Vicente Nicola. *Cidadania e limites jurídicos da atividade de inteligência de Estado no Brasil*. 2018. 175 f. Dissertação (Direito Político e Econômico) – Universidade Presbiteriana Mackenzie, São Paulo. p. 19. Grifos do original).

18. Apenas para exemplificar, João Manoel Roratto indica as seguintes tipologias: (i) inteligência psicológica; (ii) inteligência política; (iii) inteligência competitiva; (iv) inteligência objetiva; e (vi) a inteligência de Estado (RORATTO, João Manoel. Acepções e conceitos de inteligência de Estado. *Revista Brasileira de Inteligência: ABIN*, n. 7, jul. 2012).
19. Ibidem, p. 36.
20. NOVELLINO, Vicente Nicola. *Cidadania e limites jurídicos*, cit., p. 30.

> analisado por meio de uma metodologia própria pelos respectivos analistas que atuam nesses órgãos, poderá servir de subsídio à tomada de decisão pelo mais alto escalão do poder nos campos político, econômico, militar, segurança e defesa, relações internacionais, bem como em qualquer outra área cuja colaboração a esse processo decisional possa se mostrar útil e oportuna[21].

No mesmo sentido, João Manoel Roratto afirma que a inteligência se apresenta como uma instituição do Estado responsável pelo fornecimento de suporte informativo aos governantes para que sejam capazes de conhecer, com profundidade, todo e qualquer assunto atinente aos interesses nacionais[22].

As atividades de inteligência no campo da defesa do Estado, portanto, desempenham papel crucial, especialmente pela capacidade de produção de conhecimentos estratégicos capazes de auxiliar nas decisões do Estado, mediante a utilização de uma metodologia cumulativamente isenta e imparcial[23]. E sua importância, destaque-se, não se exaure apenas na função auxiliar que assume no processo de tomada de decisões do Estado, mas "ela é por natureza o instrumento que favorece a constituição de poderes com a construção de cenários com o menor risco no processo de decisão de um dirigente nas diversas questões de Estado[24]".

Atualmente, no Brasil, a atividade de inteligência é operacionalizada pela Agência Brasileira de Inteligência (Abin), órgão central responsável pelo Sistema Brasileiro de Inteligência (Sisbin), criado pela Lei 9.883, de 7 de dezembro de 1999[25], e subordinado ao Gabinete de Segurança Institucional da Presidência da República. Em síntese, entre as atribuições legais da ABIN podem-se destacar: (i) planejamento, execução, coordenação, supervisão e o controle das atividades de inteligência no País; (ii) a implementação de medidas que visem à proteção de

---

21. Ibidem, p. 32-33.
22. RORATTO, João Manoel. Op. cit.
23. CARDOSO, Arthur MacDowell. *A importância da inteligência como objeto de estudo para o campo da defesa no Brasil. Revista Brasileira de Inteligência: ABIN*, n. 12, dez. 2017.
24. RIBEIRO, Fábio Pereira. Cooperação estratégica em inteligência formação da defesa regional: uma contribuição dos serviços de inteligência. *Cadernos PROLAM/USP*, ano 5, v. 1, 2006. p. 114.
25. Segundo as palavras de Vicente Nicola Novellino ao tratar sobre a legislação que regulamenta a atividade de inteligência no Brasil: "[...] Nos países democráticos onde impera o estado de direito, o respeito às garantias fundamentais, a prevalência dos direitos humanos, a transparência na administração pública, etc., a atividade de inteligência como função de Estado precisa estar muito bem delineada com uma legislação própria que lhe dê suporte, bem como um rígido sistema de monitoramento e controle sem, contudo, haver a desconfiguração do núcleo essencial da atividade que é a égide do segredo" (NOVELLINO, Vicente Nicola. *A segurança pública e a atividade de inteligência no Brasil*: uma análise das potencialidades decorrentes da criação do Instituto Brasileiro de Segurança Pública. *RIBSP*, v. 1, n. 1, jan.-jun. 2018. p. 21).

informações estratégicas relativas tanto à segurança do Estado como da sociedade; e (iii) integrar e coordenar as atividades do SISBIN[26].

É importante ressaltar, contudo, que a inteligência até aqui discorrida (inteligência propriamente dita), é apenas um dos ramos que a atividade pode assumir, pois também há outro ramo, denominado contrainteligência[27] ou contrainformação[28]. Nesse sentido, pertinente é o esclarecimento de Vicente Nicola Novellino ao consignar que:

> Contrainteligência, diferentemente do que possa parecer, não significa uma oposição, não concordância ou alguma coisa contrária a atividade de inteligência. Esse sentido de contraste ou oposição que deriva da palavra, em termos técnicos, se refere à uma inteligência adversária e deve ser entendida como uma reação contra ela. Assim sua principal característica é a atuação na proteção do sistema de inteligência do qual é parte o que justifica a sua adjetivação de *defensiva*.
>
> Da mesma forma como na inteligência a contrainteligência também produz conhecimentos, o que pode parecer, erroneamente, que não existem diferenças entre esses dois ramos dentro de um mesmo sistema de inteligência. No entanto, a diferença pode ser identificada quanto à finalidade do conteúdo dos conhecimentos produzidos. Enquanto a primeira, como se viu, assessora a tomada de decisão, a contrainteligência, como mecanismo de defesa, se incumbe, por exemplo, da identificação e neutralização das possíveis ameaças, dentre as quais podemos apontar a clássica espionagem com o objetivo de acessar conteúdos protegidos[29].

As atividades da contrainteligência, portanto, estão centralizadas nos mecanismos de defesa contra a inteligência adversa, objetivando a identificação, prevenção e neutralização dos fatores que representem uma ameaça à base de dados e conhecimentos produzidos pelo Estado[30] [31].

---

26. RIBEIRO, Fábio Pereira. Op. cit.
27. Para alguns autores, como Francesco Cossiga, a contrainteligência pode ser considerada como uma atividade defensiva (COSSIGA, Francesco. I servizi e le attività di informazione e di controinformazione. *Abecedario per principiante, politici e militari, civili e gente comune*. Soveria Mannelli. Itália: Rubbettino, 2002.).
28. É importante registrar que é comum a utilização das expressões contrainformação, contrassabotagem, contraterrorismo e contraespionagem como sinônimos da contrainteligência (CF. NOVELLINO, Vicente Nicola. *Cidadania e limites jurídicos da atividade de inteligência de Estado no Brasil*. 2018. 175 f. Dissertação (Direito Político e Econômico) – Universidade Presbiteriana Mackenzie, São Paulo).
29. Ibidem, p. 50-51.
30. COELHO, Paulo Cesar. *Contrainteligência em segurança pública*. São Paulo: Clube de Autores, 2012.
31. Nesse mesmo sentido é a expressa previsão do art. 3º da Lei 9.883, de 7 de dezembro de 1999 ao registrar que: Art. 1º [...] § 3º Entende-se como contra-inteligência a atividade que objetiva neutralizar a inteligência adversa.

No campo da *práxis*, a contrainteligência pode ser efetivada tanto no âmbito interno como externo. Na seara nacional, a função exercida será mais expressiva, já que atuará diretamente na salvaguarda dos interesses nacionais visando à identificação e neutralização de ameaças, o que permitirá não apenas neutralizar a ameaça adversa, mas também identificar eventuais falhas no sistema de proteção. Na perspectiva internacional, a atuação visa detectar eventuais ameaças planejadas por países amigos ou inimigos, neutralizando-as na fonte, impedindo quaisquer efeitos ou violações no âmbito do serviço de inteligência que seria alvo[32].

No caso do Brasil, inclusive, as atividades de contrainteligência têm assumido também um viés de fortalecimento da cultura de inteligência econômica, a exemplo de outras potências econômicas e industriais, o que permite a proteção de dados e conhecimentos gerados no país e considerados como estratégicos. Nesse contexto, a ABIN, no afã de atender com sua competência legal quanto ao planejamento e execução para proteção de dados/conhecimentos sensíveis do Estado, implementou o Programa Nacional de Proteção ao Conhecimento (PNPC), mediante parceria com instituições nacionais (públicas e privadas), o qual tem por objetivo promover uma cultura de proteção sobretudo nos ambientes acadêmicos e conhecimentos relacionados ao patrimônio genético nacional[33].

4.2. *O uso de estratégias de contrainformação no Brasil durante a ditatura militar e a propagação das* fake news *como "estratégia" militar*

Apresentados os contornos conceituais sobre as atividades de inteligência e contrainteligência/contrainformação no Brasil, resta-nos perquirir, adiante, sobre a possível utilização de *fake news* pela contrainteligência brasileira como "estratégia" militar durante o regime civil-militar no País, especialmente porque fora após a sua deflagração, ainda no ano de 1964, que se criou o Serviço Nacional de Informações (SIN) para o desenvolvimento das atividades de inteligência de Estado – órgão extinto apenas em 1990[34].

Durante a madrugada de 2 de abril de 1964, o Congresso Nacional brasileiro se reuniu sob o comando do então Senador Auro de Moura Andrade e declarou a vacância do cargo de Presidente da República, pois em suas alegações o

---

32. NOVELLINO, Vicente Nicola. *Cidadania e limites jurídicos da atividade de inteligência de Estado no Brasil*. 2018. 175 f. Dissertação (Direito Político e Econômico) – Universidade Presbiteriana Mackenzie, São Paulo. p. 50-51.

33. CF. BALUÉ, Isabel Gil; NASCIMENTO, Marta Sianes Oliveira do. Proteção do Conhecimento: uma questão de contra-inteligência de estado. *Revista Brasileira de Inteligência. Brasília*, Abin, v. 2, n. 3, set. 2006.

34. CARDOSO, Arthur MacDowell. Op. cit.

Presidente João Goulart teria viajado para o exterior, sem autorização do parlamento, quando na verdade teria ido a Porto Alegre em busca de apoio político[35]. Na oportunidade, o Presidente da Câmara dos Deputados, Ranieri Mazzilli, sucessor do cargo pela linha constitucional, assumiu a Presidência da República, momento em que "o poder já não estava mais nas mãos dos civis e sim dos comandos militares[36]".

O novo regime, então, começou a alterar as instituições do País por meio dos denominados Atos Institucionais (AI), apresentados como um aparente exercício do poder constituinte intrínseco a todas as revoluções. *A priori*, instituiu-se o AI-1, editado em 9 de abril de 1964, mantendo a Constituição de 1946 formalmente, mas implementando diversas modificações, tendo, inclusive, alterado o funcionamento do Congresso; tais medidas, destaque-se, objetivavam robustecer o Poder Executivo e, em contrapartida, enfraquecer o Congresso Nacional, especialmente quando suspendeu as imunidades parlamentares e conferiu ao Comando Supremo da Revolução a autorização para cassar e suspender direitos políticos pelo prazo de dez anos – sem prejuízo de outras medidas[37].

O AI-2, editado em 27 de outubro de 1965, entre outras questões, extinguiu os partidos políticos, deslocou a competência para o julgamento dos crimes contra a segurança nacional para a justiça militar e aumentou de 11 para 16 o número de ministros do Supremo Tribunal Federal[38]. Já em 1966, por meio do AI-3, de 5 de fevereiro, as eleições de governadores e vice-governadores de estado passaram a ser indiretas, e os prefeitos dos municípios das capitais seriam nomeados pelos governadores do estado.

O AI-4, por sua vez, determinou a elaboração de uma nova Constituição. O AI-5, baixado em 1968, impôs a aposentadoria compulsória de três Ministros do Supremo Tribunal Federal e outorgou poderes abusivos ao Poder Executivo, especialmente porque praticamente anulou a atuação do controle judiciário sobre suas condutas[39].

Em 2 de julho 1969, numa conduta sequencial aos Atos Institucionais indigitados, instalou-se a Operação Bandeirantes (Oban) no País, o que iniciou uma "nova etapa na repressão às ações da esquerda e aos movimentos sociais e culminou no encerramento de discussões sobre o papel que deveria ser desempenhado pelas

---

35. AQUINO, Maria Aparecida. Brasil: 1964-2014 – Uma comemoração possível. *Cadernos de História*, Belo Horizonte, v. 15, n. 22, 1° sem. 2014.
36. FAUSTO, Boris. *História concisa do Brasil*. São Paulo: Edusp, 2018. p. 255.
37. Idem.
38. BEDÊ JUNIOR, Américo. *Constitucionalismo sob a ditadura militar de 64 a 85. Revista de Informação Legislativa*, ano 50, n.197, jan.-mar. 2013.
39. Idem.

forças armadas na manutenção da segurança nacional[40]. Em setembro de 1970, foram integrados à Oban o Destacamento de Operações e de Informações (DOI) – que tinha por responsabilidade a efetivação de ações práticas de localização e apreensão de suspeitos – e o Centro de Defesa Interna (CODI) – que tinha, em síntese, a função de coordenar o planejamento estratégico do combate aos grupos de esquerda e sociedade[41].

No caso específico do DOI, conforme apontado por Marcelo Godoy, era conhecido por seus integrantes como *Casa da vovó*, pois em seus dizeres "lá é que era bom", ainda que tal órgão funcionasse como símbolo do arbítrio e prática dos crimes mais cruéis praticados no âmbito do regime civil-militar[42].

Nesse contexto de torturas, mortes e efetivação de crimes cruéis, contudo, é possível destacar na atuação do DOI-CODI a utilização da contrainformação como estratégia militar ao divulgar notícias falsas que aparentavam ser verdadeiras – esse é o núcleo central das *fake news*. Nesse contexto, Marcelo Godoy assinala que:

> Mais do que extrair informações verdadeiras, a tortura podia ser usada para fabricar mentiras para neutralizar o inimigo por meio da chamada contrainformação. No começo de 1972, em meio à ação contra o Molipo, o DOI montou uma de suas mais ambiciosas ações de despistamento: *a impressão de um número falso do jornal Venceremos, o órgão oficial da ALN*[43].

Em síntese, o autor narra que após uma tentativa frustrada de roubo por alguns militantes da Molipo, a *Casa da vovó* descobriu um endereço onde funcionava a gráfica em que a maior organização guerrilheira do País imprimia o seu jornal, *O Venceremos*. No dia 3 de fevereiro de 1972, os agentes foram até o local e, além de apreender todos os materiais encontrados (livros, panfletos e máquinas), prenderam o jornalista Jorge Fidelino Galvão de Figueiredo (conhecido como Cachimbo) e Ladislau Crispim de Oliveira, discente da Faculdade de Economia da Pontifícia Universidade Católica (PUC) de São Paulo[44].

Até o momento da apreensão, a Molipo havia conseguido distribuir clandestinamente cinco edições/números da revista. O coronel Ustra, percebendo a situação, aproveitou a oportunidade da apreensão tanto da gráfica como dos

40. JOFFILY, Mariana Rangel. *Oban e DOI-CODI, elementos para um estudo. ANPUH – XXIII Simpósio Nacional de História. Londrina*, 2005. 1. Disponível em: [http://anais.anpuh.org/wp-content/uploads/mp/pdf/ANPUH.S23.0728.pdf]. Acesso em: 02.05.2018.
41. Idem.
42. GODOY, Marcelo. *A casa da vovó*: uma biografia do DOI-CODI (1969-1991). O centro de sequestro, tortura e morte da ditadura militar: história, documentos e depoimentos inéditos dos agentes do regime. São Paulo: Alameda, 2014. Versão digital.
43. Idem (grifos nossos).
44. Idem.

redatores e determinou ao DOI que obrigassem o jornalista preso a diagramar e datilografar uma nova edição, que seria utilizada agora com fins de contrainformação. Com a Manchete "Semana de 1922: a briga PCB X PCdoB", o DOI passou a utilizar a publicação da ALN para criar confusão entre a esquerda clandestina, bem como mostrar os nomes e as organizações às quais os estudantes pertenciam e, consequentemente, acusá-los por desvio de dinheiro e material das organizações estudantis.

A distribuição dos jornais, da mesma forma, foi pensada como tática de contrainformação. Isso porque, encerrada a primeira fase de distribuição do jornal diretamente aos estudantes da Escola de Comunicação e Artes da Universidade de São Paulo, o coronel Ustra determinou que fossem postados, via Correios, um exemplo do jornal *Venceremos* para a casa de cada professor da USP. O objetivo era fazer um teste: constatar se algum docente denunciaria à polícia o recebimento do jornal em apoio ao Movimento Comunista Internacional. Embora a conclusão, após um levantamento feito nas delegacias a pedido de Ustra nas delegacias, tenha sido negativa, *i.e.*, nenhum professor comunicou a entrega dos jornais, o DOI entendeu a operação como um sucesso, pois, até que os militantes percebessem *a falsidade* do jornal, o estrago já teria ocorrido[45].

Ademais, logo após ter assumido a *Casa da vovó*, em 29 de setembro de 1970, o coronel Ustra criou uma seção de contrainformação que tinha por objetivo expor militantes, arguindo a suspeita, no âmbito de suas organizações, de que esses seriam colaboradores da polícia.

Tais contornos históricos são suficientes para demonstrar que as *fake news* também podem se apresentar como verdadeiro instrumento de estratégia militar, seja no combate a possíveis ameaças internas, decorrentes de possíveis ameaças de invasão por países estrangeiros, buscando-se divulgar notícias falsas que atrasem ou impeçam o ataque inimigo, seja também como perigoso precedente para auxiliar na violação de direitos humanos fundamentais.

É por essas razões que, ao exercer as funções de inteligência e contrainteligência, o Estado deve se ater não apenas ao comando constitucional insculpido no art. 144 da Constituição Federal, que prevê a segurança pública como dever do Estado, mas também à salvaguarda dos dados e conhecimentos obtidos pelos serviços de inteligência para que não recaiam, em hipótese alguma, em países adversos. E, nesse cenário, a utilização das *fake news* deverá ser sopesada, já que a inserção de notícias falsas como tática de contrainformação (ou verdadeira desinformação) não podem ser utilizadas como fundamento para a prática de crimes ou violação de direitos e garantias fundamentais. Nesse diapasão, vale lembrar as encenações concebidas e praticadas pelos membros do DOI-CODI e consistentes

45. Idem.

em supostos ataques e tentativas de fugas de presos políticos já em poder daquele órgão de tortura e extermínio, pelas ruas de São Paulo e em outros Estados da Federação. Uma vez assassinados, a *fake news* transmitida à imprensa dizia respeito a "mortos em combate". O DOI-CODI, ao contrário do DOPS (órgão da Polícia Civil), consistia em estrutura, por natureza, militar, como analisa Marcelo Godoy em sua obra anteriormente referida. Tinha por objetivo a neutralização daqueles que considerava como inimigos. Daí, não surpreender a utilização de *fake news* largamente utilizada entre outros instrumentos que compunham seu perverso arsenal disponibilizado pelo Estado para uma imaginada "guerra" desigual, ideia "fabricada" para justificar o cometimento sistemático da tortura, assassinatos e desaparecimentos forçados de opositores ao regime ditatorial então vigente. Cabe ressaltar que até os dias atuais é comum a alteração dolosa de cenas de crimes por agentes do Estado (portanto, fonte de comunicações de falsos cenários à Polícia Judiciária), quando agentes públicos são autores dos referidos delitos, trágico legado do período ditatorial.

Do ponto de vista histórico, as *fake news* consistem em instrumento propício para a pavimentação da via negacionista, com graves consequências para a consolidação democrática. Os negacionistas distorcem a verdade e os fatos históricos cabalmente comprovados para alcançar objetivos antidemocráticos, como reabilitar e absolver criminosos contra a humanidade. Em todos os continentes, tal instrumento de propalação das falsas notícias e informações, que circulam com seu teor marcadamente fluido, líquido, superficial e veloz, vem apresentando alto índice de eficácia junto às novas gerações por meio das redes sociais, que desconhecem a própria história, especialmente pela má formação histórico-educacional. Casos como dos negacionistas do Holocausto ou das ditaduras da América do Sul são emblemáticos. Daí a importância do trabalho dos historiadores, juristas, museólogos, peritos forenses etc., para preservação da verdade e compreensão dos direitos humanos e do direito à memória.

O que se está a preconizar é que, no âmbito da utilização das *fake news* como instrumento de estratégia militar, há sempre um limite muito claro ao qual o Estado deve estar atento e atrelado: o respeito e a efetivação dos direitos e garantias fundamentais.

Conclusão

É perceptível que a divulgação de *fake news*, inclusive como estratégia militar, não representa um fenômeno novo – embora na atualidade a sua propalação seja muito mais rápida/"eficaz" em razão da internet –, mas ao contrário, demonstra um processo evolutivo que acompanhou a história da humanidade.

Muito embora a divulgação de notícias falsas como forma de contrainteligência de Estado seja um meio idôneo de efetivação da segurança de dados, informações e proteção da vida dos cidadãos, a manipulação da verdade por força da criação e circulação de notícias falsas nas searas política e militar pode ter consequências muito graves, como bem demonstram os episódios de genocídio praticados por todo o mundo no século XX, por exemplo.

Na discussão que se propôs por meio da presente pesquisa, percebeu-se a dualidade entre dois importantes pilares do Estado Democrático de Direito: de um lado, a necessidade de expressa proteção/salvaguarda dos interesses, dados e até mesmo bem-estar dos cidadãos do Estado (as atividades de inteligência e contrainteligência), e, de outro, a possibilidade de que, no contexto de propalação de *fake news*, os "direitos humanos fundamentais" sejam violados.

Ou seja, é possível que a divulgação de *fake news* como instrumento de estratégia militar apresente efeitos negativos e positivos no âmbito de determinado ordenamento jurídico, fator este que nos leva à conclusão de que a utilização de referido instrumento deverá ser sopesado, já que a utilização de notícias falsas como tática de contrainformação (ou verdadeira desinformação) não pode ser admitida como fundamento para a prática de crimes ou violação de direitos humanos fundamentais. O Estado, portanto, possui um limite muito claro.

Referências

AQUINO, Maria Aparecida. *Brasil: 1964-2014* – Uma comemoração possível. *Cadernos de História*, Belo Horizonte, v. 15, n. 22, 1º sem. 2014.

BALUÉ, Isabel Gil; NASCIMENTO, Marta Sianes Oliveira do. Proteção do Conhecimento: uma questão de contra-inteligência de estado. *Revista Brasileira de Inteligência. Brasília*, Abin, v. 2, n. 3, set. 2006.

BBC BRASIL – *Em números*: Guerra no Iraque custou bilhões e deixou milhares de mortos. Disponível em: [www.bbc.com/portuguese/noticias/2011/12/111215_eua_iraque_numeros_fn]. Acesso em: 15.05.2018.

BBC BRASIL. *Três casos de* fake news *que geraram guerras e conflitos ao redor do mundo*. Disponível em: [www.bbc.com/portuguese/geral-43895609]. Acesso em: 16.05.2018.

BEDÊ JUNIOR, Américo. Constitucionalismo sob a ditadura militar de 64 a 85. *Revista de Informação Legislativa*, ano 50, n.197, jan.-mar. 2013.

CARDOSO, Arthur MacDowell. A importância da inteligência como objeto de estudo para o campo da defesa no Brasil. *Revista Brasileira de Inteligência: ABIN*, n. 12, dez. 2017.

CAZZAMATTA, Regina. Sobre o papel das agências de Relações Públicas Durante Guerras e Conflitos Internacionais. *Estudos em Jornalismo e Mídia*, v. 14, n. 1. jan.-jun. 2017.

COELHO, Paulo Cesar. *Contrainteligência em segurança pública*. São Paulo: Clube de Autores, 2012.

COSSIGA, Francesco. I servizi e le attività di informazione e di controinformazione. *Abecedario per principiante, politici e militari, civili e gente comune*. Soveria Mannelli. Itália: Rubbettino, 2002.

FAUSTO, Boris. *História concisa do Brasil*. São Paulo: Edusp, 2018.

GLOBAL RESEARCH – Centre for research on globalization. *BBC caught staging fake news chemical attack (2016) to drag Britain into Syrian war.* Disponível em: [www.globalresearch.ca/bbc-caught-staging-fake-news-chemical-attack-to-drag-britain-into-syrian-war/5560433]. Acesso em: 15.05.2018.

GODOY, Marcelo. *A casa da vovó:* uma biografia do DOI-CODI (1969-1991). O centro de sequestro, tortura e morte da ditadura militar: história, documentos e depoimentos inéditos dos agentes do regime. São Paulo: Alameda, 2014. Versão digital.

HOLOCAUST EDUCATION & ARCHIVE RESEARCH TEAM. *Joseph Goebbels – The poison dwarf*. Disponível em: [www.holocaustresearchproject.org/holoprelude/goebbels.html]. Acesso em: 15.05.2018.

JOFFILY, Mariana Rangel. Oban e DOI-CODI, elementos para um estudo. ANPUH – XXIII Simpósio Nacional de História. Londrina, 2005. 1. Disponível em: [http://anais.anpuh.org/wp-content/uploads/mp/pdf/ANPUH.S23.0728.pdf]. Acesso em: 02.05.2018.

KELLY, Paul et al. *O livro da política*. São Paulo: Globo, 2013.

KREMPL, S. Medien, Internet, Krieg: das Beispiel Kosovo; ein Beitrag zur kritischen Medienanalyse. München: Fischer, 2004. Apud CAZZAMATTA, Regina. Sobre o papel das agências de relações públicas durante guerras e conflitos internacionais. *Estudos em Jornalismo e Mídia*, v. 14, n. 1. jan.-jun. 2017.

LIPSTADT, Deborah. Denying the Holocaust: the growing assault on truth and memory. Free Press, New York 1993 (paperback: Plume/Penguin Books, New York/London, 1994).

NOVELLINO, Vicente Nicola. *Cidadania e limites jurídicos da atividade de inteligência de Estado no Brasil*. 2018. 175 f. Dissertação (Direito Político e Econômico) – Universidade Presbiteriana Mackenzie, São Paulo.

NOVELLINO, Vicente Nicola. *A segurança pública e a atividade de inteligência no Brasil: uma análise das potencialidades decorrentes da criação do Instituto Brasileiro de Segurança Pública. RIBSP*, v. 1, n. 1, jan.-jun. 2018.

PEREIRA, Flávio de Leão Bastos. *Fake News e o Incidente de Gleiwitz*. Universidade Presbiteriana Mackenzie. Disponível em https://www.mackenzie.br/fakenews/noticias/arquivo/n/a/i/fake-news-e-o-incidente-de-gleiwitz/. Acesso em 02 de janeiro de 2020.

PEREIRA, Flávio de Leão Bastos. *O protocolo adicional de Estrasburgo à convenção sobre crimes cibernéticos da União Europeia e sua adoção nas Américas*. (Palestra proferida na XLV Conferência da Inter-American Bar Association, Nassau, Bahamas), jul. 2009 – Comissão de Direitos Humanos. Disponível em: [http://diversitas.fflch.usp.br/files/o%20protocolo%20adic%20de%20estrasburgo%20a%20conv%20sobre%20crimes%20ciber%20da%20uni%20europeia%20e%20sua%20adoc%20nas%20americas.pdf]. Acesso em: 17.05.2018.

RIBEIRO, Fábio Pereira. *Cooperação estratégica em inteligência formação da defesa regional: uma contribuição dos serviços de inteligência. Cadernos PROLAM/USP*, ano 5, v. 1, 2006.

RORATTO, João Manoel. *Acepções e conceitos de inteligência de Estado. Revista Brasileira de Inteligência: ABIN*, n. 7, jul. 2012.

SCHMITZ, Aldo Antonio; KARAM, Francisco José Castilho. Os *spin doctors* e as fontes das notícias. *Brazilian Journalism Research*, v. 9, n. 1, 2013.

STOPFAKE.ORG – *Struggle against fake information about events in Ukraine*. Disponível em: [www.stopfake.org/en/about-us/]. Acesso em: 16.05.2018.

TIME. *Fake News is a tactic from the Vietnam War*. BOWDEN, Mark. Disponível em: [http://time.com/4839971/trump-media-press-enemy-vietnam-war/]. Acesso em: 16.05.2018.

UNITED STATES HOLOCAUST MEMORIUM MUSEUM (USHMM). *Holocaust Encyclopedia*. Disponível em: [www.ushmm.org/wlc/en/article.php?ModuleId=10007657]. Acesso em: 16.05.2018.

ATUAÇÃO E RESPONSABILIDADE DOS PROVEDORES DIANTE DAS *FAKE NEWS* E DA DESINFORMAÇÃO

André Zonaro Giacchetta

Bacharel em Direito e Mestre em Direito Comercial pela Faculdade do Largo São Francisco, da Universidade de São Paulo. Especialista em Direito Processual Civil pela Pontifícia Universidade Católica de São Paulo. Sócio do escritório Pinheiro Neto Advogados, onde desde 1999 atua em assuntos relacionados a tecnologia, responsabilidade civil de provedores de serviço de internet, privacidade, proteção de dados pessoais e propriedade intelectual, com ampla experiência em litígios envolvendo empresas de tecnologia. Tem participação ativa nas discussões relativas a projetos de lei concernentes à privacidade e à proteção de dados pessoais no âmbito de associações da indústria, tanto no Legislativo como no Executivo. Naturalmente, sua atuação se estendeu para o direito eleitoral, especialmente em temas como propaganda eleitoral na internet, responsabilidade das plataformas pela sua divulgação, sistema processual civil e eleitoral, entre outros. É professor da Escola Superior da Advocacia da OAB/SP, e professor convidado da Fundação Getulio Vargas. É autor de artigos e ensaios sobre responsabilidade civil dos provedores de internet, privacidade e proteção de dados pessoais.

I. Introdução

O tema da responsabilização civil dos provedores de aplicação de internet pelo conteúdo gerado e compartilhado por seus usuários continua – e penso que continuará – atual diante da evolução e do dinamismo das soluções tecnológicas utilizadas por essas empresas e como decorrência da própria transformação do comportamento dos usuários na forma de se relacionarem, de influenciarem as suas decisões e de tornarem a sua realidade verdadeira para todos aqueles que os circundam.

Igualmente contemporânea é a discussão sobre qual deve ser o papel dos provedores de aplicação de internet na repressão à utilização dos seus serviços para a disseminação de conteúdo sabidamente falso ou inverídico, com aparência de conteúdo jornalístico, a fim de trazer alguma credibilidade, e com a finalidade de influenciar decisões a serem tomadas por usuários comuns em temas corriqueiros ou relevantes, como a escolha de partidos políticos ou candidatos a cargos públicos.

Consequentemente, a intersecção desses dois temas – da responsabilidade civil dos provedores de aplicação de internet pelo conteúdo gerado pelos seus usuários e o papel que deve ser por eles desempenhado para a mitigação da disseminação de conteúdo que vem sendo denominado de *fake news* – traz ao centro do debate a reflexão proposta neste artigo: como harmonizar a atuação dos provedores de aplicação de internet para evitar o uso abusivo e desvirtuado de suas plataformas e, ao mesmo tempo, garantir que a sua eventual intervenção não viole garantias mínimas do Estado Democrático de Direito?

A relevância ainda é evidenciada pelo fato de, atualmente, existirem três temas reconhecidos como de repercussão geral pelo Supremo Tribunal Federal, relativamente à responsabilidade civil dos provedores de aplicação de internet pelo conteúdo gerado por seus usuários, antes da entrada em vigor do Marco Civil da Internet, em 2014[1], depois de sua entrada em vigor[2] e também sob a perspectiva do direito ao esquecimento[3].

É importante destacar que o Marco Civil da Internet, depois de longo e intenso debate, optou expressamente por privilegiar, *prima facie*, a liberdade de expressão e de informação comparativamente a eventuais alegações de violação dos direitos da personalidade, na medida em que o seu artigo 19, *caput* e § 1º, estabelecem que os provedores de aplicação de internet somente estarão obrigados, sob pena de responsabilização civil, a remover o conteúdo dos seus usuários posteriormente à ordem judicial específica, que reconheça a existência de indícios de ilicitude na conduta do usuário.

De outro lado, diferentemente do que incorretamente se tem afirmado, o Marco Civil da Internet não veda a atuação espontânea dos provedores de aplicação de internet no que diz respeito à remoção de conteúdo de seus usuários, quando

1. Tema 533 – Dever de empresa hospedeira de sítio na internet fiscalizar o conteúdo publicado e de retirá-lo do ar quando considerado ofensivo, sem intervenção do Judiciário. Relator: Min. Luiz Fux. Leading Case: RE 1057258.
2. Tema 987 – Discussão sobre a constitucionalidade do art. 19 da Lei 12.965/2014 (Marco Civil da Internet) que determina a necessidade de prévia e específica ordem judicial de exclusão de conteúdo para a responsabilização civil de provedor de internet, websites e gestores de aplicativos de redes sociais por danos decorrentes de atos ilícitos praticados por terceiros. Relator: Min. Dias Toffoli. Leading Case: RE 1037396.
3. Tema 786 – Aplicabilidade do direito ao esquecimento na esfera civil quando for invocado pela própria vítima ou pelos seus familiares. Relator: Min. Dias Toffoli. Leading Case: RE 1010606.

verifica, de acordo com os critérios e os parâmetros estabelecidos em suas políticas e termos de uso – que são o contrato celebrado entre usuários e provedores – a violação das regras estabelecidas para o uso do serviço.

Esta diferenciação entre a obrigação de remoção mediante ordem judicial e a possibilidade de remoção sem ordem judicial é crucial para se rumar em busca de um ponto de equilíbrio na atuação dos provedores de aplicação de internet, bem como na definição das situações na quais deverá ser eventualmente responsabilizado pelo conteúdo disseminado por seus usuários, especialmente quando se tratar das chamadas *fake news*, cuja aferição da sua veracidade ou não, a fim de criar a obrigação de remoção pelos provedores, antecipo, cabe exclusivamente ao Poder Judiciário.

De maneira indubitável, a discussão a respeito da atuação dos provedores e de sua responsabilização é essencial no atual contexto político, em que a utilização dos serviços oferecidos pelos provedores de aplicação de internet será massificada e, consequentemente, o volume de informações que circulará nos computadores e aparelhos celulares e dispositivos móveis no Brasil será incomparável a outros pleitos eleitorais. Por isso, o cuidado que o Tribunal Superior Eleitoral vem adotando na edição das regras que serão aplicadas nas eleições de 2018, para garantir, de um lado, a livre manifestação do pensamento e de expressão de todos os cidadãos em um período de expressão máxima da democracia e, de outro, a remoção de conteúdo ilegal, que ferir as regras do processo eleitoral.

II. A permanente tensão entre direitos e liberdades constitucionais

Não há dúvida de que a liberdade de informação constitui não apenas direito fundamental, mas também exigência da convivência em sociedade segundo os ditames do Estado Democrático de Direito. Nas palavras de Pinto Ferreira, "o Estado democrático defende o conteúdo essencial da manifestação da liberdade, que é assegurado tanto sob o aspecto positivo, ou seja, proteção da exteriorização da opinião, como sob o aspecto negativo, referente à proibição de censura"[4].

A liberdade de informação tem grande relevância social, antes de tudo, por permitir o livre exercício da democracia, já que sua efetivação assegura a participação dos indivíduos nos assuntos comuns da sociedade, a formação de suas convicções e crenças pessoais e o pleno desenvolvimento da personalidade e dignidade do ser humano. A esse respeito, já se posicionou Hesse:

> [...] Sem a liberdade de manifestação da opinião e liberdade de informação, sem a liberdade dos "meios de comunicação de massa" modernos, imprensa, rádio

4. Citado por MORAES, Alexandre de. Direito constitucional. 23. ed. São Paulo: Atlas, 2008. p. 45.

> e filme, a opinião pública não pode nascer, o desenvolvimento de iniciativas e alternativas pluralistas, assim como "formação preliminar da vontade política" não são possíveis, publicidade da vida política não pode haver, a oportunidade igual das minorias não está assegurada com eficácia e vida política em um processo livre e aberto não se pode desenvolver. [...][5]

Ao sustentarem que a democracia depende da liberdade de informação, Ives Gandra Martins e Arnoldo Wald afirmam que:

> [...] Na semi-ditadura venezuelana, onde a Constituição, de mais de três centenas de artigos, torna o Poder Judiciário e o Poder Legislativo poderes acólitos, vicários, secundários, o Presidente da República não só pode governar com leis habilitantes, como, por ser o verdadeiro legislador, busca, de todas as formas, calar a imprensa, como, diariamente, os jornais noticiam, fechando canais de televisão, emissoras de rádio e perseguindo com ações variadas os órgãos de comunicação da oposição.
>
> É de se lembrar que, durante o período de exceção por que passou o Brasil, o jornal *O Estado de S. Paulo* foi obrigado a ensinar culinária – excelentes receitas – para as mulheres brasileiras, além de permitir que seus leitores revisitassem Camões, tanto eram as matérias censuradas.
>
> Numa democracia, a liberdade de imprensa representa os pulmões da sociedade, pois é através dela que a sociedade pode fazer valer o verdadeiro controle das instituições e daqueles que as dirigem. [...][6]

Como assevera Roberto Dias, a "liberdade de comunicação existe para revelar o que insiste em se ocultar e incomodar os que estão de plantão no poder". Daí por que, como pontuado pelo autor, "Não há democracia sem imprensa livre e plural. Não há democracia sem transparência e o debate de ideias. Não há democracia sem o consenso e o dissenso"[7].

A Constituição Federal de 1988 expressamente, prevê, nos artigos 5°, inciso IX, e 220, § 2°, a *VEDAÇÃO DA CENSURA*:

> Art. 5° Todos são iguais perante a lei, sem distinção de qualquer natureza, garantindo-se aos brasileiros e aos estrangeiros residentes no País a inviolabilidade do direito à vida, à liberdade, à igualdade, à segurança e à propriedade, nos termos seguintes:

---

5. HESSE, Konrad. Elementos de direito constitucional da República Federal da Alemanha. Tradução de Luís Afonso Heck. Porto Alegre: Sérgio Antonio Fabris Editor, 1998, p. 305
6. MARTINS, Ives Gandra; WALD, Arnoldo. Liberdade de imprensa – Inteligência dos arts. 5°, IV, IX, XIV e 220, §§ 1°, 2° e 6° da CF/1988 – Opinião legal, p. 106-107.
7. DIAS, Roberto. A liberdade de imprensa e a responsabilidade civil do Estado, In: Alexandre Dartanhan de Mello Guerra; Luis Manuel Fonseca Pires; Marcelo Benacchio (Org.). Responsabilidade civil do estado: desafios contemporâneos. 1ed.São Paulo: Quartier Latin, 2010, v. 1, p. 919-934.

> [...]
>
> IX - é livre a expressão da atividade intelectual, artística, científica e de comunicação, *independentemente de censura ou licença*; (sem ênfase no original)
>
> [...]
>
> Art. 220. A manifestação do pensamento, a criação, a expressão e a informação, sob qualquer forma, processo ou veículo não sofrerão qualquer restrição, observado o disposto nesta Constituição.
>
> [...]
>
> § 2º É vedada toda e qualquer censura de natureza política, ideológica e artística. (sem ênfase no original)

Na ordem jurídico-constitucional vigente, a vedação da censura não se limita às hipóteses de controle prévio da imprensa por órgãos administrativos. Se, durante o regime militar, nosso País conviveu com a instalação de agentes do governo dentro das sedes dos jornais e revistas, com o específico propósito de censurar previamente o conteúdo desses veículos, depois da democratização nos anos 80, essas medidas ostensivas de repressão da liberdade de informação jornalística deram lugar a formas mais sutis, dissimuladas, de controle.

Conforme já firmado pelo Egrégio Supremo Tribunal Federal, o conceito de censura, hoje, não se limita aos atos de cerceamento da liberdade de informação emanados do Poder Executivo, abrangendo também aqueles provenientes dos Poderes Legislativo e do próprio Judiciário. Nas palavras do Ministro Celso de Mello, "a censura governamental, emanada de qualquer um dos três Poderes, é a expressão odiosa da face autoritária do poder público"[8].

Em outra oportunidade, registrou o eminente Ministro que "[...] o exercício, por alguns juízes e Tribunais, do poder cautelar geral transformou-se em inadmissível instrumento de censura estatal, com grave comprometimento da liberdade de expressão, aí compreendida a liberdade de imprensa. Ou, em uma palavra: *o poder cautelar geral é, hoje, o novo nome da censura!* [...]" (STF, Rcl 9.428, rel. Min. Cezar Peluso, Pleno, j. 10.12.2009, *DJe* 24.06.2010 – sem ênfase no original)

Ao vedar expressa e peremptoriamente toda e qualquer censura de natureza política, ideológica e artística, o artigo 220, § 2º, proíbe a autoridade de controlar e impedir, seja prévia ou posteriormente, a veiculação da informação pelos meios de comunicação social, quando o fator de justificação eleito pelo censor para a implementação da medida consistir na orientação política, na ideologia e no padrão de arte por ele adotados.

Por sua vez, a vedação da censura prevista no inciso IX do artigo 5º incide sobre diversos tipos de manifestações, inclusive a informação jornalística, e não

8. STF, ADPF 130, rel. Min. Carlos Britto, Pleno, j. 30.04.2009, DJe 05.11.2009

se limita a motivações políticas, ideológicas e artísticas. Enquadram-se à vedação prevista nesse dispositivo os atos de controle e proibição da veiculação da informação que não advenham da realização de uma ponderação entre a liberdade de informação e direitos fundamentais circunstancialmente contrapostos, revelando-se, por conseguinte, arbitrários, imponderados, dissociados dos legítimos fins da Constituição Federal.

A vedação constitucional à censura da liberdade de informação (inclusive jornalística) não se limita às hipóteses de exclusão de determinado conteúdo da Internet. *Pretender dificultar o acesso do público a tal conteúdo, por exemplo, obstando sua localização a partir de uma ferramenta de busca na* Web, *nada mais é do que cercear, de modo conveniente aos interesses do particular, o direito constitucional de informação.*

Ao estabelecer que "é livre a manifestação do pensamento, sendo vedado o anonimato" e que "A manifestação do pensamento, a criação, a expressão e a *informação, sob qualquer forma, processo ou veículo não sofrerão qualquer restrição, observado o disposto nesta Constituição*", os artigos 5º, inciso IV, e 220, *caput*, da Constituição Federal, nitidamente visam afastar a interferência indesejada de terceiros – Estado e particulares – na livre difusão de um complexo de conteúdos que abrange a informação jornalística.

Os referidos dispositivos constitucionais veiculam norma de proteção da liberdade de informação em sua faceta de *direito de informar*, que assegura a qualquer pessoa a faculdade de difundir pelos meios de comunicação social a notícia, relato sobre fato ou situação, e o exame valorativo do que se noticia, *independentemente de restrição ou interferência indesejada de quaisquer terceiros, aos quais corresponde um dever de abstenção.*

Além disso, ao afastar a interferência indesejada de terceiros – Estado e particulares – no fluxo comunicativo de um complexo de conteúdos que abrange a informação jornalística, o *caput* do artigo 220 protege, além do *direito de informar*, o *direito de se informar*, amparado também pelo inciso XIV do artigo 5º, de acordo com o qual "é assegurado a todos o acesso à informação e resguardado o sigilo da fonte, quando necessário ao exercício profissional".

O direito de se informar consiste na faculdade de buscar e conhecer a informação (inclusive jornalística), vale dizer, um direito de não ser impossibilitado ou entravado de acessar a notícia e o exame valorativo do que se noticia nos meios de comunicação social. Como afirma Tatiana Stroppa, "O direito de se informar é o que faculta à pessoa a busca por informações sem qualquer espécie de empecilho ou limitações"[9].

---

9. STROPPA, Tatiana. As dimensões constitucionais do direito de informação e o exercício da liberdade de informação jornalística. Belo Horizonte: Fórum, 2010. p. 92.

Em sua faceta de *direito de se informar*, a liberdade de informação assume feição de direito coletivo *lato sensu*, já que tem como titulares não apenas as pessoas isoladamente consideradas, mas *toda a coletividade a que a Constituição assegura a faculdade de acessar a notícia e o exame valorativo do que se noticia pelos meios de comunicação social*. A feição coletiva da liberdade de informação é assim referida por José Afonso da Silva:

> [...] O direito de informar, como aspecto da liberdade de manifestação do pensamento, revela-se um direito individual, mas já contaminado de sentido coletivo, em virtude das transformações dos meios de comunicação, de sorte que a caracterização mais moderna do direito de comunicação, que especialmente se concretiza pelos meios de comunicação social ou de massa, envolve a transmutação do antigo direito de imprensa e de manifestação do pensamento, por esses meios, em *direitos de feição coletiva*. [...][10] (sem ênfase no original)

É bem verdade que a Constituição Federal brasileira não estabelece uma superioridade *prima facie* dos direitos da personalidade sobre a liberdade de informação. Tanto é assim que o texto constitucional os contrapõe como limites recíprocos[11].

Se há hierarquia constitucional *prima facie* entre esses direitos, a superioridade deve ser atribuída, em nosso entendimento, à liberdade de informação, inclusive pela sua relação de interdependência com a noção de Estado Democrático de Direito. Vale conferir, nesse sentido, trecho do acórdão proferido pelo Supremo Tribunal Federal no julgamento da Arguição de Descumprimento de Preceito Fundamental 130/DF:

> [...] *Os direitos que dão conteúdo à liberdade de imprensa são bens de personalidade que se qualificam como sobredireitos*. Daí que, no limite, as relações de imprensa e as relações de intimidade, vida privada, imagem e honra são de mútua excludência, no sentido de que as primeiras se antecipam, no tempo, às segundas; ou seja, *antes de tudo prevalecem as relações de imprensa como superiores bens jurídicos e natural forma de controle social sobre o poder do Estado, sobrevindo as demais relações como eventual responsabilização ou consequência do pleno gozo das primeiras*. [...] (sem ênfase no original)

A Constituição Federal consagra as liberdades de manifestação do pensamento, de expressão, comunicação e informação, que traduzem não apenas direitos individuais de difundir conteúdo de diversas naturezas, mas também um direito

10. SILVA, José Afonso da. Comentário contextual à Constituição. 8. ed. São Paulo: Malheiros, 2012. p. 112.
11. O artigo 220, § 1º, estabelece que: "Nenhuma lei conterá dispositivo que possa constituir embaraço à plena liberdade de informação jornalística em qualquer veículo de comunicação social, "observado o disposto no art. 5º, IV, V, X, XIII e XIV".

de dimensão coletiva, no sentido de permitir que os indivíduos e a comunidade sejam informados, e veda de forma expressa a censura (artigos 5º, incisos IV, IX e XIV, e 220).

Pretender que os provedores de aplicações de Internet tenham o dever de monitorar o conteúdo elaborado pelos seus usuários, sob o pretexto de prevenir a divulgação de material eventualmente contrário à lei, corresponderia a impedir a livre manifestação do pensamento e dar azo ao surgimento da *CENSURA*. Confira-se o posicionamento da doutrina a esse respeito:

> [...] Observe-se que *sequer poderiam os provedores de serviços de Internet censurar quaisquer informações por iniciativa própria pois, do contrário, restaria desobedecido o dever de não-monitorar analisado acima, sem embargo do injusto impedimento ao exercício da liberdade de manifestação do pensamento que essa prática poderia acarretar.*
>
> Como menciona Antônio Jeová Santos, "não é bom, nem útil, deixar à discrição ou arbítrio do provedor verificar qual página é lícita ou ofensiva, pois *seria dar azo ao surgimento da censura* se a qualquer provedor fosse dado o direito de tirar de seu serviço a página de alguém por entender que ela é ofensiva e maltrata os bons costumes. Nem sempre o funcionário do provedor que terá de verificar o conteúdo da página estará habilitado para saber se aquele conteúdo é nobre ou ofensivo a uma determinada classe de profissionais, por exemplo". [...][12] (sem ênfase no original)

Conforme entendimento consolidado pelo Superior Tribunal de Justiça, antes mesmo da entrada em vigor do Marco Civil da Internet, eventual controle do conteúdo criado pelos usuários da Internet implicaria *censurar* material não eivado de qualquer ilicitude, contrariando os artigos 5º e 220 da Constituição Federal, haja vista a absoluta impossibilidade de se conceber um mecanismo apto a impedir somente a exibição de material ilegal. Confira-se:

> [...] 2.2.2.1. A obrigação de filtragem prévia
>
> 27. Quanto à obrigação de prévia filtragem, deve-se considerar, em primeiro lugar, que o atual estágio de avanço tecnológico na área da ciência da computação, notadamente no ramo da inteligência artificial, não permite que computadores detenham a capacidade de raciocínio e pensamento equivalente à do ser humano. Vale dizer, ainda não é possível que computadores reproduzam de forma efetiva faculdades humanas como a criatividade e a emoção. Em síntese, os computadores não conseguem desenvolver raciocínios subjetivos, próprios do ser pensante e a seu íntimo. Não obstante possuam notável capacidade de processamento, respondem apenas a comandos objetivos.

---

12. LEONARDI, Marcel. Responsabilidade civil dos provedores de serviços de Internet. São Paulo: Juarez de Oliveira, 2005. p. 89.

> (...) 32. O mesmo raciocínio se aplica ao próprio conteúdo das imagens, que pode ser livremente editado, de sorte a modificar as características originais do vídeo e até mesmo a sua conotação.
>
> 33. *Não bastasse isso, há de se ter em mente que essa forma de censura poderá resultar no bloqueio indevido de outros vídeos, com conteúdo totalmente lícito.*
>
> [...] 36. *A verdade é que não se pode, sob o pretexto de dificultar a propagação de conteúdo ilícito ou ofensivo na* web, *reprimir o direito da coletividade à informação e à livre manifestação do pensamento.*
>
> 37. *Sopesados os direitos envolvidos e o risco potencial de violação de cada um deles, o fiel da balança deve pender para a garantia da liberdade de criação, expressão e informação, assegurada pelos arts. 5º, IV e XI, e 220 da CF/88, sobretudo considerando que a Internet representa, hoje, importante veículo de comunicação social de massa.* [...] (STJ, REsp 1.403.749/GO, rel. Min. Nancy Andrighi, 3ª T., j. 22.10.2013, *DJe* 25.03.2014 – sem ênfase no original – No mesmo sentido: REsp 1.406.448/RJ, DJe 21.10.2013; REsp 1.192.208/MG, *DJe* 02.08.2012; REsp 1.308.830/RS, *DJe* 19.06.2012; REsp 1.186.616/MG, *DJe* 31.8.2011; e REsp 1.193.764/SP, *DJe* 08.08.2011.)

Mais recentemente, o Superior Tribunal de Justiça reafirmou o entendimento consolidado sobre a matéria. Confira-se:

> [...] Além disso, *não há no ordenamento jurídico qualquer dispositivo legal que obrigue o recorrente a realizar um "monitoramento" das informações e conteúdos que serão disponibilizados pelo extinto ORKUT ou por qualquer outra aplicação oferecida pelo recorrente. Aliás, na hipótese dos autos, esse chamado monitoramento nada mais é que a imposição de censura prévia* à livre manifestação em redes sociais.
>
> Conforme entendimento desta Corte, o controle editorial prévio do conteúdo das informações se equipara à quebra do sigilo da correspondência e das comunicações, vedada pelo art. 5º, XII, da CF/88. Não bastasse isso, a avaliação prévia do conteúdo de todas as informações inseridas na web eliminaria um dos maiores atrativos da internet, que é a transmissão de dados em tempo real.
>
> [...]
>
> No mesmo sentido opina Paulo Nader, que considera inviável impor essa conduta aos provedores, "pois tornaria extremamente complexa a organização de meios para a obtenção dos resultados exigidos, além de criar pequenos órgãos de censura" (*Curso de direito civil*. vol. VII, 3ª ed. Rio de Janeiro: Forense, 2010, p. 385).
>
> Em outras palavras, exigir dos provedores de conteúdo o monitoramento das informações que veiculam traria enorme retrocesso ao mundo virtual, a ponto de inviabilizar serviços que hoje estão amplamente difundidos no cotidiano de milhares de pessoas. A medida, portanto, teria impacto social extremamente negativo. [...] (STJ, REsp 1.342.640/SP, rel. Min. Nancy Andrighi, 3ª T., j. 07.02.2017, *DJe* 14.2.2017 – sem ênfase no original.)

Especificamente em relação ao contexto eleitoral, tivemos a oportunidade de analisar a tutela da liberdade de expressão e os critérios para a remoção de conteúdo e para o fornecimento de dados a respeito dos usuários dos provedores de aplicação de internet:

> Os provedores de aplicação de Internet, na qualidade de intermediários que disponibilizam espaço para a veiculação de informações e para o exercício da livre manifestação do pensamento dos usuários, desempenham importante função social e devem ser tratados como meios de acesso à informação. Por consequência, também aos provedores deve ser atribuído o direito de zelar para que as informações e manifestações de seus usuários permaneçam disponíveis em suas aplicações, exceto quando o contrário resultar de um sopesamento.
>
> Daí a importância da Resolução TSE 23.551/2018 ao disciplinar parâmetros e critérios mais precisos para a tutela da liberdade de expressão na Internet e para disciplinar a remoção de seu conteúdo, suprindo importante lacuna da legislação eleitoral quanto à matéria.
>
> Ao tratar da propaganda eleitoral na Internet, o art. 22, § 1º, prevê que "a livre manifestação do pensamento do eleitor identificado ou identificável na internet somente é passível de limitação quando ocorrer ofensa à honra de terceiros ou divulgação de fatos sabidamente inverídicos". O § 2º deixa claro que a tutela da livre manifestação do pensamento é assegurada mesmo antes do início do período eleitoral e ainda que das manifestações conste mensagem de apoio ou crítica a partido político ou a candidato, próprias do debate político e democrático.
>
> O § 6º do art. 23 da Resolução TSE 23.551/2018, ainda vai além ao prever expressamente que manifestações espontâneas de pessoas naturais na Internet não serão consideradas propaganda eleitoral, ainda que versem sobre matéria político-eleitoral e que contenham elogio ou crítica a candidato ou partido político.
>
> A grande evolução da Resolução está na seção específica "da remoção de conteúdo da Internet", criada para estabelecer parâmetros mais claros e assegurar segurança jurídica aos envolvidos. O *caput* do artigo 33 reflete o entendimento que já era adotado pelo TSE, no sentido de que a atuação da Justiça Eleitoral em relação a conteúdos divulgados na Internet deve ser realizada com a menor interferência possível no debate democrático. Esse dispositivo deixa claro que a intervenção da Justiça Eleitoral em informações e manifestações na Internet deve ser excepcional, ou seja, reservada às hipóteses de abusos e excessos na propaganda eleitoral.
>
> Com inspiração no Marco Civil da Internet, o § 1º traça importantes parâmetros para as ordens judiciais de remoção de conteúdo na esfera eleitoral, tornando expresso que a Justiça Eleitoral também deve atuar com o objetivo de assegurar a liberdade de expressão e impedir a censura.
>
> O TSE estabeleceu de forma clara que tais ordens devem ser fundamentadas e reservadas às hipóteses de violações às regras eleitorais ou ofensas a direitos de pessoas que participam do processo eleitoral.

> O § 2º delimita o escopo da vedação ao anonimato da Internet, em consonância com o entendimento do TSE no sentido de que "para suspender a propaganda pela Justiça Eleitoral não é suficiente a alegação de ser o material anônimo. É necessário que dele se extraiam elementos que demonstrem a violação das regras eleitorais ou ofendam direito daqueles que participam do processo eleitoral".[13]
>
> O § 2º coloca fim à utilização do anonimato como fundamento e verdadeiro "cheque em branco" para pretender a remoção de conteúdos da Internet independentemente de análise da legalidade da conduta do usuário. Partindo da premissa de que na Internet não há anonimato, mas sim mera ausência de identificação imediata do usuário responsável pela divulgação do conteúdo, o § 2º prevê que tal circunstância não se revela suficiente para o deferimento da remoção de conteúdo da Internet.[14]
>
> Consequentemente, devem ser consideradas nulas as ordens judiciais fundamentadas exclusivamente no pretenso anonimato de usuários da Internet. Ainda nos termos do § 2º, o anonimato somente poderá ser invocado como fundamento caso não seja possível a identificação do usuário após as providências previstas tanto no Marco Civil da Internet (arts. 10 e 22), como nos próprios artigos 34 e 35 da Resolução 23.551/2018, que disciplinam a requisição judicial de dados e registros eletrônicos.[15]

Cabe concluir, aqui, diante da nítida tensão permanente entre direitos e liberdades constitucionais, que compete exclusivamente ao Poder Judiciário a valoração e, por conseguinte, a imposição de obrigação da sua remoção aos provedores de aplicação de internet, de conteúdo que se caracterize como falso, inverídico ou distorcido.

III. O microssistema de responsabilização civil dos provedores de aplicação de internet por conteúdo gerado pelos usuários

Parece haver um consenso de que a desinformação gerada pelo fenômeno recente chamado de *fake news* – apressada e incorretamente traduzida como notícias falsas – deve ser combatida por todos aqueles que, de alguma maneira, com ele se relacionam. Em contrapartida, é evidente a ausência de uma definição legal

13. BRASIL. Agravo Regimental em Ação Cautelar 138443, j. 29.06.2010.
14. Na mesma linha, o Superior Tribunal de Justiça consolidou o entendimento de que a preservação de registros de acesso de usuários pelos respectivos provedores, passíveis de levar à sua identificação, é medida adequada ao atendimento da vedação ao anonimato prevista no art. 5º, inciso IV, da Constituição Federal (BRASIL, STJ, 3ª Turma, Recurso Especial 1.193.764/SP, rel. Min. Nancy Andrighi, j. 14.12.2010, RSTJ 08.08.2011, v. 223, p. 379; BRASIL, STJ, 3ª Turma, Recurso Especial 1.308.830/RS, rel. Min. Nancy Andrighi, j. 08.05.2012, DJe 19.06.2012, p. 6-19.
15. RAIS, Diogo. Direito Eleitoral Digital. RAIS, Diogo et al. (Coord.). São Paulo: Ed. RT, 2018. p. 123-125.

desse fenômeno de comunicação e de seus reflexos na esfera jurídica. Contudo, a diversidade de iniciativas para a sua contenção – isso mesmo, contenção, pois não há uma solução para a sua não veiculação – tem gerado uma apreensão justificada.

Isso porque a permanente tensão entre direitos e garantias constitucionais, especialmente, de um lado, o direito à privacidade, à intimidade, à honra, e, de outro, a liberdade de expressão, de manifestação e de crítica, constantemente colocam em evidência a necessidade do seu adequado balanceamento.

Todavia, discute-se, em vários projetos de lei desde a criminalização da conduta de quem publica ou compartilha conteúdo que possa ser considerado *fake news* até a obrigação de remoção de conteúdo de plataformas *on-line* e redes sociais sem qualquer avaliação pelo Poder Judiciário, o que evidencia uma tentativa de solução atabalhoada e imediatista.

É o caso do anteprojeto de lei de inciativa do Senado Federal, que pretende (i) definir o que deva ser considerado *fake news*; (ii) alterar o Código Penal para tipificar a conduta de divulgação ou compartilhamento de *fake news* como crime; e (ii) alterar o Marco Civil da Internet para prever a obrigação de remoção, pelas plataformas *on-line* e redes sociais, de conteúdo que pode caracterizar *fake news*, mediante mera notificação de qualquer interessado e sem qualquer valoração de sua ilicitude pelo Poder Judiciário!

(a) A construção do Marco Civil da Internet e a responsabilidade por atos de terceiros

Depois de intenso debate pela sociedade, pelo Legislativo e pelo Executivo, o Marco Civil da Internet, promulgado em 2014, claramente privilegiou a liberdade de expressão e de manifestação ao prever, em seu artigo 19, que os provedores de internet somente seriam obrigados a remover conteúdo gerado por seus usuários posteriormente ao recebimento de ordem judicial, que, caso não cumprida, implicaria sua responsabilização por quaisquer danos.

Mais do que uma opção, o legislador infraconstitucional estava compulsoriamente submetido à prevalência da garantia constitucional da liberdade de expressão relativamente às demais garantias e aos direitos previstos na Constituição Federal, como afirmado recentemente pelo ex-Ministro Carlos Ayres Britto, em palestra proferida na Fundação Getulio Vargas a respeito do tema, afirmando, por analogia, que a democracia não é uma alternativa à ditadura, mas sim a única possibilidade constitucional. Mas, curiosamente, o artigo 19 do Marco Civil da Internet[16] é lido e interpretado de maneira açodada, deixando-se à margem o seu maior

16. Art. 19. Com o intuito de assegurar a liberdade de expressão e impedir a censura, o provedor de aplicações de internet somente poderá ser responsabilizado civilmente por danos decorrentes de conteúdo gerado por terceiros se, após ordem judicial específica,

valor, que se encontra na primeira frase do seu *caput* "*Com o intuito de assegurar a liberdade de expressão e impedir a censura*".

Desde então, foram produzidas centenas, quiçá, milhares de decisões judiciais lastreadas no Marco Civil da Internet, demonstrando que a opção legislativa de adotar a liberdade de expressão como valor maior e de se evitar a censura, que se daria pela obrigação de remoção de conteúdo mediante simples notificação extrajudicial, sem avaliação pelo Judiciário, mostrou-se absolutamente balanceada.

O modelo foi responsável por criar um sistema de responsabilização que, por um lado, não prejudica a vítima de um eventual dano ocorrido na rede com a perpetuação do conteúdo lesivo, mas que, ao mesmo tempo, não incentiva o intermediário, provedor de aplicação, a simplesmente retirar o conteúdo do ar por qualquer notificação recebida, afetando assim a liberdade de expressão e a diversidade do discurso na rede.

A adoção dessa medida visa a combater a **<u>indústria das notificações para remoção de conteúdo</u>**. O Marco Civil assume posição de defesa da liberdade de expressão e garante aos provedores a necessária imunidade que minimiza o temor que poderia existir no sentido de que a não remoção do conteúdo, depois da notificação, geraria a sua responsabilização[17]. Caso contrário, ao se determinar a remoção de conteúdo depois do envio de uma simples notificação, conteúdo lícito poderia ser removido, tão só e unicamente, para que o provedor não se responsabilizasse.

---

não tomar as providências para, no âmbito e nos limites técnicos do seu serviço e dentro do prazo assinalado, tornar indisponível o conteúdo apontado como infringente, ressalvadas as disposições legais em contrário.

§ 1º A ordem judicial de que trata o caput deverá conter, sob pena de nulidade, identificação clara e específica do conteúdo apontado como infringente, que permita a localização inequívoca do material.

§ 2º A aplicação do disposto neste artigo para infrações a direitos de autor ou a direitos conexos depende de previsão legal específica, que deverá respeitar a liberdade de expressão e demais garantias previstas no art. 5º da Constituição Federal.

§ 3º As causas que versem sobre ressarcimento por danos decorrentes de conteúdos disponibilizados na internet relacionados à honra, à reputação ou a direitos de personalidade, bem como sobre a indisponibilização desses conteúdos por provedores de aplicações de internet, poderão ser apresentadas perante os juizados especiais.

§ 4º O juiz, inclusive no procedimento previsto no § 3º, poderá antecipar, total ou parcialmente, os efeitos da tutela pretendida no pedido inicial, existindo prova inequívoca do fato e considerado o interesse da coletividade na disponibilização do conteúdo na internet, desde que presentes os requisitos de verossimilhança da alegação do autor e de fundado receio de dano irreparável ou de difícil reparação.

17. A respeito do tema, veja-se "Marco Civil da Internet: construção e Aplicação". Carlos Affonso Souza e Ronaldo Lemos. https://itsrio.org/wp-content/uploads/2017/02/marco_civil_construcao_aplicacao.pdf.

Depois do estudo robusto a respeito de outros modelos de responsabilidade civil dos intermediários por atos de terceiros, constatou-se que **o modelo previsto no Marco Civil da Internet é o que melhor harmoniza a tutela dos direitos envolvidos em um eventual pedido de remoção de conteúdo**. Em tais pedidos, deve-se sopesar a liberdade de expressão de um lado e os direitos de personalidade de outro. Uma necessária ponderação a ser realizada pelo Poder Judiciário.

A análise de outros modelos demonstra o quão sensível é a determinação de remoção de conteúdo. A título de exemplo, destaca-se o modelo do *notice and takedown*, adotado pelos Estados Unidos da América do Norte em casos de direitos autorais. Tal modelo tem sido dura e reiteradamente criticado, pois proporciona a remoção indiscriminada de conteúdo. Conforme leciona Marcel Leonardi[18]:

a) **Notificação e retirada incentiva a remoção arbitrária de conteúdo**. A possibilidade de remoção sumária de informações *on-line* mediante simples reclamação do interessado, sem ordem judicial, incentiva a remoção arbitrária de conteúdo, atribuindo a uma requisição privada o mesmo poder de uma medida liminar, sem o necessário devido processo legal.

b) **Regras procedimentais de notificação e retirada não impedem a censura temporária**. Ainda que eventuais regras procedimentais tentem impedir abusos na utilização de mecanismos de notificação e retirada, isso não afasta o risco de imposição de censura temporária, calando manifestações cujo momento de divulgação é crucial (tais como campanhas políticas, acontecimentos recentes e notícias urgentes) e cuja divulgação posterior será inútil ou irrelevante.

c) **Notificação e retirada permite abusos frequentes**. Estudos realizados por membros da Electronic Frontier Foundation e do Berkman Center for Internet & Society da Harvard Law School demonstram, com riqueza de exemplos, que o sistema de notificação e retirada instituído nos Estados Unidos pelo DMCA é rotineiramente utilizado de forma abusiva, servindo como ferramenta de intimidação ou sendo empregado impropriamente para a retirada de conteúdo não protegido por direito autoral, trazendo enormes implicações para a liberdade de expressão, além de não combater adequadamente a violação de direitos *on-line*. Entre outras situações, o conteúdo indevidamente removido por abuso do DMCA inclui fatos e informações não sujeitos à proteção autoral, material em domínio público, crítica social e material de utilização livre em razão de limitações aos direitos autorais.

d) **Notificação e retirada não oferece granularidade e é desproporcional**. Em muitas situações, o conteúdo apontado como ilegal consiste em apenas um item (ou seja, um único arquivo, texto, vídeo, fotografia, *post*, *link* ou URL), mas a plataforma ou o serviço são obrigados a desativar completamente um *website* para atender à notificação e se beneficiar da isenção de responsabilidade. Como

18. LEONARDI. Marcel. Fundamentos do Direito Digital. p. 88-89.

exemplo, isso ocorre quando o serviço apenas oferece espaço para armazenamento de *websites* e não controla nem gerencia as ferramentas utilizadas por seus usuários. Essa ausência de granularidade do mecanismo de notificação e retirada traz sérias implicações para a liberdade de expressão *on-line* e ofende a regra da proporcionalidade consagrada no sistema constitucional brasileiro.

As plataformas podem e devem remover o conteúdo que não seja pertinente com os seus termos e condições de uso. Entretanto, nos casos em que não há violação dos termos, a ponderação de direitos fundamentais deve ser realizada pelo Poder Judiciário e não pelo ente privado.

A esse respeito, merece destaque o seguinte trecho do parecer da Procuradora-Geral da República, Raquel Elias Ferreira Dodge, emitido no âmbito do tema 987 de repercussão geral no STF – que trata da alegada inconstitucionalidade do artigo 19 do Marco Civil da Internet – que, além de reconhecer a constitucionalidade do artigo 19 do Marco Civil da Internet, depois de analisar o histórico da construção da norma, observa que:

> (...) **Com efeito, admitir-se que os provedores de aplicações de internet pudessem ser civilmente responsabilizados por não atenderam a solicitação extrajudicial de exclusão de conteúdos considerados infringentes acabaria, na prática, por transferir àqueles entes privados o poder de decidir as colisões eventualmente surgidas entre os direitos fundamentais de usuários da rede mundial de computadores, poder este que, se mal exercido, poderia ter evidente impacto na liberdade de expressão, abrindo-se espaço à prática de monitoramento e de censura das publicações efetuadas no espaço cibernético.** Haveria, em outras palavras, a transferência de um poder de decisão que, no Estado de Direito brasileiro, é típico do Poder Judiciário, para as empresas gestoras de aplicações de internet, as quais, em última análise, receberiam as demandas de seus usuários e julgariam se o conteúdo contestado violaria direitos da personalidade, atentaria contra a honra de alguém ou descumpriria algum mandamento constitucional, concluindo, ao final, pela manutenção ou remoção desse conteúdo do ambiente virtual. Infere-se, pois, que **a finalidade da regra insculpida no art. 19 da Lei nº 12.965/2014 é evitar distorções capazes de comprometer o pleno exercício da liberdade de expressão e a livre circulação de ideias e informações na rede mundial de computadores.** (grifamos)

Neste ponto, a Lei nº. 13.874/2019 ("Lei da Liberdade Econômica"), em seus artigos 2º e 421-A, veio ratificar a liberdade de contratar entre as plataformas e seus usuários, com o estabelecimento das regras, direitos e deveres que nortearão as suas relações, assim como o dever de interferência mínima do Estado no âmbito privado da contratação entre particulares, chocando-se, por assim dizer, com a ideia de que se deveria buscar uma autorregulação regulada, ou seja, com a interferência direta do Estado na forma de agir dos provedores de aplicação de internet na ausência da ordem judicial preconizada pelo já mencionado artigo 19 do Marco Civil da Internet.

Importante relembrar, ainda, que, desde 2009, a legislação eleitoral adotou o mesmo sistema de responsabilização dos provedores de aplicações de internet para remoção de propaganda eleitoral irregular que viria a ser incorporado pelo Marco Civil da Internet apenas em 2014.

Mais recentemente, o Tribunal Superior Eleitoral submeteu a consulta pública as minutas de instrução normativa que regularão o pleito eleitoral de 2020, não só reafirmando o sistema de responsabilidade dos provedores posteriormente à ordem judicial, mas imputando aos candidatos, aos partidos e às coligações a responsabilidade pelo conteúdo divulgado, impondo-lhes a obrigação de verificar a sua veracidade.

Isso porque a liberdade de informação tem grande relevância social, antes de tudo, por permitir o livre exercício da democracia, já que sua efetivação assegura a participação dos indivíduos nos assuntos comuns da sociedade, a formação de suas convicções e crenças pessoais e o pleno desenvolvimento da personalidade e dignidade do ser humano.

O Brasil é um dos países que mais faz o uso da Internet para a comunicação e informação. A eventual determinação de um modelo de notificação e retirada não só poderia modificar drasticamente a forma como acessamos a Internet, mas também poderia ser responsável por chancelar a remoção indevida de conteúdos lícitos, fato que comprometeria sobremaneira a liberdade de informação e expressão e representaria um **retrocesso** ao processo democrático e legislativo brasileiro.

Na experiência internacional, o modelo de notificação e retirada é alvo de incontáveis críticas por (i) proporcionar a remoção de conteúdo lícito das plataformas; (ii) incentivar a remoção arbitrária de conteúdo; (iii) ser desproporcional e não oferecer granularidade. De igual modo, cabe observar que o modelo de "*notificação e contranotificação*", adotado pelo Canadá, tem sido alvo de inúmeras críticas, por chancelar os mesmos abusos e violações que o modelo de notificação e retirada.

Por tal motivo, tendo em vista proteger a liberdade de expressão e a informação e ao mesmo tempo criar um ambiente favorável para a inovação que equilibre as necessidades dos governos e outros setores, grupos da sociedade civil de todo o mundo se uniram para propor um marco com garantias fundamentais e melhores práticas. As recomendações baseiam-se em instrumentos de direitos humanos internacionais e outros marcos legais internacionais e ficou conhecido como os "**Manila Principles on Intermediary Liability**"[19], os quais preveem que:

---

19. [https://www.manilaprinciples.org/pt-br].

(i) **Os intermediários devem ser protegidos por lei da responsabilização por conteúdos produzidos por terceiros**;

(ii) não se deve solicitar a remoção de conteúdos sem a ordem de uma autoridade judicial;

(iii) Requisições de restrição de conteúdos devem ser claras, não ambíguas e seguir o devido processo;

(iv) Leis, ordens e práticas de restrição de conteúdos devem seguir os testes de necessidade e proporcionalidade;

(v) Leis, políticas e práticas de restrição de conteúdo devem respeitar o devido processo; e

(vi) transparência e prestação de contas devem ser integradas em leis e em políticas e práticas de restrição de conteúdos (Doc.)

Ademais, destaca-se que o modelo brasileiro de responsabilidade civil de intermediários por atos de terceiros é considerado como aquele que mais privilegia o exercício da liberdade de expressão e o acesso à informação na rede. Nesse sentido, Frank La Rue, antigo Relator Especial da Organização das Nações Unidas (ONU) para a promoção e a proteção do direito à liberdade de opinião e expressão, elogiou a legislação brasileira[20].

De outro lado, na tentativa de ressuscitar o debate havido em um período pré-Marco Civil da Internet, assim como de reavivar a emenda de autoria do Deputado Aureo (Solidariedade/RJ), modificando o artigo 57 da Lei 9.504/1997, a Lei Eleitoral, que foi apresentada no bojo da votação do Projeto de Lei 8.612/2017, da reforma eleitoral, e que tinha exatamente a mesma finalidade, certamente desequilibrará o cenário democrático. Se há dúvidas sobre a definição do que deve ser considerado *fake news*, por outro lado, não há, e não deve haver, qualquer dúvida sobre a necessidade de manutenção da sistemática de balanceamento de direitos e garantias estabelecidas pelo Marco Civil da Internet, sob pena de se implantar um cenário de terror às plataformas e redes sociais, da sua responsabilização, caso haja a obrigatoriedade de remoção de conteúdo mediante mera notificação de qualquer particular, sem a intervenção do Poder Judiciário, única instituição que tem o dever de valorar e equilibrar as garantias individuais e coletivas da sociedade.

Vale notar que o citado anteprojeto de lei não prevê qualquer forma ou prazo para o restabelecimento do conteúdo eventualmente removido ou mesmo de responsabilização daquele que, de má-fé, por exemplo, notificar as plataformas para remoção de conteúdo intitulado de *fake news*.

20. [https://www2.ohchr.org/english/bodies/hrcouncil/docs/17session/A.HRC.17.27_en.pdf].

Como já tivemos a oportunidade de esclarecer[21]:

> Dentre os pontos mais sensíveis durante a discussão para aprovação do Marco Civil da Internet, estava a questão da responsabilidade imputável aos provedores de aplicativos de Internet em relação ao conteúdo gerado pelos seus usuários.
>
> Durante muito tempo, houve o convívio de decisões judiciais em que se entendeu não ser possível responsabilizar os provedores de serviços de Internet pelo conteúdo gerado por seus usuários, bem como de julgados que aplicavam a tais empresas, nessa mesma hipótese, a responsabilidade objetiva.
>
> Destacava-se, entretanto, a jurisprudência que defendia a possibilidade de responsabilização dos provedores de serviços de Internet somente se, depois de cientificados a respeito da existência de conteúdo ilícito gerado pelos seus usuários, não adotassem as providências necessárias para torná-lo indisponível.
>
> Em consonância com o posicionamento firmado pela jurisprudência especialmente a partir do julgamento do REsp 1.186.616-MG, de relatoria da Ministra Nancy Andrighi, do Superior Tribunal de Justiça, o Marco Civil da Internet isentou o provedor de conexão à Internet de responsabilidade civil por danos decorrentes de conteúdo gerado por terceiros (art. 18), isto é, do material que seus usuários criam e divulgam na Internet. Justifica-se a previsão pelo fato de não ter, o provedor de conexão à Internet, controle ou ingerência sobre o conteúdo criado e divulgado pelos seus usuários.[22]

---

21. GIACCHETTA, André Zonaro; MENEGUETTI, Pamela Gabrielle. A garantia constitucional à inviolabilidade da intimidade e da vida privada como direito dos usuários no Marco Civil da Internet. São Paulo: Atlas, 2014. p. 384-385

22. "Civil e consumidor. Internet. Relação de consumo. Incidência do CDC. Gratuidade do serviço. Indiferença. Provedor de conteúdo. Fiscalização prévia do teor das informações postadas no site pelos usuários. Desnecessidade. Mensagem de conteúdo ofensivo. Dano moral. Risco inerente ao negócio. Inexistência. Ciência da existência de conteúdo ilícito. Retirada imediata do ar. Dever. Disponibilização de meios para identificação de cada usuário. Dever. Registro do número de IP. Suficiência.

    1. A exploração comercial da internet sujeita as relações de consumo daí advindas à Lei 8.078/90.

    2. O fato de o serviço prestado pelo provedor de serviço de internet ser gratuito não desvirtua a relação de consumo, pois o termo "mediante remuneração", contido no art. 3°, § 2°, do CDC, deve ser interpretado de forma ampla, de modo a incluir o ganho indireto do fornecedor.

    3. A fiscalização prévia, pelo provedor de conteúdo, do teor das informações postadas na web por cada usuário não é atividade intrínseca ao serviço prestado, de modo que não se pode reputar defeituoso, nos termos do art. 14 do CDC, o site que não examina e filtra os dados e imagens nele inseridos.

    4. O dano moral decorrente de mensagens com conteúdo ofensivo inseridas no site pelo usuário não constitui risco inerente à atividade dos provedores de conteúdo, de modo que não se lhes aplica a responsabilidade objetiva prevista no art. 927, parágrafo único, do CC/02.

Já em relação ao provedor de aplicações de Internet, o Marco Civil da Internet prevê, como regra geral, que este somente poderá ser responsabilizado civilmente por danos decorrentes de conteúdo gerado por terceiros se, após ordem judicial específica, não tornar o material indisponível no âmbito e nos limites técnicos do seu serviço, dentro do prazo assinalado (art. 19).

Essa previsão legal coloca fim à divergência jurisprudencial quanto ao momento a partir do qual o provedor de aplicações de Internet poderia se tornar civilmente responsável pelos danos decorrentes de conteúdo criado e divulgado pelos usuários. Não mais se sustentam as alegações no sentido de que o provedor de aplicações de Internet seria responsável de forma objetiva ou caso não procedesse à remoção após o recebimento de notificação extrajudicial.

Caso o provedor de aplicações de Internet tenha informações de contato do usuário diretamente responsável pelo conteúdo removido, deverá comunicá-lo sobre os motivos da indisponibilização, com informações que permitam o contraditório e a ampla defesa em juízo, salvo expressa previsão legal ou expressa determinação judicial fundamentada em contrário. A pedido do usuário, o provedor deverá inserir, no lugar do conteúdo removido, a motivação ou ordem judicial que deu fundamento à indisponibilização (art. 20).

A responsabilidade civil do provedor de aplicações, independentemente de ordem judicial, somente está prevista em relação aos danos decorrentes da divulgação não autorizada de conteúdo que consista em imagens, vídeos ou outros materiais contendo cenas de nudez ou de atos sexuais de caráter privado. Se, após notificado extrajudicialmente pelo participante ou seu representante legal, não tornar esse material indisponível no âmbito e nos limites técnicos do seu serviço, o provedor passará a ser subsidiariamente responsável (art. 21).

---

5. Ao ser comunicado de que determinado texto ou imagem possui conteúdo ilícito, deve o provedor agir de forma enérgica, retirando o material do ar imediatamente, sob pena de responder solidariamente com o autor direto do dano, em virtude da omissão praticada.

6. Ao oferecer um serviço por meio do qual se possibilita que os usuários externem livremente sua opinião, deve o provedor de conteúdo ter o cuidado de propiciar meios para que se possa identificar cada um desses usuários, coibindo o anonimato e atribuindo a cada manifestação uma autoria certa e determinada. Sob a ótica da diligência média que se espera do provedor, deve este adotar as providências que, conforme as circunstâncias específicas de cada caso, estiverem ao seu alcance para a individualização dos usuários do site, sob pena de responsabilização subjetiva por culpa in omittendo.

7. Ainda que não exija os dados pessoais dos seus usuários, o provedor de conteúdo que registra o número de protocolo (IP) na internet dos computadores utilizados para o cadastramento de cada conta mantém um meio razoavelmente eficiente de rastreamento dos seus usuários, medida de segurança que corresponde à diligência média esperada dessa modalidade de provedor de serviço de internet.

8. Recurso especial provido."

> Tanto a ordem judicial de remoção de conteúdo, quanto a notificação extrajudicial relativa a imagens, vídeos ou outros materiais contendo cenas de nudez ou de atos sexuais de caráter privado deverão conter, sob pena de nulidade, a identificação clara do conteúdo questionado (arts. 19, § 1º e 21, p. único). Na prática, espera-se que seja indicado na ordem judicial e na notificação extrajudicial o endereço do material a ser removido, por meio da especificação do seu URL (*Uniform Resource Locator*).
>
> As normas estabelecidas pelo Marco Civil da Internet quanto à responsabilidade dos provedores por danos decorrentes de conteúdo gerado por terceiros não se aplicarão, por expressa previsão, às infrações a direitos de autor e conexos, que continuarão regidas pela legislação autoral (arts. 19, § 2º e 31).
>
> Fica clara, nesse ponto, a opção do Marco Civil da Internet pela garantia da livre manifestação do pensamento e da expressão, que a Constituição Federal assegura em termos amplos. Evita-se, com isso, que o provedor de serviço de Internet seja levado a, uma vez comunicado extrajudicialmente sobre determinado conteúdo gerado por usuário, avaliar sua licitude ou ilicitude, exercendo prerrogativa do Poder Judiciário que, frequentemente, apresenta caráter subjetivo.
>
> Evidentemente, o Marco Civil da Internet, ao assim prever, não deixou o direito à intimidade ou à vida privada em segundo plano, mas, antes, a fim de preservar o equilíbrio entre garantias constitucionais, relegou ao Poder Judiciário a apreciação, no caso concreto, da valoração e prevalência dos direitos constitucionalmente assegurados.

Isso porque o regime de responsabilidade civil imputável aos provedores de aplicações de Internet em relação aos danos resultantes de conteúdo gerado por seus usuários é estabelecido pelo Marco Civil da Internet. Em especial, o já mencionado artigo 19 determina que o provedor de aplicações de Internet somente poderá ser responsabilizado civilmente se, *depois de ordem judicial específica*, não tomar as providências para, no âmbito e nos limites técnicos do seu serviço e dentro do prazo assinalado, tornar indisponível o conteúdo apontado como infringente.

Além disso, a ordem judicial de bloqueio de conteúdo gerado por usuários, endereçada ao respectivo provedor, deve conter, sob pena de nulidade, a "identificação clara e específica do conteúdo apontado como infringente, que permita a localização inequívoca do material" (artigo 19, § 1º) que, conforme já demonstrado com base no próprio relatório do Projeto de Lei que culminou no Marco Civil da Internet e na jurisprudência, inclusive do Egrégio Superior Tribunal de Justiça, corresponde à respectiva URL (ou hyperlink).

Antes mesmo da entrada em vigor do Marco Civil da Internet, a jurisprudência pátria já havia se posicionado firmemente no sentido de afastar a responsabilidade objetiva dos provedores de serviços ou aplicações de Internet em relação ao conteúdo criado pelos seus usuários sob o enfoque do artigo 927, parágrafo único, do Código Civil, citado pela Autora na petição inicial.

O Superior Tribunal de Justiça consignou em diversas oportunidades que "o dano moral decorrente de mensagens com conteúdo ofensivo inseridas em site por usuário não constitui risco inerente à atividade desenvolvida pelo provedor da internet, porquanto não se lhe é exigido que proceda a controle prévio de conteúdo inserido e disponibilizado por usuários, pelo que não se lhe aplica a responsabilidade objetiva, prevista no art. 927, parágrafo único, do CC/2002".

Vale conferir trecho de um dos inúmeros acórdãos proferidos pelo Superior Tribunal de Justiça a respeito da matéria:

> [...] Tampouco se pode falar em risco da atividade como meio transverso para a responsabilização do provedor por danos decorrentes do conteúdo de mensagens inseridas em seu *site* por usuários. Há de se ter cautela na interpretação do art. 927, parágrafo único, do CC/02.
>
> No julgamento do REsp 1.067.738/GO, 3ª Turma, Rel. Min. Sidnei Beneti, minha relatoria p/acórdão, DJe de 25.06.2009, tive a oportunidade de enfrentar o tema, tendo me manifestado no sentido de que "a natureza da atividade é que irá determinar sua maior propensão à ocorrência de acidentes. O risco que dá margem à responsabilidade objetiva não é aquele habitual, inerente a qualquer atividade. Exige-se a exposição a um risco excepcional, próprio de atividades com elevado potencial ofensivo".
>
> Roger Silva Aguiar bem observa que o princípio geral firmado no art. 927, parágrafo único, do CC/02 "inicia-se com a conjunção quando, denotando que o legislador acolheu o entendimento de que nem toda atividade humana importa em 'perigo' para terceiros com o caráter que lhe foi dado na terceira parte do parágrafo" (Responsabilidade civil objetiva: do risco à solidariedade. São Paulo: Atlas, 2007, p. 50).
>
> Com base nesse entendimento, a I Jornada de Direito Civil, promovida pelo Centro de Estudos Judiciários do CJF, aprovou o Enunciado 38, que aponta interessante critério para definição dos riscos que dariam margem à responsabilidade objetiva, afirmando que esta fica configurada "quando a atividade normalmente desenvolvida pelo autor do dano causar a pessoa determinada um ônus maior do que aos demais membros da coletividade".
>
> Transpondo a regra para o universo virtual, não se pode considerar o dano moral um risco inerente à atividade dos provedores de conteúdo. A esse respeito Erica Brandini Barbagalo anota que as atividades desenvolvidas pelos provedores de serviços na internet não são "de risco por sua própria natureza, não implicam riscos para direitos de terceiros maior que os riscos de qualquer atividade comercial" (Aspectos da responsabilidade civil dos provedores de serviços da internet. In Ronaldo Lemos e Ivo Waisberg, Conflitos sobre nomes de domínio. São Paulo: RT, 2003, p. 361). [...] (STJ, REsp 1.308.830/RS, rel. Min. Nancy Andrighi, 3ª T., j. 08.05.2012, *DJe* 19.06.2012)

A responsabilidade objetiva estabelecida no parágrafo único, do artigo 927, do Código Civil, aplica-se, portanto, àquelas atividades cujos riscos são intrínsecos, como o transporte de produtos tóxicos, o armazenamento de explosivos etc. É mais evidente que a manutenção de um *site* ou aplicativo pelo qual usuários podem compartilhar conteúdo não se enquadra no conceito de atividade de risco previsto em tal dispositivo legal.

Em várias oportunidades, o Egrégio Superior Tribunal de Justiça consignou que "A fiscalização prévia, pelo provedor de conteúdo, do teor das informações postadas na web por cada usuário não é atividade intrínseca ao serviço prestado, de modo que não se pode reputar defeituoso, nos termos do art. 14 do CDC, o site que não examina e filtra os dados e imagens nele inseridos".

Vale conferir trecho de um desses acórdãos do Superior Tribunal de Justiça:

> [...] No que tange à fiscalização do conteúdo das informações postadas por cada usuário, não se trata de atividade intrínseca ao serviço prestado, de modo que não se pode reputar defeituoso, nos termos do art. 14 do CDC, o *site* que não examina e filtra o material nele inserido.
>
> Conforme anota Rui Stocco, quando o provedor de internet age "como mero fornecedor de meios físicos, que serve apenas de intermediário, repassando mensagens e imagens transmitidas por outras pessoas e, portanto, não as produziu nem sobre elas exerceu fiscalização ou juízo de valor, não pode ser responsabilizado por eventuais excessos e ofensas à moral, à intimidade e à honra de outros" (Tratado de responsabilidade civil. 6ª ed. São Paulo: RT, 2004, p. 901). [...] (STJ, REsp 1.308.830/RS, rel. Min. Nancy Andrighi, 3ª T., j. 08.05.2012, *DJe* 19.06.2012)

Portanto, na ausência de ordem judicial específica, que tenha analisado e valorado a efetiva existência de indícios de ilicitude da conduta do usuário e do conteúdo, não há que se falar em imputação de responsabilidade civil aos provedores de aplicação de internet pela sua não intervenção, sem ordem judicial, para remover conteúdo que possa ser considerado como *fake news*.

Obviamente, a ausência de responsabilização civil dos provedores de aplicação de internet não pode conduzir à sua total inanição diante de um fenômeno de comunicação como as *fake news*. Ao contrário, é de total interesse dos provedores de aplicação de internet a criação de mecanismos de denúncia, de verificação de veracidade e de autenticidade, para manterem suas plataformas indenes de maus usuários.

Contudo, estamos vivendo um grande dilema nesse assunto, pois, em determinadas situações, de grande clamor popular ou social, tem-se exigido uma atuação mais ativa dos provedores de aplicação de internet para coibir e extirpar toda e qualquer forma de conteúdo inverídico, independentemente de qualquer intervenção do Poder Judiciário. Mas há outras tantas situações, quando, em essência, o que está em jogo é a liberdade de expressão e de manifestação genuínas do cidadão comum, nas quais a adoção de quaisquer medidas extrajudiciais pelos provedores de aplicação de internet é duramente classificada como censura.

(b) *A possibilidade de atuação dos provedores de aplicações de internet para remoção de conteúdo – Inexistência de obrigação legal e sujeição à relação contratual com os usuários*

A afirmação de que somente depois de uma ordem judicial específica haveria a **obrigação** de remoção de conteúdo gerado por seus usuários, sob pena de responsabilização, tem levado muitos a acreditar e a sustentar que seria vedada, portanto, a atuação espontânea dos provedores de aplicação de internet quando constatada violação às regras contratuais estabelecidas com os seus usuários (contratantes do serviço). Entretanto, **a possibilidade de remoção de conteúdos e da desativação de contas, páginas ou perfis por eventuais violações contratuais não parece constituir**, *per se*, **qualquer abuso ou ilicitude**. Deve ser corretamente interpretada como medida adotada pelos provedores de aplicação de internet como resposta à **conduta contratualmente proibida adotada pelo usuário-consumidor-contratante**, conforme clara e expressamente previsto no contrato estabelecido entre as partes.

Importante enfatizar que, ao se cadastrar em qualquer plataforma que ofereça serviços pela internet, o usuário estabelece com o respectivo provedor de aplicações **uma relação privada de natureza contratual**. No exercício de sua autonomia privada, as plataformas podem – e devem – estabelecer o modo pelo qual o seu serviço será fornecido e a forma como poderá ser utilizado pelos usuários, por meio da estipulação de condutas e práticas proibidas.

No âmbito dessa **relação privada**, as obrigações assumidas pelas partes, ao concordar com os termos e políticas de uso dessas plataformas, devem ser consideradas **válidas e devem ser respeitadas**. É essa, aliás, a essência do conceito e a própria razão de existir de um contrato: fixar os limites dentro dos quais uma parte pode (e não pode) atuar com relação à outra, podendo se caracterizar como verdadeiro exercício regular de direito – o que afastaria a configuração de ato ilícito, em plena conformidade com o disposto no artigo 188, inciso I, do Código Civil[23].

Além disso, parecem ser justificáveis a desativação de contas e a remoção de páginas em decorrência de cláusula resolutiva expressa[24], cujos efeitos se concretizam **de pleno direito**, isto é, independentemente de sentença judicial.

---

23. "Art. 188. Não constituem atos ilícitos: I – os praticados em legítima defesa ou no exercício regular de um direito reconhecido; (...)"
24. "Art. 474. A cláusula resolutiva expressa opera de pleno direito; a tácita depende de interpelação judicial."

Em outras palavras, configurada a hipótese prevista na cláusula, opera-se desde logo a resolução do contrato, sem que seja necessário o reconhecimento judicial prévio do seu descumprimento por uma das partes[25]. Consequentemente, constatada a conduta contratualmente proibida, pode a plataforma encerrar a relação contratual com os usuários ou adotar as medidas previstas em contrato, como a remoção de conteúdo, a desativação de páginas ou perfis, sem que haja necessidade de intervenção judicial.

Penso também que **não há**, na legislação aplicável, exigência de **notificação prévia** da parte inadimplente a respeito da resolução do contrato. Em verdade, por meio da cláusula resolutiva expressa, "*já vem prevista no contrato a plena resolução no caso de inadimplemento, sem necessidade de prévia interpelação constitutiva da mora. Uma vez verificada a inadimplência, dá-se de pleno direito o vencimento, ou a resolução do contrato*"[26].

Por fim, poder-se-ia argumentar que a atuação espontânea dos provedores de aplicação de internet na remoção de conteúdo de seus usuários, independentemente de ordem judicial, mas em decorrência de violação das obrigações contratuais pactuadas, caracterizaria ofensa à liberdade de expressão, de manifestação do pensamento, expressão intelectual, artística, assegurados pelos artigos 1º, 5º, incisos IV e IX, da Constituição Federal, 3º, inciso I, e 8º, do Marco Civil da Internet.

O estabelecimento desses limites integra a **liberdade contratual** das plataformas, como ofertantes do serviço; negar essa sua prerrogativa, sob a alegação de que algum direito constitucional da contraparte estaria sendo violado, corresponde a acabar com o conceito de contrato. É típico e próprio das relações contratuais o estabelecimento de limites ao exercício de direitos resguardados pela Constituição Federal.

No âmbito das relações contratuais privadas, a aplicabilidade dos direitos fundamentais não se dá de forma direta, imediata, como nas relações entre os órgãos estatais e particulares. Os efeitos desses direitos constitucionais atingem as partes de um contrato privado de forma indireta, isto é, considerando os limites entre elas pactuados no exercício da sua liberdade contratual.

É importante notar que, tanto quanto a liberdade de expressão e de manifestação do pensamento, **também a liberdade contratual encontra amparo na Constituição Federal**, como corolário da livre-iniciativa, alçada pelo legislador constituinte à categoria de fundamento da ordem econômica[27] e da própria República[28].

---

25. Conforme o Enunciado 436 da V Jornada de Direito Civil, "A cláusula resolutiva expressa produz efeitos extintivos independentemente de pronunciamento judicial."
26. Arnaldo Rizzardo. Contratos. 15. ed. Rio de Janeiro: Forense, 2015, p. 266.
27. "Art. 170. A ordem econômica, fundada na valorização do trabalho humano e na livre iniciativa, tem por fim assegurar a todos existência digna, conforme os ditames da justiça social, observados os seguintes princípios: I – soberania nacional; I – propriedade

O próprio Código de Defesa do Consumidor, diploma legal de caráter notoriamente protetivo, exalta "*a necessidade de compatibilização da proteção do consumidor com a necessidade de desenvolvimento econômico e tecnológico, de modo a viabilizar os princípios nos quais se funda a ordem econômica (art. 170, da Constituição Federal)*" (artigo 4°, inciso III).

A esse respeito, vale ressaltar o que preconiza a **Lei 13.874, de 2019**, que institui a **Declaração de Direitos de Liberdade Econômica** e enaltece a autonomia privada e modifica a redação do artigo 421 do Código Civil:

> "Artigo 421. A liberdade contratual será exercida nos limites da função social do contrato.
>
> Parágrafo único. **Nas relações contratuais privadas, prevalecerão o princípio da intervenção mínima e a excepcionalidade da revisão contratual.**" (grifos nossos)

Sobre a possibilidade de limitação da liberdade de expressão de usuários de serviços oferecidos por provedores de aplicação de internet, com o estabelecimento de limites ao uso do serviço por meio do contrato pactuado entre as partes, vale conferir o seguinte acórdão do Egrégio Tribunal de Justiça do Estado de São Paulo:

> (...) Embora a liberdade de expressão seja um direito fundamental garantido pelo artigo 5° da Constituição Federal, incisos IV e IX, sabe-se que tal direito não é absoluto, na medida em que não pode sobrepor-se a outras garantias fundamentais inerentes a qualquer cidadão.
>
> Portanto, tratando-se a ré de rede social pública e acessível a qualquer cidadão, não pode o autor se utilizar-se da mesma para postar fotos ou fazer comentários com conteúdo que extrapole os direitos fundamentais dos demais usuários.
>
> Se assim agiu o autor, ao veicular foto com conteúdo de nudez, correta a atitude da ré de excluir os seus perfis.

---

privada; III – função social da propriedade; IV – livre concorrência; V – defesa do consumidor; VI – defesa do meio ambiente, inclusive mediante tratamento diferenciado conforme o impacto ambiental dos produtos e serviços e de seus processos de elaboração e prestação; VII – redução das desigualdades regionais e sociais; VIII – busca do pleno emprego; IX – tratamento favorecido para as empresas de pequeno porte constituídas sob as leis brasileiras e que tenham sua sede e administração no País. Parágrafo único. É assegurado a todos o livre exercício de qualquer atividade econômica, independentemente de autorização de órgãos públicos, salvo nos casos previstos em lei." (sic)

28. "Art. 1° A República Federativa do Brasil, formada pela união indissolúvel dos Estados e Municípios e do Distrito Federal, constitui-se em Estado Democrático de Direito e tem como fundamentos: I – a soberania; II – a cidadania III – a dignidade da pessoa humana; IV – os valores sociais do trabalho e da livre iniciativa; V – o pluralismo político. (...)" (sic)

> Até porque, como bem observado pela ré e pelo MM Juiz sentenciante, o fato do autor veicular foto com conteúdo de nudez não atingiu apenas os direitos de terceiros, mas **infringiu também os termos estabelecidos pela ré e aceitos pelo autor ao criar os perfis em apreço.** (...) (TJ/SP – Apelação nº 1004827-35.2014.8.26.0038- Rel. Des. José Aparício Coelho Prado Neto – j. 20.10.2015 – sem ênfase no original) (*sic*)

Portanto, a atuação espontânea dos provedores de aplicação de internet, isto é, independentemente de ordem judicial específica, na remoção de conteúdo, desativação de páginas, contas e perfis, mostra-se absolutamente consistente, legítima e em harmonia com a Constituição Federal, o Marco Civil da Internet e o Código de Defesa do Consumidor, prescindindo de intervenção judicial a reconhecer a violação contratual e prévia notificação ao usuário, não havendo, nessa atuação, violação à liberdade de expressão ou de manifestação, mas sim **o regular cumprimento da legislação brasileira vigente e o pleno exercício da liberdade contratual**.

(c) A necessidade de a ordem judicial de remoção ser específica, sob pena de nulidade e afetação de conteúdo lícito

Um tema correlato e determinante para a responsabilização ou não dos provedores de aplicação de internet pelo conteúdo gerado por seus usuários diz respeito à necessidade de que a ordem judicial de remoção indicação a localização inequívoca do material a ser suprimido, sob pena de nulidade. É a discussão havida, por exemplo, na ação judicial ajuizada para a remoção de conteúdo alegadamente ofensivo e inverídico a respeito da ex-vereadora do Rio de Janeiro, Marielle Franco, que foi morta em 14.03.2018[29].

Isso porque a ordem judicial de remoção[30] não especificava a localização inequívoca do conteúdo a ser removido, trazendo evidentes problemas de ordem prática, pois, diante de tamanha imprecisão, não seria possível assegurar que o conteúdo objeto da ordem seria efetivamente removido e nem o cumprimento efetivo da ordem judicial pelo provedor responsável, em caso de eventual atribuição de responsabilidade por eventual não remoção.

Posteriormente, houve reforma da decisão inicialmente proferida, com a correta indicação da localização inequívoca do conteúdo a ser removido. O risco? A indevida interferência do Poder Judiciário na livre manifestação do pensamento dos cidadãos, desde que não ultrapassados os limites constitucionais.

---

29. Disponível em: [www.mariellefranco.com.br/quem-e-marielle-franco-vereadora].
30. Disponível em: [www4.tjrj.jus.br/consultaProcessoWebV2/popdespacho.jsp?tipoato=Descri%E7%E3o&numMov=1&descMov=Decis%E3o].

Isso em razão de, nos termos da legislação aplicável, a ordem judicial de indisponibilização de conteúdo gerado por usuário da Internet *deve conter a identificação clara e específica do material reputado infringente, a fim de se permitir não apenas a sua localização inequívoca pelo respectivo provedor da aplicação, como também o correto exame de sua ilicitude pelo Juiz competente, evitando-se decisões que, em afronta à liberdade de expressão, imponham o bloqueio de material não eivado de qualquer ilegalidade.*

Nesse sentido, o § 1º do já citado artigo 19 do Marco Civil da Internet estabelece como *pressuposto de validade* da ordem judicial de indisponibilização de material disponível na *Web*, endereçada ao respectivo provedor, a "identificação clara e específica do conteúdo apontado como infringente, que permita a localização inequívoca do material", *sob pena de nulidade*. Confira-se:

> Art. 19. Com o intuito de assegurar a liberdade de expressão e impedir a censura, o provedor de aplicações de internet somente poderá ser responsabilizado civilmente por danos decorrentes de conteúdo gerado por terceiros se, após ordem judicial específica, não tomar as providências para, no âmbito e nos limites técnicos do seu serviço e dentro do prazo assinalado, tornar indisponível o conteúdo apontado como infringente, ressalvadas as disposições legais em contrário.
>
> § 1º A ordem judicial de que trata o *caput* deverá conter, sob pena de nulidade, identificação clara e específica do conteúdo apontado como infringente, que permita a localização inequívoca do material. [...] (sem ênfase no original)

E, *na* Web, *a* "identificação clara e específica do conteúdo apontado como infringente, que permita a localização inequívoca do material", deve corresponder à sua URL[31] (ou *hyperlink*), conforme mencionado no próprio relatório do Projeto de Lei que culminou no Marco Civil da Internet, de autoria do Deputado Federal Alessandro Molon. Vale conferir o seguinte trecho:

> [...] Mantivemos, igualmente, a determinação de que tal ordem judicial deva identificar clara e especificamente o conteúdo apontado como infringente, com o objetivo de evitar decisões judiciais genéricas que possam ter efeito prejudicial à liberdade de expressão, como, por exemplo, o bloqueio de um serviço inteiro – e não apenas do conteúdo infringente. Evita-se, assim, que um *blog*, ou um portal de notícias, seja completamente indisponibilizado por conta de um comentário em uma postagem, por exemplo.
>
> *Evitam-se também ordens genéricas de supressão de conteúdo, com a obrigação de que a ordem judicial indique de forma clara e específica o conteúdo apontado como*

31. URL - Uniform Resource Locator é um formato universal de designação de um recurso na Internet, como um vídeo, uma fotografia ou um site. Por exemplo: "http://www.pn.com.br/".

infringente, de forma a permitir a localização inequívoca do material – ou seja, há a necessidade de se indicar o hyperlink *específico relacionado ao material considerado infringente.* Nesse aspecto, fizemos ainda constar expressamente do início do dispositivo que esta salvaguarda tem o intuito de assegurar a liberdade de expressão e de impedir a censura, explicitando a preocupação da manutenção da Internet como um espaço de livre e plena expressão. Também enfatizamos que a responsabilidade de que trata o *caput* do artigo tem natureza civil. [...][32] (sem ênfase no original)

Nesse diapasão, já se firmou a jurisprudência do *Superior Tribunal de Justiça*, deixando clara a necessidade de indicação da URL de cada postagem reputada ofensiva, conforme ilustrado pelos seguintes acórdãos:

> "Civil e processual civil. Responsabilidade civil do provedor de aplicação. Rede social. *Facebook*. Obrigação de fazer. Remoção de conteúdo. *Fornecimento de localizador URL. Comando judicial específico. Necessidade. Obrigação do requerente.* Multa diária. Obrigação impossível. Descabimento.
>
> [...]
>
> 4. *Necessidade de indicação clara e específica do localizador URL do conteúdo infringente para a validade de comando judicial que ordene sua remoção da internet. O fornecimento do URL é obrigação do requerente. Precedentes deste STJ.*
>
> 5. *A necessidade de indicação do localizador URL não é apenas uma garantia aos provedores de aplicação, como forma de reduzir eventuais questões relacionadas à liberdade de expressão, mas também é um critério seguro para verificar o cumprimento das decisões judiciais que determinarem a remoção de conteúdo na internet.*
>
> [...]
>
> 7. *O Marco Civil da Internet elenca, entre os requisitos de validade da ordem judicial para a retirada de conteúdo infringente, a "identificação clara e específica do conteúdo", sob pena de nulidade, sendo necessária a indicação do localizador URL.*
>
> 8. Recurso especial provido. (STJ, REsp 1.629.255/MG, rel. Min. Nancy Andrighi, 3ª T., j. 22.08.2017, *DJe* 25.08.2017 – sem ênfase no original)
>
> Recurso especial. Obrigação de fazer e reparação civil. Danos morais e materiais. Provedor de serviços de internet. Rede social "Orkut". Responsabilidade subjetiva. Controle editorial. Inexistência. Apreciação e notificação judicial. Necessidade. Art. 19, § 1º, da Lei n. 12.965/2014 (Marco Civil da Internet). Indicação da URL. Monitoramento da rede. Censura prévia. Impossibilidade. Ressarcimento dos honorários contratuais. Não cabimento.
>
> [...]

32. Disponível em: [www.camara.gov.br/proposicoesWeb/prop_mostrarintegra?codteor=1240 240&filename=Tramitacao-PL+2126/2011].

> 4. *A jurisprudência do STJ, em harmonia com o art. 19, § 1º, da Lei n. 12.965/2014 (Marco Civil da Internet), entende necessária a notificação judicial ao provedor de conteúdo ou de hospedagem para retirada de material apontado como infringente, com a indicação clara e específica da URL* – Universal Resource Locator.
>
> 5. Não se pode impor ao provedor de internet que monitore o conteúdo produzido pelos usuários da rede, de modo a impedir, ou censurar previamente, a divulgação de futuras manifestações ofensivas contra determinado indivíduo.
>
> [...]
>
> 7. Recurso especial provido. (STJ, REsp 1.568.935/RJ, rel. Min. Ricardo Villas Bôas Cueva, 3ª T., j. 05.04.2016, *DJe* 13.04.2016 – sem ênfase no original)
>
> Direito civil. Ação cautelar. Agravo de instrumento. Provedor de *blogs*. Mensagem de Conteúdo ofensivo. Informação do URL pelo ofendido.
>
> 1. O provedor de hospedagem de *blogs* não está obrigado a realizar a prévia fiscalização das informações que neles circulam. Assim, não necessita de obter dados relativos aos conteúdos veiculados, mas apenas referentes aos autores dos *blogs*.
>
> 2. *Se em algum* blog *for postada mensagem ofensiva à honra de alguém, o interessado na responsabilização do autor deverá indicar o URL das páginas em que se encontram os conteúdos consideradas ofensivos. Não compete ao provedor de hospedagem de* blogs *localizar o conteúdo dito ofensivo por se tratar de questão subjetiva, cabendo ao ofendido individualizar o que lhe interessa e fornecer o URL. Caso contrário, o provedor não poderá garantir a fidelidade dos dados requeridos pelo ofendido.*
>
> 3. Recurso especial conhecido e provido. (STJ, REsp 1.274.971/RS, rel. Min. João Otávio de Noronha, 3ª T, j. 19.03.2015, *DJe* 26.03.2015 – sem ênfase no original)

No contexto eleitoral, a recente reforma introduzida pela Lei 13.488/2017, assim como pela sua posterior regulamentação pelas Resoluções 23.549/2018, 23.550/2018 e 23.551/2018 do Tribunal Superior Eleitoral, ratificaram os princípios de responsabilização dos provedores de aplicação de internet em relação a conteúdo gerado por seus usuários somente para o caso do não cumprimento de ordens judiciais de remoção.

Examinando o novo regramento eleitoral, tivemos a oportunidade de esclarecer esse tema:

> Os provedores de aplicação de Internet também possuem papel relevante na remoção de conteúdos da Internet que violem as regras eleitorais ou ofendam direitos das pessoas que participam do processo eleitoral. A remoção de conteúdo pode se dar, inclusive, espontaneamente, por iniciativa do próprio provedor, quando identificada alguma violação aos termos de uso e/ou às políticas da plataforma. Afora essas hipóteses, a obrigação deve ser imposta ao

provedor mediante ordem judicial, como forma de assegurar a liberdade de expressão e impedir a censura.

No que diz respeito à responsabilidade pelos conteúdos divulgados por usuários de aplicações de Internet, embora no passado a jurisprudência tenha divergido a respeito[33], o Marco Civil da Internet deixa claro que, como regra geral, os provedores de aplicação de Internet somente podem ser responsabilizados por atos de usuários na hipótese de descumprimento de ordem judicial específica (art. 19).[34]

Essa previsão legal põe fim à divergência jurisprudencial quanto ao momento a partir do qual o provedor de aplicação de Internet pode se tornar civilmente responsável pelos danos decorrentes de conteúdo criado e/ou divulgado pelos usuários.

Isso significa que tais provedores podem ser responsabilizados por atos próprios, de seus prepostos ou representantes, ou, como regra geral e em relação a conteúdos de autoria de seus usuários, pelo descumprimento de ordem judicial específica proferida nos termos do artigo 19 do Marco Civil da Internet. Como corrobora a atual jurisprudência do Superior Tribunal de Justiça (STJ)[35], não

33. Durante muito tempo, houve o convívio de decisões judiciais em que se entendeu não ser possível responsabilizar os provedores de aplicação de Internet pelo conteúdo de autoria de seus usuários, bem como de julgados que aplicavam a tais provedores, nessa mesma hipótese, a responsabilidade objetiva. No cenário anterior ao início da vigência do Marco Civil da Internet, o próprio Superior Tribunal de Justiça adotava o entendimento de que os provedores de aplicação de Internet poderiam ser responsabilizados pelo conteúdo de seus usuários caso não adotassem providências para a sua remoção depois do recebimento de mera denúncia ou notificação extrajudicial. Era um cenário de grande insegurança jurídica e que criava estímulos à remoção do conteúdo como forma de evitar a responsabilização.

34. Quanto a esse aspecto, há que se ressaltar que o legislador conferiu claro privilégio à liberdade de expressão. Nesse sentido: "Pode-se concluir que, no que diz respeito à obrigação de remoção de conteúdo pelos provedores de aplicativos de internet, o Marco Civil da Internet privilegiou, no momento inicial, a garantia à liberdade de expressão, como forma de possibilitar a manifestação indiscriminada, sem qualquer censura ou monitoramento prévio para, somente após a apreciação de alegada violação à vida privada e à intimidade, facultar ao Poder Judiciário a determinação da remoção e/ou suspensão da veiculação de determinado conteúdo" (GIACCHETTA, André Zonaro; MENEGUETTI, Pamela Gabrielle. A garantia constitucional à inviolabilidade da intimidade e da vida privada como direito dos usuários no Marco Civil da Internet. São Paulo: Atlas, 2014. p. 384-385).

35. Nesse sentido: "Agravo interno no agravo interno no agravo em recurso especial. Obrigação de fazer. Tutela antecipada. Provedor de aplicações de internet. Rede social "Facebook". Conteúdo ofensivo veiculado por terceiros. Remoção. Notificação judicial. Necessidade. Art. 19, § 1º, da Lei n. 12.965/2014 (Marco Civil da Internet). Indicação da URL. Imprescindibilidade. Precedentes. 1. A jurisprudência do STJ, em harmonia com o art. 19, § 1º, da Lei n. 12.965/2014 (Marco Civil da Internet), entende ser

há mais fundamento para a aplicação da responsabilidade objetiva, tampouco para a responsabilização do provedor nas hipóteses de manutenção do conteúdo que tenha sido objeto de mera denúncia ou notificação extrajudicial.[36]

Para que seja considerada específica e, consequentemente, ensejar a responsabilização do provedor de aplicação em caso de descumprimento, a ordem judicial deve obedecer aos seguintes critérios, sob pena de nulidade: (i) a obrigação imposta deve estar em consonância com o âmbito e os limites técnicos do serviço prestado pelo provedor, sob pena de caracterizar-se hipótese de impossibilidade material de cumprimento; (ii) deve ser imposto prazo razoável para cumprimento; (iii) o conteúdo infringente deve ser identificado de forma clara e específica; e (iv) deve ser indicada a localização inequívoca do conteúdo infringente, o que, de acordo com a jurisprudência consolidada do Superior Tribunal de Justiça, exige a indicação de URL específica do conteúdo.

Conforme já exposto ao longo desta obra, o mais coerente é que, também no âmbito eleitoral, a responsabilidade dos provedores de aplicação de Internet siga a mesma sistemática do Marco Civil da Internet. Nesse sentido, o *caput* do art. 57-F da Lei das Eleições prevê que, nas hipóteses de propaganda eleitoral irregular, as penalidades previstas na legislação eleitoral poderão ser aplicadas aos provedores que hospedem o respectivo material caso estes deixem de cumprir a ordem judicial no prazo determinado pela Justiça Eleitoral.

Com referência expressa ao art. 19 do Marco Civil da Internet, o *caput* do art. 27 da Resolução TSE 23.551/2018 estabeleceu, de forma ainda mais clara, a necessidade de que a ordem judicial seja específica para ensejar a aplicação de penalidades ao provedor pelo seu descumprimento: *Art. 27. Aplicam-se ao provedor de conteúdo e de serviços multimídia que hospeda a divulgação da propaganda eleitoral de candidato, de partido político ou de coligação as penalidades previstas nesta resolução se, no prazo determinado pela Justiça Eleitoral, contado a partir da notificação de decisão judicial específica sobre a existência de propaganda irregular, não tomar providências para a cessação dessa divulgação (Lei 9.504/1997, art. 57-F,* caput, *c.c. a Lei 12.965/2014, art. 19).*

---

necessária a notificação judicial ao provedor de conteúdo ou de hospedagem para retirada de material ali publicado por terceiros usuários e apontado como infringente à honra ou à imagem dos eventuais interessados, sendo imprescindível a indicação clara e específica da URL – Universal Resource Locator – correspondente ao material que se pretenda remover. 2. Agravo interno não provido" (BRASIL, STJ, Agravo Interno no Agravo Interno no Agravo em Recurso Especial 956.396/MG, rel. Min. Ricardo Villas Bôas Cueva, 3ª T., j. 17.10.2017).

36. A responsabilidade civil do provedor de aplicação independentemente de ordem judicial somente está prevista em relação aos danos decorrentes da divulgação não autorizada de conteúdo que consista em imagens, vídeos ou outros materiais contendo cenas de nudez ou de atos sexuais de caráter privado (art. 21). Se, depois de notificado extrajudicialmente pelo participante ou seu representante legal, não tornar esse material indisponível no âmbito e nos limites técnicos do seu serviço, o provedor de aplicação passará a ser subsidiariamente responsável.

O parágrafo único do art. 57-F da Lei das Eleições (assim como o § 1º do art. 27 da Resolução TSE 23.551/2018), no entanto, de forma contraditória, continua a prever a pretensa responsabilização do provedor na hipótese de prévio conhecimento do material. Esse dispositivo, no entanto, revela-se claramente incompatível com o *caput* e com o Marco Civil da Internet, não havendo justificativa para se atribuir ao provedor a obrigação de exercer poder de polícia e julgar a conduta de seus usuários independentemente de qualquer ordem judicial. A prosperar essa sistemática, haveria claro estímulo à remoção de conteúdos da Internet e à prática de censura privada, em claro prejuízo ao acesso à informação.[37]

IV. Direito ao esquecimento e a interferência nos resultados dos mecanismos de busca

É importante ressaltar que a legislação brasileira não contém qualquer dispositivo que preveja um "direito ao esquecimento" capaz de assegurar às pessoas a prerrogativa de fazer cessar a veiculação ou restringir o acesso do público a informações a seu respeito, disponíveis na Internet, tão somente em razão da ausência de contemporaneidade do fato narrado.

Nem mesmo ao editar a Lei 12.965, de 2014, que estabelece princípios, garantias, direitos e deveres para o uso da internet no Brasil – conhecida como "Marco Civil da Internet" –, o legislador optou por estabelecer um "direito ao esquecimento", não fazendo sequer referência a este termo no texto legal.

Quanto a esse aspecto, o ordenamento jurídico brasileiro difere significativamente do europeu, em que as Agências de Proteção de Dados, com base em um arcabouço legislativo consolidado e extremamente detalhado sobre o tema, têm reconhecido a tutela do "direito ao esquecimento" como instrumento adequado para a remoção de dados disponíveis na Internet quando não mais sirvam aos propósitos para os quais foram coletados ou armazenados[38].

Além disso, a tradição constitucional e legislativa brasileira (como ilustram as normas abordadas neste recurso extraordinário) nitidamente reverencia a liberdade de informação – inclusive jornalística – que, mais que um direito fundamental, constitui viga mestra do regime democrático.

Não por outro motivo, nos principais projetos de lei de proteção de dados pessoais em trâmite no Congresso Nacional há – acertadamente – previsão expressa de "não incidência do futuro diploma legal ao tratamento de dados realizado

37. RAIS, Diogo. Direito Eleitoral Digital. RAIS, Diogo et al. (Coord.). São Paulo: Ed. RT, 2018. p. 100-103.

38. CASTELLANO, Pere Simón. The right to be forgotten under European Law: A Constitutional debate. Lex Electronica, v. 16, n. 1, Hiver/Winter, 2012.

para fins exclusivamente jornalísticos". E nenhum desses projetos afirma a existência ou de outra forma prevê a aplicação de qualquer "direito ao esquecimento", a quem quer que seja.

A ordem jurídica vigente no Brasil não supõe um "direito ao esquecimento" *prima facie*. Esse direito somente pode ser concebido, pois, como *"resultado" da ponderação*, no caso concreto, entre direitos fundamentais, em especial a liberdade de informação e, em colisão com esta, os direitos da personalidade.

O chamado "direito ao esquecimento" consiste, assim, no resultado da ponderação entre direitos fundamentais colidentes que, consideradas todas as circunstâncias jurídicas e fáticas do caso concreto (incluindo não apenas ausência de contemporaneidade da informação, mas também elementos como o interesse público na sua divulgação), induz ao preterimento da informação desatualizada.

Contudo, assim como as circunstâncias do caso concreto podem levar ao preterimento da informação desatualizada, é totalmente plausível, e frequente, que o resultado da ponderação seja no sentido de permitir a veiculação da informação, ainda que desatualizada, quando a totalidade dos elementos considerados o determinar.

O Egrégio Superior Tribunal de Justiça, analisando o "direito ao esquecimento" sob a ótica das ferramentas de busca na Web, reconheceu que não se pode impor aos respectivos provedores a obrigação de alterar o resultado das pesquisas realizadas pelos usuários:

> Processual civil e civil. Recurso especial. Ação de obrigação de fazer. Provedor de pesquisa. Direito ao esquecimento. Filtragem prévia das buscas. Bloqueio de palavras-chaves. Impossibilidade.
>
> – Direito ao esquecimento como "o direito de não ser lembrado contra sua vontade, especificamente no tocante a fatos desabonadores, de natureza criminal, nos quais se envolveu, mas que, posteriormente, fora inocentado". Precedentes.
>
> *– Os provedores de pesquisa não podem ser obrigados a eliminar do seu sistema os resultados derivados da busca de determinado termo ou expressão, tampouco os resultados que apontem para uma foto ou texto específico, independentemente da indicação da página onde este estiver inserido.*
>
> *– Ausência de fundamento normativo para imputar aos provedores de aplicação de buscas na internet a obrigação de implementar o direito ao esquecimento e, assim, exercer função de censor digital.*
>
> – Recurso especial provido.
>
> [...]
>
> VOTO
>
> [...]

> O papel dos provedores de pesquisa se restringe à identificação de páginas na Internet onde determinado dado ou informação, ainda que ilícito, estão sendo livremente veiculados. Como afirmado acima, a recorrente não armazena as informações e imagens indicadas pela recorrida, de modo que não há como lhe imputar responsabilidade por elas.
>
> *Dessa forma, ainda que seus mecanismos de busca facilitem o acesso e a consequente divulgação de páginas cujo conteúdo seja potencialmente ilegal, fato é que essas páginas são públicas e compõem a rede mundial de computadores e, por isso, aparecem no resultado dos* sites *de pesquisa. Se a página possui conteúdo ilícito, cabe ao ofendido adotar medidas tendentes à sua própria supressão, com o que estarão, automaticamente, excluídas dos resultados de busca virtual dos* sites *de pesquisa.*
>
> Em razão das características dos provedores de aplicações de busca na Internet, acima resumidas, este Superior Tribunal de Justiça entendeu que os provedores de pesquisa: (i) não respondem pelo conteúdo do resultado das buscas realizadas por seus usuários; (ii) não podem ser obrigados a exercer um controle prévio do conteúdo dos resultados das buscas feitas por cada usuário; e (iii) não podem ser obrigados a eliminar do seu sistema os resultados derivados da busca de determinado termo ou expressão (REsp 1.316.921/RJ, Terceira Turma, julgado em 26.06.2012, DJe 29.06.2012).
>
> [...]
>
> Por falar em jurisprudência comparada, a solução oferecida pelo Tribunal de Justiça Europeu não seria adequada ao contexto brasileiro, dada as grandes diferenças nas premissas legislativas que partem ambas as situações. A principal, diga-se, é a ausência de uma lei específica voltada para a proteção de dados pessoais dos cidadãos brasileiros.
>
> A legislação mencionada acima não permite imputar a um terceiro – que não detém de forma propriamente dita a informação que se quer ver esquecida – cumprir a função retirar o acesso do público em geral de determinado conjunto de dados.
>
> Concordar com tal solução, no contexto normativo brasileiro, equivale a atribuir a um determinado provedor de aplicação de internet – no caso, o buscador Google – a função de um verdadeiro censor digital, que vigiará o que pode ou não ser facilmente acessado pelo público em geral, na ausência de qualquer fundamento legal. [...] (STJ, - AgInt no REsp 1.593.873/SP, rel. Min. Nancy Andrighi, 3ª T., j. 10.11.2016, *DJe* 17.11.2016 – sem ênfase no original.)

Entendemos que o direito ao esquecimento não pode ser utilizado como fundamento para o apagamento ou mesmo a restrição de acesso a conteúdo verídico, especialmente em se tratando de conteúdo jornalístico, diante de sua evidente relevância pública. Em se tratando de conteúdo ilícito, não há qualquer dúvida de que o Marco Civil da Internet oferece a solução adequada, com o ajuizamento de ação judicial contra o autor do conteúdo ilícito e não contra o provedor de aplicação de internet responsável pela disponibilização do serviço utilizado para essa finalidade.

V. Conclusão

Da mesma forma que a noção de privacidade tem passado por intensa mutação desde o reconhecimento dos direitos da personalidade como garantia fundamental pela Constituição Federal de 1988, assim como pelo Código Civil de 2002, assim também a dimensão da atuação e da responsabilização dos provedores de aplicação de internet tem experimentado profundas alterações, legislativas e jurisprudenciais.

É inarredável a conclusão de que, de acordo com nosso sistema constitucional, direitos e liberdades permaneçam em contínuo conflito e tensão, sem uma predeterminação de prevalência, cuja interpretação e implementação cabe ao Poder Judiciário pela realização de um juízo de ponderação e proporcionalidade, de forma a manter o equilíbrio entre todos esses elementos constitucionais.

É nesse contexto que deve ser buscada a atuação dos provedores de aplicação de internet no combate às *fake news* e à desinformação, com o estabelecimento de políticas claras sobre as condições de uso dos seus serviços, com a criação de mecanismos de denúncia e avaliação do conteúdo que é gerado dentro das plataformas e com o reconhecimento de que não podem os provedores atuar em substituição ao Poder Judiciário, único legitimado a impor a obrigação de remoção de qualquer conteúdo gerado pelos usuários dos seus serviços.

Com dito, e aqui enfatizado, o Marco Civil da Internet, em seu artigo 19, § 1º, estabelece a obrigação de remoção de conteúdo mediante ordem judicial, desde que obedecidas as condições para tanto, mas, em nenhum momento, veda aos provedores de aplicação de internet a sua atuação legítima de análise e verificação da violação do contrato celebrado com o usuário, afigurando-se como sua liberalidade, e não obrigação, a intervenção extrajudicial em observância ao acordo firmado com os usuários.

Essa diferenciação é de extrema relevância, pois definirá, por consequência, as hipóteses de responsabilização dos provedores de aplicação de internet em razão de conteúdo gerado e compartilhado por seus usuários. Como se afirmou, a jurisprudência dominante reconhece, enfaticamente, que não se pode impor aos provedores de aplicação de internet a obrigação de fiscalização ou monitoramento do conteúdo criado por seus usuários, sob pena de caracterização de indesejável censura articulada por um particular e não pela intervenção estatal.

Nesse rumo de ideias, devem-se evitar soluções drásticas, onerando demasiadamente apenas um dos atores da comunicação social moderna – os provedores de aplicação de internet – pois estamos diante de um fenômeno multidisciplinar – as *fake news* – cujo enfrentamento é de responsabilidade de todos, dos usuários, dos cidadãos, das empresas e do Estado.

Verifica-se, finalmente, que o arcabouço legislativo atual oferece meios e mecanismos adequados para o combate à desinformação e à veiculação de notícias tendentes a influenciar a decisão dos cidadãos, assim como para a responsabilização dos provedores de aplicação de internet em caso de não cumprimento de ordens judiciais que tenham atendido às condições legais.

A sistemática adotada pela legislação brasileira para a responsabilização dos provedores de aplicação de internet, ainda que diferente de outros países, está em consonância com os valores políticos, sociais, culturais e econômicos do nosso país, garantindo, quando necessário, a intervenção do Estado para o reequilíbrio dos valores, princípios, direitos e liberdades constitucionais.

FAKE NEWS E DIREITO DO CONSUMIDOR: UMA VIOLAÇÃO AO DIREITO FUNDAMENTAL À INFORMAÇÃO

Luiz Fernando Afonso

Doutor em Direito pela PUC-SP (Efetividade do Direito – Núcleo de Pesquisa em Direitos Difusos e Coletivos). Mestre em Direito pela PUC-SP. Especialista em Direito das Relações de Consumo pelo COGEAE/PUC-SP. Especialista em Direito Constitucional pela Escola Superior de Direito Constitucional. Professor convidado nos cursos de pós-graduação *lato sensu* da PUC-SP/COGEAE (Contratos, Direitos Difusos e Coletivos e Relações de Consumo). Professor convidado nos cursos de pós-graduação da Faculdade de Direito de Franca. Professor-Assistente nos cursos de graduação e pós-graduação em Direito do Consumidor na PUC-SP, junto com a Professora Doutora Suzana Maria Pimenta Catta Preta Federigui (nas disciplinas Direito do Consumidor, Contratos de Consumo e Oferta, Marketing e Publicidade). Advogado graduado pela PUC-SP.

1. Breves considerações iniciais

A tecnologia, especialmente a internet, é uma realidade cotidiana no mundo, particularmente no Brasil, que tem, sabidamente, um dos maiores mercados de consumo de tecnologia e de internet[1], e dela não será mais possível escapar, pois já invadiu todas as esferas da vida e é, já se pode afirmar, objeto de consumo dos cidadãos. Relatórios apontam que cerca de 66% da população brasileira possui contas ativas nas principais redes sociais do mundo[2], sendo o Youtube a maior rede social do país.

1. O Brasil, segundo dados da última pesquisa do IBGE sobre o assunto (os dados são de 2017 e divulgados em dezembro de 2018), tem 10 milhões de pessoas conectadas na internet a mais se comparados os dados de 2016, o que corresponde a 74,9% da população brasileira (https://g1.globo.com/economia/tecnologia/noticia/2018/12/20/numero-de-internautas-cresce-em-cerca-de-10-milhoes-em-um-ano-no-brasil-aponta-ibge.ghtml - acesso em 2.2.2020).
2. https://rockcontent.com/blog/redes-sociais-mais-usadas-no-brasil/.

Para se ter uma ideia da grandeza que a tecnologia tomou, em 2006, das 5 marcas mais valiosas do mundo, apenas uma, a Microsoft, era de tecnologia. Em 2019, quatro das cinco marcas mais valiosas do mundo são de tecnologia, quais sejam: Amazon, Apple, Google e Microsoft. Quando se fala nas empresas mais valiosas do mundo, todas as *top five* participam do ramo da tecnologia: Apple, Google, Microsoft, Amazon e Facebook.

Estudos realizados pelo Fórum Econômico Mundial apontam que até 2020 é possível que mais de um terço das competências essenciais exigidas para uma boa parte das profissões consideradas mais importantes será composto por competências que ainda não são consideradas fundamentais, algumas delas, talvez ainda nem existam. Os empregos, por sua vez, também vão mudar: há quem diga que cerca de 65% da geração Z (as crianças de hoje) terá acesso a profissões e empregos que ainda não existem. Tudo isso em decorrência do desenvolvimento tecnológico que invadiu o início do século XXI.

É possível dizer que estamos diante de uma nova revolução, a quarta, que tem como característica fundamental a velocidade exponencial com que promove as suas modificações na sociedade, mas, fundamentalmente, na velocidade do conhecimento e na troca de informações através da rede mundial de computadores.

Nas palavras de Sandro Magaldi e José Salibi Neto[3], essa chamada Quarta Revolução Industrial promovida na era digital, pela internet e pela tecnologia, repousa suas bases na velocidade exponencial de sua evolução, na mudança do "quem somos" e na transformação de sistemas inteiros.

Escuta-se aos quatro cantos: "robôs são alternativas para melhorar o atendimento ao consumidor"; "as máquinas fazem diagnósticos mais precisos que os humanos"; "os robôs mostrarão com exatidão quase infalível as chances de vitória de certo recurso em determinado tribunal"; "a internet das coisas já é usada como prova em julgamentos", entre outras tantas possíveis novas soluções que a tecnologia poderá trazer ao mundo. Fato é que a tecnologia nos apresenta desafios, inclusive, desafios jurídicos, o que demandará dos profissionais do direito do século XXI novas habilidades que lhe serão necessárias.

É bem verdade que a regulação da internet e do mercado de consumo de tecnologia no Brasil tardou a chegar, pois, somente em 2013, o Governo Federal editou decreto que regulamentou o comércio eletrônico e, em 2014, foi promulgado o Marco Civil da Internet, como mecanismo legal de estabelecimento de princípios, garantias, direitos e deveres para o uso da Internet no Brasil.

Antes disso, a regulação era feita por normas gerais provenientes da Constituição Federal e textos legais aplicáveis, tais como o Código Civil, o Código de Defesa do Consumidor, entre outros textos normativos.

---

3. MAGALDI, Sandro; SALIBI NETO, José. *Gestão do Amanhã*. 1. ed. São Paulo: Gente, 2018.

É sempre bom frisar que a utilização da internet no Brasil sempre deverá ser regulada pelos princípios e normas estabelecidas pelo diploma consumerista, especialmente aquelas que dizem respeito ao direito à informação precisa e verdadeira, mesmo após a edição do Marco Civil, haja vista ser norma de ordem pública e de interesse social (artigo 1º do CDC) e pelo fato de haver entre aqueles que trabalham com a rede de computadores, e aqueles que a utilizam, inegável relação de consumo, na forma definida pelo Código de Defesa do Consumidor (*convém destacar, Leitor, que o Marco Civil da Internet faz expressa menção à defesa do consumidor como um dos princípios a regular a utilização da rede mundial de dados*).

Esse conjunto de normas regulamentares (*o já conhecido Código de Defesa do Consumidor e os novos Decreto de Comércio Eletrônico e o Marco Civil da Internet*) tardou a chegar, mas chegou, e deve ganhar em efetividade na defesa dos cidadãos no consumo de produtos e serviços colocados no mercado de consumo através das redes de comunicação digital.

Agregando ao sistema normativo de regulação na internet, acima citado, foi editado no Brasil importante texto normativo, que deverá regular, a partir de agosto de 2020, o tratamento de dados pessoais no país (Lei n. 13.709/2018).

Não se trata, é bom dizer Caro Leitor, de criação de impeditivos para a realização da tecnologia no Brasil, até porque a tecnologia é necessária e um caminho sem volta. Mesmo sendo reconhecidamente necessária para a evolução dos consumidores-cidadãos, a tecnologia não poderá ficar à revelia de uma certa e necessária regulamentação para que abusos não sejam cometidos, tanto pelos seus fornecedores como pelos seus usuários.

É, enfim, o que se propõe com esse artigo: a defesa da tecnologia, como instrumento necessário ao bom desenvolvimento da nação e dos cidadãos que a compõe, tecnologia essa que deverá ser saudável e livre do cometimento de abusos. E os abusos somente serão evitados com o uso racional da rede mundial de dados e com um conjunto normativo regulatório razoável e equilibrado.

Um dos maiores desafios da tecnologia no mercado de consumo é o respeito ao direito dos consumidores no mercado de consumo de receber informações precisas e verdadeiras sobre produtos e serviços, direito esse que se vê violado diante de tantas informações mentirosas que circulam na internet, principalmente nas redes sociais, muitas delas capazes de induzir – equivocado, vale dizer – ao consumo.

"Vírus mortal de gripe no Brasil" ou "O Brasil terá inverno mais rigoroso dos último cem anos" foram notícias que circularam pela imprensa em geral nos últimos anos e que certamente provocaram a ida de consumidores às lojas para aquisição de roupas para o tal inverso rigoroso, que chegaria, ou a procura por clínicas privadas de vacinação para o enfrentamento de novos vírus.

Nada disso, no entanto, pôde ser atestado, tendo sido os consumidores possivelmente induzidos em erro, mediante a divulgação dessas informações, numa inegável agressão ao direito à informação previsto na legislação consumerista.

A possibilidade de indução equivocado ao consumo de produtos e serviços motivado por notícias falsas é motivo para uma especial atenção dos usuários da rede mundial de computadores e dos agentes reguladores na internet no Brasil.

A preocupação com a existência das *fake news* já se tornou necessidade de política pública e exige a criação de mecanismos pelas empresas privadas de tecnologia visando ao seu combate. A situação, de fato, é tão preocupante que as próprias redes sociais têm tomado providências para barrar as *fake news*.

Pesquisas norte-americanas informam que a propagação de *fake news* tem 70% mais chances de acontecer do que as notícias verdadeiras[4]. E os desmentidos, ao contrário, não viralizam.

O Facebook, por exemplo, criou diversos mecanismos e já realizou diversas ações, tais como alteração dos algoritmos para que publicações suspeitas sejam automaticamente enviadas para checagem. Além disso, criou mecanismos para ajudar o usuário a conhecer a reputação do veículo noticioso e conhecer melhor os desdobramentos de determinada notícia. A plataforma de comunicação *WhatsApp* criou mecanismos para utilização de um recurso que avisa o usuário que o conteúdo que ele está prestes a repassar já foi divulgado inúmeras vezes e pode se tratar de um boato.

O Google e o Snapchat também anunciaram ações para evitar a propagação de notícias falsas. Enquanto a Google concebeu uma interessante ferramenta de checagem e conferência de fatos, a rede social Snapchat criou mecanismos para mostrar somente conteúdos relevantes e confiáveis.

Enfim, se o Código de Defesa do Consumidor tem como uma de suas preocupações mais relevantes a formação saudável da vontade do consumidor, esse mesmo sistema protetivo não pode admitir a veiculação de notícias que induzam equivocadamente o consumidor a adquirir produtos e serviços, pois isso representará severa e grave violação aos princípios da Política Nacional das Relações de Consumo, estampadas no artigo 4º do Código de Defesa do Consumidor, bem como aos direitos básicos previsto no artigo 6º do mesmo diploma legal.

2. O Direito Fundamental do Consumidor à Informação veraz, precisa e correta

A informação ao consumidor, dada a sua relevância para o mercado de consumo e para a saudável formação e exercício da autonomia da vontade, ganhou

4. https://g1.globo.com/jornal-nacional/noticia/2018/10/26/encontrar-mecanismos-para--frear-o-fluxo-de-fake-news-e-desafio-mundial.ghtml

status constitucional, porque a informação coopera para que haja equilíbrio nas relações de consumo e, ao final, para a distribuição de justiça.

Esse *status* constitucional conferido à informação tem o objetivo de assegurar a todos o acesso à informação, resguardado o sigilo da fonte, tal como previsto no inciso XIV do artigo 5º, seja para outorgar a todos – e aqui a norma é dirigida especificamente contra os órgãos públicos – o direito de receber informações de seu interesse particular ou de interesse coletivo ou geral, na exata prescrição do inciso XXXIII do citado artigo 5º. Mais à frente, o mesmo texto constitucional determina, nos artigos 220 e seguintes, que a informação não sofrerá qualquer restrição.

A informação, que decorre da boa-fé objetiva, tem fundamental importância para a defesa do consumidor, por ser instrumento de promoção do equilíbrio de poder na relação de consumo. Ademais, assegura a equidade informacional e permite alcançar a justiça contratual.

Para Alexandre David Malfati[5], a informação assume três facetas principais: o direito de informar, o dever de informar e o direito de ser informado: a primeira faceta é amplamente garantida pela Constituição Federal, tangenciando a manifestação de pensamento, ou seja, a todos é conferido o direito de se manifestar. Sendo assim, a todos é conferido o direito de informar, de transmitir informações às pessoas e à sociedade em geral. Como ocorre na liberdade de manifestação de pensamento, o direito de informar também não é absoluto e poderá sofrer restrições e limites impostos pela própria Constituição e pela legislação infraconstitucional, tal como acontece com a publicidade de medicamentos e tabaco.[6]

Nesse sentido, os fornecedores terão ampla liberdade de anunciar seus produtos e serviços, contudo somente o farão de forma verdadeira e nos limites que a Constituição Federal e a legislação infraconstitucional autorizarem.

A segunda faceta da informação revela a imposição constitucional do dever de informar. Para Malfati, a Constituição Federal impôs aos particulares o dever de informar, "quando suas atividades – empresariais ou não – envolvam direta ou indiretamente a dignidade da pessoa humana ou outros direitos fundamentais".[7]

Por fim, a terceira e última faceta da informação revela-se no direito de ser informado, consagrado como direito fundamental previsto na Carta Constitucional, que outra coisa não é senão a concretização da dignidade da pessoa humana e do exercício da cidadania.

---

5. MAFALTI, Alexandre David. *Direito-informação no Código de Defesa do Consumidor*. São Paulo: Alfabeto Jurídico, 2003. p. 93-94.
6. MAFALTI, Alexandre David. *Direito-informação no Código de Defesa do Consumidor*, p. 93-94.
7. MAFALTI, Alexandre David. *Direito-informação no Código de Defesa do Consumidor*, p. 93-94.

Não há dúvida acerca do caráter constitucional do direito de informar por parte do fornecedor, do dever de informar, também por parte do fornecedor, e do direito de ser informado, este a ser exigido pelo consumidor, individual ou coletivamente considerado.[8]

Como se vê, portanto, a informação tem previsão constitucional e sua importância reside justamente no fato de que a informação é fundamental para a saudável formação da sociedade de consumo e nela não poderão conter inverdades de qualquer natureza, tais como as *fake news*, que desnaturem o exercício pleno, autônomo e verdadeiro dessa autonomia da vontade.

Em uma relação, que desde o nascedouro é desequilibrada, a informação serve como um importante instrumento para a equidade das partes, em especial no mercado de consumo.

Judith Martins-Costa assevera que a informação traz clareza e transparência às relações de consumo, como dever legal imposto ao fornecedor. E aduz: "a opacidade – que é o contrário da transparência – é dissipada por meio de uma informação adequada, isto é, *qualificada* em vista da vulnerabilidade do consumidor no mercado de consumo" [grifo da autora].[9]

No ordenamento jurídico português, por exemplo, o direito à informação encontrou guarida desde a primeira lei de proteção e defesa do consumidor e, em seguida, consagrou-se como mandamento constitucional. No código de consumo francês – *Code de La Consommation*, de 1993 –, considerado por muitos o mais desenvolvido, o direito à informação tem lugar em todo o título primeiro.

No Código de Defesa do Consumidor brasileiro, a informação, além de princípio informador da Política Nacional das Relações de Consumo, é também direito básico do consumidor. O artigo 6º, inciso II, do diploma protetivo, determina que é direito básico do consumidor a informação adequada e clara sobre os diferentes produtos e serviços, com especificação correta de quantidade, características, composição, qualidade e preço, bem como sobre os riscos que apresentem.

Essa prevalência do direito à informação ocorre porque o sentido de boa-fé é corresponder às legítimas expectativas geradas no consumidor quando da aquisição de produtos e serviços no mercado de consumo. O fornecedor, quando informa bem, cumpre com seus deveres de colaboração e de respeito; dessa maneira, permite que o consumidor disponha de informações suficientes e adequadas para orientar a sua escolha e que o faça livre e conscientemente.

---

8. MAFALTI, Alexandre David. *Direito-informação no Código de Defesa do Consumidor*, p. 93-94.
9. MARTINS-COSTA, Judith. *A boa-fé no direito privado* – critérios para a sua aplicação. São Paulo: Marcial Pons, 2015. p. 305.

Essa via de mão dupla da informação ao consumidor no mercado de consumo proporciona harmonia na relação de consumo, objetivo que também é trazido como princípio da Política Nacional das Relações de Consumo.

A vulnerabilidade consiste na fragilidade que o consumidor possui frente ao seu fornecedor e se revela, precipuamente, na falta de informação do consumidor quando se dirige ao mercado para consumir produtos e serviços. O dever do fornecedor de informar, portanto, é fundamental instrumento para mitigar as desigualdades existentes entre fornecedores e consumidores.

O direito à informação não se esgota na simples transmissão de informações do fornecedor ao consumidor. É necessário que, no cumprimento do dever de informar, o fornecedor permita que a informação chegue ao seu consumidor de forma adequada, verdadeira, suficiente, clara e precisa.

Conforme afirma Bruno Miragem[10], "a eficácia do direito à informação do consumidor não se satisfaz com o cumprimento formal do dever de indicar os dados e demais elementos informativos, sem o cuidado ou a preocupação de que estejam sendo devidamente entendidos pelos destinatários destas informações".

O dever de informar deverá, a mais do que já foi dito, ser atendido pelo fornecedor em todas as fases do contrato[11], o que lhe confere uma maior amplitude. No direito brasileiro, seja na fase pré-contratual, quando o consumidor está sendo atraído para a aquisição dos produtos ou serviço, seja na execução do contrato ou no momento pós-contratual, o dever de "bem informar" deve ser respeitado e cumprido pelo fornecedor.

Nas fases pré-contratuais, da oferta e da publicidade, o dever de bem informar ganha natureza difusa. É difuso o direito do consumidor de ser bem e corretamente informado pela oferta e pela publicidade veiculada no mercado de consumo. Por

---

10. MIRAGEM, Bruno. *Curso de direito do consumidor*, p. 128.
11. No V Congresso Brasileiro de Direito do Consumidor/Brasilcon, foram aprovadas conclusões nesse sentido, voltadas para os contratos cativos de longa duração ou contratos relacionais, que perduram no tempo: "7. O princípio da informação adequada nos contratos relacionais de consumo envolve o dever de informar não apenas no momento da celebração contratual, mas durante todo o período da performance ou execução contratual (*aprovada por unanimidade*). 8. O CDC (arts. 6°, incisos III e V; 20: §2°; 31; 36; 37; 46 e 66) constitui fundamento legal claro e suficiente para obrigar a informação adequada ao consumidor nos contratos relacionais de consumo (*aprovada por unanimidade*). 9. É dever do fornecedor nos contratos relacionais de consumo manter o consumidor adequada e permanentemente informado sobre todos os aspectos da relação contratual, especialmente aqueles relacionados ao risco, qualidade do produto ou serviço ou qualquer outra circunstância relevante para a sua decisão de consumo, durante todo o período em que perdurar a relação contratual (*aprovada por unanimidade*)". Cf. BENJAMIN, Antonio Herman Vasconcelos e; MARQUES, Cláudia Lima; BESSA, Leonardo Roscoe. *Manual de direito do consumidor*, p. 57.

sua natureza integrativa ao contrato que futuramente será celebrado, tanto a oferta como a publicidade deverão informar corretamente sobre os produtos e serviços que estão sendo lançados no mercado de consumo.

Ao tratar especificamente da oferta e da apresentação de produtos no mercado de consumo, determina a lei que o fornecedor deverá assegurar ao consumidor informações corretas, claras, precisas, ostensivas e em língua portuguesa. Na publicidade, como exemplo, o Código de Defesa do Consumidor adota o princípio da veracidade, determinando que o fornecedor disponha de dados fáticos, técnicos e científicos, para informar aos legítimos interessados, dados esses que darão suporte e sustentação à mensagem.

As informações necessárias para a boa execução do contrato, por sua vez, deverão estar presentes de maneira clara e ostensiva, de tal sorte que o consumidor compreenda a exata medida de sua contratação.

Enfim, esse princípio da Política Nacional das Relações de Consumo e direito básico do consumidor constitui um importante instrumento da proteção normativa do consumidor no direito brasileiro, já que promove o equilíbrio de poder e de fato na relação jurídica de consumo, ao assegurar, como fazem os alemães, a equidade informacional, como meio para atingir a justiça contratual.

Na avaliação de Pfeiffer: "A distribuição assimétrica de informações na economia é tida como uma das mais importantes falhas de mercado e compõe com destaque o rol de custos de transação, sendo um dos elementos que acentuam a vulnerabilidade do consumidor."[12]

A jurisprudência adotou a importância da informação para a formação saudável das relações de consumo. Destacou Antônio Hermann Benjamin, no Recurso Especial nº. 586.316[13], que a informação se desdobra em quatro espécies: informação-conteúdo, que revela as características do produto; informação-utilização, que destaca a que se presta e como se utiliza o produto; informação-preço; e informação-advertência, esta uma das mais relevantes, pois revela quais os riscos que acompanham a aquisição do produto/serviço.

O Código de Defesa do Consumidor coloca, também, lado a lado, o dever de informação como a educação dos consumidores e o exercício do seu direito de escolha. Isso se deve ao fato de que um consumidor bem informado e

---

12. PFEIFFER Roberto Augusto Castellanos. *Defesa da concorrência e bem-estar do consumidor*. Editora Revista dos Tribunais. 2015. São Paulo. p. 84.
13. BRASIL. Superior Tribunal de Justiça. *REsp 586316 MG 2003/0161208-5. Segunda Turma. Relator Min. Herman Benjamin*. Brasília, DF. Julgamento 17.04.2007. Publicação 19.03.2009. Disponível em: <http://stj.jusbrasil.com.br/jurisprudencia/4092403/recurso-especial-resp-586316>. Acesso em: 13 nov. 2016.

bem-educado consegue exercer o seu direito de escolha com plenitude. A informação, nesse sentido, é verdadeiro exercício de cidadania.

A educação, por sua vez, é política pública essencial de consumo; permite ao consumidor agir com a consciência de suas reais necessidades, seja impedindo o consumo desenfreado, por sedução, por impulso, seja, principalmente, evitando a ocorrência de superendividamento.

Com efeito, educação é aquela prestada pelos fornecedores e também pelos órgãos públicos e associações de defesa dos consumidores organizadas pela sociedade civil. São inúmeros os instrumentos para que a educação de consumidores seja efetivada, a saber, cartilhas elaboradas pelo Poder Público e pelas organizações da sociedade civil, pesquisas de preços, testes comparativos, entre outros.

Informação e educação são, portanto, instrumentos essenciais de política pública de consumo porque protegem os consumidores contra enganosidades e abusividades eventualmente praticadas pelos fornecedores no mercado de consumo. Ambas permitem que o consumidor exerça com plenitude o seu direito de escolha.

No Código de Defesa do Consumidor, educação e informação são a base do direito básico de escolha do consumidor. O direito de escolha é propriamente a prerrogativa do consumidor de escolher o quê, quando e com quem irá contratar. Esse direito, quando contrariado, revela a existência de prática abusiva, vedada pelo artigo 39 do Código de Defesa do Consumidor.

A proteção da liberdade de escolha do consumidor, ente mais fraco na relação de consumo, implica novos riscos e novos deveres para os fornecedores, que deverão ter mais cuidado ao elaborar seus produtos e ao executar seus serviços, riscos esses que não poderão ser transferidos aos consumidores na formação do preço.[14]

A informação, que renasce nesse novo modelo de contratação que é o de consumo, no qual uma parte se encontra em extrema desvantagem porque é vulnerável, pode ser entendida também como instrumento de exercício do direito de escolha do consumidor.

Por fim, e ao cabo, ressalta-se, junto com Roberto Pfeiffer, que a legislação de defesa do consumidor trata a tutela da informação e do direito de escolha também pelo prisma comportamental, "impondo regras que disciplinam a conduta dos fornecedores, principalmente no que tange ao dever de informação, à vedação da publicidade enganosa e à livre escolha do fornecedor"[15].

---

14. MARQUES, Cláudia Lima; BENJAMIN, Antonio Herman V. e; MIRAGEM, Bruno. *Comentários ao Código de Defesa do Consumidor,* p. 280.
15. PFEIFFER, Roberto Augusto Castellanos. *Defesa da concorrência e bem-estar do consumidor,* p. 98.

E esse prisma comportamental guarda relação direta com a prática atual de veiculação de notícias falsas na rede mundial de computadores, que podem induzir, de forma equivocada, ao consumo, provocando uma falsa necessidade, contaminando o exercício do direito à informação e prejudicando a formação o exercício da formação da vontade do consumidor.

3. As *Fake News* e o incentivo ao consumo: uma violação ao dever de informação

Boato inventa 'vírus mortal' de gripe no Brasil; Brasil terá inverno mais frio dos últimos cem anos? Cientistas dizem que não.

Como lidar com as notícias falsas que circulam na rede mundial de computadores? A resposta a essa pergunta ainda não foi dada e será de difícil formulação, já que qualquer eventual controle na circulação de notícias na internet poderá ser tido por censura, o que não se admite no Brasil diante do nosso sistema constitucional.

De toda sorte, em tempos de prevalência do uso da internet como meio de procura e obtenção de informações e em tempos de "fake news", exige-se das empresas maior transparência na divulgação de informações.

Mas o que são "fake news"?

Fake news são as informações noticiosas que não representam a realidade, mas que são compartilhadas na internet como se fossem verídicas, principalmente através das redes sociais. Normalmente, o objetivo de uma *fake news* é criar uma polêmica, mas poderá ao nosso ver também provocar o consumo de produtos e serviços, violando o direito fundamental à informação clara e precisa no mercado de consumo.

As *fake news* costumam, por seu teor dramático, apelativo e polêmico, atrair muita atenção das massas, principalmente quando essas estão desprovidas de senso crítico, incluindo-se nesse grupo os consumidores, que, por presunção legal, em relação à qual não se admite prova em contrário, são vulneráveis.

Se a vulnerabilidade é a pedra de toque das relações de consumo, em relação às *fake news* tal condição de fragilidade se mostra ainda mais evidente, exigindo ações de controle para prevenção de danos.

No Brasil, não é difícil receber *fake news* nas redes sociais, em especial no Facebook ou em mensagens de grupos formados na plataforma de comunicação via *web* conhecida por *WhatsApp*. As notícias falsas, no entanto, vão além de brincadeiras inocentes na Internet e têm feito vítimas reais.

Os conteúdos falsos podem agir como uma "arma" ilegal contra algo. No âmbito político, por exemplo, as notícias falsas são usadas com o intuito de "manchar" a reputação de determinado candidato, fazendo com que perca potenciais eleitores.

Na área de consumo de produtos e serviços, poderá provocar, como dito, uma falsa percepção de necessidade, contaminando a formação e o exercício da autonomia da vontade dos consumidores no mercado de consumo.

E essa falsa percepção criada pela *fake news* afronta o direito à informação clara, precisa e verdadeira sobre produtos e serviços, viola o dever de boa-fé no mercado de consumo e produz uma enganosidade, que o sistema trazido no bojo do Código de Defesa do Consumidor não autoriza.

A existência de notícias falsas, que poderão provocar o consumo de produtos e serviços por consumidores induzidos em erro, violam, frontal e diretamente, os ideais que integram a Política Nacional das Relações de Consumo.

Na forma do seu artigo 4º, determina o Código de Defesa do Consumidor que a Política Nacional das Relações de Consumo tem por prioridade o respeito à dignidade da pessoa humana, a proteção dos interesses econômico dos consumidores e, principalmente, a transparência, tema sobre o qual falar-se-á a seguir, e a harmonia das reações de consumo.

Afirma ainda o artigo 4º que o mercado de consumo no Brasil deverá sofrer atuação do Estado para que proporcionar harmonização e equilíbrio dos partícipes da relação de consumo, através de mecanismos de educação e informação para o consumo e da coibição e repressão eficientes de todos os abusos praticados no mercado de consumo.

Fora isso, a regra básica trazida pelos artigos 30 e seguintes do Código de Defesa do Consumidor, ao tratarem da oferta, das práticas de *marketing* e da publicidade, tem por premissa que toda oferta, publicitária ou não, deverá ser honesta e verdadeira, pois parte-se da premissa que a veiculação da oferta de determinado produto ou serviço, que não possui as características indicadas pelo fornecedor causará evidente prejuízo ao mercado de consumo, uma vez que o consumidor será iludido e enganado, o que o nosso sistema não admite.

Afora essas regras gerais, a indução do consumidor ao consumo pelas *fake news*, o que fica ainda mais evidente nos casos que foram relatados acima, deve ser considerado como prática abusiva, pois tais notícias falsas usam reiteradamente o medo como forma de convencimento do consumidor a adquirir produtos ou contratar serviços.

O medo do frio, que seria o mais intenso dos últimos 100 anos; ou o medo de um novo – e letal – vírus de gripe, poderia levar consumidores ao consumo de produtos dos quais não teriam real necessidade ou que poderiam colocar sua saúde em risco, já que medicamentos e vacinas, como cediço, poderão apresentar reações, que até mesmo a medicina desconhece.

Esclarecendo as situações reais que foram trazidas a conhecimento do leitor para exemplificar como as *fake news* podem ter efeito sobre a aquisição de bens e contratação de serviços, foi levado a conhecimento pela imprensa nacional, o que foi divulgado amplamente pela internet e pelos grupos formados na rede de comunicação implementada pela plataforma *WhatsApp*, que o Brasil teria um rigoroso inverno, quando então as temperaturas seriam as mais baixas em anos (*falava-se em o mais rigoroso inverno dos últimos 100 anos*). De acordo com as notícias que chegaram à população via internet, haveria em todas as regiões do Brasil quedas de temperatura como nunca se tinha visto antes em decorrência do La Niña, fenômeno de resfriamento da superfície do Oceano Pacífico.

Cientistas afirmam que não era possível confirmar essa informação, pois na visão deles, e em decorrência das pesquisas feitas nos laboratórios de meteorologia, o Brasil poderia enfrentar, em 2018, um inverno mais frio que 2017, com pico pontuais apenas.

Outro boato (*antigo nome das hoje conhecidas 'fake news'*), que surgiu nas redes sociais, também em decorrência da chegada do inverno, foi a possibilidade de chegada de um vírus letal, que poderia causar uma epidemia de "gripe H2N3", sem precedentes.

Tal notícia foi veiculada principalmente pelos grupos formados na rede de comunicação implementada pela plataforma *WhatsApp*, viralizando, colocando medo nos brasileiros e provocando, até mesmo, um alerta na Organização Pan-Americana de Saúde, órgão ligado à Organização Mundial de Saúde (OMS), que, em informe oficial, se disse preocupada com os boatos sobre a influenza, que circularam por diversos meios de comunicação no Brasil, especialmente a internet.

O medo do suposto frio rigoroso, a possibilidade de ocorrência de uma gripe letal e a existência de novo – e letal – vírus – provocaram nos consumidores o medo e a irreal necessidade de consumo de produtos de confecção para proteção contra o frio e de vacinas e remédios para aumentar imunidade contra os alegados vírus.

Esse medo, despertador da vontade de consumir, é irreal e pode vir a imputar à eventual oferta que dele decorra a característica de abusividade que o sistema de proteção e defesa do consumidor tanto querem ver banido das relações de consumo, tal como previsto no § 2º do artigo 37 do Código de Defesa do Consumidor.

O fornecedor que se aproveitar dessas notícias falsas para a publicidade e a comercialização de seus produtos e serviços, sem averiguar a sua veracidade previamente à sua divulgação, redundará certamente em prática abusiva. Dado o caráter geral e abrangente do artigo 39 do Código de Defesa do Consumidor, que não possui rol exaustivo de práticas comerciais abusivas, poderá imputar de abusividade condutas como essa.

E haverá responsabilidade em face daqueles que propagandeiam a notícia falsa e dela se aproveitam para divulgar e vender seus produtos e serviços? A resposta é obviamente positiva, com base no que dispõe o Código de Defesa do Consumidor que impõe responsabilidade integral, efetiva e objetiva pelos danos causados no mercado de consumo. A análise da culpa aqui, como nos demais casos de relações de consumo, fica afastada, dando lugar à preocupação com a ocorrência do dano, que deverá ser evitado, e, se ocorrido, deverá ser integralmente reparado.

E nesse tema pode-se falar em dupla responsabilidade, pois as chamadas *fake news* tanto poderão provocar responsabilidade derivada do dano pessoal e particular, como poderão gerar responsabilidade em nível coletivo, decorrente do dano difuso que essas *fake news* poderão causar ao mercado de consumo em geral.

As *fake news* provocam, por excelência, danos difusos ao mercado de consumo, já que sua veiculação poderá causar danos a um sem-número, não identificado, de consumidores, que, certamente, serão induzidos a consumir por erro de conteúdo das notícias.

Esses danos difusos atingirão pessoas cuja identidade não poderá ser delimitada, e cujo objeto será naturalmente indivisível, o que demanda do poder de regulação uma preocupação ainda maior. Por isso, necessária a aplicação da chamada responsabilidade objetiva contida no Código de Defesa do Consumidor.

Visto isso, o tema da *fake News* impõe longo e profundo debate, porque como se disse, o seu tratamento regulatório resvala na possibilidade de prática de censura prévia, o que o nosso sistema constitucional quer ver banida. Esse tema envolve, por certo, o uso abusivo da liberdade de expressão e de manifestação de pensamento na internet, o que impõe muito cuidado no tratamento, haja vista a necessidade de proteção de direitos e garantias fundamentais.

Aqui se está, portanto, diante de um caso difícil, já que de um lado há que se proteger o direito fundamental, garantido pelo texto constitucional, de liberdade de expressão e manifestação de pensamento, e, de outro, a garantia, também fundamental, de criação e manutenção de um mercado de consumo saudável e livre de vícios, enganosidades e abusividades.

E, nesse sentido, a solução está no texto da Constituição Federal, que prima pela veracidade das informações e obriga, para se ter um mercado livre de vícios e realmente equilibrado, a utilização da internet como mecanismo saudável de atração de fornecedores e consumidores. E também está no Código de Defesa do Consumidor que, como dito, elenca o direito à informação como direito fundamental do consumidor, princípio da Política Nacional das Relações de Consumo e, ainda, como direito básico do consumidor.

E para que isso, de fato, aconteça, há que se ter cuidado elevado, na inserção e na leitura de postagens realizadas na internet e, mais que isso, há que se advertir as pessoas que produzem conteúdos falsos acerca de sua responsabilidades pelos danos que essas notícias falsas poderão vir a causar no mercado de consumo, pois esses danos que porventura vieram a surgir serão de natureza difusa e poderão se revelar irreparáveis ou de difícil reparação.

4. Conclusões

Em um mundo de novas tecnologias, ainda bastante desconhecido, o consumidor exige das empresas, dos seus fornecedores, maior transparência. Essa exigência não é restrita ao Brasil. Ela se faz presente de forma global, já que a transparência é uma grande demanda nesse momento histórico de pós-verdade.

Essa transparência revela-se no mercado de consumo como a obrigação de dizer a verdade, em um formato de informação claro e preciso. Esse dever de informação se destaca no momento atual em que as *fake news* poderão induzir consumidores à aquisição de bens e serviços induzidos em erro, provocados pela formação equivocada e viciada da sua manifestação de vontade.

A preocupação da Comunidade Internacional é tão grande com as *fake news*, que os cientistas já estão buscando estratégias para lutar contra elas, entendendo que o melhor a se fazer na crise da informação é usar as ciências sociais para saber como as pessoas reagem a essas notícias.

Enfim, o exercício da cidadania – e o mercado de consumo é um local de exercício da cidadania – não admite mais a contaminação da manifestação de vontade para o consumo, mediante notícias viciadas, que provoquem o medo e instiguem ao consumo de bens e serviços. O consumo deve ser resultado de intensa e profunda reflexão por parte dos consumidores, já que detentores do direito fundamental de serem bem e corretamente informados.

Referências

AFONSO, Luiz Fernando. Publicidade abusiva e proteção do consumidor idoso. 2012. 268f. Dissertação. (Mestrado em Direito) – Pontifícia Universidade Católica de São Paulo. São Paulo, SP, 2012.

AFONSO, Luiz Fernando. *Publicidade, Controle de Ilicitude no Direito do Consumidor e Prática de 'Storytelling'*. 2016. 239f. Tese. (Doutorado em Direito) – Pontifícia Universidade Católica de São Paulo. São Paulo, SP, 2016.

BRASIL. Superior Tribunal de Justiça. REsp 586316 MG 2003/0161208-5. Segunda Turma. Relator Min. Herman Benjamin. Brasília, DF. Julgamento 17.04.2007. Publicação 19.03.2009. Disponível em: <http://stj.jusbrasil.com.br/jurisprudencia/4092403/recurso-especial-resp-586316>. Acesso em: 13 nov. 2016.

BENJAMIN, Antonio Herman Vasconcelos e; MARQUES, Cláudia Lima; BESSA, Leonardo Roscoe. *Manual de direito do consumidor*.

GRINOVER, Ada Pelegrini *et al*. *Código Brasileiro de Defesa do Consumidor comentado pelos autores do anteprojeto*. São Paulo: Forense, 2011. v. I.

LEITE, George Salomão *et al*. Marco Civil da Internet. 1. ed. São Paulo: Atlas, 2014.

MAGALDI, Sandro; SALIBI NETO, José. *Gestão do Amanhã*. 1. ed. São Paulo: Gente, 2018.

MAFALTI, Alexandre David. *Direito-informação no Código de Defesa do Consumidor*. São Paulo: Alfabeto Jurídico, 2003. p. 93-94.

MARTINS-COSTA, Judith. *A boa-fé no direito privado* – critérios para a sua aplicação. São Paulo: Marcial Pons, 2015.

MIRAGEM, Bruno. *Curso de direito do consumidor*. 5. ed. São Paulo: Revista dos Tribunais. 2014.

_______. *Direito Civil. Direito das Obrigações*. 1. ed. São Paulo: Saraiva. 2017.

_______. *Direito Civil. Responsabilidade Civil*. 1. ed. São Paulo: Saraiva. 2015.

PFEIFFER Roberto Augusto Castellanos. *Defesa da concorrência e bem-estar do consumidor*. Editora Revista dos Tribunais. 2015. São Paulo. p. 84.

RIFKIN, Jeremy. *A era do acesso*. 1ª ed. São Paulo: Makron Books. 2001.

SCHAWAB, Klaus. *A Quarta revolução Industrial*. 1ª. ed. São Paulo: Edipro. 2016.

O FENÔMENO DAS *FAKE NEWS* E A SUA REPERCUSSÃO NA RESPONSABILIDADE CIVIL NO SISTEMA JURÍDICO BRASILEIRO

Carlos Eduardo Nicoletti Camillo

Doutor em Filosofia do Direito pela PUC-SP. Mestre em Direito das Relações Sociais pela PUC-SP. Professor de Teoria Geral do Direito e Direito Civil da Faculdade de Direito da Universidade Presbiteriana Mackenzie desde 2002. Coordenador Geral da Faculdade de Direito da Universidade Presbiteriana Mackenzie desde 2016. Advogado militante em São Paulo desde 1992.

Sumário: 1. A verdade e o direito. 2. O fenômeno das *fake news* e a sua relevância nos tempos atuais. 3. Combate às *fake news* no sistema jurídico brasileiro: entre a liberdade de expressão e a proteção à intimidade, à honra e à imagem das pessoas. 4. Pressupostos da responsabilidade civil diante das *fake news* em nosso sistema. Referências.

1. A verdade e o direito

Kant coloca a verdade como um problema fundamental em sua teoria epistemológica.

O problema da verdade, mais que um enigma, pressupõe uma *decisão* a aferir qual o critério para revelar a seu sentido, sendo que é possível, a este respeito, vislumbrar uma série de critérios para alcançar a verdade, tais como a de correspondência ou conformidade com uma regra, princípio ou conceito, a de evidência ou coerência a partir da lógica, entre tantos outros.

Comumente, no entanto, reduzimos a universalidade dos fatos na dicotomia realidade *versus* falsidade. A realidade possui estrita conexão com aquilo que é verdadeiro e concreto, ao passo que a falsidade é a qualidade daquilo que é falso e, pois, não corresponde ao verdadeiro e concreto. Mas isso bastaria para compreender a universalidade da verdade?

Há vários séculos se pergunta o que é a verdade.

Heidegger nos ensinava que toda pergunta, invariavelmente, fornece uma intuição de quem a formula. Será que já temos uma noção inata da *verdade*?

Interessante lembrar, aqui, a conhecida passagem em João 18:38, em que Pilatos se volta a Jesus em seu interrogatório e lhe indaga – *quid est veritas?* (o que é a verdade), no que Jesus teria silenciado.

Há quem sustente, aqui, a existência de um *anagrama*, posto que a resposta de Jesus estaria na própria pergunta: *est vir qui adest*, isto é "é o homem que está aqui presente" o que seria atribuído à figura de Santo Agostinho. O que é a verdade?[1].

Heidegger opta por atribuir à verdade a chancela de *proposicional*, dado que a verdade é naturalmente *verdade do juízo, verdade do enunciado*. Assim, seria possível compreender que *a verdade é verdade proposicional*, de maneira que "essa caneta é azul", "essa lousa é branca", são exemplos de uma verdade proposicional. Quando afirmamos "essa caneta" ou "essa lousa", não seria possível distinguir se é verdadeiro ou não. Para esse grande pensador, portanto, a verdade reside nas ligações de representações – mas jamais nas representações isoladas[2].

Leibniz, por seu turno, outorgará à verdade uma aplicação mais prática, chegando a concluir com Hobbes que o sentido da verdade dependerá de arbítrio dos homens[3].

A problematização que surge da perspectiva da verdade, e tudo o que proposicionalmente a ela se refere, está relacionada à sua negação: a mentira e as suas consequências de ordem prática e social.

Para alguns, a mentira é uma verdade que não aconteceu ou, na construção poética de Mário Quintana, a mentira é uma verdade que se esqueceu de acontecer[4].

Nossos estudos não se propõem a investigar o porquê da mentira em nossa sociedade, mas identificar uma categoria específica no seu campo de atuação e as suas consequências de ordem prática e jurídica.

E é sobre a insuperável personalidade de Kant que daremos os nossos primeiros passos[5]. Para esse pensador, a verdade é um *dever* que deverá prevalecer sempre e, como tal, é considerado base de todos os outros deveres. Da mesma forma, a verdade é *essência* de todos os princípios e somente por meio dela é que será possível compreendê-los.

E como não poderia ser diferente, Kant outorgará à mentira – enquanto negação da verdade – o atributo de um concreto *horror*: em hipótese alguma alguém

---

1. MAURO, Mario. *The Nanovic Institute for European Studies. Lecture 9: Christian Roots and the future of Europe*, p. 20.
2. *Introdução à Filosofia*, p. 48.
3. *Novos ensaios sobre o entendimento humano* – Col. Os Pensadores, p. 395.
4. *Poema para a infância*. Editora Nova Aguilar, 2005. p. 938.
5. *Fundamentação da metafísica dos costumes*, p. 59 e ss.

poderia mentir, pois a mentira pode induzir o ouvinte a praticar determinada ação ou comportamento que pode não representar a sua mais legítima vontade – mas a vontade de quem simplesmente assim deseja, frustrando valores fundamentais e contrariando a própria perspectiva do ser humano, que deixará de ser tratado como ser racional como um fim em si mesmo (dignidade) e será tratado como *meio* para se atingir determinado fim, antijurídico por excelência.

É claro que a compreensão sobre a profundidade de Kant nos dias atuais ganha importância. Em tempos que o pós-positivismo faz aproximar o direito à ética, a leitura à Kant continua sendo fundamental.

Afinal, desde a releitura e, pois, a desconstrução do positivismo exacerbado com o advento dos Julgamentos de Nuremberg[6], uma *teoria inacabada* submergiu a partir de um alicerce comum a todos os povos: a ética. Essa teoria do pós-positivismo, é bom frisar, traz a dignidade da pessoa humana como base e fundamento de todo ordenamento jurídico, tendo ainda, como fundamentais atributos:

a) *reaproximação entre a ética e o direito*, com vista à superação da bandeira do legalismo exacerbado ínsito nas teorias positivistas, com lastro no reconhecimento de todos os valores importantes da sociedade,

b) compreensão de que o direito não encerra apenas uma noção de ordem e segurança, tampouco se resume a um conjunto de regras do direito positivo, para também se caracterizar como um sistema aberto de valores,

c) *normatividade de princípios* que são materializados explicita ou implicitamente, sobretudo, na Constituição,

d) *releitura e ressignificação de princípios* que já existiam no ordenamento jurídico, com *a atribuição de um novo significado para se alcançar novas dimensões*, de maneira a instrumentalizar os *valores fundantes da sociedade*, com ênfase ao *fundamento da dignidade da pessoa humana*[7], bem como aos *princípios da razoabilidade e proporcionalidade*,

e) *hermenêutica* que privilegie a interpretação do verdadeiro sentido e alcance da norma jurídica *por outros métodos que primem pela verdadeira busca dos valores da sociedade*, além dos clássicos (interpretação gramatical, histórica, teleológica, lógica, sistemática), tal como ocorre com o já conhecido *Método de Interpretação Conforme a Constituição*, onde o intérprete promove a interpretação de norma infraconstitucional que seja mais favorável e consentâneo à Constituição Federal, bem como o *Método Científico Espiritual* (Rudolf Smend), *Método Tópico Problemático* (Theodor Viehweg), *Método Hermenêutico Concretizador* (Conrad Hesse), *Método Normativo Estruturante* (Friedrich Muller), dentre outros.

---

6. Realizados entre 20 de novembro de 1945 e 1º de outubro de 1946.
7. Art. 1º, inc. III, da CF do Brasil e art. 1º da Constituição da República Portuguesa.

Nessa ordem de ideias, é possível compreender que a verdade, enquanto sentido e essência da ética e da justiça, como afirmação incondicional do *dever ser*, tem relevante papel em nosso sistema, não se tratando de mera ficção[8].

É possível, pois, atestar a existência de um *dever de veracidade* nos meios de comunicação.

Discorrendo sobre o dever de veracidade no exercício da atividade de comunicação social, Bruno Miragem é firme ao sustentar que a veracidade é dever jurídico correlato à liberdade de informação, sustentando, pois, que os meios de comunicação social possuem deveres específicos a serem rigorosamente observados[9]:

a) *dever geral de cuidado*, como espécie de mandamento geral de prudência e diligência próprio da atuação humana social;

b) *dever de veracidade*, pelo que tudo o que se divulgar por intermédio da atividade de imprensa, a rigor, deve estar baseado em informações verazes;

c) *dever de pertinência*, que revela a necessidade de adequação lógica entre a divulgação de informações e críticas no exercício da atividade de imprensa e critérios intrínsecos e extrínsecos de aferição de sua regularidade.

2. O fenômeno das *fake news* e a sua relevância nos tempos atuais

A expressão *fake news* não é um mero neologismo e tampouco está relacionada à chamada *mitomania* ou um transtorno compulsivo em mentir.

Poderíamos tratar o assunto apenas e tão somente pela livre tradução *notícias falsas* – mas não alcançaríamos o seu verdadeiro sentido nos dias atuais.

Aqui, *fake news* pode – e deve – ser compreendida não apenas como uma piada, uma obra de ficção ou uma peça lúdica, mas uma mentira revestida de artifícios que lhe conferem aparência de verdade[10] e com o atributo que entendemos, na maioria dos casos, como letal: a sua difusão em larga e massiva escala, usualmente por meio das redes sociais de qualquer natureza.

---

8. Exemplificativamente, tem-se que a preocupação com a verdade é o veículo condutor do processo. No âmbito do processo penal, deve haver uma busca da verdadeira realidade dos fatos, de maneira que o Estado não pode se dar por satisfeito com a realidade formal dos fatos, devendo garantir que o *jus puniendi* seja concretizado com a maior eficácia possível. Já no processo civil, contenta-se o Estado com a realidade formal, constituída a partir dos fatos trazidos pelas partes, o que não significa, contudo, que o Estado compactua com a mentira no âmbito do processo civil, até porque o litigante de má-fé, aquele assim considerado que atentou contra a verdade dos fatos, será punido com aplicação de sanções de ordem patrimonial.
9. MIRAGEM, Bruno. *Direito civil*: responsabilidade civil. São Paulo: Saraiva, 2015. p. 663.
10. RAIS, Diogo. *O que é "fake news"*. Disponível em :[http://portal.mackenzie.br/fakenews/noticias/arquivo/artigo/o-que-e-fake-news/]. Acesso em: 26.05.2018.

É por essa razão que não se poderia outorgar a esse fenômeno apenas a tradução ou versão em nosso vernáculo, dado que o seu núcleo não é apenas mentir, mas, mais que isso, mentir para prejudicar.

Como asseverado anteriormente, Kant abominava qualquer perspectiva de mentira. Aqui superou-se o horror que Kant outorgava à mentira, dado que o núcleo da *fake news* é, essencialmente, prejudicar alguém.

A mentira, aqui, pode ser de todas as ordens: política, econômica, social, eleitoral, jurídica etc. O núcleo *prejudicar* corresponde ao *animus nocendi*, que é a intenção de prejudicar explicitamente outrem e, por seu turno, pode recair sobre determinada pessoa ou coletividade, sobre determinado bem ou valor, mediante condutas comissivas ou mesmo omissivas.

Assim, correlacionadas a mentira e o núcleo *prejudicar*, imagine-se o poder lesivo quando disseminado em meio às redes sociais, onde alguns influenciadores possuem milhares – ou milhões – de seguidores.

A *fake news* por assim revelado, pode comprometer e inviabilizar não apenas políticas públicas – mas a iniciativa privada.

Imagine a divulgação de notícias falsas sobre determinada doença ou, ainda, reduzindo ou fulminando com determinado candidato a uma disputa eleitoral. Os resultados são péssimos e uma vez potencializados pela *internet* e, especialmente, pelas conhecidas *redes sociais*, atingem efeitos catastróficos e, não raras vezes, irreversíveis.

Em tempos em que a perspectiva das infinitas possibilidades do conhecimento se encontram na palma da mão – mais precisamente num *smartphone* – a tecnologia, empregada com absoluta falta de comprometimento com a verdade e desviada da elementar ética que deveria permear as relações humanas se volta contra a própria humanidade, com um poder letal superior ao de uma metralhadora ou fuzil.

E estaria o sistema jurídico brasileiro perfeitamente preparado para responder a esse ataque?

É o que veremos a seguir.

3. Combate às *fake news* no sistema jurídico brasileiro: entre a liberdade de expressão e a proteção à intimidade, à honra e à imagem das pessoas

O Brasil adotou o *civil law* que, em oposição ao *common law*, elegeu a legislação como a fonte mais importante e direta do Direito.

É bem verdade que desde a reforma da Constituição Federal em 2004, a jurisprudência vem ganhando relevo e importância, mas ainda não é possível, por exemplo, valer-se da aplicação da jurisprudência para a analogia, colmatando lacunas da lei, sobretudo em matéria de ordem penal.

Também é verdade que a *dignidade da pessoa humana* é fundamento maior de nossa Constituição (art. 1º, inciso III) e que a proteção à intimidade, vida privada, honra e imagem das pessoas configura direito fundamental, assegurado o direito à reparação pelos danos morais ou materiais decorrentes de sua violação (art. 5º, inciso X), com o regime infraconstitucional da ação de reparo de danos no âmbito do direito civil (art. 186 c.c. 927 e ss. CC) ou a proteção em face dos crimes contra a honra (arts. 138 e ss. do CP).

Mas o fato é que, definitivamente, inexiste uma específica legislação que possa amparar adequadamente as vítimas e demais prejudicados em face das *fake news*.

Não é à toa que se contam pelo menos 20 (vinte) projetos de lei no Congresso Nacional que pretendem criminalizar as *fake news*[11]. Dentre esses projetos, sobreleva destacar:

a) Dep. Arthur Oliveira Maia (PPS/BA) apresentou o PL 9.838/2018, tipificando criminalmente a conduta de quem oferece, publica, distribui, difunde notícia ou informação que sabe ser falsa em meios eletrônicos ou impressos[12];

b) Dep. Fábio Trad (PSD/MS) apresentou o PL 9.884/2018, criando figura que tipifica como crime a divulgação de informação falsa[13];

c) Dep. Francisco Floriano (DEM/RJ) apresentou o PL 9.533/2018, alterando o Código Eleitoral, para dispor sobre as *fake news*[14];

d) Dep. Veneziano Vital do Rego apresentou o PL 10.292/2018, tipificando o crime eleitoral a criação, divulgação e o compartilhamento de fatos sabidamente inverídicos, em ano eleitoral[15].

e) Comissão de Direitos Humanos e Legislação Participativa do Senado apresentou o PL 246/2018, que estabelece princípios, garantias, direitos e deveres para

---

11. Grigori, Pedro. *20 projetos de lei no Congresso pretendem criminalizar fake news*. Disponível em: [https://apublica.org/2018/05/20-projetos-de-lei-no-congresso-pretendem-criminalizar-fake-news/]. Acesso em: 28.05.2018.
12. Disponível em: [www.camara.gov.br/proposicoesWeb/prop_mostrarintegra?codteor=1646276&filename=PL+9838/2018].
13. Disponível em: [www.camara.gov.br/proposicoesWeb/prop_mostrarintegra?codteor=1647666&filename=PL+9884/2018].
14. Disponível em: [www.camara.gov.br/proposicoesWeb/prop_mostrarintegra?codteor=1639589&filename=PL+9533/2018].
15. Disponível em: [www.camara.gov.br/proposicoesWeb/prop_mostrarintegra?codteor=1662493&filename=PL+10292/2018.].

o uso da *Internet* no Brasil, dispondo sobre medidas de combate à divulgação de conteúdos falsos (*fake news*) ou ofensivos em aplicações de *Internet*[16].

É somente o último dos projetos que se debruça sobre o problema maior que se esconde atrás do fenômeno *fake news*: a colisão de dois valores fundamentais, abrindo-se para a rigorosa pergunta que não quer calar: o que deverá prevalecer, a liberdade de expressão ou a proteção à intimidade, à honra e à imagem das pessoas?

Nosso entendimento, embora não contido no referido Projeto, não é com ele incompatível.

Não se trata, aqui, de aplicar tão somente a prevalência da categoria kantiana da verdade sobre todas as coisas, de maneira a afugentar a mentira.

Mais que isso, a dignidade, enquanto fundamento de nosso ordenamento, não consegue, por si só, indicar qual dos valores deve prevalecer. Tanto aquele que propaga a mentira destruidora como a sua vítima – ou vítimas – possuem sua dignidade.

É preciso, nesta seara, colocar o *Outro* como o protagonista da proteção ao combate às *fake news*. Já está mais que na hora de entender o sentido do preâmbulo de nossa Constituição, ao asseverar tratar-se de uma sociedade *fraterna*.

E se assim o fizermos, nenhuma proteção à liberdade de expressão, temperada com o selo da mentira e com o fito de prejudicar o *Outro*, poderá prevalecer em face da proteção à intimidade, honra e imagem das pessoas.

4. Pressupostos da responsabilidade civil diante das *fake news* em nosso sistema

Como visto, inexiste diploma legal que regule original e integralmente a questão das *fake news* em nosso sistema, de maneira que, sob a ótica do direito penal, incidirá, exclusivamente e por ora, a disposição do art. 138 e ss. do CP concernente aos chamados *Crimes Contra a Honra*. Nunca é demais lembrar, aqui, que a pessoa jurídica não será apenada nessa esfera – mas apenas as pessoas naturais, conquanto realizadas todas as *fattispecies* normativas exigidas nessas capitulações de ordem penal.

No campo do direito privado, essa temática não é inédita – ao menos no âmbito da responsabilidade civil –, tanto que enfrentada, por diversas vezes, em nossos Tribunais.

À míngua de legislação específica para tanto, aplicável a regra geral consubstanciada na responsabilidade extracontratual ou aquiliana, esculpida nos arts. 20,

16. Disponível em: [https://legis.senado.leg.br/sdleg-getter/documento?dm=7733893&ts=1528723123338&disposition=inline&ts=1528723123338].

caput,[17] e 21[18] – ambos temperados pela ADIN 4.815[19] – 186[20], 187[21] c.c. 927[22], todos do Código Civil.

Em apertada síntese e conquanto comprovada a autoria de qualquer atentado a intimidade, honorabilidade ou imagem das pessoas que tenha causado constrangimento, abalos ou prejuízos de ordem material ou moral, cabível, na forma do art. 12 do Código Civil, a obtenção de tutela preventiva (que cesse a ameaça) ou mesmo repressiva (lesão a direito da personalidade), reclamando-se, em qualquer das hipóteses, perdas e danos, sem prejuízo de outras sanções.

A responsabilidade, como tal, se afigura subjetiva ao autor conquanto comprovado o *animus nocendi* ou *animus injuriandi*: é preciso comprovar que, entre a ação (preponderantemente em relação à omissão) e o dano causado a outrem é marcado pelo signo do *animus nocendi* ou *animus injuriandi*.

Aplicável aqui, como regra geral, a mesma lógica à jurisprudência que se formou à publicação de falsas notícias sem a pecha da disseminação nas redes sociais. Confira-se a esse propósito, a v. Ementa atribuída ao julgamento da apelação cível 526.175.4/8-00, oriunda da Comarca de São Paulo, mediante a lavra do I. Des. Rel. SALLES ROSSI e votação unânime da C. 8ª Câmara de Direito Privado do E. Tribunal de Justiça de São Paulo[23]:

> EMENTA – INDENIZAÇÃO POR DANOS MORAIS – Dano moral caracterizado pelo excesso praticado em publicação feita pela ré, imputando falsamente fato ofensivo à reputação do autor, contendo difamações lançadas contra sua

---

17. Art. 20. Salvo se autorizadas, ou se necessárias à administração da justiça ou à manutenção da ordem pública, a divulgação de escritos, a transmissão da palavra, ou a publicação, a exposição ou a utilização da imagem de uma pessoa poderão ser proibidas, a seu requerimento e sem prejuízo da indenização que couber, se lhe atingirem a honra, a boa fama ou a respeitabilidade, ou se se destinarem a fins comerciais.
18. Art. 21. A vida privada da pessoa natural é inviolável, e o juiz, a requerimento do interessado, adotará as providências necessárias para impedir ou fazer cessar ato contrário a esta norma.
19. DJ 01.02.2016.
20. Art. 186. Aquele que, por ação ou omissão voluntária, negligência ou imprudência, violar direito e causar dano a outrem, ainda que exclusivamente moral, comete ato ilícito.
21. Art. 187. Também comete ato ilícito o titular de um direito que, ao exercê-lo, excede manifestamente os limites impostos pelo seu fim econômico ou social, pela boa-fé ou pelos bons costumes.
22. Art. 927. Aquele que, por ato ilícito (arts. 186 e 187), causar dano a outrem, fica obrigado a repará-lo.
    Parágrafo único. Haverá obrigação de reparar o dano, independentemente de culpa, nos casos especificados em lei, ou quando a atividade normalmente desenvolvida pelo autor do dano implicar, por sua natureza, risco para os direitos de outrem.
23. DJ 05.08.2009.

pessoa – Notícia de caráter evidentemente difamatório – demonstrado falsa notícia divulgada – Honra do autor atingida – Nítida a intenção do réu em ofender a integridade moral e a reputação do mesmo – Animus nocendi e injuriandi causadores do dano reclamado (que aqui, é imediato) – Indenização que deve ser proporcional e adequada ao caso concreto, para reparar o dano e desestimular a repetição da conduta – Fixação em 50 (cinquenta) salários mínimos não se afigura exagerado – Reforma da r. sentença para julgar procedente o pedido – Ocorrência de dano moral indenizável – Recurso provido.

De outro lado, é imperativo para gerar o direito à reparação de danos que haja a perfeita identificação da autoria. Do contrário, nada há a reparar.

Confira-se, a esse respeito, a Ementa atribuída ao julgamento da Apelação Cível 1013114-91.2015.8.26.0477, oriunda da Praia Grande/SP, mediante a lavra do I. Des. Relator CLAUDIO GODOY e votação unânime da C. 1ª Câmara de Direito Privado do E. Tribunal de Justiça de São Paulo[24-25]:

> *Responsabilidade Civil. Danos Morais. Transação penal homologada no Juizado Especial Criminal que não acarreta perda de interesse processual, ausente ressarcimento civil. Afastamento da extinção e direta apreciação do mérito (Art. 1.013, § 3º, I. CPC/15). Autora que já havia dispensado a produção de provas. Notícia, alegadamente falsa, registrada em Livro de Ocorrências de condomínio edilício. Falsidade das alegações e animus nocendi da ré não demonstrados. Publicações em rede social que não são aptas a gerar danos morais, inclusive porque não identificada a autora. Recurso em parte provido, para afastar a extinção não meritória, mas julgado improcedente o pedido.*

Seria possível condenar o provedor de *Internet* como igualmente responsável diante das *fake news*?

A 10ª Câmara de Direito Privado do E. Tribunal de Justiça de São Paulo, mediante a lavra do I. Des. Rel. Cesar Ciampolini e votação unânime de seus membros, proferiu decisão confirmando os precedentes da jurisprudência e situando o provedor de Internet como responsável no julgamento do Agravo de Instrumento 2016328-83.2014.8.26.000, oriundo de Ibitinga/SP.,

Confira-se trechos da v. Ementa atribuída a esse julgamento:

> *Segundo consagrada jurisprudência, o provedor de Internet, que viabiliza tecnicamente a inserção, em seu site, de informações ofensivas à honra de terceiros, nele colocadas por seus usuários, e disto se beneficia economicamente, é responsável pelo controle de abusos no uso desse poderoso meio de veiculação de ideias e notícias. Incidência do Código de Defesa do Consumidor e do art. 931 do Código Civil. Aplicabilidade dos mesmos princípios ao Facebook.*

---

24. j. 04.11.2014.
25. j. 25.04.2017.

Malgrado o E. Superior Tribunal de Justiça não cuidar da análise fático-probatória das causas, já manifestou o entendimento, em mais de uma ocasião, relativizando a responsabilidade dos provedores de *internet*.

Por todos os casos, confira-se a v. Ementa atribuída ao julgamento do Agravo Regimental no Agravo em Recurso Especial 305.681/RJ (2013/0056058-0), mediante a lavra do I Min. Ricardo Villas Bôas Cueva e votação unânime da C. Terceira Turma do C. STJ[26]:

> *Deve o provedor, ao ser comunicado que determinado texto ou imagem tem conteúdo difamatório, retirá-lo imediatamente, sob pena de responder solidariamente com o autor direto do dano.*

Com o devido respeito ao entendimento em sentido contrário, não nos parece essa a melhor e mais justa decisão. Há muitas diferenças entre um provedor de *Internet* e uma redação de um prestigioso jornal.

Ambos desempenham relevante função social, levando informação e conhecimento como uma ponte a transcender as trevas e a ignorância.

O prestigioso jornal – e só assim ele poderia assim ser considerado – possui um corpo responsável por sua edição: nada do que é ali publicado pode escapar a esse respeitoso corpo: artigos, publicações, anúncios, enfim, tudo o que será objeto de veiculação não escapa do alcance de seus editores.

E por quais razões um provedor de *Interne*t deve ser diferente?

Ele também desempenha um papel relevante na ordem da comunicação social, igualmente realizando função social. Aproxima – ou pelo menos deveria aproximar – seus usuários ao conhecimento, à luz, ao entretenimento, à formação, infinitas, portanto, possibilidades.

Nessa ordem de ideias, desempenhando tamanha relevância social, não poderia o provedor de *Interne*t ser dispensado do mesmo rigor.

Se não tem um corpo editorial, que assim desenvolva ferramentas aptas a desenvolver essa primordial função, ainda que tenha que se valer da i.a. – inteligência artificial.

Em nosso entendimento, malgrado inexistir previsão legal específica de responsabilização dos provedores no Marco Civil da *Internet*, a sua responsabilização deverá ser temperada pelo Código de Defesa do Consumidor ou, quando inexistente a relação de consumo, ao Código Civil.

Assim, tratando-se de relação de consumo, incidente a responsabilidade objetiva do provedor de *internet*, conquanto exsurja ao consumidor o dever de

---

26. j. 04.04.2014.

comprovar: ação ou omissão contra a sua intimidade, honra ou imagem, mediante *animus nocendi* ou *injuriandi* de outrem perfeitamente identificado.

Inexistindo relação de consumo, a responsabilidade civil do provedor de *internet* se guiará pelo regime jurídico da responsabilidade subjetiva, não se furtando, ainda, do mesmo dever acima identificado, isto é, comprovar a ação ou omissão contra a sua intimidade, honra ou imagem, mediante *animus nocendi* ou *injuriandi* de outrem perfeitamente identificado.

Entendemos, finalmente, que o fundamento dessa responsabilidade civil não se assenta, necessariamente, na atividade de risco desenvolvida pelo provedor de *internet*, tampouco, por ser o destinatário dos milionários lucros que advém das redes sociais.

Está mais que na hora de compreender que o movimento da ciência jurídica está diametralmente relacionado com a intensidade dos movimentos histórico-sociais.

O direito, mais que signo da ordem e segurança, é fenômeno cultural. Sob essa ótica e levando-se em conta que desde o fim da 2ª Grande Guerra, no século XX, as sociedades estão se estruturando dentro de uma ética a dar embasamento e sentido em todas as suas instituições.

Nesse diapasão, a condenação do provedor se afigura como rigor da ética que deve primar nas relações jurídicas.

Por fim, o valor da indenização.

Em se tratando de danos materiais, a vítima deverá fazer comprovação dos danos emergentes e lucros cessantes, de maneira concreta e cabal.

Como corolário do *civil law*, o direito brasileiro não possui uma tabela que pudesse, objetivamente, traçar o perfil do *quantum* deveria ser objeto da reparação dos danos morais.

Deverá prevalecer, contudo, a proporcionalidade e razoabilidade do magistrado, como dicção do comando contido no inciso X, do art. 5º, da CF[27], sem perder de vista o chamado critério *bifásico* instruído pelo STJ a partir do julgamento do REsp 1.152.451/RS (2009/0157076-0)[28], a saber:

a) Na primeira etapa, deve-se estabelecer um valor básico para a indenização, considerando o interesse jurídico lesado, com base em grupo de precedentes jurisprudenciais que apreciaram casos semelhantes.

b) Na segunda etapa, devem ser consideradas as circunstâncias do caso, para fixação definitiva do valor da indenização, atendendo a determinação legal de arbitramento equitativo do juiz.

---

27. *X – são invioláveis a intimidade, a vida privada, a honra e a imagem das pessoas, assegurado o direito a indenização pelo dano material ou moral decorrente de sua violação;*
28. j. 13.09.2011.

Por fim, e não menos importante, se afigura juridicamente possível o pedido de *indenização pela perda de uma chance*. Sim, dependendo do *tsunami* provocado pelo fenômeno *fake news*, não raras vezes a vítima poderá perder uma oportunidade que se mostrava única e jamais será factível de ser adquirida. Nunca mais.

Veja-se que a teoria da perda de uma chance constitui situação em que a prática de um ato ilícito – no caso, o fenômeno das *fake news* – impossibilita a obtenção de algo que era esperado pela vítima, seja um resultado positivo ou mesmo a certeza de inocorrência de um fato negativo – fomentando-se, pois, um dano a ser reparado.

Há evidência que, ainda causando certa complexidade em nosso sistema, será *mister* que a vítima das *fake news* identifique e comprove, cabalmente, a probabilidade da ocorrência do resultado final que era pretendido e, pois, foi obstado pelo advento das *fake news*, furtando-lhe, por assim dizer, como causalidade adequada, a perda da chance que se alega perdida que seria muito provável de se lograr, não fosse a conduta reprovável ínsita nas *fake news*. Exige-se, enfim, que a chance deve ser séria e real, não se limitando a percentuais apriorísticos[29].

Referências

CAVALIERI FILHO, Sergio. *Programa de responsabilidade civil*. 12. ed. São Paulo: Saraiva, 2015.

DIAS, José de Aguiar. *Da responsabilidade civil*. 11.ed. Atualizada por Rui Berford Dias. Rio de Janeiro: Renovar, 2006.

DINIZ, Maria Helena. *Curso de direito civil brasileiro*. 32. ed. São Paulo: Saraiva, 2018. v. 7: Responsabilidade civil.

GONÇALVES, Carlos Roberto. *Direito civil brasileiro*. 13. ed. São Paulo: Editora Saraiva, 2018. v. 4: Responsabilidade civil.

HEIDEGGER, Martin. *Introdução à filosofia*. Trad. Marco Antonio Casanova. São Paulo: Martins Fontes, 2008.

KANT, Immanuel. *Metafísica dos costumes*. Trad. Clélia Aparecida Martins. Petrópolis: Vozes, 2013.

LEIBNIZ, Gottfried Wilhelm. *Novos ensaios sobre o entendimento humano*. Trad. Luiz João Baraúna. Col. Os Pensadores. São Paulo: Nova Cultural, 1996.

LIMA, Alvino. *Da culpa ao risco*. 2. ed. São Paulo: Ed. RT, 1999.

MAURO, Mario. *The God of Europe*: Christian roots and the future of Europe in The Nanovic Institute for European Studies. University of Notre Dame. Disponível em: [https://nanovic.nd.edu/assets/24411/mauro_paper_9.pdf.].

MIRAGEM, Bruno. *Direito civil*: responsabilidade civil. São Paulo: Saraiva, 2015.

RAIS, Diogo. *O que é "fake news"*. Disponível em: [http://portal.mackenzie.br/fakenews/noticias/arquivo/artigo/o-que-e-fake-news/].

29. Enunciado 444, aprovado na 5ª Jornada de Direito Civil.

PINÓQUIO, O GRILO FALANTE E AS *FAKE NEWS*

José Horácio Halfeld Rezende Ribeiro

Juiz na classe de Jurista do Tribunal Regional Eleitoral do Estado de São Paulo. Graduado, Mestre e Doutorando pela PUC/SP. Professor para as Escolas de Magistratura de todo o país. Titular da cadeira número 5 da Academia Paulista de Letras Jurídicas. Foi Presidente do Instituto dos Advogados de São Paulo (eleito para os triênios 2013-2015 e 2016-2018). Presidente Honorário do Colégio de Presidentes dos Institutos dos Advogados de todo o Brasil.

Sumário: 1. Do poder normativo das resoluções editadas pelo Tribunal Superior Eleitoral. 2. Resoluções 23.608 e 23.610 de 2019: desinformação, direito de resposta e remoção de conteúdo.

Não há tema de maior preocupação para a Justiça Eleitoral do que o denominado fenômeno da "fake news" diante dos efeitos que pode causar no resultado de uma eleição.

Nesse contexto, é fundamental fixar algumas premissas que justificam a afirmação acima, bem como servem de fundamento jurídico para a análise das regras fixadas pela Resoluções 23.608 e 23.610 de 2019, editadas pelo Tribunal Superior Eleitoral, no que tange à desinformação, à remoção de conteúdo e ao direito de resposta.

A evolução da tecnologia, aliada à maior capacidade do ser humano de informar e de ser informado, reflete numa maior responsabilidade da Justiça Eleitoral de cumprir com a sua missão de garantir a democracia por intermédio de eleições livres.

1. Do poder normativo das resoluções editadas pelo Tribunal Superior Eleitoral

Nesse sentido, creio que não poderia ser mais atual o trecho abaixo extraído do voto da Ministra Cármen Lúcia quando do julgamento, pelo Supremo Tribunal Federal, de mandado de segurança emblemático que reconheceu a recepção do Código Eleitoral como lei material complementar na parte que disciplina a organização e a competência da Justiça Eleitoral (art. 121 da CF/88), estabelecendo, no inciso XII do art. 23, entre as competências privativas do Tribunal Superior Eleitoral – TSE "responder, sobre matéria eleitoral, às consultas que lhe forem feitas em tese por autoridade com jurisdição federal ou órgão nacional de partido político". Assim, a expressão "matéria eleitoral" garante ao TSE a titularidade da competência para se manifestar em todas as consultas que tenham como fundamento matéria eleitoral, independente do instrumento normativo no qual esteja incluído, ou seja, também quando se tratar de matéria constitucional.

Assim pontou a Ministra Cármen Lúcia:

> "Por isso, cresce o papel da Justiça Eleitoral na representação democrática que se possa considerar espelho da verdade eleitoral do cidadão. A ordenação dos conflitos eleitorais não se circunscreve a uns poucos interessados, como ocorre na grande maioria das ações processadas perante os órgãos do Poder Judiciário. A pacificação de uma lide atuações da Justiça Eleitoral são sociais e não pessoais ou particulares. Porque nunca apenas um eleitor é enganado, senão todos os cidadãos de uma República, na qual se veja prevalecer a imoralidade eleitoral e o engano do resultado. Segundo lição de Pontes de Miranda, 'o bom eleitor depende, em muito, da lei eleitoral que se edita [...] a questão da capacidade funcional [...] generalizemos do regime representativo repousa na questão do direito eleitoral; a crise está na falta de forma, para a extrínseca ação política da vontade, que se coadune, que se irmane e que se irmane e que se fortaleça com o organismo vivo, atuante, de um Estado Democrático'. Sufragando tal opinião, diríamos que no Estado Democrático de Direito Brasileiro o bom eleitor depende, em muito, da Justiça Eleitoral, que providencia para que o exercício do seu dever-direito." (MS 26604, Relator(a): Min. CÁRMEN LÚCIA, Tribunal Pleno, julgado em 04/10/2007, DJe-187 DIVULG 02-10-2008 PUBLIC 03-10-2008 EMENT VOL-02335-02 PP-00135 RTJ VOL-00206-02 PP-00626)

Consciente dessa missão, o Tribunal Superior Eleitoral vem editando resoluções com poder normativo com base no Código Eleitoral, o qual, já no seu primeiro artigo e respectivo parágrafo único estabelece que "este Código contém normas destinadas a assegurar a organização e o exercício de direitos políticos precipuamente os de votar e ser votado", e que "o Tribunal Superior Eleitoral expedirá Instruções para sua fiel execução". Ainda, no art. 23, está fixada a competência privativa do Tribunal Superior Eleitoral para expedir as instruções que julgar convenientes à execução do Código Eleitoral (inciso IX); responder, sobre matéria eleitoral, às consultas que lhe forem feitas em tese por autoridade com jurisdição, federal ou órgão nacional de partido político (inciso XII); e tomar quaisquer outras providências que julgar convenientes à execução da legislação eleitoral (inciso XVIII).

Finalmente, o art. 105 da Lei Geral das Eleições, com a redação dada pela Lei nº 12.034/2009, estabelece que "até o dia 5 de março do ano da eleição, o Tribunal Superior Eleitoral, atendendo ao caráter regulamentar e sem restringir direitos ou estabelecer sanções distintas das previstas nesta Lei, poderá expedir todas as instruções necessárias para sua fiel execução, ouvidos, previamente, em audiência pública, os delegados ou representantes dos partidos políticos."

Estabelecida essa moldura legal, cumpre tecer algumas breves considerações sobre esse poder normativo das resoluções editadas pelo Tribunal Superior Eleitoral, porque não poderíamos nos furtar de analisar o aspecto formal das Resoluções 23.608 e 23.610, recém-editadas, que trataremos a seguir. Assim, a despeito do objetivo deste trabalho não ser sobre o poder normativo do Tribunal Superior Eleitoral, trata-se de uma premissa fundamental.

De forma precisa, Torquato Jardim esclarece que as resoluções do Tribunal Superior Eleitoral "têm força legal e impositiva, visto que a ofensa ao que nelas se estatui é fundamento para recurso ou mandado de segurança e que os Tribunais e Juízos inferiores lhes devem cumprimento imediato", e destaca que as resoluções são decisões, administrativas ou judiciais, cujo objetivo é dar eficácia legal às normas constitucionais jurídicas e sociais em matéria eleitoral: "explicando os seus fins e traduzindo em linguagem acessível ao eleitorado, aos candidatos e aos partidos políticos, os requisitos e os procedimentos adequados ao exercício da cidadania"[1].

Na mesma linha de raciocínio, Roberto Rosas destaca que "Ao Tribunal Superior Eleitoral compete privativamente a expedição de instruções que julgar conveniente à execução do Código Eleitoral (CE, artigo 23, IX). Essas instruções, quando são expedidas por meio de resoluções, têm força de lei, e quando violadas por decisão de tribunais regionais permitem o recurso especial. Essa é uma das fases da competência normativa ou regulamentar do Tribunal Superior Eleitoral, às vezes, até competência legislativa"[2].

Portanto, é inquestionável a força de lei das resoluções editadas pelo Tribunal Superior Eleitoral, daí por que entendemos que a expressão "poder normativo" é a que melhor se amolda para traduzir os efeitos das resoluções que, evidentemente, também regulamentam a matéria eleitoral definida por lei.

E é exatamente esse ponto que se demonstra sensível e que somente pode ser apurado no caso concreto, no que tange à uma eventual usurpação de competência privativa do Poder Legislativo, que poderia malferir os princípios da supremacia da lei, o da separação dos poderes e o da reserva legal.

Sobre o tema, o Supremo Tribunal Federal enfrentou a tese mais de uma vez, bastante citar dois julgamentos.

O primeiro, ocorreu em 2002, quando o Supremo confirmou a constitucionalidade da Resolução do Tribunal Superior Eleitoral sobre fidelidade partidária, por 9 votos a 2, julgando improcedentes as Ações Diretas de Inconstitucionalidade n.ºs

---

1. JARDIM, Torquato. Direito Eleitoral Positivo. 2ª ed. São Paulo: Brasília Jurídica, 1998.
2. ROSAS, Roberto. Direito Processual Constitucional. 2ª ed. São Paulo: RT, 1997.

3999 e 4086, ajuizadas pela Procuradoria-Geral da República (PGR) e pelo Partido Social Cristão (PSC) contra a Resolução 22.610/07, do Tribunal Superior Eleitoral, que disciplinava o processo de perda de mandato eletivo por infidelidade partidária. É interessante destacar nesse julgamento que o Supremo declarou a constitucionalidade da Resolução n.º 22.610/07 do Tribunal Superior Eleitoral, até que o Congresso Nacional, como poder legiferante, exerça a sua competência constitucional e regule o assunto em lei específica. Os votos vencidos dos Ministros Eros Grau e Marco Aurélio sustentaram que, no caso concreto, teria havido usurpação da competência privativa do Poder Legislativo, cabendo destacar a seguinte afirmação do Ministro Eros Grau: "O Tribunal Superior Eleitoral não foi contemplado com o poder de expedir novos princípios sobre matéria eleitoral. E nem poderia essa faculdade a ele ser conferida pelo Supremo Tribunal Federal que, pelo menos ao que me consta, ainda não distribui competência normativa em lugar da Constituição".

O segundo julgamento, da Ação Direta de Inconstitucionalidade nº 6032, foi encerrado recentemente, em 05/12/2019, sem ter sido ainda publicado o acórdão quando finalizei esse artigo, mas cujo resultado foi proclamado julgando parcialmente procedente o pedido, por maioria, para conferir interpretação conforme à Constituição às normas do art. 47, *caput* e § 2º, da Res./TSE 23.432/2014; do art. 48, *caput* e § 2º, da Res./TSE 23.546/2017; e do art. 42, *caput*, da Res./TSE 23.571/2018, afastando qualquer interpretação que permita que a sanção de suspensão do registro ou anotação do órgão partidário regional ou municipal seja aplicada de forma automática, como consequência da decisão que julga as contas não prestadas, assegurando que tal penalidade somente pode ser aplicada após decisão, com trânsito em julgado, decorrente de procedimento específico de suspensão de registro, conforme o art. 28 da Lei 9.096/1995.

Ou seja, somente o caso concreto poderá indicar se uma resolução, a despeito da sua força de lei, ultrapassou o limite da reserva legal do Poder Legislativo ou contrariou outra lei vigente.

É evidente a imprescindível obediência ao princípio da reserva legal[3] e à Constituição Federal pelas resoluções editadas em matéria eleitoral, nada obstante a sua reconhecida força de lei.

E a experiência tem demonstrado que a cada eleição se faz necessária a edição de novas resoluções para acompanhar a realidade do processo democrático em constante evolução.

---

3. José Afonso da Silva ensina que a melhor técnica difere o princípio da legalidade do princípio da reserva legal. O princípio da legalidade significa a submissão e o respeito à lei, ou a atuação dentro da esfera estabelecida pelo legislador. O princípio da reserva legal consiste em estatuir que a regulamentação de determinadas matérias há de fazer-se necessariamente por lei (SILVA, José Afonso da. Curso de direito constitucional positivo. 22. ed. São Paulo: Malheiros, 2000. p. 421).

2. Resoluções 23.608 e 23.610 de 2019: desinformação, direito de resposta e remoção de conteúdo

Bem por isso, o tema das "fake news" tem sido objeto de um atento olhar da doutrina e de uma atuação intensa da Justiça Eleitoral em campanhas de esclarecimento.

O que observamos muitas vezes na desinformação não é a má-fé pura, mas o desejo ou a expectativa de que aquele fato fosse verdadeiro, especialmente quando há o repasse para terceiros da informação recebida. Cite-se como exemplo a notícia inverídica da descoberta de uma vacina para a cura de uma doença. Entretanto, isso não afasta o seu caráter ilícito, do ponto de vista jurídico, e nefasto, do ponto de vista social. Mas, também, serão as circunstâncias do caso concreto que serão decisivas para definição do nexo de causalidade e da extensão do dano para imputação da responsabilidade e definição do quanto a ser indenizado.

De qualquer sorte, do ponto de vista jurídico, a participação na produção e na divulgação de uma informação de conteúdo inverídico (mesmo que parcialmente) constitui ato ilícito bem definido pelo art. 186 do Código Civil.

Ainda, nesse enfoque, cumpre destacar que o abuso do direito (art. 187 do Código Civil) pressupõe que a pessoa seja titular de um direito, e que, ao exercer esse direito, se exceda de forma manifesta, ultrapassando os limites da boa-fé e dos bons costumes. Esse aspecto jurídico poderia ser o pano de fundo de quem é titular (e todos nós somos) do direito de livre expressão.

Essas considerações acima são genéricas para a apreciação do tema das "fake news", que passaram a ter um tratamento específico com as Resoluções 23.608 e 23.610, recém-editadas pelo Tribunal Superior Eleitoral, e que passamos a abordar de forma específica.

Sobre o conceito de "fake news", é relevante destacar que há ainda uma divergência sobre a nomenclatura.

Diogo Rais destaca que "é difícil definir, porque a tradução literal, 'notícia falsa', não dá conta, por ser um paradoxo em si mesmo: se algo é notícia, não pode ser falso; e se é falso, não pode ser notícia. Organizações internacionais, universidades e cientistas de diversas áreas vêm tratando o tema sob um ângulo ainda mais amplo, o da ideia de 'desinformação'. Considerando o caso brasileiro e, especificamente, o âmbito jurídico, talvez uma boa tradução não seja 'notícia falsa', mas 'notícia fraudulenta'. A mentira, nesse contexto, parece ser mais objeto da Ética que do Direito, sendo a fraude o adjetivo mais próximo da face jurídica da desinformação."[4]

4. [https://www.conjur.com.br/2018-ago-12/entrevista-diogo-rais-professor-direito-eleitoral]. Acesso em: 01/03/2020.

Do ponto de vista etimológico, inverídico não diz a verdade, e pode ser definido como: errôneo, espúrio, errado, falso, contestável, fictício, ilegítimo, ilídimo, inautêntico, incorreto, inexato, insustentável, supositício.

De qualquer sorte, não sendo a taxionomia o propósito deste artigo, é de se reconhecer como sendo de larga utilização as expressões "fake news" e desinformação.

Tanto é assim que a Resolução 23.610/2019 do Tribunal Superior Eleitoral, que dispõe sobre propaganda eleitoral, utilização e geração do horário gratuito e condutas ilícitas em campanha eleitoral, trata da Desinformação na Propaganda Eleitoral em seu art. 9º, com a seguinte redação: "A utilização, na propaganda eleitoral, de qualquer modalidade de conteúdo, inclusive veiculado por terceiros, pressupõe que o candidato, o partido ou a coligação tenha verificado a presença de elementos que permitam concluir, com razoável segurança, pela fidedignidade da informação, sujeitando-se os responsáveis ao disposto no art. 58 da Lei nº 9.504/1997[5], sem prejuízo de eventual responsabilidade penal".

A partir dessa norma verifica-se com clareza que houve um destaque, um especial regramento, para a desinformação na propaganda eleitoral. Ou seja, além da vedação prevista no art. 22 da Resolução 23.610/2019, a modalidade de desinformação na propaganda eleitoral sujeitará os responsáveis ao direito de resposta e eventual responsabilidade penal e civil.

A despeito da norma não ter expressamente indicado a responsabilidade civil, é evidente que ela estará configurada com a demonstração do nexo de causalidade e do dano, devendo ser indenizada na medida da prova da extensão do dano (art. 944 do Código Civil).

Para a aplicação do direito nada é tão relevante quanto o fato. Não é por outra razão que a estrutura do Código Civil, desde sempre, dedica um livro da sua parte geral para os fatos jurídicos, com especial atenção aos seus meios de prova, como prescrito nos arts. 212[6] e 225[7].

---

5. Art. 58. A partir da escolha de candidatos em convenção, é assegurado o direito de resposta a candidato, partido ou coligação atingidos, ainda que de forma indireta, por conceito, imagem ou afirmação caluniosa, difamatória, injuriosa ou sabidamente inverídica, difundidos por qualquer veículo de comunicação social.
6. Art. 212. Salvo o negócio a que se impõe forma especial, o fato jurídico pode ser provado mediante:
   I – confissão;
   II – documento;
   III – testemunha;
   IV – presunção;
   V – perícia.
7. Art. 225. As reproduções fotográficas, cinematográficas, os registros fonográficos e, em geral, quaisquer outras reproduções mecânicas ou eletrônicas de fatos ou de coisas fazem prova plena destes, se a parte, contra quem forem exibidos, não lhes impugnar a exatidão.

Cumpre também destacar que a regra do art. 9º também valerá para os casos de configuração de propaganda antecipada prevista na Resolução 23.610/2019.

Está evidente que a preocupação da Justiça Eleitoral foi viabilizar o direito de resposta ao ofendido pela desinformação, razão pela qual a edição da Resolução 23.608/2019 traz o detalhamento do direito de resposta já previsto no art. 58 da Lei nº 9.504/1997, para atender à evolução do uso da ferramentas de tecnologia e das redes sociais que hoje suplantam os meios físicos de divulgação.

Basta ler os arts. 31 a 36 da Resolução 23.608/2019 para constatar não somente todas as regras e prazos envolvendo o direito de resposta, mas a possibilidade também de remoção de conteúdo prevista no § 4º do art. 32 da Resolução 23.608/2019, assim disposto: "Caso o juiz eleitoral ou juiz auxiliar determine a retirada de material considerado ofensivo de sítio eletrônico, o respectivo provedor de aplicação de internet deverá promover a imediata retirada, sob pena de responder na forma do art. 36[8] desta Resolução, sem prejuízo de suportar as medidas coercitivas que forem determinadas, inclusive as de natureza pecuniária decorrentes do descumprimento da decisão jurisdicional."

E os §§ 5º[9] e 6º[10] do art. 32 da Resolução 23.608/2019 colocam o ponto final numa discussão que os Tribunais enfrentaram em casos anteriores sobre as especificações necessárias para cumprimento da ordem judicial, especialmente no que tange às sucessivas replicações em outros locais da internet.

No mesmo sentido, de forma sistemática, o art. 4º e seu parágrafo único da Resolução 23.608/2019 preveem que "É incabível a cumulação de pedido de direito de resposta com pedido de aplicação de multa por propaganda eleitoral irregular, ainda que diga respeito aos mesmos fatos, sob pena de indeferimento da petição inicial. Parágrafo único. O disposto no caput deste artigo não impede a análise de pedido de suspensão, remoção ou proibição de nova divulgação da propaganda apontada como irregular."

---

8. Art. 36. O descumprimento, ainda que parcial, da decisão que reconhecer o direito de resposta sujeitará o infrator ao pagamento de multa no valor de R$ 5.320,50 (cinco mil, trezentos e vinte reais e cinquenta centavos) a R$ 15.961,50 (quinze mil, novecentos e sessenta e um reais e cinquenta centavos), duplicada em caso de reiteração de conduta, sem prejuízo do disposto no art. 347 do Código Eleitoral(Lei nº 9.504/1997, art. 58, § 8º).
9. § 5º A ordem judicial mencionada no § 4º deverá conter, sob pena de nulidade, a URL (ou, caso inexistente esta, a URI ou a URN) específica do conteúdo considerado ofensivo, no âmbito e nos limites técnicos de cada aplicação de internet, nos termos do § 1º do art. 19 da Lei nº 12.965/2014.
10. § 6º A ordem judicial mencionada no § 4º pode ser estendida às suas sucessivas replicações mediante requerimento do ofendido nos autos da representação, desde que indicada a respectiva URL (ou, caso inexistente esta, a URI ou a URN) e comprovada de plano a identidade dos conteúdos.

Ou seja, o desafio lançado para a Justiça Eleitoral, com a ameaça de uma profusão de desinformação na propaganda eleitoral, dependerá da provocação dos interessados, mas não será pela ausência de normas que o direito de resposta e de remoção de conteúdo deixará de ser garantido pelo Poder Judiciário.

Para tanto, relembramos o precedente (AgRgREspe nº 24.830/SP, rel. Min. Gilmar Mendes, DJ de 18.2.2005): "Ao impor limites à propaganda eleitoral, o TSE atua no âmbito de sua competência. Nessa linha, o art. 14 da Resolução/TSE nº 21.610/2004 possui força normativa, autorizada pelo Código Eleitoral em seu art. 23, incisos IX e XVIII."

Ressalte-se que caberá ao magistrado o arbitramento do tempo de permanência da divulgação da resposta, conforme disposto nas alíneas "e" e "f" do inciso IV do art. 32 da Resolução 23.608/2019, que reproduzimos a seguir:

> "e) a decisão que deferir o pedido indicará o tempo, não inferior ao dobro em que esteve disponível a mensagem considerada ofensiva, durante o qual a resposta deverá ficar disponível para acesso pelos usuários do serviço de internet (Lei nº 9.504/1997, art. 58, § 3º, IV, b);
>
> f) na fixação do tempo de divulgação da resposta, o órgão judiciário competente considerará a gravidade da ofensa, o alcance da publicação e demais circunstâncias que se mostrem relevantes;"

Nessa ordem de ideias é fundamental destacar o art. 140 e parágrafo único do Código de Processo Civil[11], pois será a equidade a chave à disposição do magistrado para fixar o tempo conforme os parâmetros indicados pela norma.

Note-se que, a despeito de não haver lacuna jurídica que autorize a equidade para o aplicador do direito, a norma é expressa em conferir esse arbítrio para o magistrado segundo os seguintes critérios: a gravidade da ofensa, o alcance da publicação e demais circunstâncias que se mostrem relevantes.

Do estudo sistemático das Resoluções 23.608 e 23.610, recém-editadas pelo Tribunal Superior Eleitoral, verifica-se a sua interligação no tratamento da desinformação, direito de resposta e remoção de conteúdo, que são ferramentas à disposição do jurisdicionado para provocar a aplicação pela Justiça Eleitoral, conforme o caso concreto.

Por essa razão, tanto é verdadeira a preocupação da doutrina[12] com a censura quanto é a preocupação pelos nefastos danos para a democracia e para a sociedade causados pelas "fake news".

---

11. Art. 140. O juiz não se exime de decidir sob a alegação de lacuna ou obscuridade do ordenamento jurídico.
    Parágrafo único. O juiz só decidirá por equidade nos casos previstos em lei.
12. MARANHÃO, Juliano. [https://www.researchgate.net/publication/330293424_Censura_ao_anonimato_na_internet].

Pinóquio somente queria ser um menino de verdade, embora mentisse e fosse castigado por isso, a despeito da sua consciência (o grilo falante) constantemente lhe alertar para que não mentisse.

Tenhamos consciência da gravidade da desinformação e de que a Justiça Eleitoral está pronta para coibi-la.

O PROCESSO DE CIRCULAÇÃO DAS *FAKE NEWS*

Eric de Carvalho

Doutor em Ciências da Comunicação pela Escola de Comunicação e Artes da Universidade de São Paulo, é professor e pesquisador do MediaLab da Escola Superior de Propaganda e Marketing. Eric.carvalho@espm.br

Introdução

Fake News é um conceito apropriado pelo senso comum sem conceituação unânime entre a comunidade acadêmica; é consentido, *grosso modo*, como notícias falsas que são espalhadas pela sociedade. Por se tratar de objetos de pesquisa naturais do jornalismo e, portanto, da comunicação social, o autor deste artigo crê que é da responsabilidade de pesquisas do campo das ciências da comunicação analisarem a natureza dessas notícias, assim como todo o dispositivo que envolve sua produção: a cultura do compartilhamento, mecanismos de engajamento, processos de *fact checking*[1], tecnicidades de comunicação e a midiatização da informação e da boataria.

No intuito de jogar luzes à discussão desse tema que afeta à toda sociedade, é objetivo deste artigo esclarecer alguns desses conceitos comuns ao campo da comunicação que interferem na produção e disseminação das *fake news*. A identificação de uma notícia falsa permite que sua disseminação seja evitada, assim como a desinformação espalhada pela sociedade. Coibir o compartilhamento de *fake news* é um ato de utilidade pública.

1. Termo utilizado para checagem de informações a partir de consulta de fontes confiáveis, entre outros recursos.

1. *Fake News* como resultado da cultura do compartilhamento

Fake News são notícias falsas compartilhadas entre as pessoas; diferentemente de um boato ou uma fofoca, são informações apresentadas como notícias (ou seja, com o intuito de informar sobre um fato ou dado) e podem ser facilmente compartilhadas em redes por meio de ambientes digitais. Trata-se de um efeito colateral resultante da cultura do compartilhamento. Aspectos dessa cultura podem ser analisados sob a perspectiva de diversos teóricos estudiosos da comunicação.

Adepto de uma visão otimista sobre a potencialidade da comunicação em rede sobre o tecido social, os estudos de Manuel Castells se orientam para a análise de uma "sociedade em rede" que articula processos sociais com o aumento do uso de computadores e o advento da internet. Segundo o autor, ao final dos anos 1990 e meados dos anos 2000, "as redes interativas de computadores estão crescendo, criando novas formas e canais de comunicação, moldando a vida e sendo moldadas por ela" (CASTELLS, 1999, p. 25). Seu olhar para a cultura digital tem como foco suas potencialidades sobre processos socioculturais, tais como a política. Essa perspectiva relaciona o tecido social e a sociedade em rede como esferas interligadas.

O cenário articulado em rede permite a comunicação entre pessoas, reprodução de ideias, de valores e de comportamentos. Segundo Castells, "(...) cada vez mais, as pessoas estão organizadas não simplesmente em redes sociais, mas em redes sociais mediadas por computador" (CASTELLS, 2003, p. 110); o autor também acredita que o papel mais importante da internet na estruturação das relações sociais é sua contribuição para o novo padrão de sociabilidade baseado no individualismo.

No Brasil, diversos autores passaram a estudar a relação entre tecido social e sociedade em rede. Saad Correa (2010) enfatiza a influência da internet sobre o tecido social, indissolúveis na composição do que chama de "contemporaneidade digital"; segundo a autora não é possível delimitar essa esfera devido à sua fluidez e mutação inerentes. Seus estudos são orientados para a comunicação digital e, também, para a comunicação organizacional digital.

Esses autores estudam a organização da sociedade em redes, evidenciando o ambiente digital como um espaço privilegiado para trocas de informações. Lemos (2003) destaca a "lógica recombinante" da sociedade em rede, que permite a hibridação entre o tecido social e aspectos dessa cultura digital. "Antes de ser uma cultura pilotada (...) pela tecnologia, trata-se, a meu ver, de uma relação que se estabelece pela emergência de novas formas sociais que surgiram a partir da década de sessenta (...) e das novas tecnologias digitais" (LEMOS, 2003, p. 11).

Segundo o autor, a sociedade em rede possui essa lógica recombinante que permite ao usuário da internet que crie (ou recrie, ou mescle) conteúdos e os compartilhe em rede a qualquer momento, atualizando as características de uma sociedade permeada por uma cultura híbrida. Ele afirma que o hibridismo não é característica exclusiva da cibercultura, tratando-se de fenômeno social antigo, mas adquire novo alcance, velocidade e proporção nesse estágio. Sob sua óptica, novas tecnologias podem ser vetores de estabelecimento de vínculos sociais, além de permitir a recombinação de informação sob os mais diversos formatos, como texto, imagem ou formatos audiovisuais.

Essa lógica está presente na produção de *fake news*: combina-se imagens, textos e vídeos de forma a dar um aspecto verossímil (e frequentemente sensacionalista) a uma suposta notícia. O ambiente digital facilita não somente a produção como também o compartilhamento das *fake news* em redes sociais digitais.

Jenkins, Green e Ford (2014) analisam essas relações sociais em redes digitais mediante a perspectiva da cultura da conexão. Segundo os autores, o surgimento de novas plataformas tecnológicas com acesso à internet (como os *smartphones*) favoreceu o surgimento de uma cultura de convergência, por meio da qual produtos midiáticos podem se adequar a novos formatos para consumo midiático nessas novas plataformas, assim como de uma cultura da conexão, representada por pessoas constantemente conectadas às suas redes sociais digitais. Sob essas perspectivas, as pessoas estabelecem conexões entre si, significando e tramando sua vida cotidiana por meio de suas interações sociais mediadas pelas redes digitais; sob essa perspectiva, *fake news* se espalham e adquirem grande alcance rapidamente por percorrerem redes estabelecidas sob códigos de confiança entre seus usuários. Essas redes são exemplos dos circuitos comunicacionais por onde circulam as *fake news*, como veremos adiante.

2. O engajamento no processo de disseminação das *fake news*

A cultura do compartilhamento, assim como da conexão, não é suficiente para explicar a circulação das *fake news* caso não seja considerado o processo de engajamento do "receptor" na divulgação dessas "notícias".

A internet permitiu o surgimento das redes sociais, pelas quais seus usuários se conectam e estabelecem relações sociais por meio de troca de informações e opiniões. As redes se tornaram importantes ferramentas de socialização, agrupamento social e estabelecimento de vínculos. Segundo Recuero (2008), o termo "redes sociais" antecede o surgimento do ciberespaço, mas passou a ser apropriado para seu estudo. A autora afirma que "estudar redes sociais é estudar os padrões de conexões expressos no mundo digital. É explorar uma metáfora estrutural para compreender os elementos dinâmicos e de composição dos grupos sociais" (RECUERO, 2008, p. 21). Recuero considera que estudar redes sociais é uma forma de estudar a própria sociedade e sua organização em rede.

Sob uma perspectiva comunicacional, as redes sociais permitem o engajamento de seus usuários em causas variadas, promovendo uma forma de ciberativismo. Para Ugarte (2008), o netativismo é a "enzima do processo pelo qual a sociedade deixa de se organizar em redes hierárquicas descentralizadas e passa a constituir-se em redes distribuídas basicamente igualitárias" (UGARTE, 2008, p. 42). Em sua perspectiva, as redes sociais podem ajudar na organização de grupos sociais por gostos e causas semelhantes articuladas em rede, potencializando a ação política e social desses grupos.

Esse ponto de vista pode justificar o engajamento de determinado público na circulação de *fake news*. Ciente ou ignorante da origem de dada notícia fraudulenta, seu impulsionador a coloca em circulação em seus circuitos comunicacionais por encontrar nela uma forma de expressão sobre algo que acredita, seja um elogio à sua perspectiva, seja uma ofensa a alguém de perspectiva diferente da sua. O ato de colocar *fake news* em circulação é uma prova de engajamento de um impulsionador com a circulação do discurso no qual acredita (ou no qual gostaria que as pessoas acreditassem), uma ação política e social estimulada entre grupos de pontos de vista similares.

Da perspectiva da comunicação política, o ativismo por meio do compartilhamento de *fake news* se mostra uma eficiente (e antiética) estratégia de circulação de uma *contrainformação*. Grupos políticos se valem do fato de que redes sociais formadas por pessoas de pontos de vista similares aos seus são equipadas com aparelhos comunicacionais como *smartphones, tablets* e *notebooks* e colocam *fake news* em circulação nessas redes, de forma que seus integrantes compartilham a informação, colocando em circulação em seus próprios circuitos comunicacionais (suas redes sociais pessoais e mídias sociais), ampliando seu alcance e a repercussão dessas mensagens circulantes.

A circulação de *fake news* nos circuitos comunicacionais de determinado grupo social se encaixa em uma vertente de uma estratégia de produção de conteúdo com o objetivo de prejudicar a reputação do alvo da notícia falsa. Muitos grupos políticos adotam estratégias de produção colaborativa desse tipo de conteúdo em busca do engajamento de seus públicos simpatizantes. Dessa forma os valorizam, dividindo com eles a tarefa e a responsabilidade de serem embaixadores dos valores que o grupo coloca em circulação. Assim, a comunicação por meios digitais é fundamental para a construção (ou destruição) da reputação de um partido ou um candidato junto aos seus públicos de interesse.

O público interagente se engaja com a circulação de *fake news* com as quais concorda ou quando adquire algum *status* entre seus pares ao disseminá-las. Por isso, grupos políticos desenvolvem estratégias para a circulação de *fake news* no ambiente digital em um sistema de colaboração com esses públicos. "As audiências engajadas são mais propensas a recomendar, discutir, pesquisar, repassar e até gerar material novo em respostas" (JENKINS, GREEN, FORD, 2014: 153). A estratégia dos grupos políticos que geram as *fake news* é criar e colocar em circulação as falsas notícias que serão compartilhadas por seus públicos interagentes e as respostas que darão à circulação de *fake news* geradas por grupos rivais.

Segundo a relações públicas Carolina Terra (2011), o compartilhamento de informações nas redes sociais se baseia na recomendação pela comunicação boca a boca e é estimulado pela possibilidade de um indivíduo que compartilha determinado conteúdo por suas mídias sociais ser percebido como um bem informado formador de opinião.

Aproximando sua análise sobre o processo comunicacional de compartilhamento de informações e engajamento com uma marca à perspectiva da circulação de *fake news* por um público interagente, é possível perceber que se estabelece uma relação de comunicação em circulação entre os grupos políticos produtores de *fake news* e o público interagente que as colocam em circulação em seus circuitos comunicacionais: as "notícias" que circula e por meio de quem fala legitimam seu discurso político, valorizando seu conhecimento e a importância de sua colaboração para com a circulação daquela suposta informação de utilidade pública. Em contrapartida, esse público interagente precisa de *fake news* que apresentem verossimilhança para que seus contatos presentes em seus circuitos comunicacionais que receberam essas "notícias" possam nelas confiar e, como consequência, estimulem-se a colocá-las em circulação em seus próprios circuitos, com o engajamento de quem se apropria do discurso da mensagem colocada em circulação. Esse fluxo da circulação das *fake news* estabelece a lógica circular desse processo comunicacional.

3. A lógica de circulação das *fake news*

Já foi argumentado que a facilidade de acesso a plataformas individuais de consumo de comunicação digital é a grande responsável pela proliferação de *fake news* em circulação no ambiente digital. Agora, faz-se necessário abordar a própria noção de circulação para estudos de comunicação.

Para Braga, a midiatização desloca a mediação da tecnicidade para o centro da questão cultural, posicionando a mídia como elemento estruturante da própria sociedade contemporânea. "Ao mesmo tempo em que a questão comunicacional se torna presente e fundante para a sociedade, os processos sociais se midiatizam – no sentido de que tomam diretamente iniciativas midiatizadoras" (BRAGA in MATTOS et al., 2012, p. 34).

Nesse processo, os receptores não ocupam um local de passividade no processo comunicacional, mas produzem novos significados por meio de suas apropriações após promoverem a circulação da comunicação. A característica de continuidade nos fluxos comunicacionais é parte fundamental do processo de midiatização.

> Uma primeira aproximação corresponde a perceber que essa circulação em fluxo contínuo não é apenas uma descrição abstrata. Ela se manifesta

> concretamente na sociedade, na forma de circuitos – que são culturalmente praticados, são reconhecíveis por seus usuários e podem ser descritos e analisados por pesquisadores (BRAGA in MATTOS et al., 2012, p. 41).

Aqui é retomada a conceituação de circuito comunicacional. Para Braga (2012), a midiatização se caracteriza pela continuidade dos processos comunicacionais após a apropriação de produtos midiáticos por públicos interagentes e de suas matrizes culturais por lógicas de produção, um processo contínuo sem início ou fim determinados. Processos midiáticos disseminados pela mídia massiva são atravessados por processos interacionais gerados em ambientes digitais e essa circulação alimenta o próprio processo comunicacional. Não se trata mais de nomear um circuito comunicacional como um circuito estabelecido pela mídia, mas permeado por lógicas midiatizantes. Práticas culturais adquirem novos sentidos ao serem midiatizadas, circunscritas em novos circuitos.

> Na prática social encontramos, então, sobretudo circuitos. Cada setor ou processo de sociedade participa de circuitos múltiplos. Com a midiatização crescente, os campos sociais, que antes podiam interagir com outros campos segundo processos marcados por suas próprias lógicas e por negociações mais ou menos especificas de fronteiras, são crescentemente atravessados por circuitos diversos (BRAGA in MATTOS et al., 2012, p. 44).

Esses são circuitos de apropriação, por meio dos quais públicos interagentes trocam informações e se apropriam dos usos e discursos uns dos outros, ressignificando, recontextualizando e, principalmente, alimentando o próprio fluxo de informação no circuito.

Contextualizando as *fake news* na perspectiva dos circuitos comunicacionais, é possível observar que essas surgem sem uma procedência clara a todos, mas circulam por mídias tendenciosas e sensacionalistas, assim como por grupos de *Whatsapp*; esses são os tradicionais circuitos das *fake news*. É importante notar que se trata, com frequência, de uma estratégia, portanto proposital, de circulação de boatos verossímeis, tendo sua origem em comitês eleitorais, por exemplo, quando se tratam de *fake news* de natureza política.

Enviando as *fake news* para grupos de simpatizantes (ou detratores) de um candidato ou de um partido, ou mesmo para correligionários, os estrategistas desse plano de comunicação espalham rapidamente a mensagem que desejam compartilhar, ocultando sua autoria com anonimato, mas "legitimando" sua verossimilhança pela sensação de proximidade que esses circuitos apresentam, como se as "notícias" fossem contadas pelo "amigo de um amigo". Assim, os circuitos de *fake news* divulgam, espalham informação e "legitimam" seu conteúdo pela suposta confiança que há em ser um membro desse circuito.

4. Protocolo de circulação de *fake news*

O consumo cultural na perspectiva das mediações culturais é uma prática de natureza essencialmente simbólica, em que se configura como "lugar de diferenciação social e distinção simbólica entre os grupos" (GARCIA CANCLINI, 1993). Sob essa perspectiva, o consumo cultural promove distinção social, ajuda a definir identidades culturais, expressa posicionamentos em relação a questões sociais e políticas.

Já o consumo midiático pode ser analisado como uma vertente do consumo cultural sob uma das mediações culturais, a mediação técnica-midiática. A fruição de conteúdos veiculados por mídias diversas configura o consumo cultural de um produto midiático (ou de um conteúdo midiatizado), ou seja, um consumo midiático.

> No caso do consumo midiático, trata-se do consumo do que a mídia oferece: nos grandes meios – televisão, rádio, jornal, revista, internet, *sites*, *blogs*, celulares, *tablets*, *outdoors*, painéis ... – e nos produtos/conteúdos oferecidos por esses meios – novelas, filmes, notícias, informações, entretenimentos, relacionamentos, moda, *shows*, espetáculos, publicidade, entre outros (TOALDO e JACKS, 2013, pp. 6-7).

Enquanto um estudo de recepção se concentra na interpretação de conteúdos de fenômenos midiáticos por seus receptores, o estudo de consumo midiático analisa não somente a apropriação desses conteúdos, como também a relação com os meios nos quais são veiculados. Esse processo de midiatização de conteúdo pode explicar o "consumo" (a fruição e compartilhamento) das *fake news*, como será explicado em um protocolo a seguir.

Aqui se pretende demonstrar um protocolo de análise da circulação de *fake news* por meio dos circuitos comunicacionais de seus públicos interagentes. Esse protocolo se estabelece sobre pressupostos citados anteriormente: a circulação de *fake news* em um circuito simbólico é passível de consumo midiático por novos públicos.

O processo de circulação de *fake news* trata-se de um fenômeno midiático operacionalizado por uma lógica estruturante, que envolve estratégias de compartilhamento estabelecidas sobre táticas de uso de públicos interagentes e vice-versa, continuamente. Esse processo comunicacional é circulante e baseado na apropriação das *fake news* por seus públicos interagentes.

Assim, pela perspectiva da midiatização será realizada a proposição de um protocolo de análise da circulação de *fake news* por meio dos circuitos comunicacionais de seus públicos de interesse.

Esse protocolo constitui-se de fases distintas:

1. Identificação dos circuitos comunicacionais apropriados pelo público interagente de determinada perspectiva política;

2. Reconhecimento das matrizes culturais desse público;
3. Circulação da comunicação das *fake news*.

A *identificação dos circuitos* frequentados pelo público interagente pode ser realizada pela mediação de empresas de comunicação digital que possuem cadastros de números de aparelhos celulares. O *reconhecimento das matrizes culturais* desse público, e, por consequência, de sua perspectiva política, demandas e inquietações cotidianas, pode ser realizado mediante monitoramento de seus circuitos comunicacionais digitais.

Finalmente, o processo de *circulação das fake news* operacionaliza esse processo comunicacional ao permitir a difusão desse conteúdo para públicos de interesse nos circuitos comunicacionais do público ativado. Esse processo segue os seguintes passos:

a) dispositivos comunicacionais compartilham as *fake news* por circuitos comunicacionais de públicos com afinidade de perspectiva política;

b) esses públicos impulsionam a circulação dessas mensagens por seus próprios circuitos, suas redes sociais.

Tabela 1 – Representação gráfica da circulação das *fake news*

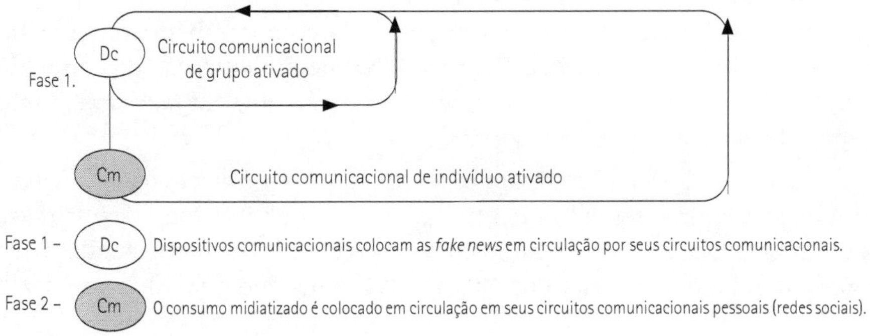

Fonte: elaboração do autor.

Essa tabela representa como a circulação de *fake news* em consonância com os valores de seu público pode ser feita com sucesso por esse público interagente, somando legitimidade ao grande alcance da mensagem comunicada. Trata-se de estratégias de guerrilha que são apropriadas por seus públicos e se institucionalizam em suas matrizes culturais como mensagens portadoras de sua perspectiva política.

5. Considerações finais

As *fake news* são objetos de estudo da comunicação social, tratando-se, basicamente, de informações falsas intencionais. Essa intenção existe em sua concepção, porém, frequentemente, não existe entre aqueles que as compartilham; esses o fazem sem intenção, por exemplo, por acreditarem nessas mensagens, ou intencionalmente, com o propósito de espalhar uma mensagem falsa que seja de seu interesse. Portanto, trata-se de uma mentira instituída, se não sabida por quem a compartilha, sabida pelo seu autor, que utiliza de ferramentas e estratégias para estimular seu compartilhamento. Trata-se de uma potente estratégia, em específico quando utilizada por fins de enganar ao seu público e formar opinião pública, como é o caso de seu uso em comunicação política.

O dispositivo de criação, compartilhamento e engajamento de seus públicos se baseia em um uso massivo de mídias digitais individuais, na organização da sociedade em redes sociais e no engajamento de públicos que buscam uma forma de expressão, muitas vezes opinativa e raivosa, em suas redes sociais individuais. Esse cenário é propenso para a circulação de *fake news* em circuitos comunicacionais de indivíduos com o perfil acima descrito, que buscam expressar sua opinião política entre suas redes e corroborar seus argumentos por meio dessas "informações" a que têm acesso por meio de seus circuitos. Em resumo, pessoas que recebem mensagens que exprimem o que gostariam de exprimir e, portanto, as colocam em circulação entre todos com que mantêm contato.

Essa estratégia ganhou bastante projeção na eleição presidencial de 2018 e deve ganhar novas características nas eleições municipais de 2020. Uma das novidades sobre esse tema nas eleições municipais de 2020 é o uso (e o enquadramento legal) do *deep fake*, em resumo mensagens tão verossímeis que podem se passar por reais; como exemplo dessa noção, mensagens de humor e mesmo memes podem se enquadrar nessa definição, uma vez que pode iludir o receptor, que pode crer na mensagem, ao ser utilizada fora de seu contexto social, por exemplo.

É uma tendência que comitês eleitorais e seus agentes políticos utilizem desse recurso com frequência na pré e pós-campanha municipal que ocorrerá neste ano: informações caluniosas e difamatórias sobre candidatos e partidos devem surgir com frequência, confundindo os órgãos judiciários que regulamentam a campanha política em ano eleitoral.

Como reflexão, vale observar que nem toda *deep fake* é intencional: é possível que uma imagem de humor, como um meme, seja utilizado de forma apropriada por outro usuário para caluniar/difamar determinado partido ou candidato. Ou seja: não só a criação as desenvolve intencionalmente, como, por vezes, alguém desloca seu sentido de determinado circuito comunicacional, como um circuito de humor, por exemplo, para um circuito político, de forma que a mensagem ganha mais peso e também perde humo; deixa de ser um meme de humor para se tornar uma ofensa ou até uma calúnia. Essas apropriações culturais deslocam seu sentido e provocam como efeito indesejado situações de crise entre quem as cria e quem as compartilha.

A orientação adequada e prática para lidar com as *fake news e deep fake* é que o receptor, que recebe essas mensagens, tente identificar as propriedades de *fake news e deep fake* assim que recebê-las, por exemplo, a ausência de uma autoria expressa, o caráter sensacionalista e espetacular e o discurso de ódio ou de denúncia ao alvo da mensagem. Assim que as identificar como tal, não deve compartilhá-las e, se possível, deve coibir sua circulação para evitar a desinformação da fofoca, seguindo o protocolo sugerido anteriormente. Checagem dos fatos e proibição ou regulação de agentes que enviam *marketing* direto de conteúdo político para uma base de dados que não é ciente dessa ação, também são estratégias que poderiam coibir essa prática.

Todos esses procedimentos podem possibilitar ao receptor das *fake news* que evite compartilhar informação falsa, pois a desinformação é um desserviço para a sociedade. Quanto aos circuitos comunicacionais de um eleitorado potencial, esse poderia ser acessado com consenso e inteligência e, ainda assim, os assessores de candidatos ou partidos teriam "advogados" de causas bastante engajados em seus movimentos. Basta que sejam utilizados de forma legal e cidadã.

Referências bibliográficas

BRAGA, J. L. Sobre "mediatização" como processo interacional de referência. In **Anais XV. Encontro Nacional da Compós.** Bauru: PPGCOM-UNESP/Compós. 2006a. pp. 1-16. Grupo de Trabalho comunicação e sociabilidade. Disponível em: [http://www.compos.org.br/data/biblioteca_446.pdf]. Acesso em: 19/07/2015.

_______. **A sociedade enfrenta sua mídia**: dispositivos sociais de crítica midiática. São Paulo: Paulus, 2006b.

ESCOSTEGUY. A. C.; JACKS, N. **Comunicação e recepção.** São Paulo: Hacker Editores, 2005.

FAUSTO NETO, A. Fragmentos de uma analítica da midiatização. **Matrizes**, São Paulo, v. 1, n. 2, p. 89-105, abr. 2008.

GARCIA CANCLINI, N. **Consumidores e cidadãos: conflitos multiculturais da globalização.** 5. ed. Rio de Janeiro: UFRJ, 2005.

HALL, S. **A identidade cultural na pós-modernidade**. 10a ed. Rio de janeiro: DP&A; 2005.

HEPP, A. As configurações comunicativas de mundos midiatizados: pesquisa da midiatização na era da "mediação de tudo". **Matrizes**. Revista do Programa de Pós-graduação em Ciências da Comunicação da USP. São Paulo: ECA/USP. v. 8, n. 1. Jan/Jun, 2014. pp. 45-64.

_______. Mediatization, Media Technologies and the 'Moulding Forces' of the Media. In: **International Communication Association Annual Conference**, 2011. Boston: ICA, 2011. pp. 1-23. Disponível em: [www.andreashepp.name/Blog/Eintrage/2011/5/26_Paper_auf_der_ICA.Tagung_und_mehr_fies/Hepp.pdf]. Acesso em: 20/06/2015.

HJARVARD, S. Midiatização: conceituando a mudança social e cultural. **Matrizes**. Revista do Programa de Pós-graduação em Ciências da Comunicação da USP. São Paulo: ECA/USP. v. 8, n. 1. Jan/Jun, 2014. pp. 21-44. Disponível em: [http://www.matrizes.usp.br/index.php/matrizes/article/view/560/pdf]. Acesso em: 11/07/2015.

_______. Midiatização: teorizando a mídia como agente de mudança social e cultural. **Matrizes.** Revista do Programa de Pós-graduação em Ciências da Comunicação da USP. São Paulo: ECA/USP. v. 5, n. 2. Jan/Jun, 2012. pp. 53-92. Disponível em: [http://www.matrizes.usp.br/index.php/matrizes/article/view/338/pdf]. Acesso em: 20/06/2015.

JENKINS, H.; Green, J.; Ford, S. **A Cultura da conexão.** Criando valor e significado por meio da mídia propagável. São Paulo, Aleph, 2014.

MAGNANI, J. G. C & TORRES, L. L. (Orgs.) **Na Metrópole. – Textos de Antropologia Urbana.** São Paulo: Edusp, 1996.

MATTOS, M Â.; Janotti Junior, J; Jacks, N. (org.). **Mediação & mediatização.** Salvador: EDUFBA; Brasília: Compós, 2012.

TOALDO, M. M.; JACKS, N. Consumo midiático: uma especificidade do consumo cultural, uma antessala para os estudos de recepção. **Anais XXI Encontro Anual da Compós.** Salvador: PPGCOM/UFBA/Compós. p. 09. 2013. Gt: Recepção: processos de interpretação, uso e consumo mediáticos. Disponível em: [http://compos.org.br/da ta/biblioteca_2115.pdf]. Acesso em: 07/02/2019.

GLOSSÁRIO DE *FAKE NEWS*

Ana Julia Bonzanini Bernardi (Coordenadora do Glossário)
Alinne Lopes Gomes
Beatriz Moraes
Camila Akemi Tsuzuki
Camila Teixeira
Roberta Battisti

Algoritmo

Os[1] algoritmos são uma sequência finita de dados, informações e instruções programadas em um sistema informático para a solução automatizada de determinado problema, de determinada forma preestabelecida pelo programador e que possa ser replicada mediante aplicação das mesmas regras. (CECHINEL, 2008). Trata-se de uma relação entre o *input*, onde são introduzidos os comandos, e o *output*, de onde sai o resultado, ou seja, a resolução da equação (MARÍ, 2006). No meio, está a programação.

Referências Bibliográficas

CECHINEL, C.; FERRARI, F. Introdução a Algoritmos e Programação. 2008. (Desenvolvimento de material didático ou instrucional - Apostila).

MARÍ, Ricardo Peña. **De Euclides a Java:** Historia de los algoritmos y de los lenguajes de programación. Madri: Nivola, 2006.

Amplificação fabricada

A Amplificação fabricada ocorre quando o total de compartilhamentos de uma informação é impulsionado através de meios artificiais, podendo ser manipulação humana ou robotizada.

---

1. Glossário elaborado pelo Instituto Liberdade Digital, em coautoria de: Alinne Lopes Gomes, Ana Julia Bonzanini Bernardi, Beatriz Moraes, Camila Akemi Tsuzuki, Camila Teixeira e Roberta Battisti. Sob a coordenação de Ana Julia Bonzanini Bernardi.

Referências Bibliográficas

WARDLE, Claire; DERAKHSHAN, Hossein. Information Disorder: Toward an interdisciplinary framework for research and policy making. Report to the Council of Europe, [s. l.], 2017. Disponível em: <https://rm.coe.int/information-disorder-toward-an-interdisciplinary-framework-for-researc/168076277c>. Acesso em: 22 jan. 2020.

API (*Application Program Interface*)

Uma API (*Application Programming Interface* ou Interface de Programação de Aplicação, em português) é um conjunto de rotinas e padrões estabelecidos pelo desenvolvedor do *software* para utilização dos métodos que o compõe e que são somente acessados através de programação (CRUZ; BERGAMASCHI, 2016). As API's contêm os meios com os quais o desenvolvedor do *software* fornece acesso aos dados ou processos de um programa para outro e sua documentação exibe os métodos e exigências para os processos de interface e de troca de dados (JOHNSON, 2014).

Referências Bibliográficas

CRUZ, Adriano Santos da; BERGAMASCHI, Marcelo Pereira. Generous: Application Programming Interface (API) para Mapeamento de Objeto no MongoDB. Unisanta Science And Technology, Santos, v. 5, n. 2, p. 89-95, dez. 2016. Disponível em: <https://periodicos.unisanta.br/index.php/sat/article/view/757/800>. Acesso em: 12 jan. 2020.

JOHNSON, Glenn. Application Programming Interface (API) Definition and Classifications by Type. 2014. Disponível em: <https://it.toolbox.com/blogs/glennjohnson/application-programming-interface-api-definition-and-classification-by-types-040214>. Acesso em: 12 jan. 2020.

Automação

Automação pode ser definida como sendo o controle eletrônico ou mecânico que substitui a função de controle do cérebro humano (O'BRIEN, 1964 apud D'ABREU, 2002). É um conjunto de técnicas destinadas a tornar automática a realização de tarefas, substituindo o gasto de bioenergia humana, com esforço muscular e mental, por elementos eletromecânicos computáveis (SILEVIRA; LIMA, 2003).

Referências Bibliográficas

D'ABREU, João Vilhete Viegas. Integração de dispositivos mecatrônicos para ensino-aprendizagem de conceitos na área de automação. 2002. 309 f. Tese (Doutorado) - Curso de Engenharia Mecânica, Universidade Estadual de Campinas, Campinas, 2002. Disponível em: <http://repositorio.unicamp.br/handle/REPOSIP/265363>. Acesso em: 24 jan. 2020.

SILEVIRA, Leonardo; LIMA, Weldson Q. Um breve histórico conceitual da Automação Industrial e Redes para Automação Industrial. 2003.

Big data

A *Big Data* tem sua definição intencionalmente subjetiva e refere-se ao conjunto de dados cujo tamanho está além da habilidade de ferramentas típicas de banco de capturar, gerenciar e analisar (LIMA JUNIOR, 2011). Por ser muito grande e se movimentar muito rápido, o *Big Data* não se encaixa nas restrições de arquiteturas de banco de dados. Para ganhar o valor a partir desses dados, você deve escolher um caminho alternativo para processá-lo (MORAVIA et al., 2013).

Referências Bibliográficas

LIMA JUNIOR, Walter Teixeira. Jornalismo computacional em função da "Era do Big Data". Líbero, São Paulo, v. 14, n. 28, p. 45-52, dez. 2011. Disponível em: <http://seer.casperlibero.edu.br/index.php/libero/article/view/329/303>. Acesso em: 23 jan. 2020.

MORAVIA, Rodrigo Vitorino et al. Big Data. 2013. Revista Pensar. Disponível em: <http://revistapensar.com.br/tecnologia/pasta_upload/artigos/a55.pdf>. Acesso em: 23 jan. 2020.

Botnet

Uma Botnet é uma rede formada por computadores que foram infectados e comprometidos (MARZANO, Artur et al., 2018). Também chamado de bots ou zumbis, um vasto número de equipamentos é infectado com um código malicioso que pode ser controlado remotamente através de comandos enviados via Internet (JACOBSON; FIGLIOLA, 2009). Esse conceito está associado à realização de atividades fraudulentas ou ilícitas, em que o objetivo é, na maioria dos casos, atingir algum ganho financeiro (MCCARTY, 2003).

Referências Bibliográficas

JACOBSON, G. V.; FIGLIOLA, P. M. Cybersecurity, Botnets, and Cyberterrorism. New York: Nova Science Publishers, Inc, 2009. ISBN 9781606921487. Acesso em: 20 jan. 2020. p. 5.

MARZANO, Artur et al. Monitoramento e Caracterização de Botnets Bashlite em Dispositivos IoT. In: SIMPÓSIO BRASILEIRO DE REDES DE COMPUTADORES E SISTEMAS DISTRIBUÍDOS (SBRC), 36., 2018, Campos do Jordão. Anais do XXXVI Simpósio Brasileiro de Redes de Computadores e Sistemas Distribuídos. Porto Alegre: Sociedade Brasileira de Computação, may 2018. ISSN 2177-9384. Disponível em: <https://sol.sbc.org.br/index.php/sbrc/article/view/2479>. Acesso em: 20 jan. 2020.

MCCARTY, Bill. Botnets: Big and Bigger. in IEEE Security & Privacy, vol. 1, n. 04, p. 87-90, 2003. Disponível em: <https://ieeexplore.ieee.org/document/1219079>. Acesso em: 20 jan. 2020.

Bots

Os Bots são um tipo específico de programa de computador que realiza tarefas de forma autônoma, a partir de algoritmos (LAGO; MASSARO, 2018). É um programa que opera automaticamente como um agente para um usuário ou outro programa. Os *hackers* encaminham bots para as vítimas por vários meios, e o *software* infecta automaticamente computadores vulneráveis (GEER, 2005). Eles podem realizar diversas tarefas, sendo programados para executar uma série de funções, desde a varredura de rede, infecção de dispositivos vulneráveis, envio de mensagens de spam, navegação da internet e até interagir com indivíduos (MARZANO, Artur et al., 2018).

Referências Bibliográficas

GEER, David. Malicious bots threaten network security; Computer, vol. 38, ed. 01, jan. 2005. Disponível em: <https://ieeexplore.ieee.org/abstract/document/1381249>. Acesso em: 20 jan. 2020.

LAGO, L. S. M.; Massaro, H; Cruz, F. B. Bots ou não? Um estudo preliminar sobre o perfil dos seguidores dos pré-candidatos à Presidência da República no Twitter. 2018. (Relatório de pesquisa). Disponível em: <http://www.internetlab.org.br/wp-content/uploads/2018/07/Relat%C3%B3rio-Bots-ou-n%C3%A3o.pdf>. Acesso em: 20 jan. 2020.

MARZANO, Artur et al. Monitoramento e Caracterização de Botnets Bashlite em Dispositivos. Campos do Jordão: Anais do XXXVI Simpósio Brasileiro de Redes de Computadores e Sistemas Distribuídos. Porto Alegre: Sociedade Brasileira de Computação, 2018. Disponível em: <https://sol.sbc.org.br/index.php/sbrc/article/view/2479>. Acesso em: 20.jan.2020.

Checagem de fatos

A checagem de fatos, ou *fact-checking*, é um mecanismo jornalístico de apuração imparcial de determinada informação com o objetivo de atestar a veracidade de sua forma e conteúdo (NEISSER, 2015). Tem, como aplicação mais comum, a análise de discursos políticos, posicionamentos e notícias relacionadas a figuras públicas, de modo a fornecer à população uma visão clara e fidedigna em sua tomada de decisões (SOUZA, 2018).

Referências Bibliográficas

NEISSER, F. G. Fact-checking e o controle da propaganda eleitoral. In: Revista Ballot. Rio de Janeiro, v. 1, n. 2, Set/Dez 2015, p. 178-212.

SOUZA, Alice Cristiny Ferreira de; PEIXOTO, João Guilherme de Melo. A caça à verdade: critérios, metodologias e selos do Fact-Checking brasileiro. Culturas Midiáticas, Paraíba, v. 11, n. 2, p. 86-103, dez. 2018. Disponível em: <https://periodicos.ufpb.br/index.php/cm/article/view/43545>.

Clickbaits

Clickbait, ou "caça-clique" em português, é uma manchete responsável por resumir uma história, atrair a atenção do leitor e destacar um tópico com precisão, clareza e criatividade. Ele é composto pelo que há de mais relevante do conteúdo numa frase curta com alto valor-notícia, como uma declaração de um entrevistado ou uma pergunta (BASTOS, H.; ISABEL, A.; JERÓNIMO, P.; ZAMITH, F., 2019). Elas são feitas para parecer atraente usando um determinado tipo de conteúdo e formatação, como superlativos (adjetivos e advérbios), citações, exclamações, uso de letras maiúsculas, fazendo perguntas etc. (BIYANI; TSIOUTSIOULIKLIS; BLACKMER, 2016). Seu intuito é a geração de lucro para seus criadores a partir da disseminação do conteúdo da página.

Referências Bibliográficas

BASTOS, H.; ISABEL, A.; JERÓNIMO, P.; ZAMITH, F. "Ameaças ao Ciberjornalismo: Atas do VI Congresso Internacional de Ciberjornalismo". 2019. p. 10. Disponível em: <https://repositorio-aberto.up.pt/handle/10216/119348>. Acesso em: 26 jan. 2020.

BIYANI, P.; TSIOUTSIOULIKLIS, K.; BLACKMER, J. " Amazing Secrets for Getting More Clicks": Detecting Clickbaits in News Streams Using Article Informality. AAAI Conference on Artificial Intelligence, América, 2016. p. 95. Disponível em: <https://www.aaai.org/ocs/index.php/AAAI/AAAI16/paper/view/11807/11569>. Acesso em: 20 jan. 2020.

Crowdfunding

O termo "crowdfunding", ou financiamento coletivo, refere-se a um método de financiamento de empreendimentos tanto por empreendedores quanto por grupos (sejam culturais, sociais ou com finalidade lucrativa) para financiar seus projetos por meio de pequenas contribuições financeiras provindas de um número grande de indivíduos, por meio da internet, sem a necessidade de intermediários financeiros (MOLLICK, 2014). Essas contribuições podem vir na forma de doações ou em troca de recompensas e/ou direitos de votos (SCHWIENBACHER AND LARRALDE, 2010).

Referências Bibliográficas

MOLLICK, Ethan. The dynamics of crowdfunding: and exploratory study. Journal of business venturing, [s. l.], v. 29, n. 1, p. 1-16, 2014. Disponível em: <https://www.sciencedirect.com/science/article/pii/S088390261300058X>. Acesso em: 26 jan. 2020.

SCHWIENBACHER, Armin.; LARRALDE, Benjamin. Crowdfunding of small entrepreneurial ventures. Handbook of Entrepreneurial Finance, Oxford University Press, Forthcoming. Disponível em: <https://papers.ssrn.com/sol3/papers.cfm?abstract_id=1699183>. Acesso em: 26 jan. 2020.

Deep fake (Falsificação Profunda)

Deep fake (falsificação profunda, em tradução livre) é uma técnica de informação falsa, manipulada com o auxílio da inteligência artificial (MORONI, 2017), que visa substituir o rosto de uma pessoa por outra em um vídeo (MORAES, 2019). Tal técnica se dá através de coleta de dados de um rosto humano, por meio de fotos e vídeos tradicionais existentes, e a transposição dessa informação para uma outra imagem existente, geralmente de uma pessoa diferente, de forma que, quando bem feito, emula-se com perfeição o humano de referência na situação desejada (KEHDY et al., 2018).

Referências Bibliográficas

MORAES, Cristiane Pantoja de. "Deepfake" como ferramenta manipulação e disseminação de "fakenews" em formato de vídeo nas redes sociais. 2019. Disponível em: <https://osf.io/mf7t6>. Acesso em: 22 jan. 2020.

MORONI, Juliana. Possíveis Impactos de Fake News na Percepção-Ação Coletiva. Complexitas – Revista de Filosofia Temática, Belém, v. 2, n. 2, p. 130-135, dez. 2017. Disponível em: <https://periodicos.ufpa.br/index.php/complexitas/article/view/6625/pdf>. Acesso em: 22 jan. 2020.

KEHDY, Bernardo Okazaki et al. IMPLICAÇÕES POLÍTICAS, SOCIAIS E ÉTICAS DA POPULARIZAÇÃO DE DEEPFAKES POR MEIO DE SOFTWARES LIVRES. 2018. Disponível em: <http://www.periodicos.letras.ufmg.br/index.php/ueadsl/article/view/14431/1125611912>. Acesso em: 22 jan. 2020

Desinformação

A desinformação, também tratada como *fake news*, é um conceito amplo, que pode ser conceituada de diferentes formas, mesmo neste livro (RAIS, 2018). No entanto, há o consenso de que o termo desinformação se trata de uma informação amplamente disseminada e de natureza fraudulenta, que pode ter, ou não, o intuito de causar premeditado prejuízo ou danos resultantes de sua inveracidade (RAIS, 2018).

Referências Bibliográficas

DELMAZO, Caroline.VALENTE, Jonas C. L. Fake news nas redes sociais online: propagação e reações à desinformação em busca de cliques. Media & Jornalismo [online]. 2018, vol. 18, n. 32, pp. 155-169. ISSN 1645-5681.

RAIS, Diogo (Org.). Fake News: a conexão entre a desinformação e o direito. São Paulo: Thomson Reuters, 2018.

RUEDIGER, M. A. e GRASSI, A. Desinformação na Era Digital: Amplificações e panorama das Eleições 2018. Policy paper 2. Rio de Janeiro: FGV DAPP, 2018.

Direito ao esquecimento

Direito ao esquecimento pode ser conceituado como o direito intrínseco ao indivíduo de reivindicar a remoção dos dados pretéritos da exposição atual nos meios de comunicação (CARVALHO; SILVA, 2017). Ele se resguarda nos dispositivos da Constituição Federal (art. 1°, III, e art. 5°, X) e no Código Civil Brasileiro (art. 21), que asseguram a dignidade da pessoa humana e o direito à vida privada, à intimidade, à honra e à imagem (PAIVA, 2014).

Referências Bibliográficas

CARVALHO, Mariana Amaral. SILVA, Lucas Gonçalves da. Revista Brasileira de Direitos e Garantias Fundamentais. Maranhão. v. 3, n. 2, p. 66 -86. 2017. e-ISSN: 2526-0111. Disponível em: <https://www.indexlaw.org/index.php/garantiasfundamentais/article/view/2603/pdf>. Acesso em: 26 jan. 2020.

PAIVA, Bruno César Ribeiro de. O Direito ao Esquecimento em Face da Liberdade de Expressão e de Informação. 2014.

Doxing

Doxing (variante ortográfica de *Doxxing*), reside na abreviação de "rastreamento de documentos", que é a prática de divulgação pública de dados íntimos e/ou particulares, como nome completo, apelidos, identificação em redes sociais, data de nascimento e endereço. A forma de coletar tais informações abrange desde a pesquisa em bancos de dados e *sites* de mídia social disponíveis ao público, até *hackers* e engenharia social (KELLEHER, 2018).

Referências Bibliográficas

FEDERAL BUREAU OF INVESTIGATION. (U//FOUO) FBI Threat to Law Enforcement From "Doxing" | Public Intelligence [FBI Bulletin]. Washington, DC. 2011. Disponível em: <https://publicintelligence.net/ufouo-fbi-threat-to-law-enforcement-from-doxing/>. Acesso em: 25 jan. 2020.

KELLEHER, Jullie. What is 'doxing'? (Yes, it is illegal!) (REPRINTED). 2018. Disponível em: <https://patch.com/massachusetts/malden/what-is-doxing-yes-it-is-illegal>. Acesso em: 27 jan. 2020.

Filtro bolha

Os *posts* vistos nas redes sociais são direcionados para cada usuário por meio de algoritmos que privilegiam informações similares a cada histórico de buscas e curtidas – ou seja, estamos mais propensos a receber informações com as quais concordamos. Essas são as chamadas bolhas das redes sociais e câmaras de eco (ALLCOTT; GENTZKOW, 2017a; DEB; DONOHUE; GALISYER, 2017).

Referências Bibliográficas

ALLCOTT, Hunt; GENTZKOW, Matthew. Social Media and Fake News in the 2016 Election. Journal of Economic Perspectives, Cambridge, MA, v. 31, n. 2, p. 211-236, 2017. Disponível em: <http://www.nber.org/papers/w23089.pdf>.

DEB, Anamitra; DONOHUE, Stacy; GALISYER, Tom. Is Social Media a Threat to Democracy? [s. l.], p. 1-21, 2017. Disponível em: <https://www.omidyargroup.com/wp-content/uploads/2017/10/Social-Media-and-Democracy-October-5-2017.pdf>.

Marco civil da internet

O Marco Civil da internet refere-se à Lei nº 12.965, de 23 de abril de 2014, que "estabelece princípios, garantias, direitos e deveres para o usa da Internet no Brasil" (BRASIL, 2014), estando em vigor desde 23 de junho de 2014. Foi construído de forma participativa e se fundamenta em princípios como a liberdade de expressão, direitos humanos, exercício da cidadania em meios digitais, a pluralidade e a diversidade (CGI.BR, 2014).

Referências Bibliográficas

BRASIL. Lei no 23.965, de 23 de abril de 2014. Estabelece princípios, garantias, direitos e deveres para o uso da Internet no Brasil.

CGI.BR. Internet, Democracia e Eleições: guia prático para gestores públicos e usuários. São Paulo, 2020. Disponível em: <https://cgi.br/media/docs/publicacoes/13/Guia%20Internet,%20Democracia%20e%20Elei%C3%A7%C3%B5es.pdf>.

Memes

O termo "meme" foi introduzido pelo biólogo Richard Dawkins em seu livro de 1976, *The Selfish Gene*. Um 'meme de ideia' pode ser definido como uma entidade capaz de ser transmitida de um cérebro para outro (DAWKINS, 2001). Alguns autores aproximam o meme a um vírus em razão da sua capacidade de se disseminar na Internet ou em uma determinada comunidade (LÉVY, 1996). Os memes da Internet podem assumir a forma de imagens legendadas, trocadilhos com *hashtags*, frases de efeitos, fotografias manipuladas ou músicas ajustadas (SHIFMAN, 2014). Desse modo, o meme é um replicador, que se propaga através das pessoas, por imitação (RECUERO, 2007).

Referências Bibliográficas

DAWKINS, Richard. O Gene Egoísta. Coleção O Homem e a Ciência, v. 7. Belo Horizonte: Itatiaia, 2001. Disponível em: <https://www2.unifap.br/alexandresantiago/files/2014/05/Richard_Dawkins_O_Gene_Egoista.pdf>. Acesso em: 20 jan. 2020.

LÉVY, Pierre. O que é o Virtual? São Paulo: Ed. 34, 1996.

RECUERO, Raquel Memes Da Cunha. Memes em weblogs: proposta de uma taxonomia. Revista FAMECOS: mídia, cultura e tecnologia, núm. 32, abril, 2007, pp. 23-31 Pontifícia Universidade Católica do Rio Grande do Sul Porto Alegre, Brasil. Disponível em: <https://www.redalyc.org/pdf/4955/495550188006.pdf>. Acesso em: 20 jan. 2020.

SHIFMAN, Limor. Memes in Digital Culture. Cambridge, Massachusetts: The MIT Press, 2014.

Mineração de dados (*data-mining*)

Data Mining, ou Mineração de Dados em português, é um processo de extração de informações, sem conhecimento prévio, de um grande banco de dados, e seu uso para tomada de decisões (SFERRA; CORRÊA, 2003). Esse processo é uma técnica que faz parte de uma das etapas da descoberta de conhecimento em banco de dados que é capaz de revelar, automaticamente, o conhecimento que está implícito em grandes quantidades de informações armazenadas nos bancos de dados (CARDOSO; MACHADO, 2008). Em linhas gerais, *data mining* são todas as técnicas que permitem extrair conhecimento de uma massa de dados que, de outra maneira, permaneceria escondido nas grandes bases (QUONIAM et al., 2001).

Referências Bibliográficas

CARDOSO, Olinda Nogueira Paes; MACHADO, Rosa Teresa Moreira. Gestão do conhecimento usando data mining: estudo de caso na Universidade Federal de Lavras. Revista de Administração Pública, Rio de Janeiro, v. 42, n. 3, jun. 2008. Disponível em: <http://www.scielo.br/pdf/rap/v42n3/a04v42n3.pdf>. Acesso em: 22 jan. 2020.

QUONIAM, Luc et al. Inteligência obtida pela aplicação de data mining em base de teses francesas sobre o Brasil. Ciência da Informação, Brasília, v. 30, n. 2, ago. 2001. Disponível em: <http://www.scielo.br/pdf/ci/v30n2/6208.pdf>. Acesso em: 22 jan. 2020.

SFERRA, Heloisa Helena; CORRÊA, Angela M. C. Jorge. Conceitos e Aplicações de Data Mining. Revista de Ciência & Tecnologia, Piracicaba, v. 11, n. 22, p. 19-34, dez. 2003. Disponível em: <https://www.sindipetroprsc.org.br/uploads/campanha/2009 1218130501.pdf>. Acesso em: 22 jan. 2020.

Misinformation, disinformation e *mal-information* (Wardle, 2017)

Em torno do tema "fake news", Wardle faz uma análise sobre as interseções entre falsidade e dano, trazendo três conceitos, a saber: "misinformation", "disinformation" e "mal-information". O termo *misinformation*, em inglês, refere-se à informação falsa ou informação enganosa (LAZER, et al., 2018), mas que não foi criada com a intenção de causar dano (WARDLE, 2017). O termo *disinformation*, em inglês, refere-se à informação falsa criada com o objetivo de enganar pessoas (LAZER, et al., 2018), e prejudicá-las, assim como a grupos sociais, organizações ou países, enquadrando-se nessa definição as informações que apresentam falsos contextos, conteúdos falsos, manipulados ou fabricados (WARDLE, 2017). O termo *mal-information*, em inglês, refere-se à informação que é baseada em fatos reais, mas usadas para prejudicar pessoas, organizações ou países, na qual se enquadram vazamentos, discurso de ódio ou assédio (WARDLE, 2017).

Referências Bibliográficas

LAZER, David M. J.; BAUM, Matthew A.; BENKLER, Yochai.; BERINSKY, Adam J.; GREENHILL, Kelly M.; MENCZER, Filippo.; METZGER, Miriam J.; NYHAN, Brendan.; PENNYCOOK, Gordon.; ROTHSCHILD, David. SCHUDSON, Michael.; SLOMAN, Steven A.; SUNSTEIN, Cass R.; THORSON, Emily A.; WATTS, Duncan J.; ZITTRAIN, Jonathan L. The science of fake news. American Association for the Advancement of Science, [s. l.], v. 359, n. 6380, p. 1094–1096, 2018. Disponível em: <https://science.sciencemag.org/content/359/6380/1094/tab-article-info>. Acesso em: 26 jan. 2020.

WARDLE, C.; DERAKHSHAN, H. Information disorder: Toward an interdisciplinary framework for research and policy making. Council of Europe policy report DGI (2017)09, Council of Europe, 2017. Disponível em: <https://firstdraftnews.com/wp-content/uploads/2017/11/PREMS-162317-GBR-2018-Report-de%CC%81sinformation-1.pdf?x29719>. Acesso em: 26 jan. 2020.

Pós-verdade

Escolhida pelo Dicionário de Oxford como a palavra do ano de 2016, a expressão pós-verdade se relaciona ou denota circunstâncias nas quais fatos objetivos têm menos influência em moldar a opinião pública do que apelos às emoções e a crenças pessoais (OXFORD, 2016). Dessa forma, a pós-verdade se refere, portanto, a uma análise aflorada do que devemos acreditar como verdade, é se deixar locomover por uma predileção de ideias e não ser aborrecido pela necessidade de rever nossas opiniões (ALVES, 2018). Trata-se da suspensão da referência a fatos e verificações objetivas, substituídas sem confirmações de fontes (DUNKER, Christian et al., 2017).

Referências Bibliográficas

ALVES, Lorena Ferreira. Fake News: contra-ataque à pós-verdade. Brasília: 17º Encontro Internacional de Arte e Tecnologia. 2018, v. 17. p. 212-219. Disponível em: <http://art.medialab.ufg.br/up/779/o/26-Lorena_Ferreira.pdf>. Acesso em: 20. jan. 2020.

DUNKER, Christian et al. Ética e pós-verdade. Dublinense: Brasil: 2017.

ENGLISH OXFORD LIVING DICTIONARIES. Disponível em: <https://en.oxforddictionaries.com/word-ofthe-year/word-of-the-year-2016>. Acesso em: 20 jan. 2020.

Provedores de aplicação de internet

Os provedores de aplicação de internet, também chamados de provedores de serviços de internet ou, ainda, *middleware*, são as pessoas físicas ou jurídicas que utilizam a conexão para fornecer aplicativos, ou um conjunto de informações, que dela dependam ou a ela se relacionem (LEONARDI, 2012).

Referências Bibliográficas

LEONARDI, Marcel. Internet: elementos fundamentais. In: Responsabilidade Civil na Internet e nos demais meios de comunicação, coordenado por Regina Beatriz Tavares da Silva e Manoel J. Pereira dos Santos. 2. ed. São Paulo: Saraiva, 2012.

LIMA, C. R. P. de. (2016). A responsabilidade civil dos provedores de aplicação de internet por conteúdo gerado por terceiro antes e depois do Marco Civil da Internet (Lei n. 12.965/14). Revista Da Faculdade De Direito, Universidade De São Paulo, p. 110, 155-176.

Termos de uso

Termos de uso é um documento que traz informações ao usuário sobre uma determinada aplicação ou *site*, estipulando direitos e deveres dos usuários e determinando a relação entre eles e o produto ou serviço do *site* ou aplicativo (VIANA et al., 2017). A partir delas, o provedor pode delimitar as regras de utilização exigidas para que o usuário possa utilizá-la, que devem ser obedecidas durante o funcionamento do aplicativo (YAMAUCHI, SOUZA e PEREIRA JÚNIOR, 2016).

Referências Bibliográficas

VIANA, Gabriel T.; MACIEL, Cristiano; ARRUDA, Ney A. de; DE SOUZA, Patrícia C. Análise dos termos de uso e políticas de privacidade de redes sociais quanto ao tratamento da morte dos usuários. In: WORKSHOP SOBRE ASPECTOS DA INTERAÇÃO HUMANO-COMPUTADOR NA WEB SOCIAL (WAIHCWS), 8., 2017, Joinville. Anais do VIII Workshop sobre Aspectos da Interação Humano-Computador para a Web Social. Porto Alegre: Sociedade Brasileira de Computação, dec. 2017. p. 82-93. Disponível em: <https://sol.sbc.org.br/index.php/waihcws/article/view/3867>. Acesso em: 26 jan. 2020.

YAMAUCHI, Eduardo; SOUZA, Patricia C. de; PEREIRA JUNIOR, D. Questões Proeminentes para o Estabelecimento da Privacidade em Políticas de Privacidade de App Móveis. In: Proceedings of the 15th Brazilian Symposium on Human Factors in Computing Systems. Sociedade Brasileira de Computação. São Paulo, 2016.

Trolls/trollagem

Na internet, o termo *troll* é utilizado para designar um indivíduo que perturba o bom andamento de uma comunidade virtual através da postagem de mensagens negativas ou fora de contexto (ZAGO, 2012). *Trollagem* é uma expressão advinda do folclore escandinavo, em que os seres mitológicos denominados "trolls" vivem embaixo de pontes e cobram pedágio de quem deseja passar (FRAGOSO, 2015) e que, no contexto da internet, consiste em provocar um ou mais participantes de um ambiente *on-line* com a intenção de incitar discordâncias e confrontos, através de comportamentos impertinentes, inferiorização ou ridicularização (FRAGOSO, 2015). A *trollagem* pode ser manifestada através de opiniões negativas, antagonismos e ironias. Mas, muitas vezes, a ação assume a forma do *cyberbullying*, no qual esses usuários vão além da brincadeira e da sátira, desencadeando um conflito e desestabilizando a imagem de determinado sujeito ou grupo pequeno diante de um grupo maior (INOCENCIO, 2016)

Referências Bibliográficas

FRAGOSO, Suely. "HUEHUEHUE eu sou BR": spam, trollagem e griefing nos jogos on-line. Revista Famecos: Mídia, Cultura e Tecnologia, Porto Alegre, v. 22, n. 3, p.129-146, set. 2015. Disponível em: <https://www.lume.ufrgs.br/handle/10183/141888>. Acesso em: 24 jan. 2020.

INOCENCIO, Luana. Apropriações Meméticas na #PrimeiraGuerraMemeal: Sociabilidade, Subculturas e Consumo de Humor nos Memes Digitais. 2016.

ZAGO, Gabriela Da Silva. Trolls e Jornalismo no Twitter. Estudos em Jornalismo e Mídia, [s. l.], v. 9, n. 1, 2012. Disponível em: <http://www.periodicos.ufsc.br/index.php/jornalismo/article/view/23832>. Acesso em: 26 jan. 2020.

URL (*uniform resource locator*)

URL, também conhecido como *Universal Resource Locator* (tradução livre: Localizador Uniforme de Recursos), consiste em um protocolo de comunicação que utiliza um recurso particular na internet para indicar a localização de um documento/arquivo, por isso são conhecidos como "web address". Uma URL é formada pelo protocolo usado para acessar o recurso, a localização do servidor a ser acessado, que pode estar na forma do domínio ou na forma do endereço IP, e do caminho onde o recurso está localizado (FERREIRA, 2019).

Referências Bibliográficas

FERREIRA, Marcelo. Malicious URL Detection using Machine Learning Algorithms. Proceedings of the Digital Privacy and Security Conference 2019. 2019. Disponível em: <https://privacyandsecurityconference.pt/proceedings/2019/DPSC2019-paper11.pdf>. Acesso em: 24 jan. 2020.

Viés de confirmação

O viés de confirmação (*confirmation bias*) é a tendência de se lembrar ou interpretar informações de maneira a confirmar crenças ou hipóteses iniciais. É um tipo de viés cognitivo e um erro de raciocínio indutivo (KAHNEMAN, 2018). A sua existência está relacionada a uma maior aceitação de visões de vida similares às nossas (MCCRIGHT; DUNLAP, 2017). Se essas características já são latentes em nossas relações pessoais, nas redes sociais elas se tornam ainda mais marcantes, uma vez que os indivíduos tendem a se relacionar e compartilhar conteúdos com pessoas que têm ideologias semelhantes às suas (tanto pelos algoritmos, quanto por predisposições pessoais), reforçando a autoestima e mantendo-se em ambientes seguros socialmente (BERNARDI, 2019).

Referências Bibliográficas

BERNARDI, Ana Julia Bonzanini. Redes Sociais, Fake News e Eleições: Medidas Para Diminuir a Desinformação nos Pleitos Eleitorais Brasileiros. 2019. Universidade Federal do Rio Grande do Sul (UFRGS), [s. l.], 2019. Disponível em: <http://hdl.handle.net/10183/197602>. Acesso em: 19 dez. 2019.

KAHNEMAN, Daniel. Rápido e Devagar: duas formas de pensar. Rio de Janeiro: Editora Objetiva, 2012.

MCCRIGHT, Aaron M.; DUNLAP, Riley E. Combatting Misinformation Requires Recognizing Its Types and the Factors That Facilitate Its Spread and Resonance. Journal of Applied Research in Memory and Cognition, [s. l.], v. 6, n. 4, p. 389-396, 2017.

Viralização/viral

O termo viralização/viral foi apropriado da biologia. O sentido original da palavra viral é empregado para explicar como um vírus (por exemplo, o da gripe) pode se espalhar rapidamente, gerando uma epidemia de pessoas infectadas de forma silenciosa. No ambiente virtual, o termo é utilizado quando um *link*, uma mensagem ou um vídeo têm alta repercussão nas redes sociais, de forma que estes têm um volume de compartilhamentos tão alto que se alastram muito rapidamente, extrapolando os limites de uma rede social para outras.

Referências Bibliográficas

AVANTI, Tecnologia &. Marketing. Entenda melhor o termo viralização: por que um conteúdo se torna viral? 2014. Disponível em: <http://blog.penseavanti.com.br/entenda-melhor-o-termo-viralizacao-por-que-um-conteudo-se-torna-viral/>. Acesso em: 30 jan. 2020.

DICIO, Dicionário Online de Português. Viralizar. 2014. Disponível em: <https://www.dicio.com.br/viralizar/>. Acesso em: 30 jan. 2020.

Webativismo

Também chamado de ciberativismo ou militância digital, o webativismo pode ser definido pela utilização das redes sociais e outras ferramentas tecnológicas como forma de estruturação de movimentos sociais e organizações civis (CASSIANO, 2011), bem como de disseminação de discursos, ideias, posicionamentos políticos e preocupações da sociedade (COELHO, 2013).

Referências Bibliográficas

CASSIANO, Adriele Machado. Ativismo a partir das redes sociais. 2011. 27 f. Monografia (Especialização) - Curso de Mídia, Informação e Cultura, USP, São Paulo, 2011. Disponível em: <https://paineira.usp.br/celacc/sites/default/files/media/tcc/426-1204-1-PB.pdf>. Acesso em: 26 jan. 2020.

COELHO, Patrícia Margarida Farias; COSTA, Marcos Rogério Martins. O ativismo digital: Reflexões e apontamentos semióticos. 8. ed. São Paulo: Teccogs, 2013. Disponível em: <http://www4.pucsp.br/pos/tidd/teccogs/artigos/2013/edicao_8/1-ativismo_digital_reflexoes_apontamentos_semioticos-patricia_margarida_farias_coelho-marcos_rogerio_martins_costa.pdf>. Acesso em: 26 jan. 2020.

Diagramação eletrônica:
Linotec Fotocomposição e Fotolito Ltda., CNPJ 60.442.175/0001-80
Impressão e encadernação:
DEK Comércio e Serviços Ltda., CNPJ 01.036.332/0001-99